COFIANT MABON

Eilun Cenedl y Cymry a'r Glowyr

gan

D. BEN REES

COFIANT MABON

Eilun Cenedl y Cymry a'r Glowyr

gan

D. BEN REES

CYNNWYS

Rhagair	Cyflwyno Mabon	i
Pennod 1	Dyddiau cynnar Mabon yng Nghwmafan	1
Pennod 2	Crwydro am fywoliaeth	13
Pennod 3	Asiant Glowyr y Rhondda	34
Pennod 4	Ennill Etholaeth y Rhondda ym 1885	53
Pennod 5	Arweinydd heddychlon ei ddoniau	74
Pennod 6	Mabon yn dal ei afael fel arweinydd cymedrol	106
Pennod 7	Dewis anodd i'r gwleidydd a'r arweinydd	123
Pennod 8	Galar dwys, brwdfrydedd y diwygiad a theithio i'r Amerig	152
Pennod 9	Y cymodwr yn nherfysg glowyr y Rhondda Fawr	175
Pennod 10	Gyrfa seneddol y Llafurwr	192
Pennod 11	Brenhinbren y Goedwig yn dal yn gadarn	213
Pennod 12	Mabon y capelwr selog	

	a'r eisteddfodwr pybyr	230
Pennod 13	Mawredd Mabon i'w gyfoedion ac i ninnau	252
Pennod 14	Mabon yng nghanol y mudiad Llafur Newydd	272
Atodiad 1	Y Beirdd yn moli Mabon	293
Llyfryddiaeth		296
Mynegai		333

RHAGAIR

Arwr anghofiedig yw Mabon bellach ond yn ei oes aur (o 1880 i 1910) ef oedd y Cymro mwyaf poblogaidd y genedl Gymraeg. Cymerwyd ei le ym 1914 gan David Lloyd George ond yr oedd y werin lofaol yn dal i'w glodfori hyd ei farwolaeth ym 1922. Cyfrifid ef fel Aelod Seneddol y gweithwyr yn y diwydiannau trwm, ac yn ei hanes ef glowyr Rhondda Fawr a Rhondda Fach oedd y cefnogwyr glewaf. Ganwyd ar 14 Mehefin 1842 mewn bwthyn bychan yng Nghwmafan rhwng Pontrhydyfen a Port Talbot. Teithiodd ei dad o Llanfabon i Gwmafan i chwilio gwaith a dod o hyd iddo yn y diwydiant copr. Am ei fam yr oedd hi o blwyf Margam, gwraig rinweddol, a siaradai'r mab yn annwyl amdani ar hyd ei oes. Bu farw ei dad pan oedd ef yn blentyn bach a gorfu iddo fynd i weithio yng nghrombil y ddaear yn ddeg oed fel un o geidwaid drysau'r pwll glo. Priododd ym 19 oed gyda Sarah merch gof Cwmafan a bu hi yn fam i ddeuddeg o blant hyd ei marwolaeth ym 1900. Magwyd Mabon yn Fethodist Calfinaidd defosiynol a bendithiwyd ef gyda llais tenor. Yn bymtheg oed penodwyd ef yng nghapel Tabernacl yn Flaenor y Gân. Roedd amodau'r gwaith yn galed a dechreuodd y llanc mynegi ei farn ac amddiffyn ambell un oedd yn cael cam gan y rheolwyr. Fe'i diswyddwyd gyda'r canlyniad nad oedd y pyllau glo o'i amgylch am ei gyflogi.

    Cymerodd gam gwag gan fentro gydag un ar ddeg eraill i wlad Chile yn Ne Amerig gan adael ei deulu ar ôl yng Nghwmafan. Hwyliodd ar long a gymerodd bedwar mis i gyrraedd y diwydiant copr. Cafwyd trafferthion o ran môr ladron a stormydd garw cyn cyraedd porthladd Valpariso. Siom fawr iddo oedd y cyfan a bu'n ffodus o gyfarfod gyda chapten llong o Gernyw er mwyn troi am adref. Collodd dri mis ar ddeg o'i amser a thorrodd gytundeb a luniwyd. Disgwylid iddo aros am dair blynedd yn ei waith newydd. Fe'i beirniadwyd yn llym gan y Sêt Fawr yng Nghwmafan am dorri cytundeb ond llwyddodd i dawelu ei gyd flaenoriaid.

Ar ôl dychwelyd symudodd i bwll glo yn Waunarlwydd, a gwelodd angen Undeb i amddiffyn ef a'i gydlowyr. Cynorthwyodd Tom Halliday i sefydlu Undeb Amalgamated Association of Miners yn Sir Gaerhifryn ac yn ne Cymru. Daeth yn asiant llawn amser cyntaf i'r glowyr yn ardal Llwchwr. Pan benderfynodd symud i'r Rhondda ym 1878 cynhaliwyd cyngerdd i ddymuno'n dda iddo. Tyrrodd ei gefnogwyr o Lwchwr, Cwmbwrla (lle y bu ef a'i deulu yn byw), Penclawdd a Waunarlwydd i'w anrhydeddu. Erbyn 1883 roedd glowyr y Dosbarth wedi trefnu tysteb iddo. Cafodd gyfle euraid yn y Rhondda i gyflawni campau fel cynrychiolydd radicaliaeth ymneilltuol a drawsnewidiodd fywyd Cymru o 1880 i 1920. Roedd Mabon yn amryddawn ac uchelgeisiol, llais hyglyw ganddo, huodledd digymar ac awydd i gynrychiolu'r glowyr yn San Steffan yn enw Rhyddfrydiaeth Lafurol. Dyna'r cefndir, a dylanwadodd pregethwyr y Methodistiaid, fel Edward Matthews, Ewenni, a William Evans, Tonyrefail, yn drwm arno o ran dirwest a moes a gwerth cymod rhwng y gwas a'i feistr. Edrychai o ran corff fel proffwyd o'r Hen Destament a'i farf ddu a'i gorpws cyhyrog.

Ar 3 Rhagfyr 1885 cyhoeddwyd canlyniadau etholiad seneddol am sedd newydd y Rhondda a chipiwyd y sedd, nid gan dewis dyn y Blaid Ryddfrydol, sef Frederick Davis, mab perchennog pyllau glo Ferndale, ond gan Mabon, asiant glowyr y Rhondda. Methodd Mabon ddwywaith â sicrhau enwebiad y Rhyddfrydwyr am y sedd ond mabwysiadodd y syniad o uno'r Rhyddfrydwyr a'r Llafurwyr yn y blaid a ddaeth i'w hadnabod fel Lib-Lab, a sefyll ei hun yn ei henw. Canlyniad arwyddocaol iawn gan fod Mabon wedi goresgyn yr holl rwystrau ac am y 35 mlynedd nesaf, cadwodd y sedd yn ddiogel heb orfod poeni o gwbl. Ef oedd y gwerinwr cyntaf o Gymry Cymraeg i gael ei ddewis yn Aelod Seneddol yn enw y dosbarth gweithiol ac o

dan nawdd W. E. Gladstone, ac yn ddiweddar Tom Ellis a Lloyd George a Rhyddfrydwyr y capeli yn y Cwm. Ef oedd yr ymgeisydd delfrydol a'i lais soniarus, y dyn a gadwodd y syniad o Undebaeth yn fyw ar ôl methiant Halliday a'r AAM .
Dylid cofio bod ei syniadaeth o geisio setlo pob anghydfod heb streic yn plesio y mwyafrif o'r glowyr. Y rhain oedd yn gyfrifol am ei hyder. Ef oedd prif ddyn y glowyr, nid yn unig trwy faes glo'r De, ond yn niwedd y ganrif trwy feysydd glo Prydain ac i feysydd glo gwledydd Ewrop. Mabwysiadodd y cynllun o Raddfa Lithrig, fod y cyflogau yn disgyn ac yn esgyn yn ôl prisiau'r farchnad. Llwyddai trwy ddefnyddio'r Gymraeg a gweddïau i setlo yr anghydfod un ar ôl y llall, o 1885 hyd at Streic Tonypandy ym 1910-12 pryd y gwelid agwedd dra gwahanol ymysg y glowyr a'r perchenogion. Ond am dros ugain mlynedd a mwy Mabon oedd yn teyrnasu am ei fod yn Gymro twymgalon, yn arddel ymreolaeth i Gymru , ac yn defnyddio mwy o Gymraeg yn y Senedd na neb arall cynt nag wedyn. Ef a adroddodd bob sillaf o Weddi'r Arglwydd pan oedd y Torïaid yn poeri atgasedd ato. Gwelwyd ei boblogrwydd pan aeth ar ymweliad ym 1901 a 1905 â'r Unol Daleithiau. Cafodd ei addoli gan Gymry Ohio, Pensylfania ac Efrog Newydd. Pregethai ar y Suliau, darlithiai yn hwyliog a chlywyd ef yn ciniawa gyda'i hiwmor. Ni chafodd unrhyw Gymro erioed fwy o groeso. Nid oedd neb yn dod yn agos ato ym 1901. Ef oedd ysgogydd y thema fod angen i gyfalaf a llafur gydweithio. Ni chollodd y Wasg Gymreig yng Nghymru na'r Amerig ei diddordeb ynddo yn arbennig pan gafodd ei ethol i'r Cyfrin Gyngor ym 1911. Meddyliai y Frenhines Fictoria a' i mab, Twysog Cymru, y byd ohono, felly hefyd W. E. Gladstone a'i briod. Byddent yn cynnal cinio sbesial iddo bob ryw chwe mis gan wahodd y Sefydliad Seisnig a Chymraeg i'w ganmol. Ar ei ail daith cafodd gyfweliad gyda'r Arlywydd Theodore Roosevelt; ef oedd Mistar Cymru yng ngolwg arweinwyr Llafur Amerig.

Roedd moli Mabon a'r pwyslais ar ei le canolog yn y bywyd Cymraeg yn elfennau angenrheidiol yn y dasg o osod Cymru ar fap y byd. Ceisiodd y Cymry fel canlyniad i Frad y Llyfrau Gleision gefnogi'r ddelwedd o 'Gymru Lân, O Gymry Lonydd'. Mabon oedd yr arweinydd delfrydol ac erbyn 1911 yr oedd mwy o lowyr o dan ei faner na neb arall trwy Brydain na Ewrop. Gwnaeth Mabon gymwynas arall, gosod y Corau Meibion fel un o gonglfeini y diwylliant a gefnogwyd gan un o eisteddfodwyr amlycaf ei oes. Ef oedd arweinydd llwyfan gorau y Brifwyl a gafwyd erioed. Daliodd yn Aelod Seneddol yn llawer rhy hir ond roedd neb o rebeliaid y Rhondda, fel Noah Ablett am darfu arno, gan iddo fod yn absennol o'r Tŷ Cyffredin am chwe blynedd o leiaf. Cafodd hi'n anodd gadael y Lib-Lab am y Blaid Lafur ym 1908. Trodd yr heddychwr yn rhyfelgi yn y Rhyfel Byd Cyntaf er mwyn plesio Lloyd George. Llwyddodd i anfon deugain mil o lowyr i faes y gad. Recriwtwr gorau Cymry, gwell na hyd yn oed Dr John Williams, Brynsiencyn. Daeth yn ŵr cyfoethog adeg y Rhyfel gyda'i fuddsoddiadau a'r hysbysebion ar ran tomatoes a the. Pan fu farw ar 14 Mai 1922, daeth y miloedd yng nghyd i Dreorci ac ym mis Medi cyhoeddwyd ei fod wedi gadael 38 o filoedd, gwerth 454,807 o filoedd o bunnoedd yn 2020. Mewn llai na chan mlynedd aeth yn arwr angof ond gyda'r canmlwyddiant ei farw ym 1922 fe gawn gyfle i''w osod ar bedestal. Wedi'r cyfan ef oedd un o Gymry enwocaf ei ddydd.

D. Ben Rees

PENNOD I

Dyddiau Cynnar Mabon

Eithriadau prin yn hanes Cymru yw Undebwyr Llafur sydd yn meddu ar ffugenw cofiadwy, ac y mae William Abraham yn un ohonynt. Fe'i ganwyd ar 14 Mehefin 1842 mewn bwthyn bach gwyngalchog, rhif 22 Copper Row ym mhentref Cwmafan ger Port Talbot, ym bedwerydd mab i Thomas Abraham, glöwr a gweithiwr copr cyn hynny, a'i wraig Mary a ddeuai, yn ôl yr arweinydd llafur, Lewys Afan, o gylch Margam. Dyma'i eiriau: 'Yng nghesail Mynydd Margam y bu dy dadau fyw, ac yno y mae dy fam.'[1]

Bu farw ei dad pan oedd William yn fach, ac erbyn 1851 roeddent wedi symud i fwthyn arall digon tebyg sef 25 Copper Row, a syrthiodd y cyfrifoldeb am ei fagwraeth ar ei fam. Roedd ei dad, Thomas yn enedigol o Lanfabon yn nwyrain Morgannwg, a theithiodd i Gwmafan er mwyn cael gwaith yn y diwydiant copr. Am Mary, gwraig rinweddol iawn oedd hi, a chrefyddol dros ben, yn arddel ffydd Galfinaidd ac yn deyrngar i achos y Methodistiaid Calfinaidd.

Ei fam a'i dysgodd iddo ddarllen yn y ddwy iaith, ac yr oedd yn gwbl rugl cyn cychwyn ar ei addysg yn yr Ysgol Eglwysig.[2] Cofiai Mabon, yn blentyn, fel y gorfodid Anghydffurfwyr selog i fynychu Eglwys y Plwyf ar y Sul. Ac os na welid ef ac eraill o'r un cefndir ag ef, gofalid eu cosbi gyda'r wïalen fedw ar fore Dydd Llun. Yn ôl Lewys Afan, byddai aelodau o'r Capel Methodistiaid Calfinaidd yn

---

[1] Lewys Afan, 'Poblogrwydd Mabon fel AS', *Tarian y Gweithiwr,* 25 Mawrth 1886, 3.
[2] Dywed dau arbenigwr mai yn yr Ysgol Genedlaethol y cafodd ei addysg boreuol, ond mae'n rhaid, yng ngoleuni atgofion Mabon, mai Ysgol Eglwysig ydoedd. Gw. E. W. Evans and John Saville, *Dictionary of Labour Biography,* volume 1 (Llundain a Basingstoke, 1972), 1-4.

llawenhau pan ddaeth i sylw y cyhoedd trwy ddweud, 'Un ohonon ni yw e.'[3]

Ond y fagwrfa a gafodd William Abraham oedd yr hyn a gynigid gan y capeli ymneilltuol. Y capel oedd prif ddylanwad ar blant a thrigolion pentref fel Cwmafan ym mlynyddoedd plentyndod William Abraham. Pwy oedd deiliaid y capel? Yn bennaf, gweithwyr cyffredin fel Thomas Abraham, glowyr, gweithwyr y melinau dur, ffermwyr, masnachwyr uchelgeisiol a siopwyr o bob llun a lliw, ac yn cael eu harwain gan arweinwyr a elwid yn flaenoriaid yn y capeli Methodistiaid Calfinaidd a diaconiaid yng nghapeli yr Annibynwyr a'r Bedyddwyr. Gofalid am y cyfan gan y gweinidog ac erbyn plentyndod y bachgen dawnus hwn, o 1842 i 1852, y mwyafrif ohonynt yn arweinwyr hynod o ddawnus. Fel yr âi'r blynyddoedd heibio, byddai grym a dawn y gweinidogion ymneilltuol yn cynyddu. Hwy a wnaeth y capeli ym mhob rhan o Gymru a Lloegr a'r Unol Daleithiau, lle y ceid Cymry yn byw yn destun syndod a siarad ymysg deallusion y gymdeithas Seisnig. Edmygid y dystiolaeth ddiwylliannol, grefyddol, a thyrrai pobl i berthyn i sefydliad oedd yn cyflawni cymaint o weithgareddau. Y gweinidog gwleidyddol, fel y galwaf ef, oedd uchaf ei lais ar lwyfan y Gymanfa Ganu, a chlywyd ef yn ei huodledd yn y cyfarfodydd pregethu. Ofnai rhai o fawrion diwinyddol y cyfnod hwn y byddai gweinidogion gwleidyddol yn medru troi y capeli yn glybiau politicaidd i'r Blaid Ryddfrydol. Rhydd y Prifathro D. Emrys Evans enghraifft dda o fywyd Samuel Roberts (SR, 1800-1883), Llanbryn-mair:

> Efallai mai'r enghreifftiau o gymhathiad yr efengylydd a'r diwygiwr cymdeithasol ydoedd Samuel Roberts, Llanbryn-mair, y gweinidog ffyddlon, yr ymladdwr glew o blaid achos heddwch a'r diwygiwr eiddgar, a fyfyriodd lawer uwchben egwyddorion llywodraeth a dyfeisio llu o

---

[3] Lewys Afan, *Tarian y Gweithiwr*, 25 Mawrth 1886, 3.

welliannau cymdeithasol a'u gwasgu ar sylw'r awdurdodau.[4]

Roedd dyled William Abraham i'r capel yn aruthrol, ac ni anghofiodd hynny ar hyd ei oes. Derbyniodd fudd mawr yn yr Ysgol Sul a'r cyfarfodydd canu. Mynychai y Seiat lle y derbyniai oleuni ar y ffydd ac esboniad cyson ar yr Ysgrythurau. Edrychai ymlaen yn fachgen ifanc at y Gymanfa Ganu gan fod ganddo lais soniarus.

Llwyddodd i ddarllen cerddoriaeth a mentro cystadlu yn eisteddfodau'r capeli a'r cymdeithasau. Dyma brentisiaeth ar gyfer swydd y bu ef ynddi ar hyd ei oes, sef blaenor y gân neu arweinydd y gân. Byddai'n cydweithio gyda'r organydd neu'r cyfeilydd a dewis tonau canadwy i'r emynau a ddewiswyd gan gennad y Sul. Nid oedd blaenor y gân yn gyfystyr â'r swydd o flaenor, ond byddai'n cael sefyll o flaen y Sêt Fawr yn y capel i arwain y gynulleidfa i ganu yn bedwar llais ac i foli'r Arglwydd yn ei gynteddoedd.

Yn y capel y cafodd ei fagwraeth fel Calfinydd. Dilynai arweinwyr ac aelodau yr enwad ddysgeidiaeth un o ddiwygwyr pwysicaf y Diwygiad Protestanaidd, sef John Calfin o Genefa.[5] Gwelodd John Calfin bob cam a gymerodd o'i blentyndod yn Ffrainc hyd ei waith parhaol yn Genefa fel oedolyn yn nhermau rhagordeiniad ac etholedigaeth.[6]

Cyfrifai William Abraham ei fywyd fel ffordd i glodfori Duw a'i lwyddiant ar daith bywyd fel arwydd o

---

[4] D. Emrys Evans, *Crefydd a Chymdeithas* (Caerdydd, 1933), 113-114.
[5] Y gyfrol ddiweddaraf ar John Calfin yn Gymraeg ydyw D. Ben Rees, *Y Gwron o Genefa: John Calfin a'i Ddylanwad* (Caernarfon, 2012), 181tt. Gweler hefyd D. Ben Rees, *Lledu Gorwelion: Hanes Calfin a'r Diwygiad Protestanaidd* (Chwilog, 2009); D. Ben Rees, *John Calfin a'i Ddisgyblion Calfinaidd Cymraeg* (Llangoed, 2009). Gellir cymeradwyo W. Gareth Evans, *Zwingli a Calfin a'r Diwygiad Protestanaidd yn y Swistir* (Aberystwyth, 1994) tt. 116 -124.
[6] D. Ben Rees, *Y Gwron o Genefa*, 91.

fendithion yr Anfeidrol yn ei hamgylchynu. Roedd y bobl y magwyd ef yn eu plith yng Nghapel Tabernacl, Cwmafan, yn bobl a gredai mewn disgyblaeth bersonol ac a barchai, hyd eithaf eu gallu bwysigrwydd y Sul fel dydd o addoliad. Er eu bod, cyn llunio'r byd, wedi eu hethol i fywyd tragwyddol, disgwylid iddynt roddi o eithaf eu gallu i anghenion y bywyd presennol. Credent, yn ôl eu Cyffes a drefnwyd ym 1823, nad oeddent i fod yn segur na diog nac yn crwydro yn ddi-bwrpas o le i le. Dylent fod yn onest ym mhob dim, ymwrthod â'r ddiod feddwol, a gwrthod gamblo. Dylai Calfiniaid fod yn haelionus i arall, yn drugarog wrth yr anghenus ac yn cydymdeimlo â'r unig a'r galarus.

Clywn lais aml i undebwr ac aelodau seneddol yn yr hyn a nodais ac hefyd aml i arweinydd mawr arall Oes Fictoria. Dyma hanfod dysgeidiaeth a gweithgareddau capeli Cymru. Crynhodd y Prifathro D. Emrys Evans, yntau yn fab i weinidog yng nghwm Tawe, ddarlun o gyd-aelodau William Abraham:

> Piwritaniaid hwyliog, uniongred oedd y rhan fwyaf o'r saint, a'r pethau pwysicaf ganddynt oedd cadwedigaeth enaid a chadwedigaeth y Sabbath a chadw'r athrawiaeth.[7]

Erbyn heddiw, mae aelodau capeli Cymru wedi colli gafael ar y tri pheth hanfodol hyn, sef efengylu, cadwraeth Dydd yr Arglwydd a chadw diwinyddiaeth Galfinaidd. Ond ym mlynyddoedd cynnar y bachgen talentog hwn, gwelid grym y tri phwyslais. Ond roedd y capel, fel y nodwyd, yn llawer mwy eangfrydig, seciwlar a diwylliannol a gwleidyddol nag y soniwyd gan D. Emrys Evans, er ei fod ef yn agos i'w le yn ei ddadansoddiad campus.

---

[7] D. Emrys Evans, *Crefydd a Chymdeithas*, 114.

Roedd Cwmafan yn meddu ar lu o gapeli ym mhlentyndod William Abraham. Yr hynaf o'r capeli oedd Capel Seion a agorwyd ym 1824, a Chapel y Methodistiaid Calfinaidd, y Tabernacl a adeiladwyd ym 1837. Daeth Capel y Rock, yn perthyn i'r Annibynwyr Cymraeg, i wasanaethu y gymuned ym 1840, ac agorwyd Capel Penuel, y Bedyddwyr Cymraeg ym 1844. Cofiai William Abraham gapel yr Eglwys Fethodistaidd yn agor ei ddrysau ym 1849 ond yr oedd hwnnw yn ddwyieithog a Chapel Bethania ym 1851, ac yna gapel enwad na chlywir llawer amdano erbyn hyn, sef *Bible Christians*, gyda'u capel yn agor ym mlwyddyn y diwygiad crefyddol, 1859.[8] Gwelodd y bychan adeiladu mawr yn ei flynyddoedd cynnar. O 1845 i 1847, adeiladwyd pum cant o dai ar gyfer y mewnfudwyr yng Nghwmafan.[9]

    Cafodd William Abraham arweiniad cadarn i'w fywyd gan weinidog ei gapel, y Parchedig Thomas Edwards, cymeriad diddorol yng ngwleidyddiaeth ei ddydd. Derbyniodd garedigrwydd o law gweinidog Seion, y Parchedig Edward Roberts, a ordeiniwyd ym 1844. Roedd ef yn cadw siop groser ac yn y siop honno y byddai ei fam yn prynu cryn lawer o'r nwyddau. Meddai Roberts gydymdeimlad â hi pan gollodd ei phriod, a byddai'n garedig iawn tuag atynt pan ddeuai yn fater o dalu. Manteisiodd aml i deulu ar ei garedigrwydd yn fwy nag y dylent, a gelwid ef gan Wyddelod y pentref yn Father Roberts. Daeth ei enw yn adnabyddus pan wrthwynebodd bolisi y gwaith copr o orfodi plant eu gweithwyr yn yr ysgolion a nawddogwyd ganddynt i fynychu Ysgol Sul Eglwys y Plwyf.

    Doedd teulu Mary Abraham byth yn colli oedfaon bore a nos Sul na'r Ysgol Sul. yng nghapel y Tabernacl. Ceid

---

[8] Llyfrgell Genedlaethol Cymru. Archif Methodistiaid Calfinaidd 14, 842 *'Bywyd a Gwasanaeth y ddiweddar William Abraham (Mabon) gan y Parch David Davies, Pentre, Rhondda'.* Traethawd buddugol yn Eisteddfod Genedlaethol Treorci, 1928, 5.
[9] *Ibid*, 5.

cynulleidfaoedd cryf yno . Ym 1851 ceid oddeutu 250 yn oedfa'r bore a 320 yn oedfa'r hwyr mewn capel oedd yn dal 800 o bobl. Gallai awdur Rhodd Mam y Parchg John Parry, Caer, a phawb tebyg iddo ganmol yr hinsawdd grefyddol yng Nghymru erbyn tridegau'r bedwaredd ganrif ar bymtheg. Roedd Cymru yn meddu ar bregethwyr digyffelyb, a bu tri o'r doniau pennaf farw o fewn tair blynedd i'w gilydd, sef arwr cynulleidfaoedd y Bedyddwyr, Christmas Evans ym 1838, William Williams 'o'r Wern' ym 1840, Seren Lachar yr Annibynwyr Cymraeg, ac yna ym 1841, John Elias o Fôn, pendefig y Methodistiaid Calfinaidd.[10]

    Amddifadwyd cenhedlaeth William Abraham o'r tri phregethwr enwocaf ond erbyn ei fachgendod ef, daeth cewri eraill i lenwi'r pulpudau. Ym Morgannwg, clywodd cenhedlaeth William Abraham dri phregethwr hynod, sef y Parchg William Evans, Tonyrefail (1795-1891), Edward Matthews, Ewenni (1831-92) a David Saunders, Aberdâr, Abercarn ac Abertawe.[11] Hyrwyddodd y tri ohonynt achosion Methodistiaid Calfinaidd drwy Forgannwg a Mynwy mewn cyfnod o ferw diwydiannol a thwf anferth mewn poblogaeth, yn arbennig yng Ngwm Cynon, Cwm Ogwr a Chwm Rhondda. Cefnogai William Evans, Tonyrefail wleidyddion fel Mabon o un etholiad i'r llall. Y cawr ymhlith y pregethwyr a ddeuai i

---

[10] Am Williams o'r Wern, gweler D. Ben Rees, *Hanes Rhyfeddol Cymry Lerpwl* (Talybont, 2019), 39-40; am John Elias, gw. Edward Morgan, *John Elias:Life, Letters and Essays* (Caeredin, 1973); am Christmas Evans, gw. D. Densil Morgan, *Christmas Evans a'r Ymneilltiaeth Newydd* (Llandysul, 1991).

[11] James, W. a Jones, J. Morgan (goln.), *Cofiant a Phregethau y Parchedig D. Saunders, DD* (Abertawe, 1894); D. G. Jones a J. Wyndham Lewis, *Cofiant Edward Matthews* (Dinbych, 1893); J. J. Morgan, *Cofiant Edward Matthews, Ewenni* (Wyddgrug, 1922); D. Densil Morgan, *Edward Matthews* (Caerdydd, 2010); W, Evans, 'Cofiant y Parchedig William Evans, Tonyrefail', *Y Bywgraffiadur Cymreig hyd 1940,* 243; W. James 'Y Parch W. Evans, Tonyrefail', *Y Drysorfa*, XLV, Ebrill 1891, 121-13.

Gwmafan oedd y Parch. Edward Matthews, a ddechreuodd ei yrfa yn Hirwaun ym 1830, a fu'n weinidog Penuel, Pontypridd ac a fu'n byw yn Ewenni Isaf, Caerdydd a Thresimwn. Ef, meddai'r Parch. Ddr Gomer M. Roberts, 'oedd brenin y sasiwn am gyfnod hir ymhlith y Methodistiaid Calfinaidd'.[12] Disgrifwyd ef fel y 'meistr pennaf ar wawdiaeth, ar "sarcasm", y deuthum i gyffyrddiad ag ef erioed'. (13)

Daeth hi'n amser i William Abraham feddwl am fywoliaeth, ac nid oedd ganddo lawer o ddewis. Agorid lefel lo yn Waunlas ym 1750 ac un arall, y Wern, ym 1812, a suddwyd Pwll Glo y Morfa ym 1849 ac yno yr aeth y bachgen deng mlwydd oed. Daeth y cyfle iddo ym 1852, a gadawodd fwthyn ei fam a'i botel tun gloyw o ddŵr dan ei gesail, y bocs bwyd yn ei boced, ac â'r llaw arall yn cydio yn y bachyn wrth dop y lamp. Disgynnodd i waelod y pwll lle byddai'r ffeierman yn ei ddisgwyl, i roddi sgriwad olaf fel clo i waelod y lamp, y Davy *safety lamp* a fu yn ffrind da i bob glöwr ers 1812. Rhoddwyd y swydd o ddryswr y pwll glo iddo ef i ofalu ar ôl y drws i'r wagenni fynd trwyddo. Byd caled, di-dostur oedd y byd i'r bachgen cryf, cwbl wahanol i ddiwydiannau eraill, ond cofier nad agorwyd y gwaith alcam, haearn a chopr yng Nghwmafan cyn 1866, ac felly nid oedd dim dewis ar gael ond y gwaith glo

Y tu allan i'r lofa, cafodd y glöwr ifanc ddigon o weithgareddau i'w gadw yn gysurus. Un o'r sefydliadau y cafodd fudd mawr ohono oedd yr Ysgol Sul. Diwrnod i'w gofio oedd y diwrnod pan wahoddwyd ef yn ei arddegau, yn 17 oed, yn athro ar ddosbarth o fechgyn rhwng pump a deg oed. Un o'r bechgyn galluocaf yn y dosbarth oedd John Hughes (1850-1932). Symudodd ei rieni, Dafydd ac Elizabeth Hughes o Abertawe i Gwmafan ac ymaelodi yn y Tabernacl, a daeth y bechgyn hyn, (pedwar brawd a aeth i'r weinidogaeth) yn eu plentyndod i'w haddysgu gan yr athro ifanc. Ymhyfrydai yn ddiweddarach yn ei oes yn ysgolheictod rhagorol John Hughes

---

[12] *Y Bywgraffiadur Cymreig hyd 1940* (Llundain, 1953), 584-5.

a'i frodyr, a chyfraniad John yn arbennig fel pregethwr grymus, gweinidog eglwys gref Fitzclarence Street, Lerpwl ac fel bardd a llenor grymus.[13] Bu ei frodyr yn yr un dosbarth – tri ohonynt a wasanaethodd yn yr Eglwys Anglicanaidd.[14]

Dyma'r cyfnod y mabwysiadodd William Abraham y ffugenw Mabon, a daeth yr enw hwnnw yn enw cyfarwydd a phoblogaidd dros ben am ddegawdau. Mabwysiadodd yr enw Mabon er cof am ei dad a ddaeth i Gwmafan o Lanfabon. Rheswm arall oedd ei fod wedi cael ei gyflyru gan ysbryd cystadleuol yn eisteddfodau'r fro. Cynhaliai pob capel ei eisteddfod. Cynhelid Eisteddfod Capel Bethania, er enghraifft, ar Ddydd Nadolig, gydag eisteddiad y bore am 10 o'r gloch ac eisteddiad y pnawn am 2 o'r gloch. Rhoddid pwyslais mawr ar lenydda yn ogystal â cherddoriaeth ac adrodd. Wrth anfon gwaith i'w tafoli, disgwylid ffugenw a bellach defnyddia ef yr enw Mabon ar bob cyfle cyhoeddus.

Daeth yn ddarllenwr brwd ac astudiai yn eang yn y ddwy iaith. Daeth y bardd, Ceiriog yn un o'r ffefrynnau yn yr iaith Gymraeg; ac yn Saesneg roedd ganddo feddwl uchel o farddoniaeth Alfred Tennyson. Derbyniai fudd arbennig o gyfrolau John Stuart Mill a Thomas Carlyle.[15] Lluniodd erthyglau yn gyson i'r eisteddfodau a derbyniai wobrau i'w galonogi. Erbyn iddo gyrraedd yr oedran o bedair ar ddeg yr oedd yn un o arweinwyr y capel. O leiaf, ef oedd yng ngofal mudiad dirwest i'r plant, a elwid *Band of Hope*. Gallai ddweud yn ddiweddarach yn ei fywyd:

---

[13] John Morgan Jones, *Y Goleuad,* 28 Ionawr, 1911, 7; D. Ben Rees, *Hanes Rhyfeddol Cymry Lerpwl* (Talybont, 2019), 279.

[14] Y brodyr eraill oeddy Parchedigion Lewis Hughes, Rhosili, Gŵyr; William Hughes, Colton, Esgobaeth Salisbury a James J. Hughes, Minetown, Esgobaeth Henffordd. Gw. D. Ben Rees, *Hanes Rhyfeddol Cymry Lerpwl,* 279.

[15] Ll.G.C. Papurau y Parchedig W. Rhys Nicholas. Llawysgrif 70 ar Mabon.

What I am today, whatever that I may be, I owe to the
Sunday School, Band of Hope and the Eisteddfod.[16]

Roedd ei ddawn gerddorol yn ddefnyddiol iawn ac erbyn ei fod yn un ar bymtheg oed, gwnâi lawer gyda Chôr y Tabernacl, a blwyddyn yn ddiweddarach, cafodd ei wahodd yn Arweinydd Côr Cymysg Capel y Rock, o enwad yr Annibynwyr Cymraeg. Bu'r côr hwn yn hynod o lwyddiannus yn yr eisteddfodau lleol o dan ei arweiniad medrus. Safodd Mabon yn nhraddodiad Arweinyddion y Gân yn y Tabernacl.

Soniodd dau ŵr diwylliedig am draddodiad cerddorol Caniadaeth y Cysegr yng Nghwmafan.[17] Un o olynwyr Mabon fel Arweinydd y Gân yn y Tabernacl oedd William John. Bu wrth y gwaith o 1872 hyd 1909. Dysgodd y prif oratorios i Gôr y Capel am gyfnod o 37 o flynyddoedd.[18]

Roedd Mabon yn dra hoff o'i gyflogwyr yn y lofa, a chyn iddo ddechrau ar ei waith, gofalid am y pwll gan ŵr deallus o'r enw John Biddulph. Credai ef y dylai'r glöwr ei ddiwyllio ei hun, ac agorodd Ystafell Ddarllen ar gyfer y

---

[16] William Evans (Gwilym Afan) a Ll. Griffiths (Glan Afan), *'Cymanfa Ganu Cwmafan', Y Celt,* 11 Mai, 1900, 2. Sonnir am Evan Thomas a D. Hopkins o Gapel y Rock ac William Williams yng Nghapel Seion, heblaw am William John yn y Tabernacl. Pan gynhaliwyd Cymanfa Ganu Capeli'r pentref yng Nghapel y Rock ar Ddydd Llun, 30 Ebrill, 1900, yr arweinydd yn y bore a'r hwyr oedd yr enwog Dr Joseph Parry. Roedd y capel fore a hwyr yn orlawn.
[17] Blaenor cyntaf yr Annibynwyr Cymreig yn y Tabernacl oedd Thomas Thomas o Aberafan. Olynwyd ef gan Hugh Price, yn enedigol o Sir Fôn ac yna William James. Cafwyd gwasanaeth Mabon yr adeg honno, yn arbennig gyda'r gobeithlu. D. M. Evans (Cymro), *Dathliadau Jiwbilî Tabernacl, Cwmafan* (Caerdydd, 1924), 10-11. Ym 1875, dewiswyd William John yn flaenor y gân. Am William John, gweler *Y Goleuad,* Medi 1, 1909, 13.
[18] Ll. G. C. Papurau W. Rhys Nicholas. Rhif 70, 'Mabon'.

papurau a'r cylchgronau.[19] Sefydlodd Biddulph sefydliad addysgol o'r enw Mechanics Institute yn Ebrill 1839, a bu'r cyfrwng hwn o gymorth mawr i'r gŵr ifanc, uchelgeisiol. Gofalodd Biddulph gyflogi dau glerigwr i weinidogaethu i'r glowyr, yn arbennig pan ddeuai damweiniau a phrofedigaethau i'w rhan. Cafodd Mabon ddamwain erchyll yn y lofa a bu'r offeiriad yn garedig wrtho, ac wrth wella, cafodd fudd mawr yn yr Ystafell Ddarllen. Ymysg y cylchgronau a gyfrifid yn bwysig yn ei olwg oedd *Y Diwygiwr* o dan olygyddiaeth David Rees, Llanelli, gweinidog Capel Als yr Annibynwyr o 1829 hyd 1868. Radical mawr oedd David Rees a bu ei ddylanwad yn drwm ar Mabon. Clywodd ef yn darlithio, a bu'r cylchgrawn, *Y Diwygiwr* yn un o'i hoff gylchgronau yn ei ieuenctid.[20] Ymgyrchodd David Rees yn gyson yn erbyn y ddiod feddwol, a daeth Mabon ei hun yn llwyr ymwrthodwr.

---

19 Ieuan Gwynedd Jones, 'Smoke and Prayer: Industry and Religion Cwmafan in the Nineteenth Century', *The Journal of Welsh Religious History* Volume 6 1998 ', 31-2. Dywed yr Athro Gwynedd Jones, 'Thus the art of reading was encouraged, and a clientele created for the reading room and the Mechanics Hall. The latter, the Cwmavon Mechanics' Institute was founded in April 1839, its patron and benefactor being that self-same Mr Biddulph to whom we have already referred. It arose out of the earlier Improvement Society, and its aim was 'to promote the rational amusement of its members. And the cultivation of their taste.' It had fifty members when it was founded, and by 1851 a total of seventy four, of whom fifteen were women. There was a library containing 786 books, and the subjects studied included history and science'. Ceir hanes yr agoriad swyddogol a pheth o'r cefndir yn y *Merthyr Guardian*, 21 Ebrill 1849. Ceir manylion hefyd yn *Cyfrifiad Addysg 1851* a *Cyfrifiad Prydain Fawr 1851: Education. England and Wales* (London, 1854), 256-7.

20 Dyma deyrnged y darlledwr a'r ysgolhaig Dr Huw Edwards i David Rees. 'Credaf yn gwbl gadarn mai David Rees yw'r ffigwr pwysicaf oll yn hanes Llanelli, yn rhinwedd ei waith aruthrol fel gweinidog, newyddiadurwr, golygydd, ymgyrchydd gwleidyddol, dyn busnes, addysgwr ac ymladdwr dros hawliau'r bobl gyffredin.' Huw Edwards, *Capeli Llanelli,* (Caerfyrddin, 2009), 39. Ceir llun unigryw o David Rees ar glawr y gyfrol odidog hon.

Gofalodd John Biddulph na cheid gormod o dai cwrw (*beer houses*) yn agos i'r lofa.

Bu David Rees yn llym ei dafod am y landlordiaid, a monopolïau diwydiant a masnach, y gyfundrefn a geid yn yr ardaloedd diwydiannol o dalu â nwyddau, caethiwed y dynion du yn yr Unol Daleithiau ac imperialaeth Prydain mewn gwledydd fel yr India. Cefnogodd achos Becca a'i merched yng Ngogledd Penfro ac ardal Caerfyrddin ond ni allai ddygymod gyda dulliau trais a ddangosodd aml un ohonynt wrth chwalu'r pyrth. Roedd o blaid Siartiaeth, ond roedd yn gweld bai ar aml i arweinydd ffôl, di-egwyddor a di-grefydd oedd yn pardduo'r brotest.[21]

Drachtiodd Mabon ifanc lawer iawn o ethos Anghydffurfiaeth, y Galfiniaeth gadarn a'r Radicaliaeth a ofalai ar ôl y werin bobl. Gwelodd ef hyn yn nadleuon ei gyd lowyr yn y lofa yng Nghwmafan. Ni soniodd ddim byd am ei fywyd fel glöwr ifanc, ar wahân i gyfeirio at Biddulph, ond nid oedd neb ymhlith ei gydweithwyr yn barod i sefyll dros hawliau cynhenid y gweithiwr a phechu yn erbyn y meistr gwaith. Roedd ef ei hun wedi cychwyn fel bachgen deg oed yn ddryswr, ond erbyn ei fod yn ddwy ar bymtheg oed teimlai yn hynod o anghyfforddus am y modd y trinid dynion cydwybodol wrth eu gwaith beunyddiol caled. Siaradodd yn onest dros hawliau ei gyd-lowyr a chafodd y cwmni a'i cyflogai eu dychryn. Nid oedd dim amdani ond ei ddi-swyddo am dynnu sylw'r glowyr at hawliau cynhenid.

Roedd hynny yn boen meddwl, a hwythau fel teulu yn byw bellach yn 30 Lower Row, Cwmafan, ac angen cyflog Mabon ar ei fam a'r teulu. Trwy drugaredd, cafodd waith mewn gwaith copr. Roedd ef ei hun wedi syrthio mewn cariad gyda merch a ddaeth o benrhyn Gŵyr o'r enw Sarah Williams. Ei thad oedd David Williams, gof yng Nghwmafan. Roedd ef erbyn hyn yn bedair ar bymtheg oed, a hithau yn ugain oed heb

---

[21] Robert Griffiths, *Streic! Streic! Streic!* (Caerdydd, 1986) 15.

gael manteision o gwbl i fod yn llythrennog.[22] Roedd Mabon yn benderfynnol o wella cyflwr ei gydweithiwr, a gofidiai yn fawr am y cyni a'r gorthrwm a welodd, a neb ar gael i amddiffyn y glöwr a dderbyniai gam a diffyg parch. Sylweddolodd fod gwragedd yn gweithio yn ei bwll glo ef fel ym mhyllau glo eraill Sir Forgannwg a Sir Fynwy. Roedd tâl y bechgyn a'r gwragedd yn gwbl annerbyniol. Byddai'r gwragedd yn derbyn yn y nawdegau o chwech i wyth swllt am wythnos o waith ac am weithio cyfanswm o 54 o oriau. Derbyniai'r mwyafrif yn niwedd y ganrif ond swllt y dydd, cyflog o saith swllt yr wythnos. Disgwylid ar hyd y nawdegau i'r gwragedd a'r merched weithio o dan ddaear ac fe'u cyflogid ran amlaf i wneud brics.[23]

Ei ddiswyddiad annheg a roddodd asgwrn cefn ymladdwr glew ym mhersonoliaeth Mabon. Roedd dyddiau anodd wrth law, dyddiau cael aelwyd iddo'i hun, a dyddiau magu ymroad i gynorthwyo'r glowyr oedd heb neb i'w cefnogi a'u cynrychioli. Dros dro, derbyniodd waith yn y diwydiant copr, ond ei ddymuniad pennaf oedd cael ail-gydio yn y gwaith glofaol.

---

[22] Yn ôl W. Rhys Nicholas, dim ond wythnos o ysgol ac addysg a gafodd yn ei phlentyndod a'i llecyndod. LL.G.C. Papurau W. Rhys Nicholas.
[23] *Weekly Mail,* 3 Ebrill 1897, 9. Yn ôl yr hanes a geir yn y papur hwn, cyflogid hyd yn oed ym 1897 ar ôl ffurfio Undeb y Glowyr hanner dwsin o ferched ym mhwll glo Cwm ger Glyn Ebwy a cheid rhif cyffelyb ym mhwll glo Nantwen, Bedlinog ac hefyd ym mhyllau glo Dowlais.

PENNOD 2

Crwydro

Erbyn chwedegau adfydus y bedwaredd ganrif ar bymtheg, cafodd Mabon brofiadau fyrdd a'i harweiniodd yn y saithdegau i fod yn arweinydd y glöwyr yn ne Cymru. Gŵr a gafodd ei fowldio gan Ymneilltuaeth a bywyd capel ac amgylchiadau anodd y pwll glo ydoedd. Yng Nghwmafan, etifeddodd werthoedd diwylliannol a chrefyddol, bywyd yr Ysgol Sul, yr Ysgol Gân a'r eisteddfod leol. Credai carfan uchel o'r trigolion mewn perthyn i'w gilydd o ran gwaith, lleoliad y cartref ac yng ngweithgarwch y capeli Ymneilltuol, a dyna sut y daeth i fodolaeth y pentrefi glofaol, a'r pwll ran amlaf yn ganolbwynt y gymuned

      Cynhyrchai pob cymdeithas eu harweinwyr, a hwy fyddai yn llefaru ar faterion y dydd. Yn y capel, y gweinidog oedd yr arweinydd disgwyliedig, er bod lleygwyr yn amlygu eu hunain yn gyson fel y gwnaeth Mabon ym myd plant y Band of Hope.[1] Roedd Mabon yn ymhyfrydu mewn llenydda, er nad oedd yn ennill yn y cystadlaethau bob tro. Sonnir iddo ennill gwobr aur am ysgrifennu o dan feirniadaeth y Parchedig Thomas Levi, un arall a fu yn gymwynaswr i blant y capeli fel golygydd *Trysorfa'r Plant* a'i gylchrediad o hanner can mil o

---

[1] Gŵr arall a ddilynodd Mabon oedd James Griffiths (1890-1975), Aelod Seneddol Llanelli a chyn hynny Llywydd Undeb Glowyr De Cymru. Dywed James Griffiths fod ei holl atgofion cynnar yn codi o'r Ysgol Sul a'r Band of Hope, yn arbennig trwy ddylanwad John Evans, gorsaf-feistr ac arweinydd carismatig y Gobeithlu, Capel yr Annibynwyr, Gellimanwydd, Rhydaman. Gweler James Griffiths, *Pages form Memory* (London, 1969), 16; D. Ben Rees, *Cofiant Jim Griffiths: Arwr Glew y Werin* (Talybont, 2014), 19.

gopïau y mis.²
   Gwnaeth safiad Mabon yn ddwy ar bymtheg oed gryn sylw yn lleol a rhanbarthol. Yn nyddiau cynnar Mabon ni fyddai'r gweithwyr yn meddu ar arweinwyr i gymharu ag arweinwyr y capeli fel David Rees, Llanelli ond mater o amser oedd hi, ond fe gymerodd flynyddoedd lawer i Undebaeth Lafur ddod i rym yn ne Cymru, a'r gŵr a gadwodd y fflam yn fyw mewn blynyddoedd o ddifrawder oedd Gwilym Mabon i'r eisteddfodwyr ond i'r glöwyr Mabon.
   Erbyn 1864, cafodd Mabon ei gyflyru i ystyried teithio i gyfandir De America ac i wlad Chile. Lleolir Chile ar yr ochr orllewinol i Dde America, a bu darganfod digon o gopr yr anialwch Atarama yn fodd i ddenu pobl anturus o wahanol wledydd i wneud arian. Datblygwyd sustem reilffordd ym 1851 a fu yn gymorth i ddatblygu y gwaith copr.³ Teithiodd un-ar-ddeg o Gymry gyda Mabon ar y daith i Chile ac ar ôl iddynt gyrraedd y wlad, sylweddolwyd eu bod wedi cael eu camarwain. Nid oedd El Dorado yn bodoli ac yr oedd y gwaith oedd i fod ar eu cyfer yn brin. Roedd y Cymry hyn wedi llofnodi cytundeb o dair blynedd, ac mae'n anodd credu bod gŵr mor beniog â Mabon wedi syrthio i'r fagl hon, ac yntau â gwraig ifanc a dau o blant bach ganddo yng Nghymru. Nid rhyfedd na chyfeiriodd at y bennod anffodus hon yn yr atgofion a welais. Nid oedd yn gyfforddus o gwbl o fod y tu allan i gymuned Gymraeg ac yn arbennig pan aeth rhai o'i gydweithwyr ar bnawn Sul i syrcas. I ŵr a barchai'r Sul fel Dydd yr Arglwydd roedd hynny yn gam gwag. Hiraethodd am

---

² Thomas Arthur Levi, 'Tomas Levi (1825-1916)', *Y Bywgraffiadur Cymreig hyd 1940* (Llundain, 1953), 510. Daeth Mabon i adnabyddiaeth o'r Parchedig Thomas Levi pan oedd yn weinidog ar gapeli Methodistiaid Calfinaidd Capel yr Ynys, Ystradgynlais (1855-60), ac eglwys Philadelphia, Treforys (1860-76) cyn symud i Aberystwyth. Gwnaeth wasanaeth eithriadol trwy gylchgrawn y plant, *Trysorfa y Plant,* a derbyniai Mabon y cylchgrawn i'w deulu o 1862-1890.
³ Fran Alexander (gol.), *Encylopaedia of World History* (Oxford, 1998), 136.

droi adref i Walia ac ar ôl cyfnod o dri mis ar ddeg dychwelwyd o'r anturiaeth golledus hon.[4]

Roedd hi'n daith anodd fel y sylweddolwyd. Cymerodd y llong a enwyd yn *Hawkeye* bedwar mis i gyrraedd Valparaiso, a chael ei thaflu o don i don mewn aml i storm. Collodd llawer o forwyr eu bywydau ar y daith heibio Cape of Good Horn ac ar ôl cyrraedd tir sych, bu yn segur am fis o amser ac yn y diwedd gorfu iddo dderbyn gwaith yn Tonguoy am gyflog iscl. Rocdd y profiad hwn ynghyd â hiraeth am ei briod a'i blant yn ddigon i'w argyhoeddi nad oes unman yn debyg i gartref. Cyfarfu trwy ddamwain â dyn caredig, Capten Walters o Truro, a gynigiodd gyfle iddo weithio ar fwrdd y llong a thrwy hynny arbed talu am y fordaith yn ôl i Gymru.[5] Mae'r ffaith fod y Capten yn dod o Truro yn tanlinellu ffaith arall, fod cymaint o ddosbarth gweithiol Cernyw yn barod i ymfudo i'r Unol Daleithiau ac i Chile i weithio yn y diwydiant copr.

Cyrhaeddodd Mabon yn ôl ar ôl bod i ffwrdd am flwyddyn a mis, a thrwy gyfaill cafodd ei swydd yn ôl yn y gwaith smelter. Ar ôl cyrraedd diddosrwydd ei gartref, trefnodd Cyfarfod Blaenoriaid Capel y Tabernacl gyfweliad ag ef er mwyn clywed o'i enau y rhesymau am dorri cytundeb a oedd, yn eu golwg hwy fel Calfiniaid, yn sacrosanct. Mae'n enghraifft dda o'r ddisgyblaeth a ddisgwyliai Calfiniaid o'u haelodau, ac yn tanlinellu pam fod Mabon ei hun yn ei flynyddoedd fel Arweinydd y Glowyr yn disgwyl y glowyr fel y perchnogion i barchu cytundebau.

Ar ôl i un o'r blaenoriaid osod mater Mabon gerbron y Seiat Gyhoeddus yn y Tabernacl, pan oedd yr aelodau yn gallu dod at ei gilydd, cododd John James ar ei draed gan ddweud:

---

[4] D. Davies, 'Mabon a'r Capel', *Y Drysorfa*, Rhagfyr 1949, 12; LL.G.C., Papurau y Parchedig W. Rhys Nicholas. Llawysgrif 70.
[5] Ben Bowen Thomas, 'Mabon', *Y Traethodydd*, Hydref 1948, 26.

'Gadewch i ni gael clywed be sydd gan Bil i 'weud'. Nid oedd John James am iddynt bleidleisio i'w dorri ef allan o'r Seiat am ei drosedd yng ngoleuni Calfiniaeth heb glywed ei ochr ef o'r hanes. Gwyddent mai'r gŵr oedd y tu ôl i'r fenter oedd Thomas Francis (Afonian) o Gwm Orchwy.[6] Byddai Thomas Francis wedi gadael Mabon mewn argyfwng oni bai am y capten llong o Gernyw. Trwyddo ef y dihangodd yn rhydd. Ffrind mawr y bardd-bregethwr o Fynwy, Islwyn, oedd Thomas Francis a chawn gerdd yn ei gyfrol o farddoniaeth yn sôn am 'Johnny a Thomas Francis', Guayacan, Chili.[7] Pan glywyd ochr Mabon a'i ddull arbennig o gyflwyno'r achos, cyn diwedd ei amddiffyniad roedd wedi ennill y rhelyw o aelodau'r Seiat. Bu'r profiad yn wers iddo .

Erbyn 1869, roedd y diwydiant alcam mewn trafferthion, a chlywodd Mabon a gweithwyr eraill y byddai'n rhaid iddynt weithio am lai o oriau. Clywodd fod un o'i gydnabod, Evan Daniel a'i deulu yn bwriadu gadael Cwmafan am Gwmbwrla, maesdref o Abertawe. Cafodd ei gyflogi yn y gwaith tun. Gwyddai yn dda beth oedd gweithio nes bod chwys yn llifo o'i gorff, ond yr oedd y dasg newydd yn eithriadol o anodd. Ysgrifennodd yn Saesneg am ei brofiad:

> The work was very different from that which I had become accustomed. It was excessively hard and needed a man of great strength to do it. We had to break up the iron 'stamps' which, after coming from the furnace, had been under the forge hammer. To do this, we had to use a great sledgehammer weighing fifty pounds, and have my

---

[6] David Davies, *Bywyd a Gwasanaeth y ddiweddar William Abraham* (Mabon), traethawd buddugol yn Eisteddfod Genedlaethol Treorci, 1928. Ll. G. C. Archif y Methodistiaid Calfinaidd, 14, 842, 7.

[7] Ceir y gerdd yn O. M. Edwards (golygydd), *Gwaith Barddonol Islwyn* (Treherbert, 1897), 146.

muscles that I attribute my strength of arm, which remains to the present day. [8]

Er gwaethaf y gwaith enbyd o galed, roedd y gŵr cydnerth yn meddu ar ddigon o ynni i fwynhau bywyd Capel Methodistiaid Calfinaidd y Babell, Cwmbwrla. Safai y Babell mewn mangre ddelfrydol, digon tebyg i'r syngagog a fynychai Iesu yn ei lecyndod yn Nasareth. Newydd ei agor oedd Capel y Babell, ac o'r wythnos gyntaf y bu yno, ymdaflodd i waith y Band of Hope. Buan yr oedd yn arweinydd parti o gerddorion gorau'r capel, a elwid y Babell Glee Party.[9] Mwynhaodd y cyfleon fel bardd a cherddor, a phawb yn y cylchoedd hyn yn ei gyfarch fel Mabon. Nid oedd y diwydiant tun yn rhoddi'r un wefr i Mabon â'r diwydiant glo, ac ym 1870 dychwelodd i'r lofa. Cafodd waith ym mhwll glo Caercynydd, yn Waunarlwydd rhwng Gŵyr (Gowerton) ac Abertawe. Dyma benderfyniad hynod bwysig gan iddo gael ei daflu i ganol sefyllfa oedd yn cynnig cyfle iddo fel arweinydd.[10]

Ym 1871, bu'n dyst o streic, rhywbeth hollol annisgwyl yn hanes glowyr Cymreig y maes glo. Nid brwydrau ideolegol oedd streiciau a gymerodd le ym 1871 a 1873 a 1875, ond yr unig ffordd ar gael i'r glowyr berswadio y perchnogion i gynnig cyflog tecach gyda gwell amodau gwaith. Gwelsom pa mor anodd fu adeiladu Undebaeth ymhlith y dosbarth gweithiol trwy astudio bywyd Mabon.

Ym meysydd glo Lloegr, bu'r glowyr yn ffurfio undebau i amddiffyn y glowyr rhag eu hecsploetio gan y cyflogwyr. Sefydlwyd ym 1863 undeb a elwid yn *Miners' National Union,* a daeth glowyr o wahanol rannau o Loegr i'w

---

[8] LL. G. C. Papurau Mabon X.C.T. 399 A 159. Erthygl o eiddo Mabon. Ond ni cheir enw'r nwyddiadurwr na'r dyddiad.
[9] E. W. Evans, *Mabon (William Abraham, 1842-1922): A Study in Trade Union Leadership* (Cardiff, 1959), 6.
[10] *Ibid.*

gefnogi.[11] Ond fe benderfynodd MNU wrthod delio gyda chwestiwn cyflogau na chefnogi streiciau, gan ganolbwyntio yn unig ar gefnogaeth i wella'r glofeydd trwy ddiogelwch. Daeth llu o lowyr i deimlo fod agwedd y *Miners' National Union* yn anobeithiol, gan eu bod yn dadlau mai bargeinio am well cyflog oedd un o hanfodion Undebaeth. Mynegwyd yr aniddigrwydd hyd nes i arweinydd o'r enw Thomas Halliday sefydlu Undeb yn Sir Gaerhirfryn (Lancashire) gan ei alw yn *Amalgamated Association of Miners* (AAM). Pwrpas yr Undeb newydd oedd mynnu gwell cyflogau i'r glowr, a cheisio dod i ddealltwriaeth ar hyn, ond yn wyneb unrhyw rwystrau, roeddent o blaid fynd ar streic yr adeg honno. Roedd Undeb AAM yn llawer mwy milwriaethus na'r *Miners' National Union*. Teithiodd Halliday ei hun i Gymru, lle y sylweddolai fod lle ganddo i ennill mwy o aelodau i'w Undeb.

Nid oedd hi'n hawdd i'r Undeb newydd gan fod y meistri wedi cael y blaen ar Halliday, ac wedi ymffurfio yn *South Wales Steam Collieries Association.* Er hynny, enillodd yr AAM gefnogwyr yn ne Cymru ac yn eu plith, Mabon. Gwnaeth argraff yn Waunarlwydd nid yn unig ymhlith y glowyr ond ymhlith arweinwyr y capeli, yn arbennig capeli Bethel, Gowerton a Seion, Waunarlwydd. Capel y Bedyddwyr Cymraeg oedd Seion a'i weinidog, y Parchedig William Davies wedi ei gyfareddu gan ddawn siarad Mabon. Trefnodd gyfarfodydd ag ef a'i gynghori i ystyried llwybr y Weinidogaeth, gan fod dyfodol disglair iddo fel pregethwr y Cyrddau Mawr a'r Cymanfaoedd. Addawodd roddi pob cymorth iddo yn y paratoad, gan weddïo yn daer y byddai Mabon yn derbyn yr her. Roedd ei fam yn cytuno gyda'r Parchedig William Davies y dylai ystyried y Weinidogaeth fel llwybr gwasanaeth. Mentrodd llu o lowyr ar yr un anturiaeth. Gadawodd Ben Davies, Ystalafera ac W. Hezekiah Williams

---

[11] *Ibid.*

(Watcyn Wyn) y lofa am y pulpud, a digwyddai hyn yn gyson ym maes glo y De.

Ar ôl ystyriaeth ddwys, gwrthododd Mabon, ond mynegodd ei ddyhead o fod yn bregethwr lleyg ac yn arweinydd o fewn y capeli. Mae'r digwyddiad hwn yn awgrymu bod cymaint yn gyffredin rhwng bod yn Weinidog yr Efengyl, Arweinydd Undeb ac arweinydd gwleidyddol, a dengys y cyfan y ddidwylledd crefyddol a berthynai i Mabon ar ddechrau ei yrfa fel Arweinydd Glowyr De Cymru.

Yn haf 1871, digwyddodd amgylchiad tra phwysig yn Waunarlwydd yn hanes Mabon. Teithiodd Lewis Morgan o Dreorci i annerch cyfarfod cyhoeddus yn Waunarlwydd ar ran Undeb yr AAM. Nid oedd Lewis Morgan yn siaradwr cyhoeddus huawdl er ei fod yn feistr ar ei bwnc. Gosododd y mater gerbron yn ddigon dderbyniol ar wahân i'r camgymeriad o wneud hynny yn yr iaith Saesneg, ac nid yn y Gymraeg, iaith mwyafrif glowyr gwaith glo bychan Caercynydd. Siaradodd Lewis Morgan am ugain munud, ac edrychid fel petai'r cyfarfod a gafodd ei hysbysebu yn drwyadl yn mynd i orffen heb unrhyw benderfyniad.[12] Cyn gwasgar o'r gynulleidfa, trodd y Cadeirydd at Mabon a dweud, 'Edrych yma, William, fedri di ddim dweud gair, fy machgen i?' Cododd Mabon yn ddigon nerfus, a chofiodd fod Lewis Morgan wedi cyflwyno yr angen am ddeallwriaeth wrth setlo problemau llafurol. Newidiodd holl ansawdd y cyfarfod a chafodd Mabon dderbyniad da. Siaradodd am y peryglon a'r gofidiau wrth fod yn rhy filwriaethus a dyheodd am ddysgu gwers i'r cyflogwyr. Roedd y Cadeirydd wrth ei fodd, a gorfoleddai Lewis Morgan. Ysgwydodd law Mabon a dweud bod angen iddo yn ddiymdroi ddechrau trefnu glowyr Gorllewin Morgannwg. Gwrandawodd ar gyngor y gŵr o'r Rhondda ac aeth ati, yn ei oriau hamdden, i annerch ac i drefnu'r glowyr. Bu ei ymdrechion yn hynod o lwyddiannus, a daeth yn ffefryn ei gydweithwyr. Roedd Mabon

---

[12] *Ibid.*

yn meddu ar bersonoliaeth gref a chadarn ac yn huawdl yn y ddwy iaith fel ei gilydd. Cymerodd ran amlwg yn streic 1871, a gwnaeth argraff fawr ar ei gydweithwyr. Erbyn diwedd 1871, roedd wedi sefydlu cyfrinfa o'r Undeb yn Waunarlwydd ac fe'i hetholwyd ef yn Ysgrifennydd. Rhyfedda'r ysgolhaig, Dr E. W. Evans fod Mabon, oedd heb ddangos llawer o ddiddordeb cyn ymweliad Lewis Morgan, wedi cael ei ethol yn ysgrifennydd y Gyfrinfa mewn amser byr ar ôl ymuno â'r Undeb.

Yn y misoedd a ddilynodd, taflodd ei holl nerth a'i allu a'i frwdfrydedd i'r dasg o adeiladu Undebaeth Llafur yn nwyrain Morgannwg a dwyrain Caerfyrddin. Galwodd Lewis Morgan i weld Mabon, a threfnwyd yng ngwanwym 1872 gyfarfod yn yr Athenaeum yn Llanelli i ystyried y priodoldeb o sefydlu Dosbarth Llwchwr o'r Undeb. Etholwyd Mabon yn Ysgrifennydd y Dosbarth, a John Howells, glöwr o Gasllwchwr, yn Llywydd. Yn ôl pob tebyg, dyma 'r Dosbarth cyntaf o'r Undeb i'w sefydlu yng ngorllewin Cymru.[13] O fewn mater o fisoedd, roedd Mabon wedi ennill cyfartaledd da o'r glowyr i ystyried y tair egwyddor y soniai amdanynt yn y cyfarfodydd a gynhaliwyd ym 1871 a 1872. Y dasg gyntaf, yn ei olwg ef, oedd ennill hawl y cyflogwyr i'r gweithwyr gael ymuno o'u gwirfodd gyda'r Undeb; yn ail, i'r cyflogwyr gydnabod pwysigrwydd yr Undeb Llafur fel y sefydliad sydd yn amddiffyn y glowyr; ac y drydydd, ceisio gwell amodau o ran cyflog, diogelwch o dan y ddaear ynghyd ag oriau gwaith.[14]

Ym mis Ebrill 1872, cynrychiolodd Mabon Ddosbarth Casllwchwr mewn cynhadledd genedlaethol o'r Undeb, a manteisiodd ar y cyfle i annerch yn Saesneg, a gwneud cymaint o argraff, fel y cafodd ei ethol cyn diwedd y gweithrediadau yn aelod o'r Pwyllgor Gwaith.

---

[13] *Ibid.*
[14] David Davies, *Bywyd a Gwasanaeth William Abraham (Mabon)*, 12.

Mae'n rhaid deall nad oedd Undebaeth Llafur yn dderbyniol o gwbl i'r perchnogion; iddynt hwy, pobl yn creu anrhefn oeddynt. A gwyddai aml un mai pendraw y cyfan oedd colli gwaith,[15] a phan glywodd perchnogion pwll glo Caercynydd, ei fod wedi ei ethol i'r Pwyllgor Gwaith dywedwyd wrtho y byddai ei gyflogaeth yn dod i ben ddiwedd y flwyddyn. Gweithiodd ei dyrn olaf ar drothwy Nadolig 1872, a daeth dyddiau'r lofa i ben. Dim ond rhyw ddeuddeg mlynedd y bu yn gweithio yng nghrombil y pwll, ond rocdd bron i hanner can mlynedd o'i flaen fel arweinydd y glowyr, ac un o'r pwysicaf a welwyd, nid yn unig ym maes glo y De, ond trwy y Deyrnas Unedig.

Gyda theulu mawr i'w gynnal, roedd Nadolig 1872 yn un gofidus. Cofiai yn dda fel y cofiai ei briod am y streic gyntaf y bu ef yn rhan ohoni yng Nghwmafan yn y flwyddym 1860.[16] Gwelodd lawer o wragedd a phlant i lowyr, oherwydd y streic yn mynd o ddrws i ddrws i fegian am ddarn o fara. Nid oedd Undeb ar gael i estyn cymorth i'r gweithwyr ar streic ym 1860. Roedd hi ychydig yn well ym 1871.

Teimlai Mabon fod rhagluniaeth fawr y nef yn gofalu amdanynt pan ddaeth ymwared iddynt fel teulu a'r cynnig o swydd o asiant cyflogedig Dosbarth Llwchwr o Undeb yr AAM. Ef oedd yr asiant llawn amser cyntaf yn hanes y glowyr yng Nghymru. Bu Mabon yn ffigwr pwysig yn natblygiad y swydd o asiant oherwydd o fewn deugain mlynedd, daeth yr Undeb i ddibynnu yn helaeth arnynt. Disgrifiodd dau hanesydd y glowyr yn Ne Cymru y swydd yn nechrau'r ugeinfed ganrif fel hyn:

> They were, of course, much more than mere industrial experts. Their style of life was more that of a professional man, a white-collar worker, than it was that of the collier.

---

[15] T. R. Jones, 'The Life and History of William Abraham', *The Ocean and National Magazine*, X, 1936, 7.
[16] 'Llythyr Hen Golier', *Gwladgarwr*, 24 Tachwedd 1860, 1.

The position was one of considerable responsibility and had commensurable power and influence. Mabon's character was a shining example of the potential in a miner's agent's life; the message was not lost on younger men like Frank Hodges or Vernon Hartshorn, whose espousal of different methods and more radical language cannot conceal their kinship to the older men.[17]

Roedd Dosbarth y Llwchwr yn ddigon mawr i gyfiawnhau cael asiant llawn amser ac etholwyd Mabon gan bymtheg allan o'r ddau ar bymtheg o gyfrinfeydd. Yn ddiymdroi, gwnaeth ei farc, yn arbennig fel areithydd hynod o huawdl ac asiant llawn amser, y tu allan i Ddosbarth Llwchwr.

Yn gynnar ym 1873, gwelwyd streic arall – y tro hwn ymhlith gweithwyr diwydiant haearn de Cymru, a chafodd Mabon gyfle i ddefnyddio ei ddawn o blaid y streicwyr. Enillodd lawer iawn o barch am ei safiad. Teithiodd i Gwm Rhondda am y tro cyntaf erioed yn y flwyddyn honno – cwm y byddai ef cyn bo hir yn uniaethu ei hun gyda'r trigolion. Plediai Mabon lwybr cymod fel y ffordd orau na llwybr streic i setlo problemau diwydiannol. Galwyd arno i ddod i setlo problemau yng Nghwm-twrch a llwyddodd gyda'i fedr arbennig i gyfweld y rheolwr er mwyn ail-gyflogi y glowyr yn y lofa. Ac er y galw mynychu arno o bob rhan o dde Cymru, gwyddai mai glowyr Dosbarth Llwchwr oedd yn ariannu ei swydd, ac mai yn y fan honno roedd y flaenoriaeth. Ei dasg bennaf oedd ennill rhagor o lowyr i berthyn i'r Undeb ym mhyllau glo Dosbarth Llwchwr. Cafodd ei ganmol pan gyhoeddwyd yn niwedd 1874 fod wyth mil o lowyr yn perthyn i'r Undeb yn Nosbarth Llwchwr. Ond yn gyffredinol, nid oedd yr Undeb wedi cynyddu ym 1874, a chreai hyn gryn dipyn o drybini o ran adnoddau ariannol. Ar Ddydd Calan 1875, cychwynnodd streic arall. Erbyn y streic hon, roedd Mabon yn cael ei gydnabod yn

---

[17] E. W. Evans, *Mabon*, 10.

arweinydd. Yn wir, dadleua Dr E. W. Evans mai'r streic hon a wnaeth Mabon yn brif arweinydd y glowyr:

> It was during this strike that Mabon first emerged as an influential leader with sharply defined principles and opinions on industrial matters. He not only took his place in the forefront of the movement, but also adopted an independent policy which on occasions clashed with that pursued by Thomas Halliday, the English president of the organisation.[18]

Nid oedd hynny yn ddrwg o gwbl i'w boblogrwydd, gan nad oedd Thomas Halliday yn medru cyfathrebu yn dda gyda glowyr oedd yn Gymry Cymraeg. Dangosodd y ddwy streic, un ym 1871 a'r ail un ym 1875, fod Mabon yn berson parchus, cyfrifol, yn barod i anghytuno gyda symudiadau annoeth a milwriaethus. Dangosodd y streic hon fod Mabon yn drech na Halliday, Llywydd yr Undeb. Roedd Halliday yn fwy byrbwyll nag ef, yn llai gofalus yn ei ddatganiadau, ac yn fwy parod i alw y glowyr at streic. Peth pwysig yng ngolwg Mabon oedd gofal am y glowyr a'u teuluoedd. Hwy oedd yn dod yn gyntaf bob tro, ac nid yr Undeb, nac ennill y frwydr. Roedd gweld plant y glowyr, fel y gwelodd yn ei bentref genedigol ym 1860, yn dibynnu ar ewyllys da elusennau, unigolion, capeli a cheginau cawl yn ei orfodi ef i berswadio'r glowyr i ystyried cymrodeddu. Credai fod cyfrifoldeb mawr ar y perchnogion ac yn streic 1875, daeth i gysylltiad â chyfalafwr o'r enw David Davies, Llandinam. Roedd cymaint yn gyffredin iddynt – dau Galfin, a dau a hyrwyddai fyd Ymneilltuaeth a'r capeli. Ond roedd mwy o agendor rhyngddo ef a Thomas Halliday nag oedd gyda David Davies. Deallai David Davies Mabon yn well na Halliday.

Cytunodd glowyr y Rhondda a Chwm Aberdâr erbyn Ebrill 1875 y dylai'r streic gael ei setlo gan bwyllgor bach o

---

[18] *Ibid.*

berchnogion ac arweinwyr yr Undeb gyda Chadeirydd i'w benodi pe methid dod i ddealltwriaeth. Polisi Mabon oedd hynny ac nid Halliday. Sylweddolwyd hynny yn glir yn y cyfarfod a gynhaliwyd yn Drill Hall, Merthyr. Nid oedd cymod rhwng y Cymro a'r Sais. Galwyd cyfarfod arall, y tro hwn yn nhref Aberdâr. Gwrthododd Halliday â chymrodeddu unwaith yn rhagor. Daliodd Mabon i ddadlau yn huawdl, ac enillodd y ddadl y diwrnod hwnnw. Cytunwyd y dylid dechrau'r broses o setlo'r anghydfod.

Credai Mabon mewn ewyllys da a chydweithredu rhwng gweithwyr a'r meistri er budd y diwydiant holl-bwysig. Dylai'r achos gael ei drafod mewn awyrgylch garedig, ac os nad oedd modd dod i ddealltwriaeth, galwed am gymodwr annibynnol yn hytrach na rhyfela diwydiannol. Y peth pwysig oedd cadw bywyd y glöwr yn ffyniannus o'r diwydiant cyfan. Iddo ef, arf di-ystyr oedd streic, a dylasid amcanu yn y pendraw at ddealltwriaeth, a hwnnw wedi ei lefeinio gyda rheswm a synnwyr cyffredin.

Gwyddai fod cyfiawnder o du'r glowr oedd yn ceisio amddiffyn eu cyflogau. Cynllun anheg y meistri oedd gostwng cyflog y glöwr ddeg y cant. Erbyn Ebrill 1875, gwingai gwragedd a phlant y glowyr. Llwyddwyd i gyfarfod fel pwyllgor i setlo'r cyfan yn y Royal Hotel yng Nghaerdydd. Gwelwyd David Davies yn ei ragrith a'i glyfrwch yn galw ar i'r glowyr fod yn ddarbodus eu byw, yn bobl gyfrifol, a bod ganddo ef yr hawl i'w cyfarch yn garedig am ei fod yn ffrind da iddynt. Twyllai'r glowyr yn gyson oherwydd yn naturiol ei bwpas ef oedd cynrychioli perchnogion y pyllau glo.

Trechwyd Mabon, Halliday a'r glowyr. Gorfodwyd hwy i dderbyn gostyngiad, nid o ddeg y cant ond deuddeg y cant. Roedd David Davies a'i gyd-feistri am iddynt ail-afael â'u hoffer yn y pyllau gyda gostyngiad o bymtheg y cant. Ni allai Mabon ar ei orau dderbyn y cynnig hwnnw, ond bodlonodd yn enw'r glowyr i dderbyn cytundeb newydd a olygai y byddai unrhyw newid yng ngraddfeydd eu cyflogau o hynny ymlaen i'w penderfynnu ar Raddfa Lithrig. Dyma'r geiriad: 'On a sliding scale of wages, to be regulated by the selling price of coal.' William Thomas Lewis (Arglwydd Merthyr o Senghenydd wedi hynny),[19] a luniodd y cynllun hwn a chytunodd David Davies, er gwaethaf ei aml gynllun, i gadeirio'r cyd-bwyllgorau fyddai'n gweithredu y Raddfa Lithrig. Hebddo ef, ychydig o obaith, gan fod y Raddfa Lithrig yn gynllun oedd yn ei fodloni'n fawr. Gellir canfod ei ddaliadau ar y cynllun, yn arbennig yn y cylchgarwn, *Red Dragon*.

Gwelai Mabon ei hun fel cymedrolwr oedd yn caru gydag angerdd y cymunedau glofaol, ac yn caru ei Dduw a'i Waredwr, Crist Iesu. Dyrchafodd egwyddorion crefydd gyfundrefnol y Methodistiaid Calfinaidd i fywyd yr Undeb. Dyrchafodd gyflafareddiad yn 'egwyddor fawr gyfryngwr' ac 'yn egwyddor fendigedig'. Siaradai yr un iaith â'r heddgarwr, Henry Richard pan oedd ef yn annerch Cynadleddau Heddwch ar gyfandir Ewrop yn y pumdegau. Datganodd yr wythnosolyn, *Tarian y Gweithiwr* ar 2 Ebrill, 1875 safbwynt Mabon:

> Mae crefydd ein gwlad yn dysgu i ni yr egwyddor fawr hon drwy ei bod bob amser yn cyfeirio at un sydd yn Gyfryngwr rhwng Duw a dynion ... Yr ydym yn berffaith argyhoeddiedig mai yr unig fantais i gyfalaf a llafur yw, nid marwolaeth Undebau Celf y gweithwyr, ond cydweithrediad calonog o urddo y ddau allu i ffurfio byrddau cymodol a chyflafareddol ar hyd a lled y wlad, y

---

[19] R. T. Jenkins, 'Syr William Thomas Lewis (1837-1914, yr Arglwydd Merthyr o Senghenydd)' *Y Bywgraffiadur Cymreig hyd 1940,* 528. Tyfodd yn allu mawr yn y fasnach lo a hawliai mai efe a ddyfeisiodd cynllun y 'Raddfa Lithrig' ond priodola rhai hynny i eraill, fel H. Hussey Vivian, Arglwydd Abertawe. Gw. Elizabeth Phillips, *Pioneers of the Welsh Coalfield* (Cardiff, 1924), 256-61, ond credaf mai ef a Mabon a David Davies oedd y tri chynllunydd.

rhai a feithrinant heddwch, ac a hyrwyddant fasnach heb aberthu annibyniaeth y naill a'r llall.[20]

Pan ddaeth y streic, ysgrifennodd Mabon i rifyn o *Tarian y Gweithiwr* ar 4 Mehefin 1875, gan weld dyddiau gwell ar y gorwel. Dywedodd:

> Collwyd y deuddeg a hanner, ond enillwyd yr egwyddor; collwyd rhyfel, ond enillwyd heddwch, ac y mae y lluoedd yn barod i ganmol am y gobaith fod Deheudir Cymru, ar fyr, i gyhoeddi, 'Ni bydd rhyfel mwyach', y bydd i deyrnasu yn y dyfodol mewn cysylltiad â'n masnach, a'n celfyddyd, 'heddwch fel yr afon, a chyfiawnder fel tonnau'r mor.'[21]

Dyna agwedd Mabon i helyntion maes glo'r De ym 1875 ac yn wir yn ystod ei deyrnasiad fel Arweinydd Undeb y Glowyr. Ei safbwynt ef oedd safbwynt nid yn unig llawer o'i gyd-gapelwyr oedd yn lowyr ond hefyd safbwynt y Wasg Gymraeg a Saesneg. Naws Mabonaidd a welwyd yn gyson yn natganiadau golygyddol y *Gwladgarwr, Tarian y Gweithiwr* a'r *Faner*, y *South Wales Daily News* a'r *Goleuad* (papur wythnosol y Methodistiaid Calfinaidd) a'r *Tyst* (papur wythnosol yr Annibynwyr Cymraeg.)

    I'r *Gwladgarwr* ym 1875, roedd oes y streic wedi dod i ben. Yn *Tarian y Gweithiwr,* papur oedd yn bleidiol iawn i Mabon, ceid am gyfnod byr golofnydd tanllyd a'i galwai ei hun yn *Llwynog o'r Graig.* Yn y blynyddoedd hyn, yn arbennig o Hydref 1876 i Awst 1878, ymosododd Llwynog o'r Graig yn ddi-drugaredd ar fileindra'r gaffers a thrachwant y meysydd glo. Ni chafodd Mabon well cefnogwr ar ddechrau ei yrfa fel Undebwr na Llwynog o'r Graig. Gŵr yn byw yn Abercwmboi ger Aberdâr ydoedd, sef Thomas Davies, brodor o Gefneithin,

---

[20] *Tarian y Gweithiwr,* 2 Ebrill 1875.
[21] *Ibid.,* 4 Mehefin, 1875.

a thad S. O. Davies, a fu yn Aelod Seneddol Llafur Merthyr a Gibbon Davies, arweinydd y glowyr yn Rhydaman a'r cyffiniau.[22] Paratôdd Mabon gerdd i'w hadrodd yng nghyfarfodydd y streic sydd yn crynhoi ei athroniaeth:

> Meibion Llafur mawr eich lludded,
> Ymsymudwch yn y blaen,
> Cyned gwreichion eich iawnderau
> Hen deimladau oll yn dân;
> Digon hir yr amser basiodd
> I ymdrybaeddu yn y baw;
> Mwy na digon i'r sawl welodd
> Rannu angen un rhwng naw:
> Unwch, unwch gyda'ch gilydd,
> Unwch beunydd bob yr un,
> Dyma'r unig ffordd obeithiol
> I wneud y glöwr du yn ddyn:
> Pob rhyw slim feddyliwr slafaidd
> Torrwch, drylliwch, teflwch draw,
> Dewch i'r byd gael teimlo rhinwedd
> Eich gweithredoedd ddydd a ddaw.[23]

Roedd Mabon ar ei orau ymysg ei gefnogwyr, ac yntau yn pwysleisio mai mewn 'Undeb y mae nerth'. Gwnaeth ei orau i argyhoeddi'r cyhoedd o rinweddau'r glowyr. Dyrchafodd Mabon y glöwr Cymreig i bedestal arbennig gan danlinellu y rhinweddau godidog oedd yn eiddo iddynt. Nid rhyfedd felly i olygydd *Tarian y Gweithiwr* ar 30 Gorffennaf, 1875 ddweud fel hyn am y glöwr:

> Y mae ymddygiadau moesol, rhinweddol a thangnefeddus ugeiniau o filoedd gweithwyr Cymru, yn y 'strike' a'r

---

[22] Am Thomas Davies ac S. O. Davies, gweler Robert Griffith, *S. O. Davies – A Socialist Faith* (Llandysul, 1983); am Gibbon Davies, gw. D. Ben Rees, *Cofiant Jim Griffiths*, 89-90.
[23] *Tarian y Gweithiwr*, 4 Mehefin, 1875.

'lock-out' diweddaraf, wedi peri i'r hollfyd i edrych yn syn, rhyfeddu a chanmol.[24]

Ni bu propaganda o'r fath o blaid unrhyw weithiwr diwydiannol na'r hyn a lefarai Mabon ac a roddwyd mewn print gan y papurau Cymraeg. Roedd rheswm am hyn, sef casineb llawer iawn o bobl resymol, barchus a goleddai Dorïaeth tuag at y dosbarth gweithiol. Wedi'r cyfan, condemniwyd y syniad o Undebaeth gan Gymdeithasfa'r De o'r Methodistiaid Calfinaidd mewn cyfarfyddiad yn Nhredegar mor bell yn ôl â 1831. Felly ar hyd ei oes, yn arbennig o 1875 hyd 1910, gofalodd Mabon osod y ddelwedd o löwr cydwybodol, diwylliedig, capelyddol ar bedestal. Gwir y dywedodd Emyr Humphreys amdano:

> The early strikes were led by chapel men and the call for justice was based on the adaptation of Christian principles. It was still possible for the miners' leaders and the management and even the owners to attend the same chapel.[25]

Gwir y dywedodd un o'n nofelwyr craffaf (ac y mae pob gair yn y dyfyniad yn gwbl berthnasol i gofiant Mabon):

> Gwelwn nad oedd streic 1875 yn streic am arian yng ngolwg Mabon, ond am egwyddor, sef yr hawl sylfaenol i weithiwr gael llais ar fater o'i lafur beunyddiol. Nid oedd ef na Halliday yn barod i adael y cyflog i fympwy y perchennog, a dyna'r rheswm y daeth y Raddfa Lithrig yn egwyddor iddo. Byddai'r cyflog yn codi a disgyn yn ôl y pris a dderbyniai'r cyflogwr am y glo.

---

[24] Golygydd, *Tarian y Gweithiwr,* 30 Gorffennaf, 1875.
[25] Emyr Humphreys, *The Taliesin Tradition: A Quest for Welsh Identity* (London, 1953), 196.

Fel y dywed Dr E. W. Evans:

> The sliding scale was therefore a novelty only in so far as it would remove the friction which had previously attended changes in wages and make strikes or lock-outs unnecessary.[26]

Ond fel yr awgryma Dr Evans, nid oedd Mabon yn ymwybodol o'i wendid pennaf sef ei fod yn caniatáu i berchnogion werthu o dan y pris a ddylid ac i or-gynhyrchu er mwyn gwneud elw. Yn y maes glo, cafwyd blynyddoedd digon llwm, ac yn ddiamau, y perchnogion oedd yn derbyn y fargen orau bob tro. Dymuniad Mabon oedd cael perthynas o gytuno a chydweithio a dyna oedd dymuniad y glowyr a berthynai i Ddosbarth Llwchwr.

    Nid rhyfedd i'r glowyr ofalu mai ef fyddai'r llefarydd ym mhwyllgor y Raddfa Lithrig. Cadwodd yr awenau yn ei ddwylo dros y blynyddoedd, gan ei fod yn medru trafod telerau a chyflogau yn fedrus. Mynegodd glöwr di-enw yn *Tarian y Gweithiwr* y dylid amcanu am Undeb y Glowyr a fyddai'n apwyntio Cymry Cymraeg yn swyddogion, yn wir popeth yn yr iaith frodorol.[27] Plediai Mabon hyn ei hun. Hoffai weld Undeb Glowyr annibynnol Cymraeg yn ne Cymru. Teithiodd ar daith emosiynol i annerch glowyr mewn cyfarfodydd yn nhref Llanelli, yna i Lynebwy ac i Dredegar a Chwm Cynon a thrwy bob pentref glofaol yng nghymoedd y Rhondda[28] ond heb fawr o gefnogaeth.[29] Lleiafrif oedd yn meddwl am Undebaeth yn y lle cyntaf, a llai fyth am Undeb Gymreig a'r holl weithrediadau yn yr iaith Gymraeg

---

[26] E. W. Evans, *Mabon*, 14.
[27] *Tarian y Gweithiwr*, 25 Gorffennaf, 1875, 4.
[28] Portread o Mabon', *Y Genedl Gymreig*, 11 Mai 1892, 8.
[29] Dywedir ym mhortread Mabon yn y *Genedl Gymreig*, 11 Mai, 1892, 8 'Bu llwyddiant anghyffredin ar yr ymgyrch hon'. Awgryma awdur y portread fod y daith drwy bob pentref glofaol yn y Rhondda wedi bod yn ffactor bwysig ido gael ei benodi yn asiant i Ddosbarth y Rhondda.

Nid oedd cefnogaeth ar lawr gwlad i'w chael a phwyswyd ar Ddosbarth Llwchwr i berthyn i'r Undeb a'i gryfder yng ngogledd orllewin Lloegr. Siom oedd hyn i gyd i Mabon, gan ei fod yn sylweddoli bod y mwyafrif o lowyr yn hapus ddigon i weithio yn y lofa heb berthyn i Undeb. Ni allai hyd yn oed areithyddiaeth Mabon argyhoeddi'r rhain. Gwelai nifer helaeth ohonynt ef fel gŵr gwyllt, yn amheus iawn ohono ac o'i neges eirias. Methodd Mabon ym 1875 â chael y maen i'r wal.[30] I'r mwyafrif o'r glowyr oedd yn barod i gefngogi ei safbwynt, eu dymuniad oedd Undeb bychan yn gyfrifol am nifer bychan o byllau glo.

Rhwng Awst ac Hydref 1875 llwyddodd Mabon a'i gefnogwyr pennaf i sefydlu 24 o Undebau yn seiliedig ar 24 o Ddosbarthiadau, pob un yn y pendraw yn perthyn i Undeb y Glowyr Cyffredinol ac yn eiddigeddus o'u hannibyniaeth.[31] Yn y Gynhadledd a gynhaliwyd yn Ebrill 1876, etholwyd Mabon yn Llywydd. Y cwbl a glywyd yn y Gynhadledd honno oedd digonedd o wrthwynebiad ac ysbryd llugoer i'w ganfod. Dim ond rhyw bedair mil oedd yn undebwyr; doedd y mwyafrif helaeth ddim yn dymuno bod yn aelodau o Undebau y Glowyr.

Erbyn 1876, roedd y diwydiant glo o dan gwmwl. Mentrodd y cyflogwyr ddileu pob bonws oedd ar gael i'r glowyr am weithio oriau ychwanegol. Dylai'r symudiad hwn fod yn ddigon o arwydd fod angen gwrthwynebu. Ceisiodd Mabon unwaith yn rhagor drefnu cynhadledd i drafod y sefyllfa. Trefnwyd hyn ar 6 Tachwedd, 1876.[32] Nid oedd modd iddo argyhoeddi ei gydlowyr i weithredu ond ni ddeuai cefnogaeth i'w arweiniad. Gadawyd ef mewn ysbryd digalon. Ef, wedi'r cyfan, oedd yr unig asiant ym myd maes glo De Cymru. Bu'n rhaid i'r glowyr a ddewiswyd yn asiant y

---

[30] *Tarian y Gweithiwr,* 10 Medi, 1875, lle y cwyna Mabon ei fod ef yn sôn am Undeb a chymaint o'r glöwyr yn ei gyfrif yn ŵr milwriaethus, ac hyd yn oed ymhlith y glöwyr oedd yn aelodau yr oeddent hwythau yn ddigon llugoer.
[31] E. W. Evans, *Mabon*, 17.
[32]. *Ibid.*

gwahanol Ddosbarthiadau chwilio am waith fel glowyr. Ceisiodd Mabon a Halliday ail-fywhau yr AAM. Derbyniodd Thomas Halliday y swydd o Ysgrifennydd, ond erbyn mis Medi 1877, dim ond saith gant o lowyr oedd wedi ymuno â'r Undeb.[33] Roedd achos Undebaeth ymysg glowyr yn araf ddarfod yn ne Cymru.

Roedd rhesymau amlwg am hyn. Yn gyntaf, nid oedd Undeb yr AAM yn Undeb, ar wahân i Mabon, yn deall meddylfryd a chefndir glowyr de Cymru. Yn ail, roedd y mwyafrif o'r glowyr, fel y cyfeiriwyd, yn ddigon llugoer, ac eraill a fyddai'n barod i berthyn yn methu fforddio tâl aelodaeth. Yn drydydd, ceid o fewn maes glo y De ormod o ysbryd annibynnol gyda'r dosbarthiadau yn gweithredu yn annibynnol o'i gilydd. Yn bedwerydd, gweithiai y glowyr yn aml o dan amodau gwahanol i'w gilydd, gan fod rhai yn cael eu cyflogi gan y diwydiant haearn; eraill gan berchnogion y pyllau; eraill yn cynhyrchu glo ar gyfer y farchnad leol ac eraill yn cynhyrchu glo i'w allforio. Ond y rheswm pennaf i gyd oedd fod gweithredu y Raddfa Lithrig yn tanseilio pob ymgais i adfywio Undebaeth Lafur. Dyma farn E. W. Evans a John Saville:

> Genuine trade unionism was impossible under the conditions of successive sliding-scale agreements, and effectively the further growth of trade union organisation in the whole coalfield was delayed for another quarter of a century.'[34]

Gan mai Mabon oedd un o brif gefnogwyr y Raddfa Lithrig, ac yn ei weithredu, ni allai'r glowyr ond gweld bod yr

---

[33] *Ibid.* Ar wahân i Sir Fynwy a dosbarth Merthyr, yr oedd Undebaeth wedi chwythu ei blwc.

[34] E. W. Evans and John Saville, 'William Abraham (Mabon, *Dictionary of Labour Biography,* Volume 1 (London and Basingstoke, 1972), 2. Cytuna prif hanesydd y glöwyr â'r hyn a ddywed E. W. Evans a John Saville. Gw. R. Page Arnot, *The Miners' Years of Struggle* (London, 1954), 20.

Undeb a'r Raddfa Lithrig a Mabon wedi eu clymu yn dynn â'i gilydd. Bu hi yn fisoedd anodd ac erbyn Chwefror 1876, yr oedd y glowyr, oherwydd y Raddfa Lithrig, yn byw ar gyflog lleiafrif. Fel y dywed Dr E. W. Evans:

> Coal prices were so low that the men were only entitled to the minimum wage rate. This meant that the miners' wage rates were so reduced, and as the award was retroactive any excess pay received since 1st January had to be refunded ... Then again, the adoption of a sliding scale removed the main justification for trade unionism by making collective bargaining unnecessary. In practice, the workman who paid his sliding scale levy of a penny per month was no worse off than the miner who paid seven or twelve times as much to his union branch.[35]

Dywed y dyfyniad yna y cwbl. Roedd y Raddfa Lithrig wedi lleihau dylanwad Undebaeth ymysg y glowyr a derbyniai y glöwr lawer llai yn y pendraw o'i berthynas â'r Undeb na'i geiniog y mis tuag at y Raddfa Lithrig.[36] Roedd hi'n amlwg erbyn 1877 fod Mabon yn ddigon pell o safbwynt y mwyafrif o'r glowyr, a bod ei fethiant i greu Undeb a fyddai'n llyncu'r Dosbarthiadau wedi methu. Sylweddolodd nad oedd Dosbarth Llwchwr mewn cyflwr i'w gadw ef fel asiant llawn amser a chynghorwyd ef i ystyried unwaith yn rhagor symud o Gwmbwrla i Bentre yn y Rhondda Fawr, a digwyddodd hynny ym mis Chwefror 1877, gyda'r gobaith y medrai lwyddo i sefydlu Undeb ar gyfer glowyr cymoedd y Rhondda.

Ni fedrai glowyr Dosbarth Llwchwr adael iddo fynd o'u plith heb gynnal cyfarfod ymadawol iddo ar ffurf cyngerdd, a hynny yng Nghasllwchwr.[37] Tyrrodd ei gefnogwyr i'r cyngerdd o Lwchwr, Gorseinon, Llanelli, Cwmbwrla,

---

35 E. W. Evans, *Mabon*, 17.
36 *Ibid.* Ar wahân i Sir Fynwy a dosbarth Merthyr, yr oedd Undebaeth wedi chwythu ei blwc.
37 *Tarian y Gweithi*wr, Mai 24, 1878, 3.

Penclawdd ac Waunarlwydd, a hynny ar Nos Sadwrn, 17 Mehefin, 1878. Bron i bythefnos ar ôl hynny ar Nos Iau, 30 Mehefin, gwelid yr asiant yn mwynhau ei hun yng Ngwesty Ddirwestol Pentre (lleoliad ei gartref yn y Rhondda oedd Pentre) gyda'r dasg o gyfweld bechgyn o lowyr oedd yn dymuno uno gyda Chôr Meibion Dinas. Ymddiriedwyd y dasg iddo ef ac Alaw Buallt ac M. O. Jones, Treherbert, tri eisteddfodwr amlwg.[38]

---

[38] R. D. Griffiths, 'Moses Owen Jones (1842-1908)' *Bywgraffiadur Cymreig hyd 1940,* 468. Ym Mai 1863, penodwyd M. O. Jones (brodor o Ddinorwig) yn bennaeth ysgol yn Nhreherbert ac yno y treuliodd ei oes. Arweinydd côr, cyfansoddwr emyn-donau ac fel Mabon, Arweinydd y Gân. Cyflawnodd M. O. Jones y dasg honno yng Nghapel Carmel (Annibynwyr) Treherbert.

PENNOD 3

Asiant Glowyr y Rhondda

Digwyddiad pwysig yn hanes Undebaeth y Glowyr oedd symudiad Mabon i ofalu ar ôl glowyr Cwm Rhondda. Roedd streic 1875 wedi gwanhau Undebaeth ond ni ddiflannodd cnewyllyn o undebwyr o Undeb Cwm Rhondda, sef Undeb Glowyr Dyffryn Rhondda a adnabyddid hefyd fel y *Cambrian Miners' Association,* fel y gwelsom ac yr oedd Mabon yn adnabyddus i lowyr holl byllau'r Rhondda.

Arloeswr y diwydiant glo oedd Walter Coffin, gŵr ifanc pedair ar hugain oed a oedd yn barod i fentro ac anturio yn y maes glo. Agorodd bum lefel ym 1809, 1811, 1812 a 1832 ac i ddilyn gan lefel Brithweunydd ym 1839 a glofa Gellifaelog ym 1845. Erbyn y pedwar degau daeth eraill i fanteisio ar ei lwyddiant ac agor pyllau yn y Cymer, Porth, Bedw, Llwyncelyn a Gyfeillion, Cwmclydach, Ynyshir, Troedyrhiw. Tynewydd.[1] Roedd gwaelod Cwm Rhondda yn ganolbwynt y diwydiant glo tra oedd rhan uchaf o'r Rhondda yn dal yn ardal wledig. Ond erbyn diwedd y pum degau roedd datblygu y pyllau glo yn digwydd yn y Rhondda Fach.

Yn yr ail gyfnod o 1870 i 1913 y gwelwyd datblygiad y diwydiant glo yn y Rhondda. Erbyn hynny, roedd trenau rheilffordd yr Eidal, Sbaen a'r Balcans, Brasil ac Ariannin yn gofyn am lo y Rhondda fel y gwnâi llongau eu hunain.[2] Rhwng 1870 a 1884 agorwyd dau ddeg pedwar o byllau glo yn y

---

[1] R. T. Jenkins, 'Walter Coffin (1784-1867)', *Bywgraffiadur Cymreig,* 73; Elizabeth Phillips, *Pioneers of the Welsh Coalfield* (Cardiff, 1925), 155-7; E. D. Lewis, 'The Coal Industry', (yn) K. S. Hopkins (editor), *Rhondda Past and Future* (Ferndale, 1975), 22-36.

[2] Erbyn 1913, roedd 53 o byllau glo mawr ar waith yn y Rhondda, ac yr oedd 44 o'r rhain yn cyflogi dros 500 o löwyr ym mhob un ohonynt a 21 o byllau yn cyflogi dros fil o löwyr. Gw. E. D. Lewis, 'The Coal Industry', *ibid,* 31.

Rhondda, a bu Mabon yn dyst i agoriad nifer ohonynt. Roedd rhai o'r pyllau yn aruthrol o fawr fel cwmni glo Morgannwg yn Llwynypia a Chwmni'r Ocean gyda phyllau yn Nhon Pentre, a Chwmparc, sef gwaith David Davies, Llandinam. Suddwyd pyllau Fernhill yn Nhreherbert a Blaenrhondda a gychwynnwyd gan y Bedyddiwr, Thomas Joseph a'i ffrind, Ebenezer Lewis.[3] Cwmni Glofaol Cwmbran yng Nghlydach Vale a ffurfiwyd gan Samuel Thomas, a Naval Colliery Co oedd yn gyfrifol am ddatblygu pyllau glo Penygraig a Thonypandy, a chwmni y brodyr Cory o ddinas Caerdydd a welodd eu cyfle ym Mhentre a'r Gelli.[4] Pyllau David Davies, Llandinam, cyfaill i Mabon, oedd â'r llaw drechaf.[5] Erbyn y naw degau, pan oedd Mabon ar ei orsedd yn y Rhondda, enwyd pyllau glo ar ben Cwm Rhondda Fach yn y Maerdy a agorwyd

---

[3] Canmolodd y seraff-bregethwr, Dr Owen Thomas, Lerpwl, Thomas Joseph, Tŷ Draw, Treherbert. Traddododd Dr Owen Thomas ddarlith a phregethodd bedair gwaith, a gofalodd fod *carriage* yn mynd ag ef i bob man; cafodd ei drin fel tywysog. Nid rhyfedd iddo ganmol Thomas Joseph: '*A very intelligent gentleman – and understands everything about as well as if not better than any man in South Wales.*' Ac yr oedd Dr Owen Thomas yn bur gywir. Thomas Joseph oedd y cyntaf yng Nghwm Rhondda i ddatblygu'r dull *longwall* i godi glo, a hynny yn 1863. Gw. D. Ben Rees, *Pregethwr y Bobl: Bywyd a Gwaith Owen Thomas* (Lerpwl a Phontypridd, 1979), 159.
[4] Ceir cofnod manwl am y teulu gan yr hanesydd, W. W. Price, Aberdâr. Gweler ei gofnod yn *Bywgraffiadur Cymreig* (75-76) am y brodyr Cory a'u haelioni i achosion crefyddol yng Nghwm Rhondda.
[5] Ivor Thomas, awdur *Top Sawyer* (1938), stori David Davies (1818-1890), Llandinam, ac ef sydd yn gyfrifol am gofnod difyr yn y *Bywgraffiadur Cymreig* (105-6). Rhyfeddwn at ei weledigaeth, adeiladu rheilffyrdd, creu doc newydd yn y Barri, suddo'r pyllau glo a chael rheilffordd o ben ucha'r Rhondda i'r dociau. Ceir toreth o ddeunydd difyr ym mhapurau Llandinam yn y Llyfrgell Genedlaethol, a chefais fwynhad o ddarllen rhan ohonynt yn yr wythdegau. Galwodd Gwyn Alf Williams ef '*The Boris Yeltsin of Broneinion*'.

gan Mordecai Jones.[6] Agorwyd pyllau Ynyshir gan James Thomas, a'r pyllau National yn Wattstown. Yn yr wythdegau y gwelwyd suddo glofa'r Hafod a ddaeth i'w alw yn byllau glo Lewis Merthyr a agorwyd gan ŵr o'r un anian â David Davies, sef William Thomas Lewis.

Cymry, felly, oedd y mwyafrif o berchnogion y pyllau glo, ac yr oedd hynny'n wir am arweinwyr yr Undeb Llafur. Roedd y Cymry Cymraeg yn y mwyafrif ymhlith y glowyr. Gŵr 35 oedd Mabon yn meddu ar farf ddu fel y frân ac yn meddu ar lais llefaru a chanu bendigedig. Cymeriad carismatig a ddaeth i amlygrwydd yn streic 1875, a bu methiant y streic yn surni i'r glowyr oedd yn aelodau o undebau. Pan safodd Mabon ar ei draed ar lwyfan Neuadd y Pentre, Rhondda, i gyfarch undebwyr ar ôl cyrraedd y Rhondda, dim ond deg ar hugain o lowyr a ddaeth ynghyd i'w groesawu ac i wrando arno. Daeth mwy ynghyd i Donypandi ar 9 Ebrill pan siaradodd yn effeithiol dros ben a chydag argyhoeddiad.[7] Daliodd yr un mor gadarn yn Llwynypia yr un mis, gan alw am ail-strwythuro'r Undeb a sefydlu canghennau a fyddai'n cyfrannu yn gyson i gyllid Cronfa'r Dosbarth.[8] Roedd ganddo gefnogwyr da o'i amgylch yn William Evans, y Pentre, a ddaeth i'w lysenwi yn Mabon bach, a Tom Davies, Tonpentre. Galwyd ef yn Davies y Windsor. Cyflawnodd William Evans ei swydd fel ysgrifennydd yn raenus fel y gwnaeth Tom Davies

---

[6] W. W. Price, 'Mordecai Jones (1813-80)', *Bywgraffiadur Cymreig*, 466-7, E. Phillips, *Pioneers of the South Wales Coalfield*, 205-9. Fel Mabon a David Davies, Methodist Calfinaidd ydoedd o ran ei grefydd, a bu'n barod iawn ar ôl suddo pwll y Mardy yn Rhondda Fach (1876) i roddi tir rhydd-ddaliadol, i adeiladu capeli arno ar ei stad ym Mardy. Bûm yn pregethu droeon yn chwedegau yr ugeinfed ganrif yn y ddau gapel Methodistaidd Calfinaidd y Mardy heb sylweddoli am gymwynas Mordecai Jones, un o'r gwŷr grymusaf a anwyd ac a fagwyd yn Aberhonddu. Bu'n bwysig ryfeddol yn hanes ei enwad i hyrwyddo yr Ysgolion Brutanaidd yn y De a'r Gogledd.
[7] *Tarian y Gweithiwr*, 13 Ebrill, 1877.
[8] *Ibid.*, 27 Ebrill, 1877.

fel trysorydd. Ond, ac yntau newydd gyrraedd y Rhondda, taflwyd Mabon a'i gyd-swyddogion i ganol trasiedi fawr pwll glo Tynewydd, Porth. Ar ddydd Mercher, 11 Ebrill roedd cant o lowyr a bechgyn wrth eu gwaith ym mhwll glo Tynewydd. Roedd y mwyafrif wedi gorffen eu tyrn pan dorrodd dŵr i mewn o hen waith glo y Cymer (lle y lladdwyd 114 ar 15 Gorffennaf, 1856) rhwng 4 a 5 o'r gloch y pnawn a llifo trwy'r pwll. Clywodd y byd cyfan yn fuan iawn am arwriaeth y glowyr ac yn sicr bu hi yn brofedigaeth erchyll i deuluoedd, cymuned y Porth ac arweinwyr y glowyr, yn arbennig Mabon. Clywyd bod pedwar ar ddeg ar goll. Trwy drugaredd, roedd dau grwp o bump ohonynt wedi cael eu hunain mewn pocedi o aer cywasgedig a'u cadwai yn fyw. Ceir yr hanes yn fanwl gan David Jenkins a Moses Powell, dau o'r carcharorion, a threfnodd Mabon i'r gyfrol gael ei hargraffu yng Nghwmafan.[9] Perswadiodd ei gydnabod, y Parchedig David Jones, Porthcawl i'w gyfieithu i'r Saeseng o dan y teitl, *Life from the Dead* a'i gyhoeddi eto yng Nghwmafan.[10]

    Cysurwyd y glowyr gan weddïau ac emynau'r cysegr. Tom Stenner oedd bennaf gyfrifol am hyn. Yn ôl ei gofiannydd, ef oedd un o 'dduwiolion y dyfnderoedd'. Ni fedrai Tom Stenner ddarllen nac ysgrifennau gair mewn unrhyw iaith, ond fe ofalai fod pob pwll glo y bu ef ynddo yn dŷ cwrdd. Roedd yn Grist-debyg i'r glowyr.[11] Canwyd emyn Dafydd William, Llandeilo Fach ger Pontarddulais, 'Yn y

---

[9] *Bywyd o Feirw, sef Hanes y Carcharorion Tanddaearol ym mhwll Tynewydd, Cwm Rhondda o Ebrill yr 11eg hyd yr 20fed, 1877* gan David Jenkins a Moses Powell (Dau o'r Carcharorion) (Cwm-afon, c.1877).

[10] Cyfieithwyd yr hanes i'r Saeseng gan y Parchedig David Jones, Porthcawl a'i gyhoeddi o dan y teitl, *Life from the Dead* (Cwm-avon, no date.) Yna cafwyd yn ddiweddarach gyfrolau Emrys Pride, 'Profile of a Colier', (yn) Rhondda: My Valley Brave (Risca, 1975), 40-51 a Ken Llewellyn, *Disaster at Tynewydd: An Account of a Rhondda mine disaster in 1877* (ail argraffiad, Penarth, 1992).

[11] Tom Davies, *Tom Stenner: Bywyd a Helyntion Hen Golier o Gwm Rhondda* (Aberdâr, 1936).

dyfroedd mawr a'r tonnau'. Clywodd y carcharorion y canu dwys a didwyll. Torrwyd trwodd fore trannoeth drwy 36 troedfedd o le i gael hyd iddynt. Yn y poced aer arall, cafwyd pedwar o'r pump yn fyw, glowyr a fu byw heb ddŵr na dim ond canhwyllau i oleuo eu hargyfwng truenus. Diolchent fod y dram a silff gul ychydig fodfeddi uwchlaw'r dŵr lle y mentrent orffwyso uwchlaw y dyfroedd. Dyna'r unig ddiogelwch i'r cyrff am ddeng niwrnod ond i'w meddyliau ceid cyfle i weddïo yn daer ac i ganu gyda gorfoledd emynau'r Ffydd. Y gweddïwr mawr oedd David Jenkins, yr hynaf ohonynt, er mai dim ond deugain oed oedd yntau. Llanwai swydd diacon gyda'r Annibynwyr Cymraeg. Profwyd gwerth bywyd ysbrydol capeli'r cwm, dysgeidiaeth yr Ysgolion Sul ac addysg yr Ysgol Gân wrth bledio am gysur, gobaith a chael rhyddhad o'r dyfroedd oedd yn llenwi'r poced aer.[12]

Ar bnawn Iau, 12 Ebrill clywodd y cnewyllyn o achubwyr y gân. Credid eu bod hanner milltir i ffwrdd o'r nod. Nid oedd dim amdani ond nerth braich gyda'r mandrel. Ar bnawn Llun, 16 Ebrill, gofynnodd Mabon i 16 o dorrwyr glo gorau de Cymru i ddod ynghyd i dorri twnel, chwe throedfedd ar draws, tair troedfedd o uchder a thrwy 114 o droedfeddi o lo er mwyn cyrraedd y glowyr dewr. Roedd eu bywyd hwy a'r torrwyr glo yn y fantol, a galwodd y wasg yr ymdrech fel 'The Charge of the Rhondda Brigade'.

Ar ddydd Iau, 20 Ebrill, a hwythau o fewn llathenni i lwyddiant, bu'n rhaid i'r torrwyr glo ffoi am eu heinioes rhag nwy gwenwynig. Wedi trafod y sefyllfa, gwirfoddolodd chwech i orffen y gwaith, sef Daniel Thomas, perchennog lofa Brithweunydd, William Beith, peiriannydd mecanyddol o'r 'Harris Navigational Colliery' ym Mynwent y Crynwyr, ger Treharris a phedwar o lowyr, sef Isaac Pride, Abraham Dodd, John William Howell o Ynyshir a Gwilym Thomas a gymerodd

---

[12] Ken Llewellyn, *Disaster at Tynewydd,* 33-35, 37-8.

le Howell am ei fod ef yn gryfach person.[13] Abraham Dodd a wthiodd ei hun gyntaf trwy'r twll, a hynny gydag Isaac Pride yn gosod ei hun fel pont iddynt wthio ei hun drosto. Dyna oedd y dewrder y bu Mabon yn cyfeirio ato yn gyson.

Gwnaeth y newyddiadurwr, Morien, lunio adroddiad cynhwysfawr i'r *Western Mail*. Cafodd y *Times*, oedd yn medru bod yn feirniadol o'r Cymry a'r dosbarth gweithiol, gyfle i anfon newyddiadurwr i bwll glo Tynewydd. Felly hefyd y *Daily Telegraph*. Daeth gohebydd o'r Unol Daleithiau i gynrychioli y *New York Herald* i'r Rhondda i lunio stori arwrol. Gyrrodd y Frehines Victoria ei ffotograffydd i dynnu lluniau y dewrion. Gwelwyd hefyd Irving Montague, ffotograffydd gorau ei ddydd, yno dros yr *Illustrated London News*; yn anffodus, ni ddaeth John Thomas, ffotograffydd Cymry Lerpwl, ar gyfyl y pwll.[14]

Derbyniodd Daniel Thomas, William Beith, Isaac Pride a J. W. Howell Fedal Albert am eu gwrhydri. Anwybyddwyd Abraham Dodd a Gwilym Thomas. Roedd hynny yn drueni mawr, gan i Abraham Dodd gael ei losgi yn ddifrifol ym mhwll gol Ynys-hir ar 12 Mai – pwll oedd yn eiddo i Daniel Thomas a James Thomas, rheolwr pwll Tynewydd. Cyflwynwyd i James Thomas Fedal Albert (ail

---

[13] Hywel Teifi Edwards, *Arwr Glew Erwau'r Gro: Delwedd y Glöwr yn Llenyddiaeth y Gymraeg, 1860-1950* (Llandysul, 1994) 118. Ceir yr hanes yn fanwl yn y gyfrol bwysig hon o dudalennau 117-122 ynghyd â lluniau o'r gwaredigion a'u hachubwyr, ynghyd â llun o Gwilym Thomas, 'Abby' Dodd ac Isaac Price.

[14] *Ibid.*, 121. Gofidia Hywel Teifi Edwards nad ydym fel Cymry Cymraeg wedi cael awdl na nofel na stori fer i gofio Tynewydd. Dywed, 'Nid oes yn y Gymraeg, mamiaith glowyr Tynewydd, na cherdd, na stori – megis '*Twenty Tons of Coal*' B. L. Coombes – na drama i'w hanfarwoli, er cymaint o glod a gawsant ym 1877 ... Diolch byth, y mae gennym, er 1974, gampwaith Nicholas Evans, "Entombed – Jesus in the Midst", sydd er pan syllais arno gyntaf wedi tyfu'n ddelwedd ddiwrthdro i mi o epig Tynewydd.'

ddosbarth) ond gan ei fod yn wynebu cyhuddiad o ddynladdiad ar 15 Mai gyda Mabon yn bresennol, tynnwyd y cynnig yn ôl.[15]

Y rhyfeddod arall oedd anwybyddu Gwilym Thomas, un o ffrindiau pennaf Mabon, gŵr oedd yn meddu ar lais bariton godidog. Enillodd y wobr gyntaf yn yr Eisteddfod Genedlaethol chwe gwaith a bu'n löwr am chwarter canrif. Ymgorfforai y glöwr diwylliedig ar ei orau, ac ymffrostiai Mabon yn ei gampau eisteddfodol. Roedd ef yn haeddu'r Fedal, ond ni chafodd un er mawr ddirgelwch i Mabon. Bu achos James Thomas yn boen meddwl iddo hefyd. Teithiodd Mabon i Frawdlys Abertawe ar 6 Awst, 1877 i achub James Thomas. Methodd y rheithgor â chytuno ar ddedfryd iddo. Fe'i profwyd drachefn yng Nghaerdydd ar 9 Ebrill, 1878 gerbron y Barnwr a'i gael yn ddieuog o osgoi esgeulustod dybryd. Y gwir oedd fod y glowyr yn wynebu peryglon dyddiol a'r syndod mawr yw fod Mabon wedi llwyddo gystal am gyhyd o amser i gael y glowyr i dderbyn y sefyllfaoedd trwy argyhoeddiad ei ffydd Gristnogol. Daeth pwyslais mawr ar ôl y sefyllfa yng nglofa Tynewydd ar ganu emynau y Cymry ac ar weddïo mewn cyfarfodydd yn y lofa a'r capeli.[16]

Lluniodd y cerddor, Joseph Parry, emyn a ganwyd am y tro cyntaf ar Sul 12 Mai, 1877 yng Nghapel y Cymer, lle roedd David Jenkins yn ddiacon. Dyma'r emyn

> Di Dyner Dad! boed llusern ffydd
> Yng ngrym Dy law'n gwneyd nos yn ddydd
> Lawr yn y dyfnder, swyn Gwlad well
> Fo'n codi allor ym mhob cell;
> O dyro'th nawdd, Greawdydd cu,
> I lowyr dewr y dyfnder du

Dechrau'r broses o gysuro a wnaeth Joseph Parry, ond trefnodd Mabon yn ofalus, gan agor cronfa a chynnal Cyfarfod

---

[15] *Ibid.*, 125
[16] Ken Llewellyn, *Disaster at Tynewydd,* 68-73.

Ymgysegriad ar 4 Awst, 1877. Daeth deugain mil o lowyr i Gomin Cilfynydd ym Mhontypridd ac i ymyl y Garreg Siglo enwog i anrhydeddu'r dewrion mewn cyfarfod a lywyddwyd gan C. R. M. Talbot, Aelod Seneddol Morgannwg.[17]

Gorymdeithiodd y glowyr o ganol tref Pontypridd yn eu dillad gwaith a'u lampau yn goleuo a'u mandrel ar eu hysgwydd i gyfarch Arglwydd Faer Llundain, y gŵr a agorodd y gronfa i gynorthwyo tculuoedd anghenus. Derbyniodd y gweddwon £250 yr un a £50 i'r bachgen, David Hughes a gollodd ei dad a'i frawd yn y llif. Cafwyd nifer o roddion gan wleidyddion o Dŷ'r Cyffredin, o swyddfa y *Daily Telegraph*, o Urdd Marchogion Sant Ioan o Gaersalem, a Chymdeithas y Beibl yn trosglwyddo Beiblau wedi eu llofnodi gan yr Arglwydd Shaftesbury.[18] Cyflwynwyd Medalau Albert i bedwar achubwr ar hugain. Roedd 4 Awst, 1877 yn ddiwrnod mawr i lowyr Cwm Rhondda ac i'w harweinydd, Mabon.[19] Pwrpas y cyfan i Mabon oedd pwysleisio bod y gwroldeb wedi ei lefeinio gyda'r Ffydd Gristnogol a gyflwynwyd iddynt yn y capeli anghydffurfiol. Dyna a glywyd ger y Garreg Siglo o enau David Jenkins, Moses Powell a'u harwr, Mabon. Roedd yr Efengyl Gristnogol ym mhob sill o'r saga. Dyn ar ei orau a welwyd am fod y dyn hwnnw yn meddu ar ffydd yn Nuw, gobaith yn ei gyd-ddyn a chariad Iesu.

Ond cyn diwedd 1877, gwelwyd maes glo y De yng nghanol dirwasgiad enbyd. Mynegodd James Clement, y bardd o Gilfach Goch am y dioddefaint:

> Ai caethwas fydd heb obaith gwell
> Na'i lwyr newynu yn y gell?

Daeth gofid i'w galon unwaith eto, yn arbennig am fod y glowyr wedi rhoddi eu cefnogaeth iddo mewn cynhadledd yn

---

[17] Hywel Teifi Edwards, *Arwr Glew Erwau'r Glo*, 125.
[18] *Ibid.*, 127.
[19] *Ibid.*,125.

Llwynypia wrth ffurfio y *Cambrian Miners' Association*.[20] Cytunwyd ar yr argymhelliad fod William Abraham yn aros fel asiant. Y *Cambrian Miners' Association* oedd y cyntaf o'r cymdeithasau ymhlith y glowyr hyd yr uno ym 1898.

Gwaith y *CMA* neu *Undeb Glowyr y Rhondda* yn Gymraeg oedd casglu arian i dalu'r asiant, ac os y ceid anghydfod, ef oedd â'r dasg o setlo'r cweryl a'r anghydfod.[21] A chan ei fod yn debyg o lynu wrth y Raddfa Lithrig, ni ddisgwylid cael streiciau fel y cafwyd ym 1871 a 1875. Roedd hyn wrth fodd Mabon. Dibynnai'r cwbl arno ef.

Sefydlodd Gyngor i'w gefnogi a chael cynrychiolwyr o wahanol rannau o'r cymoedd, Rhondda Fawr a Rhondda Fach, i drafod gydag ef fuddiannau y glowyr. Penderfynnodd Mabon beidio â chreu cyfrinfeydd i'r pyllau glo na changhennau, gan y byddai hynny yn medru peri anghydfod ac anghytuno. Prif bwrpas yr Undeb oedd cydweithio a chydymdeimlo a chyd-drafod gyda'r perchnogion, y mwyafrif ohonynt yn coleddu'r un gwerthoedd ag yntau o fewn Rhyddfrydiaeth.

Derbyniodd Mabon ddigon o ryddid i'w blesio'n fawr. Cadwai gysylltiad gyda'r glowyr a byddai'n ymweld yn gyson gyda'r meistri. Gwelwyd ei allu i ddod â phob anghydfod i ben mewn amser byr. Ond nid oedd yn brin o feirniadaeth, er bod y mwyafrif o'i feirniaid yn defnyddio enw ffug i'w llythyron i'r Wasg yn cwyno amdano, gan ofyn weithiau am ei ymddiswyddiad, a thro arall yn gofyn am ddileu y Raddfa Lithrig. Nid oedd angen iddo boeni am ei swydd, am fod ganddo gnewyllyn o gefnogwyr a'i hedmygai'n fawr.

---

[20] Ken Llewellyn, 'Disaster at Tynewydd' 74-5, *Tarian y Gweithiwr,* 10 Awst 1877, 3; *Y Faner,* 15 Awst 1877, 7; Hywel Teifi Edwards, *Arwr Glew Erwau'r Glo,* 126. Dywed ef yn ei ffordd ddihafal: 'Rhaid cyfrif 4 Awst, 1877 yn ddiwrnod unigryw yn hanes maes glo'r De, a'r noson honno goleuwyd strydoedd Caerdydd a bu gwledd er anrhydedd i Arglwydd Faer Llundain a ddaethai bob cam o brifddinas yr Ymerodraeth Brydeinig i gydnabod "rhagoroldeb glowyr Cymru".'
[21] *Tarian y Gweithiwr,* 27 Ebrill 1877.

Mynnodd Mabon drafod pob anghydfod gydag ystyriaeth i'r ddwy ochr. Cydymdeimlai gyda'r meistri a oedd yn ddigon gonest i ddweud wrtho eu bod yn brin o gyfalaf, ac ar y llaw arall, gwyddai ef yn dda fod miloedd o lowyr a'u teuluoedd yn dibynnu yn gyfangwbl ar y cyfalafwyr am waith i gadw y cartrefi yn ddiddan. Sylweddolodd y meistri ei fod ef yn medru bod yn ddigon ystyfnig ar brydiau wrth drafod, ond yn medru bod yn effeithiol a theg, ac yn mynnu cael cytundeb yn hytrach na streic. Dyna a ddigwyddodd, fel y soniodd y Dr E. W. Evans:

> Moreover, by shrewd bargaining and skilled negotiating, he had concluded an agreement in return for relatively few concessions.[22]

Credai Mabon y dyddiau hynny y dylai ef arwain glowyr y Rhondda. Ei gyfrifoldeb pwysicaf oedd gosod gerbron aelodau'r Undeb gynllun cadarnhaol. Cafodd gyfnod anodd ym mlynyddoedd 1878 i 1882 a chafodd ei gyflyrru i ystyried safbwynt Samuel Roberts, Llanbryn-mair, ar ymfudo i'r Unol Daleithiau. Gwelodd ef mai honno oedd y ffordd allan, a mentrodd nifer o lowyr o dde Cymru i feysydd glo Virginia, Pensylfania ac Iowa.[23] Mae astudiaeth a wnaed ar y glowyr Cymreig yn nhalaith Iowa yn dadlennu yn glir yr ymfudo a ddigwyddodd i faes glo llawer llai nag un Pensylfania.[24]

---

[22] E. W. Evans, *Mabon*, 21. 'Contributions of 1/12d (hanner i fod) and later 2d per month were deducted from wages at the colliery offices, the clerks retaining a small percentage for their services. The organisation was not collecting money to form a fighting fund, and its sole aim was co-operation with the employers'

[23] *Ibid.*, 25.

[24] Ceir pennod bwysig yng nghyfrol Cherilyn A. Walley, *The Welsh in Iowa* (Caerdydd, 2009) ar y glowyr Cymraeg yn Iowa. Dywed: 'The peak of Welsh emigration to Iowa occurred in the 1870's and 1880's, with roughly half the increase due to the immigration of Welsh miners.', 119.

Credai Mabon ym 1879 fod ymfudo yn ffordd dda i ennill cyflog teg. Sylweddolai fod pyllau glo lle nad oedd digon o waith a gormod o weithwyr yn creu sefyllfa lle y ceid cyflogau bach. Erbyn y flwyddyn hon, roedd ei safbwynt digon ffôl yn wyneb ei daith drychinebus i Chile ym 1864 yn ennill gwrandawiad gan lowyr y Rhondda. Cefnogai Mabon Gymdeithas Ymfudo y Gweithwyr (*Workmen's Emigration Society*).[25] Llwyddodd yr asiant i drefnu chwe changen yn y Rhondda. Costiai aelodaeth yn y gymdeithas swllt a disgwylid cyfraniad o bum punt. Telid llog ar y swm hwnnw. Gallai unrhyw aelod gymryd rhan yn y loteri honno. Os deuai ar y brig, anfonid ef i'r Unol Daleithiau gyda chyfalaf o £150.[26] Disgwylid i'r buddugol dalu y swm yn ôl mewn deng mlynedd gyda llog. Llwyddodd y cynllun y tu hwnt i bob disgwyliad.

Mynychodd Mabon gynhadledd o blith y glowyr yn nhref Barnsley ym mis Mai 1879, pryd y daeth cynrychiolwyr o'r meysydd glo at ei gilydd i ystyried y codiad o ddeg y cant yng nghyflogau'r glowyr.[27] Os gwrthodid hyn, byddai'r glowyr yn pleidleisio dros fynd ar streic. Dewiswyd Mabon yn un o'r dirprwywyr i weld swyddogion Undeb y Glowyr i adrodd am y trafodaethau a chefnogaeth. Bu ar grwydr nid yn unig ymhlith

---

[25] Dywed Cherilyn A. Walley fod y glowyr Cymreig yn gefnogol i'r Undeb. Ni chawn hynny gan y mwyafrif o lowyr ym maes glo'r De o'r un cyfnod. 'When British miners emigrated to America, they brought their knowledge not only of mining, but also of union organizations. With such a background, it is no surprise that in Iowa the Welsh were some of the biggest supporters of local unions, and eventually the United Mine Workers (UMW).And the future UMW leader, John L. Lewis, was born and raised by his Welsh parents in Lucasm Iowa,' 123 Am John L. Lewis, gweler Dorothy Schwieder, *Black Diamonds: Life and Work in Iowa's Coal Mining Communities, 1895-1925* (Ames, 1983.), 126-9; a'r cofiant godidog iawn iddo gan ddau Athro Hanes. Gweler John L. Lewis: *A Biography by Melvyn Dubofsky and Warren Van Tine* (New York, 1977), 619 tt.
[26] *Tarian y Gweithiwr,* 9 Gorffennaf 1879.
[27] *Ibid.*, 27.

glowyr y Rhondda ond mewn ardaloedd eraill yn ne Cymru, ar ôl cyrraedd yn ôl o Swydd Efrog.

Teimlai Mabon fod y glöwr Cymreig yn haeddu cyflog da, ac yr oedd yn barod i gefnogi'r apel gan eu bod yn derbyn dim ond tair swllt a cheiniog am ddeg awr o waith ym mhyllau glo y Rhondda, o gymharu â chyflog o bum swllt a dwy geiniog am wyth awr o weithio ym mhyllau glo Swydd Northumberland. Yn ddistaw bach, sywleddolodd nad oedd y Raddfa Lithrig mor wych ag y credai ef dair blynedd ynghynt, ond ni allai weld dim cystal â'r system honno.

Roedd yr holl byllau a suddwyd ar ei ddyfodiad i'r Rhondda ac ychydig cyn hynny yn boddi'r farchnad am lo a'i ateb naturiol ef oedd ar i'r perchngoogion beidio â chynyrchu cymaint o lo. Sylweddolai fod y perchnogion mewn trafferthion am eu bod yn gorlifo'r farchnad ac yn gor-gynhyrchu. Bu cynhadledd Barnsley yn agoriad llygad i Mabon gan fod aml un o arweinwyr y glowyr wedi dadlau o blaid i'r glowyr weithio llai o oriau y dydd er mwyn amddiffyn y cyflogau a'r swyddi. Daeth i weld fod ymgyrch o blaid llai o oriau gwaith yn hynod o berthnasol.[28]

Meddyliodd gryn dipyn dros y syniad ac yn y diwedd, fe drefnodd gynhadledd ym mis Tachwedd 1880 i drafod y priodoldeb o leihau diwrnod gwaith y glöwr o ddeg awr y dydd i naw awr er mwyn cynhyrchu llai o lo ac er budd iechyd y gweithiwr. Prif ddadleuydd o blaid y naw awr oedd Mabon, fel y dywed y Dr E. W. Evans:

> Mabon was perhaps the foremost champion of the nine hours movement. He not only advocated the shooter shaft but even warned the men that the scheme would fail if they did ten hours a day.[29]

---

[28] E. W. Evans, *Mabon*, 26.
[29] *Ibid.*, 27.

Dadleuai fod lleihau dyddiau gwaith o awr yn fanteisiol iawn o ran y meistri ac o ran y glowyr. Cafodd beth cefnogaeth yn y gynhadledd, a diolchodd iddynt am drafod y cynllun a syniadaeth ei bwyllgor. Daliai i bwyso ar y glowyr i goleddu naw awr y dydd fel oriau gwaith yn y lofa, ac er bod ganddo gnewyllyn o gefnogwyr, y gwir oedd fod mwyafrif llethol o lowyr y Rhondda erbyn Mehefin 1881 o blaid deg awr y dydd. I'r glowyr, roedd y cyflog yn holl-bwysig ac ni allent feddwl am golli awr o dâl am eu llafur. Roedd y teuluoedd ag angen yr arian am yr awr honno. Wedi'r cyfan, cystadleuaeth galed oedd hi, a dadleuai ei wrthwynebwyr yr un mor ddidwyll. Os y byddai glowyr y Rhondda yn cynhyrchu llai o lo, ni olygai hynny fod meysydd glo Cyfandir Ewrop yn mynd i gynhyrchu llai hefyd.

Teithiodd Mabon i Leeds ym mis Rhagfyr 1882 i gynhadledd o gynrychiolwyr o feysydd glo Prydain. Cytunwyd yn y gynhadledd honno fod yr amser yn aeddfed i ddadlau o blaid diwrnod wyth awr neu wythnos bum diwrnod a'r cyfan i'w weithredu o Chwefror 1883.[30]

Anwybyddwyd y Datganiad a'r argymhelliad yn ddiymdroi yn ne Cymru. Mabon oedd yr unig gynrychiolydd o Gymru a deithiodd i Leeds. Gwrthododd ei lowyr ei hun yr argymhelliad. Beirniadwyd ef gan arweinwyr Dosbarth Gweithwyr Cwm Cynon am uniaethu ei hunan gyda'r symudiad diangenrhaid.[31] Bu dadl fawr yn y Wasg ym Morgannwg rhwng glowyr Rhondda a Chwm Cynon ar ôl i Mabon a'r asiant David Morgan gyhoeddi erthyglau ar y pwnc. Yn y diwedd, gwrthododd glowyr y Rhondda ddilyn Mabon ar y mater a gwarafun iddo yntau deithio i Fanceinion i gynhadledd arall ym 1883 i drafod yr ymgyrch ymhellach. Ni allai arweinwyr glowyr Dosbarth Aberdâr gytuno o gwbl gyda Mabon. Mater o egwyddor oedd hi a realiti economaidd.

---

[30] *Tarian y Gweithiwr*, 14 Rhagfyr, 1882.
[31] *Ibid.*, 11 Ionawr 1883.

Mabon oedd yr unig arweinydd yn ne Cymru am flynyddoedd lawer i goleddu y safbwynt a feirniadwyd yn llym gan y meistri a'r glowyr am flynyddoedd.

Gofidiai Mabon fel arweinydd fod yr undebau lleol yn anghofio trefnu cynlluniau ar gyfer damweiniau a ddigwyddai mor gyson yn y pyllau a'r afiechyd a ddioddefai y glowyr a'r gweithwyr yn y diwydiannau trwm. Gadawyd materion pwysig o'r fath yn nwylo cwmnïau insiwrans neu gymdeithasau cyfeillgar fel y Gwir Iforiaid a'r Oddfellows. Mudiad Cymreig oedd Urdd Dyngarol y Gwir Iforiaid a sefydlwyd yn Wrecsam yn y flwyddym 1836. Roedd Mabon yn meddwl yn uchel o'r Urdd am ei gwaith yn darparu budd-daliadau salwch a chladdu, ac yn arbennig ei bod fel Urdd yn hyrwyddo'r iaith Gymraeg a'r diwylliant trwy gynnal yn gyson eisteddfodau. Bu Mabon yn gefnogwr brwd pan symudodd gweithgarwch yr Iforiaid i ganol maes glo y De ym Morgannwg. Yn y cyfnod hwnnw, perthynai ugain mil o bobl i fudiad yr Iforiaid a chyfran uchel yn lowyr. Daliodd Cymdeithas y Gwir Iforiaid yn fwy derbyniol yn yr ardaloedd glofaol na'r cwmnïau insiwrans. Credai Mabon mai'r enghraifft orau y gwyddai ef amdani oedd yr hyn a drefnwyd gan Undeb y Glowyr yng ngogledd ddwyrain Lloegr. Cyfeirio a wnai at y *Northumerland and Durham Miners' Permanent Relief Society* a sefydlwyd ym 1862.

Mewn cynhadledd o lowyr yn Hydref 1878, cytunwyd bod pwyllgor o bedwar, yn cynnwys Mabon, yn paratoi cynllun tebyg i un Durham a Northumberland ar gyfer y glowyr yng Nghymru.[32] Gwnaed y gwaith anoddaf gan Mabon ei hun, ond er mor drwyadl oedd y cynllun, gwrthodwyd ef gyda mwyafrif helaeth mewn cynhadledd fis yn ddiweddarach.[33] Arian oedd y bwgan. Disgwyliai Mabon a'i bwyllgor ormod o bocedi'r glowyr oedd yn derbyn cyflog mor ddiraddiol yn y lle cyntaf.

---

[32] *Tarian y Gweithiwr,* 22 Tachwedd, 1878.
[33]. E. W. Evans, *Mabon*, 30.

Gobeithid y byddai'r gwleidyddion yn y Senedd yn dyfeisio cynllun mwy derbyniol na chynllun Mabon.

Symudwyd meistri'r pyllau i sefydlu cymdeithas o'r enw *Miners' Permanent Provident Society* i lenwi'r bwlch.[34] Ymgais oedd hyn ar ran y perchnogion i arbed cyfrifoldeb y Ddeddf a alwyd *Employers' Liablity Act* ym 1880. Caniatâi y ddeddf hon fudd-dal i weithwyr a anafwyd o ganlyniad diffyg gofal y perchnogion, ond nid oedd hyn o unrhyw werth i'r glowyr oedd wedi eu neilltuo allan trwy berthyn i gynllun insiwrans.

Deallai Mabon fod y cynllun hwn yn garedicach tuag at weithwyr fel y glowyr. Daeth ef yn ŵr pwysig yn y ddarpariaeth. Cysylltwyd gyda Mabon am ei farn a'i fewnbwn pan oedd y cynllun yn cael ei baratoi.[35] Deallwyd mewn blynyddoedd fod Mabon wedi cael ei wahodd i fod yn Ysgrifennydd y Gymdeithas ac iddo wrthod am nad oedd am roddi y syniad ar led ei fod ef wedi cael ei lwgr-wobrwyro a'i brynu, a'i fod o'n gweld bod gwir angen amdano ar lowyr y Rhondda a fyddai fel defaid heb ganddynt fugail pe bai ef yn eu gadael am borfa fras.

Daeth yn un o'r bobl fwyaf brwdfrydig dros y bwriadau oedd ar y gweill. Nid oedd ganddo yn bersonol ddim llawer o feddwl o Ddeddf 1880 gan nad oedd yn barod i ofalu am weithwyr a anafwyd fel canlyniad i'w gweithred hwy neu i amgylchiad nad oedd neb, hyd y gellid gweld, yn gyfrifol am y ddamwain. Cefnogai y ddarpariaeth o eiddo'r cyfalafwyr fu'n gweld W. E. Gladstone am sefydlu cronfa a fedrai roddi cymorth ariannol i bob un a anafwyd yn y gwaith. Y cynllun hwn a gafodd gefnogaeth gan y perchnogion a'r gweithwyr. Sylwodd Mabon cyn codi cŵn Caer fod y glowyr yn gwrthod y Gymdeithas a gwelid hynny'n digwydd trwy'r maes glo erbyn Chwefror 1881.

---

[34] W. G. Dalziel, *Records of the several Coal Owners' Association in Monmouthshire and South Wales, 1864-95* (Cardiff, 1995), 631.
[35] *Tarian y Gweithiwr*, 23 Chwefror 1882.

Nid oedd gobaith gan Mabon i wireddu ei obeithion. Roedd hi'n amlwg fod y glowyr yn barod i dderbyn yr hyn a gynigiwyd yn y Ddeddf ar fater diogelwch yn y gweithle. Teimlai'r glowyr y dylid yn y pendraw ystyried eu hawliau dynol gerbron y llysoedd. Gorfodwyd Mabon gan deimladau a dadleuon aelodau ei Undeb i atal ei gefnogaeth i'r cynllun. Mor gynnar â Hydref 1881, newidiodd Undeb Glowyr Dosbarth Rhondda eu rheolau er mwyn sefydlu Cronfa Amddiffyn er mwyn cael digon o gyfalaf wrth gefn i frwydro yn y llysoeddd a'r tribiwnlysoedd. Gyda'r Gronfa hon llwyddodd glowyr y Rhondda o dan law Mabon i gynorthwyo bachgen bach o löwr o bwll glo Abergorci a gollodd ei fraich mewn damwain yn y lofa.[36] Bu'r Gronfa hon yn fendith yn y pendraw, ac yr oedd y glowyr yn gweld yn bellach na Mabon y tro hwn. Erbyn 1912, talodd y Gronfa allan i weddwon y glowyr, arian i dalu am angladdau a phensiynau anabledd a phensiwn henoed y swm aruthrol o £917, 373.[37]

Gwyddai Mabon nad oedd hi'n hawdd trefnu ar gyfer y glowyr, ond dyna oedd ei ddymuniad a'i uchelgais pennaf. Ei brif gonsárn oedd gofalu am y glöwr fel dyn cyfan, yn gorfforol, yn ariannol, yn feddyliol ac ysbrydol. Ni allai ddioddef gweld teuluoedd y glowyr yn byw ar gardod, a bu y cof am geginau cawl ym 1860 a 1879 yn ddigon o reswm iddo bwyso ar lowyr i ystyried ymfudo am fyd gwell yn yr Unol Daleithiau. Da y dywed Dr E. W. Evans:

> His concern was alwys for those who suffered most when there was unemployment, when wages were low, and when the miners stopped work. He always felt responsible for them, and his conscience would let nothing stand in the way of their best interests.[38]

---

[36] E. W. Evans, *Mabon*, 32.
[37] Chris Williams, *Democratic Rhondda: Politics and Society, 1885-1951.* (Cardiff, 1996), 32.
[38] E. W. Evans, *Mabon*, 32.

Daeth Mabon yn ŵr i'w edmygu gan lowyr y Rhondda, ac yn wir yn y cymunedau trwy'r ddau gwm. Apwyntiwyd ef yn Ynad Heddwch, swydd bwysig, ym 1887, ac ym 1885 daeth yn aelod o Gymdeithas Lenyddol a Dadlau Ystrad. Aeth ati i ysgrifennu, a chyhoeddwyd pamffledyn o'i eiddo ym 1883, sef *Political Economy and the Education of the Working Classes.* Gwahoddwyd ef i gyfrannu yn gyson yn Gymraeg i *Tarian y Gweithiwr* ac yn Saesneg i'r *South Wales Daily News* ac i'r *Western Mail.*

Erbyn 1883, roedd Mabon yn meddu ar uchelgais arall, sef cynrychioli y glowyr yn Senedd San Steffan. Rhyddfrydwr yn nhraddodiad y Gladstoniaid ydoedd, a mynegodd yr Undeb *Rhondda Steam Coal Miners' Association* (RSCMH) ddiddordeb yn sedd y Rhondda, gan ddadlau o blaid cael ymgeisydd o blith y glowyr i sefyll fel aelod seneddol.[39] Roedd Mabon ym meddwl nifer ohonynt a hynny yn naturiol am ei fod wedi gweithredu fel Ysgrifennydd y RSCMH am chwe blynedd. Ef fyddai'r ymgeisydd delfrydol yn nhyb swyddogion yr Undeb honno.

Ond y gwleidydd a wthiodd y cwch i'r dŵr dros Mabon oedd Henry Austin Bruce, yr Arglwydd Aberdâr cyntaf.[40] (Wedi'r cyfan, bu ef yn Cabinet Gladstone fel Ysgrifennydd y Swyddfa Wladol ac yn llywydd y Cyngor Cyfrin ym 1873 pan wnaed ef yn Farwn.) Mewn cyfarfod mawr ym 1884 mynegodd Arglwydd Aberdâr ei hun yn gwbl glir. Roedd y syniad yn mynd ar led ym 1883 a 1884 am fod Mabon yn sgrifennu ysgrifau i'r *Western Mail* mai Tori ydoedd yng ngwisg Rhyddfrydwr. Wynebodd Arglwydd Aberdâr y cyhuddiad dwl hwnnw, gan ddweud:

---

[39] *Ibid.*
[40] J. Frederick Rees, 'Henry Austin Bruce, (1815-1895), yr Arglwydd Aberdâr cyntaf', *Bywgraffiadur Cymreig hyd 1940,* 49; *Letters of Henry Austin Bruce, Lord Aberdare of Dyffryn* (Oxford, 1902).

Ond Rhyfedd! Rhyfedd! Myn rhai i ni gredu ein bod wedi llwyddo i gael un o'r diwedd, a hwnnw yn neb llai na Mabon. Pwy a feddyliodd am hyn?[41]

Dyma atebiad Arglwydd Aberdâr:

> Y mae Mabon yn Radical gwirioneddol a pherffaith, yn neilltuol felly, neu buasai ei elynion, y rhai sydd mor awyddus i'w brofi yn Dori, wedi cael ei fynych lithiau neu ei areithiau frawddegau chwaethach brawddeg i brofi y cyfryw cyn hyn.[42]

Ac eto rhydd ei ymddiriedaeth lwyr ynddo fel Rhyddfrydwr:

> Y mae ymddiriedaeth glowyr Mynwy a Deheudir Cymru yn Mabon, yr un fath ag ymddiriedaeth Rhyddfrydwyr yn Gladstone, yn rhy garedig i'w elynion allu ei siglo, chwaethach ei ladd.[43]

Rhoddodd y fath gefnogaeth hwb sylweddol i Mabon. Clensiwyd y ddadl iddo ac atgyferthnwyd hynny trwy Ddeddf Diwygio'r Senedd, 1884. Rhoddwyd pleidlais i holl drethdalwyr gwrywaidd (ac i gyfran o letywyr gwrywaidd) yn yr etholaeth sirol. Bu hyn mewn bodolaeth er 1867 yn yr etholaethau bwrdeistrefol. Cam pwysig oedd hwn ym 1884 tuag at fwy o ddemocratiaeth, ond eto yn holl-ddiffygiol. Nid oedd pleidlais o gwbl i'r gwragedd a gadawyd allan feibion a drigai gartref gyda'u rheini neu y sawl a dderbyniai gymorth Deddf y Tlodion. Ac felly roedd gan Mabon ychydig o obaith o leiaf i gael ei enwebu ar gyfer etholaeth bwysig y Rhondda. Daliodd Mabon yn obeithiol.

---

[41] D. Williams (Paleinws) Garnfach, 'Mabon ym Maerdy', *Tarian y Gweithiwr*, 25 Mehefin, 1885, 3.
[42] *Ibid.*
[43] *Ibid.*

Ar 19 Ionawr, 1884, pleidleisiodd 22 o gyfrinfeydd o'i blaid fel ymgeisydd Llafur. Galwyd cynhadledd o holl gyfrinfeydd y glofeydd, a phenderfynnwyd cefnogi Mabon. Penderfynnwyd bod pob pwyllgor pwll glo yn dod yn bwyllgor seneddol ar gyfer ymgais yr asiant. Etholwyd Pwyllgor Gwaith Seneddol o ddeg o bersonau i gydweithredu'r ymgyrch, pan fyddai'r Etholiad Cyffredinol yn cael ei alw.[44] Ond cyn y dydd hwnnw, bu hi yn stori ddiddorol sydd yn haeddu pennod arall i'w hadrodd.

---

[44] Chris Williams, *Democratic Rhondda,* 33.

PENNOD 4

Ennill Etholaeth y Rhondda, 1885

Ni allaf yn fy myw beidio ag edmygu Mabon yn arbennig yn ei benderfyniad mai ef a ddylai gynrychioli'r Rhondda yn y Senedd ym 1885. Roedd ef wedi dangos, flynyddoedd cyn hyn, ei awydd i oleuo'r werin bobl. Credai yn gydwybodol nad oedd y Toriaid yn barod i estyn y bleidlais i ormod o'r trigolion am eu bod yn credu bod gwerin gwlad yn anwybodus mewn 'llywod-ddysg', gair Mabon am wleidyddiaeth. Cymeradwyai Mabon bob cyfle a ddeuai iddo, ei hyder yn W. E. Gladstone, y gwladgarwr a'r dyngarwr twymgalon, fel y galwodd ef mewn cyfarfod cyhoeddus yn Llanelli yn Ionawr 1882.[1] Daeth ef â Henry Broadhurst, Aelod Seneddol i'r dref honno gyda'r bwriadau o addysgu'r bobl ieuainc mewn gwleidyddiaeth.[2]

Erbyn 1885, roedd Mabon yn ymgeisydd delfrydol, yn meddu ar arabedd, llais cyhyrog a diddordeb mewn pobl. Mynegodd un o ohebwyr y *Western Mail* a'i galwai ei hun yn ap Gwilym y geiriau hyn amdano yng ngwanwym 1885:

> His lips have been touched with the live coals, his voice is sonorous and penetrating and his action graceful and suited to his words.[3]

Roedd wedi treulio saith mlynedd yn y Rhondda ac yn y cyfnod hwn wedi llwyddo yn rhyfeddol i godi proffeil yr Undeb ac wedi addysgu cymaint o'r glowyr a wrandawai arno am werth

---

[1] *Tarian y Gweithiwr,* 26 Ionawr 1882, 3.
[2] Am Henry Broadhurst (1840-1910), gweler ei hunangofiant, *Henry Broadhurst,MP; the story of his life from a stonemason's bench to the Treasury Bench* (London, 1901). Ffrind mawr i Mabon a bu yn Aelod Seneddol Lib-Lab am flynyddoedd rhwng 1880 a 1906.
[3] Ap Gwilym, 'Mabon', *Western Mail,* 12 Ionawr, 1885.

Undebaeth, a hynny ar ôl methiant *Amalgamated Association of Miners.*

Er bod ganddo syniadau digon chwyldroadol a gwahanol, eto, edrychid arno fel arweinydd cymhedrol yn nhraddodiad nifer o arweinwyr y glowyr yn Lloegr fel Thomas Burt ac Enoch Edwards.[4] Roedd Burt a Mabon yn debyg iawn i'w gilydd – y ddau yn bobl grefyddol, trefnwyr penigamp ac yn dyner a heddychlon eu ffordd. Llwyddodd Burt ar docyn y Blaid Ryddfrydol i ennill sedd Morpeth ym 1874, a daliodd y sedd hyd 1918, sef cyfnod o 44 mlynedd. Daeth yn Dad Tŷ'r Cyffredin ac yn ymgorfforiad perffaith o'r hyn a alwyd yn Lib-Labs. Rhydfrydwyr oeddent o ran cefndir ac argyhoeddiad, a'r gamp fawr oedd medru cyfuno dwy agwedd, yr agwedd lafurol a ddeuai o blith y dosbarth gweithiol, a'u cred bersonol fel Ryddfrydwyr a chawn drafod hyn lawer yng nghwrs y cofiant.

Mabon oedd prif arweinydd y glowyr, nid yn unig yn y Rhondda, ond trwy faes glo'r De. Erbyn 1885, roedd arweinwyr eraill wedi ymddangos fel David Morgan (Dai o'r Nant) yn Aberdâr ac Isaac Evans yn asiant glowyr Castell Nedd, Abertawe a Llanelli.[5] Safai Mabon yn uwch na'r ddau yng ngolwg y glowyr.

Credid bod ysbryd ymosodol Ymneilltuaeth Gymraeg y Radicaliaeth a ddeilliodd o bobl fel David Rees, Llanelli a William Morris, Treorci yn gyfrifol am y ffaith fod y Rhondda

---

[4] H. F. Bing a John Saville, 'Thomas Burt (1837-1922)', *Dictionary of Labour Biography,* volume 1 (London and Basingtoke, 1972), 59-63; A. Watson, *A Great Labour Leader: being a life of the Right Honourable Thomas Burt* (London, 1908); Joyce Bellamy and John Saville, 'Enoch Edwards (1852-1912)', *Dictionary of Labour Biography,* volume 1, 109-111.

[5] John Saville, 'David Morgan (Dai o'r Nant, 1840-1900)', *Dictionary of Labour Biography,* volume 1, 244-46; Joyce Bellamy and John Saville, 'Isaac Evans (1847-1897)', *Dictionary of Labour Biography,* vol.1, 113-115.

yn sedd ddiogel i'r Blaid Ryddfrydol. Erbyn creu etholaeth newydd ym 1884 credai aml sylwebydd y byddai'r Rhyddfrydwyr yn sicr yn dewis person o'r dosbarth gweithiol fel ymgeisydd seneddol. Fel y dadleua ap Gwilym, roedd gan lowyr y Rhondda arweinydd nodedig oedd yn chwarae rhan amlwg mewn materion cyhoeddus, yn grefyddol, diwylliannol, gwleidyddol a diwydiannol. Ei enw oedd Mabon.

Roedd y Blaid Ryddfrydol yn barod i baratoi ar gyfer yr Etholiad pan ddeuai, ac ym mis Ionawr 1885, sefydlwyd yr hyn a elwid yn Gymdeithas Rhyddfrydwyr y Rhondda o dan reolaeth y Tri Chant fel y nodwyd.[6] Trefnwyd bod 60 o gynrychiolwyr yn dod o bum dosbarth i drefnu ac i enwebu ymgeisydd yn enw'r Rhyddfrydwyr ar gyfer yr Etholiad.

Daeth 60 o gynrychiolwyr o bum dosbarth i bleidleisio, o Dreherbert, Treorci, Ystrad, Tonypandy a Rhondda Fach. Galwyd hwy ynghyd ym mis Ebrill, 1885. Rhoddodd Pwyllgor Gwaith y Gymdeithas Ryddfrydol chwe enw gerbron y cynrychiolwyr, sef Alfred Thomas; Edward Davies o Gwmni Glo yr Ocean; Walter Morgan, Pontypridd; Marchant Williams, Llundain; Lewis Davis o Ferndale ac William * (Mabon). Penderfynodd Alfred Thomas, oedd â'i lygaid ar sedd arall, ac Edward Davies, mab David Davies, dynnu eu henwau yn ôl yn ddiymdroi. Yn y bleidlais gyntaf, collodd y ddau gyfreithiwr, Walter Morgan a Marchant Williams y dydd, gan adael Lewis Davis a Mabon i sefyll yn y rownd derfynol. Debyniodd Lewis Davis 143 o bleidleisiau a Mabon 51 o

---

[6] Roedd y Blaid Ryddfrydol yn y Rhondda yn dilyn cynllun Radicaliaid Rhyddfrydol dinas Birmingham pan lansiwyd Ffederasiwn Rhyddfrydol Genedlaethol (National Liberal Federation) ym 1877. Galluogwyd etholaethau i sefydlu Pwyllgor Cyffredinol o Dri Chant neu 600 mewn tref fawr fel Birmingham gyda'r gallu i weithredu yn wleidyddol. Gw. H. J. Hanham, *Elections and Party Management: Politics in the time of Disraeli and Gladstone* (London, 1950), 133-140.

bleidleisiau.[7] Methodd 106 o gynrychiolwyr ddod i'r bleidlais a roedd hyn yn hynod o siomedig.

Roedd Lewis Davis yn ddewis da gan ei fod yn Gymro cadarn, yn berchen glofeydd yn Ferndale lle gweithiai tair mil o lowyr ac yn dod o hil a theulu a gyfranodd yn helaeth i fywyd Cwm Cynon a'r Rhondda.[8] Roedd ei dad, David Davis, Blaengarw, Aberdâr yn un o arloeswyr y diwydiant glo ac wedi

---

[7] L. J. Williams, 'The First Welsh "Labour" MP. The Rhondda Election of 1885, Morgannwg', *Cylchgrawn Cymdeithas Hanes Lleol Morgannwg*, cyfrol vii, 1962, 81. Pwysleisia L. J. Williams fod yr etholiad yn y Rhondda yn hynod o bwysig am dri rheswm. Yn gyntaf, cafwyd canlyniad arwyddocaol gan fod Mabon, er iddo golli yr enwebiad ddwywaith, eto wedi cael buddugoliaeth syfrdanol, er yr holl rwystrau a'r ereledigaeth a gafodd, ac am y 35 mlynedd nesaf, ef oedd cynrychiolydd y Rhondda. Yn ail, hon oedd yr etholiad gyntaf o dan Ddeddf Ddiwygio (*Reform Act*). Yn drydydd, Mabon oedd yr ymgeisydd cyntaf o'r dosbarth gweithiol yng Nghymru i gael ei anfon i'r Senedd. O'r Dosbarth Canol y deuai gwleidyddion fel Henry Richard.

[8] Yn wir, oni bai am Lewis Davis a'i dad, ni fyddaiy pyllau glo wedi eu suddo yn Glyn Rhedynog ac yn anffodus, newidiwyd yr enw i Ferndale. Gw. Llewelyn Morgan, *Hanes Capel Wesley Ferndale* (Ferndale, 1922), 5. Ymwelodd gohebydd y Times a Ferndale yn Nhachwedd 1867, gan ddisgrifio y lle fel hyn: 'Almost all the population of 800 is lodged in houses rudely built of wood, like American log huts.' *The Times, 15 November, 1867.* Daeth Lewis Davis a'i frawd, David Davis yn bartneriaid gyda'u tad ac adnabyddid y cwmni fel 'David Davis a'i feibion'. Bu'n rhaid iddynt wynebu ar ddwy drasiedi. Collodd 178 o lowyr eu bywydau ym 1867 a 53 o lowyr ym 1869. (CC.LW4 398, *The Ferndale Colliery Explosion* (Cardiff, 1867). Ceir cofiant yn Saesneg i Lewis Davis (1829-88) yn D. Young, *A Noble Life: Incidents in the Career of Lewis Davis of Ferndale* (London, 1890) ac hefyd cofiant cynharach yn Gymraeg, David Young, *Bywyd Lewis Davis, Ferndale* (Ferndale, 1888).

bod yn Llywydd Cymdeithas Rhyddfrydwyr Aberdâr.[9] Gallai Lewis Davis ymfflamychu yn gyson fel y gwelwn o ddarllen y *Western Mail* a phapurau eraill.[10]

Ar ôl rhoi ystyriaeth fanwl i'r enwebiad, tynnodd Lewis Davis yn ôl ym mis Mai oherwydd cyfrifoldebau y pyllau glo oedd o dan ei ofal, a'r ffaith nad oedd yn gwbl gysurus gyda rhai o'i gyd-Ryddfrydwyr amlwg. Trefnwyd cyfarfod awyr agored ar ochr y mynydd ym Mhandy, ger Llwynypia. Daeth dau o ffrindiau Mabon i'r cyfarfyddiad, y ddau yn Aelodau Seneddol, sef Henry Broadhurst o Stoke on Trent a Syr Vivian Hussey. Methodd gŵr arall, a fu'n cefnogi Mabon i ystyried y sedd, sef Arglwydd Aberdâr, fod yn bresennol, ond anfonodd ei ymddiheuriad a gyhoeddwyd yn y *Western Mail*:

> I think, therefore, that Glamorganshire should have its labour representative, that the Rhondda district seems peculiarly fitted for such a representative, and if I may be permitted to express my own opinion on such a subject, the labour of the Rhondda could find no fitter or better representative in Parliament than yourself.[11]

Gwelodd Lewis Davis drwy ddichell a dau-wynebrwydd Arglwydd Aberdâr, ac hefyd eiriau a lefarwyd yn ei glyw gan Syr Vivian Hussey. Dywedodd fod hwnnw wedi ei gynghori i

---

[9] Am David Davis (1797-1866), gw D. Ben Rees, *Chapels in the Valley* (Ffynnon Press, Upton, Wirral, 1975), 112-128-9, 147.

[10] Am Lewis Davis yn ymfflamychu, gweler *Cardiff Times,* 22 Tachwedd, 1884 a'r *Western Mail,* 23 Ebrill 1885, ond cofier hefyd ei gefndir: 'From childhood, the Sunday School, the services at the Wesleyan Chapel at Hirwaun, the preachers who were regularly welcomed to his home, the choir and those who took any public part in the services, to him were of paramount importance.' *Gw.* David Young, *Lewis Davis,* 34.

[11] *Western Mail,* 17 Mai, 1885.

sefyll yn lliwiau'r Blaid Ryddfrydol. Atebodd Hussey mai'r hyn a ddywedodd ef oedd y dylai Lewis Davis sefyll yn Nwyrain Morgannwg ac nid yn etholaeth y Rhondda. Mynegodd Hussey y ddawn sydd gan aml i wleidydd o raffu celwyddau, gan ddweud nad oedd ganddo yn ei feddwl unrhyw gefnogaeth i ymgeisyddiaeth Mabon am y sedd. Dyma ei eiriau anghredadwy:

> I say boldly that Mr W. Abraham would not represent the election of the Rhondda division; that the majority of the miners do not want him; and the other electors would prefer naming a man of another stamp.[12]

Bu'r rhagrith a'r ymfflamychu hyn yn niweidiol iawn, gan greu rhwyg ymhlith *élite* y Rhyddfrydwyr yn Sir Forgannwg. Mae'n amlwg nad oedd Arglwydd Aberdâr na Vivian Hussey am ei weld ef yn aelod seneddol, ac mae'n amlwg nad oedd Lewis Davis am ildio ei le i Mabon a ddaeth yn ail iddo yn y bleidlais. Wedi'r cyfan, yr oedd Lewis Davis yn feddiannol ar rym. Onid ef oedd Llywydd Cymdeithas Ryddfrydol y Rhondda, gan ofalu dileu a gadael Mabon allan fel Is-Lywydd y Gymdeithas? Camgymeriad dybryd oedd hynny. Ond roedd gan Davis afael ar filoedd o lowyr a'u teuluoedd yn y Rhondda Fach ac roedd ei gyfoeth yn golygu bod ganddo ddylanwad na fedrai Mabon gystadlu ag ef. Ymhle y medrai gael ymgeisydd i'w foddhau? Daeth yr ateb iddo yn ei gartref yn Brynowen, Ferndale. Edward Davies, un o deulu Llandinam, perchennog glofa,

---

[12] *South Wales Daily News,* 15 a 16 Mai 1885, 'L. J. Williams, The First Welsh "Labour" MP', 83.

Ymneilltuwr o'r crud, a Rhyddfrydwr fel ei deulu.[13] Yn ychwanegol, doedd glowyr pyllau'r Ocean fel glowyr Ferndale ddim yn perthyn i Undeb Mabon. Siaradodd gydag Edward Davies, ond nid oedd ef am newid ei farn o blaid ail-ystyried yr ymgeisyddiaeth. Gwelodd Lewis Davis ei gyfle euraid, a chyflwynodd enw ei fab ei hun, Frederick Davis. Deunaw mis cyn hyn, bu Ferndale yn cynnal carnifal o loddesta wrth ddathlu penblwydd un ar hugain oed Frederick Davis. Er ei fod yn ifanc, roedd ganddo gefnogaeth ei dad a'r teulu, ei bobl, a chyfoeth i'w gynnal. Cafodd well addysg na Mabon, sef addysg breifat yn Reading cyn derbyn mynediad i Goleg y Drindod, Caergrawnt, ac wythnos cyn y cyfarfod dewis ymgeisydd, llwyddodd i gael ei dderbyn yn far-gyfreithiwr.[14] Roedd ei yrfa addysgol o'r safon uchaf ac yn golygu cymaint i'r glowyr diwylliedig yn y ddau gwm. Meddai hefyd ar aeddfedrwydd, a byddai'n medru ateb y cwestiynau mwyaf treiddgar heb drafferth yn y byd.

Ar Nos Wener, 12 Mehefin 1885, gyda 182 o gynrychiolwyr allan o'r tri chant wedi dod ynghyd, fe'i mabwysiadwyd fel Ymgeisydd y Blaid Ryddfrydol. Derbyniodd 125 o bleidleisiau, tra mai dim ond 56 a gafodd Mabon, llai na'r hanner.[15] Derbyniodd Frederick Davis, y gŵr ifanc llawn hyder enwebiad yn ddiymdroi, ond gwrthododd Mabon dderbyn y canlyniad anffodus a chyhoeddodd y noson

---

[13] Am deulu Llandinam, gweler 'Teulu Davies (Llandinam)' yn *Gwyddoniadur Cymru yr Academi Gymraeg* (Goln. John Davies, Menna Baines, Nigel Jenkins a Peredur L. Lynch) (Caerdydd, 2008), 270-1. Yn anffodus, ni enwir Edward Davies. Yr Edward Davies a enwir ydyw Edward Davies (Celtic Davies, 17756-1831). Am Edward Davies, (1852-98) darllener *Onlooker, True Citizenship* (London, 1947). Bu Edward Davies yn y saithdegau yn hynod o weithgar yng Nghwm Rhondda. Ef oedd Llywydd Cymmrodorion Treorci a Llywydd y Temlwyr Da (*Good Templars*), ac ni chynhelid eisteddfod mewn unrhyw bentref glofaol yn y Rhondda Fawr heb wahodd Edward Davies yn gadeirydd.
[14] L. J. Williams, 'The First Welsh "Labour" MP', 84.
[15] *Ibid.*

honno y byddai ef yn sefyll yn ei erbyn fel Ymgeisydd Llafur a'r Rhyddfrydwyr. Gan fod W. E. Gladstone wedi ymddiswyddo fel Prif Weinidog a'r Arglwydd Salisbury yn barod i arwain am y tro, gwyddai nad oedd yr etholiad yn bell i ffwrdd.

Roedd y Rhondda yn yr etholiad nesaf yn wahanol i'r rhan fwyaf o'r etholaethau. Gyda dau ymgeisydd Rhyddfrydol ar fin ymgiprys am y wobr, nid oedd hi'n frwydr bellach rhwng y Torïaid a'r Rhyddfrydwyr. Roedd y ddau Ryddfrydwr yn amlwg yn barod i gefnogi rhaglen radical Gladstonaidd.[16]

Erbyn dechrau Gorffennaf, roedd Mabon o dan dipyn o erledigaeth. Cyhuddwyd ei gefnogwr, Daronwy Isaac, gan ohebydd yn *Tarian y Gweithiwr* o'i fradychu y tu ôl i'w gefn, a chyhuddo Mabon o fod yn Dori yn nillad Llafur a'r Rhyddfrydwyr.[17] Cychwynnodd Mabon ei ymgyrch yn gynnar ym mis Gorffennaf mewn capel helaeth ym mhentref glofaol y Mardy, a hynny ar wleidyddiaeth y dydd. Ymysg y dyrfa, gwelwyd Dewi Williams o Ynyshir a gofalodd ef anfon ei sylwadau ar ôl bod yn gwrando ar Mabon ym Mardy ac ar Frederick Davis yn Ynyshir. Dywedodd Dewi Williams am garfan o gynulleidfa'r Mardy ei bod wedi ceisio baglu Mabon:

> Prawf fod haid o locustiaid cynffonog, maleisus, cenfigenllyd, wedi penderfynnu gwenwyno yr egin angenrheidiol o du llafur, trwy ofyn aneirif gwestiynau mwyaf amherthnasol o wleidyddiaeth a ofynwyd erioed.[18]

Yn ei dyb ef, atebodd Mabon bob un o'r cwestiynau yn foddhaol. Canmolodd Dewi Williams wroldeb amlwg rhai o'i gyd-drigolion o Ynyshir ar noson wahanol mewn cyfarfod perthynol i Fred L. Davis, ond gofidiai fod Rees Dafis wedi

---

[16] *Western Mail,* 3 Hydref 1885.
[17] *Tarian y Gweithiwr,* 2 Gorffennaf, 1885, 3.
[18] Adroddiad Dewi Williams (24 Ynyshir Road, Ynyshir) *Tarian y Gweithiwr,* 2 Gorffennaf 1885, 3.

mynegi ar ran y gynulleidfa ymddiriedaeth lwyr yn y cyfalafwr ifanc.[19]

Roedd Mabon yn sylweddoli bod brwydr fawr o'i flaen, ond credai yn gydwybodol mai dyma oedd ei gyfle euraid. Nid oedd llaesu dwylo i fod yn y rhyfel gartref gan fod y ddau ohonynt yn weddol agos at ei gilydd o ran syniadaeth. Cefnogai'r ddau W. E. Gladstone, ond ceid rhai gwahaniaethau. Credai Mabon yn ddigon naturiol y dylai pob aelod seneddol gael ei dalu gan y Wladwriaeth tra gwrthodai y gŵr ifanc, cyfoethog yr awgrym hwnnw.[20] Nid oedd angen arian i'w gadw; gofalai ei dad am ei fyw. O dan y gwahaniaethau bychain, ceid gwahaniaeth sylfaenol rhwng Cyfalaf a Llafur. Ystyriai Mabon ei hun fel un oedd yn cyfuno'r ddau – Rhyddfrydwr oedd yn deillio o'r dosbarth gweithiol. Wedi'r cyfan, dadleuai fod y glowyr wedi meddwl am ymgeisydd cyn bod sôn am sefydlu y Corff a elwid y Tri Chant.[21] I Frederick L. Davis, cynrychiolai Mabon un rhan o'r gymdeithas, tra cynrychiolai ef bob rhan, ond nid oedd hynny yn hollol wir. Wrth ddadansoddi aelodau y Tri Chant, gwelid mai glowyr oedd y mwyafirf llethol ohonynt. Ceid o leiaf 143 o lowyr ynghyd â 48 o grefftwyr, 29 o weinidogion yr Efengyl a 23 o swyddogion y pyllau glo ac 11 o bobl broffesiynol.[22]

Yn y cyfarfodydd a gynhelid, deuai'r rhan fwyaf o'r cwestiynau ar faterion yn ymwneud ag anghenion y glowyr yn y diwydiant glo, ac yn hyn o beth, roedd gan yr asiant wybodaeth fanwl. Dewiswyd Mabon gan Gymdeithas Glowyr y Rhondda, a elwid yn swyddogol yn Saesneg yn *Rhondda Miners' Association.* Dylid cofio nad oedd y *Rhondda Miners' Association* yn cynrychioli pob undebwr o löwr yn yr etholaeth. Roedd tua hanner y glowyr a berthynai i'r Gymdeithas y tu

---

[19] *Ibid.*
[20] *South Wales Daily News*, 26 Tachwedd 1885, 3.
[21] *Ibid.*
[22] *Ibid.*, 87.

allan i ffiniau yr etholaeth.[23] (Asiant ar gyfer pyllau glo stêm oedd Mabon, wedi'r cyfan, gan fod cymdeithas o Lowyr Glo Cartref (*House Coal Colliers*) mewn bodolaeth. Roedd aelodau'r Gymdeithas neu'r Undeb hwnnw wedi gadael y dewis o gefnogi i'r cawcws.

Roedd hi'n etholiad swnllyd, gyda chefnogwyr y ddau yn medru mynd dros ben llestri yn gyson. O wersyll y Dafisiaid fe benderfynwyd ymosod yn ffiaidd ar Mabon fel unigolyn. Y gŵr oedd y tu ôl i'r strategaeth honno oedd Lewis Dafis, y tad, ac erbyn mis Gorffennaf, roedd ef yn uchel ei gloch ac yn defnyddio eraill i bardduo enw da Mabon.[24] Ond i aml un, strategaeth oedd yn colli cydymdeimlad oedd yr hyn a wnâi Lewis Dafis. Dywedodd un o gefnogwyr Mabon:

> Inasmuch as abuse is no argument, it is but too evident that the father has spoilt the son's case.[25]

Roedd Lewis Dafis wrth ei fodd ar y llwyfan yn dinoethi Mabon yn Gymraeg, ond fel y dirwynai yr ymgyrch lleihaodd ei lysnafedd. Beirniadaeth gyson arall ar Mabon oedd ei fod ef yn ysgrifennu i'r *Western Mail,* llais y Torïaid yn ne Cymru. Eglurodd Mabon mai adroddiadau oedd ei gyfraniadau i'r papur hwnnw, ac nid erthyglau gwleidyddol. Ychwanegodd fod ei bapur ef a llais Rhyddfrydwyr y De, y *South Wales Daily News* wedi gwrthod cyhoeddi dim byd o'i gynnyrch. Cyfaddefai Mabon mewn un cyfarfod ar ôl y llall ei fod ef wedi torri pob cysylltiad gyda'r *Western Mail* oddi ar wanwyn 1885, er ei fod yn cyfaddef bod y papur hwnnw ar faterion ma

---

[23] Anodd credu adroddiadau y Wasg am ymddygiad Lewis Davis pan gofiwn am eiriau David Young amdano yn ei gofiant. Gw. D. Young, *A Noble Life*, 129: 'Lewis Davis was a true patriot, a Welshman to the core; he knew and admired the language and was well acquainted with its literature, its theology and poetry, its music and preachers.'
[24] L. J. Williams, 'The First Welsh "Labour" MP, 88.
[25] *Ibid.*, 89.

snachol yn llawer mwy teg tuag y gweithwyr nag oedd y *South Wales Daily News.*

Roedd Mabon yn swcro'r capeli gymaint fyth ag y medrai, a chynhelid rhai o'i gyfarfodydd gwleidyddol o fewn y capeli hyn er mwyn arbed talu swm am fenthyg neuaddau. Byddai'n barod i deithio y tu allan i'w etholaeth, a gwnaeth hynny yng nghanol y frwydr wrth annerch cyfarfod yng Nghapel Bedyddwyr Cymraeg y Rhos, Aberpennar.[26] Roedd y capel helaeth yn orlawn ac roedd yntau ar ei orau, yn haeddu parch y Rhyddfrydwyr a'r blaid Lafur.

Dywedodd y gohebydd i'r papur, *Tarian y Gweithiwr,* a fu yn bresennol yn y cyfarfod, fod nifer fawr o'r gwrandawyr wedi dweud wrtho

> mai Mabon oedd y siaradwr gorau a glywsent erioed, a synnent fod un petrusder ym meddyliau rhai o weithwyr y Rhondda pa un ai efe ai ynteu dyn ieuainc amhrofiadol o feistr a anfonant i'w cynrychioli yn y Senedd. Heb unrhyw amheuaeth Mabon yw'r gwleidydd mwyaf talentog ymysg gweithwyr Cymru a Lloegr.[27]

Ond yr anrhydedd mwyaf a gafodd oedd cael gwahoddiad yng nghanol yr ymgyrch am sedd y Rhondda i annerch ym mhentref ei enedigaeth, gan fod gan y trigolion gymaint o feddwl ohono.

Siaradodd Mabon am awr a hanner yn Gymraeg a Saesneg, ac ar y diwedd, mynegodd nifer o arweinwyr Llafur eu bodlonrwydd llwyr ynddo. Holl bwrpas y cyfarfod oedd codi calon Mabon ar ei daith anodd i ennill sedd fel gwerinwyr, cynrychiolydd effeithiol yn y Senedd dros Lafur. Gwyddai y mwyaf craff o lafurwyr Cwmafan fod gan Mabon nifer da o bobl oedd yn ei wrthwynebu fel ymgeisydd. Gohebydd y cyfarfod yng Nghwmafan oedd B. A. Griffiths, a rhoddodd ateb

---

[26] Gohebydd, 'Mabon yn Aberpennar', *Tarian y Gweithiwr,* 5 Tachwedd, 1885, 3.
[27] *Ibid.*

i'r cyhuddiad fod Mabon yn Dori am ei fod ef yn anfon adroddiadau i'r *Western Mail.* Dywed B. A. Griffiths:

> Oni fu y Parchedig Cynddylan Jones o Gaerdydd yn ysgrifennu i'r un papur? Byddai neb yn cyhuddo Dr Cynddylan Jones o fod yn Dori. Pam cyhuddo Mabon felly? Y gwir yw mai radical i'r carn ydyw (Mabon), yn deilwng o Joseph Chamberlain, dyn y dyfodol.[28]

Nid pobl neis, neis oedd cefnogwyr Mabon chwaith yn yr ymgyrch yn haf a hydref 1885. O'r cychwyn, bu cyfarfodydd etholiadol Fred Davis yn llawn o dân a brwmstan fel y disgrifiodd y *South Wales Daily News* hwy. Condemniodd y pregethwr lleyg adnabyddus y sŵn aflafar a'r sgrechian sloganau a glywyd, a cheisiodd rhai o gefnogwyr callaf Mabon yn gyhoeddus ofyn i'r banllefwyr ddistewi. Gwrthododd y rhain â gwrando am eiliad. Roedd heclan yn digwydd yn gyson ym mhob un o'r cyfarfodydd, ond erbyn mis Tachwedd, teflid pob math o deganau a llyfrau i'r llwyfan at Frederick L. Davis. Bechgyn ieuainc oedd yn bennaf gyfrifol, a'r mwyafrif ohonynt heb bleidlais beth bynnag. Bu'n rhaid i dîm Fred L. Davis ohirio aml i gyfarfod oherwydd y rhialtwch a'r anrhefn a geid yn y neuaddau lle y cynhelid y cyfarfodydd cyhoeddus.[29] Ymddangosodd slogannau yn *Tarian y Gweithiwr* yn nechrau Rhagfyr yn clodfori Mabon a anfonwyd gan 'Un o Honoch':

Dyma'r un cyntaf:

> Os carech weled yr hen ddihareb Gymraeg, 'Trech gwlad nag arglwydd (neu arglwyddi palpadawl, gofferyddawl,

---

[28] B. A. Griffiths, 'Mabon yn Cwmafan', *Tarian y Gweithiwr*, 26 Tachwedd,1885, 3

[29] Ceir y stori yn gyflawn yn y *South Wales Daily News* ar 23, 24, 9, 24 a 29 o Hydref a 6, 13, 19, 21, 27 o Dachwedd 1885.

cynffonawl a theyrniotawl)' yn cael ei gwireddu –
Pleidleisiwch dros Mabon
Os carech roddi anghymeradwyaeth i weithredoedd
celwyddog megis etholiad Tri Chant y Rhondda –
Pleidleisiwch dros Mabon
Y mae y wlad yn disgwyl i ni ddychwelyd cynrychiolydd
gwirioneddol Llafur
Twyll sydd o dwyll a drwg o ddrwg.[30]

Yr adeg hon, anfonodd y newyddiadurwr, Morien, a drigai yn
Nhrefforest ddatganiad i'r papurau yn y Rhondda a
Morgannwg yn galw sylw'r etholwyr fod yna bobl ddi-
egwyddor ymysg y Tri Chant yn y Rhondda yn pardduo Mabon
am ei fod ef, Morien, a ymffrostiai ei fod yn Dori mawr yn
edmygydd di-ben-draw o'r asiant. Yn ôl y rhain, am fod
Morien yn Dori, dyna hefyd oedd ei arwr, Mabon.[31] Yr etholwr
cyntaf i wneud 'defnydd o'r rhesymeg chwerthinllyd hon' oedd
Evan Davies, Primrose Hill, Heolfach y Rhondda. Tynnu coes
oedd cymhelliad Davies, yn ôl ei gyffes ei hun, ond
manteisiodd Frederick L. Davis ar hyn fel pe bai'n wirionedd.
Credai Morien fod cymaint o Gymry twymgalon yn 'dyheu am
weld Mabon yn y Senedd'. Dywed Morien, 'Y mae iddo
eisteddle, nesaf i Mri Burt a Broadhurst.' Gosododd gŵr a'i
galwai ei hun yn 'Rhondda Fach' y dewis fel hyn:

> Pa un ai gwrando ar gynffonwyr a thurncoats, ai ynteu
> gwrando ar Vivian, Burt, Talbot mewn perthynas â dewis
> aelod a wna etholwyr y Rhondda.[32]

---

[30] Un ohonoch, 'Sloganau Mabon', *Tarian y Gweithiwr*, 3 Rhagfyr, 1885.
[31] Owen Morgan (Morien, 1836-1921) yn *The New Companion to the Literature of Wales* (editor Meic Stephens) (Cardiff, 1998) 508. Mab i löwr o Ddinas, Cwm Rhondda ydoedd, a bu'n newyddiadurwr i'r *Western Mail* o 1870 i 1899. Daeth o dan ddylanwad Iolo Morganwg a Myfyr Morgannwg, a lluniodd gyfrol ddifyr, *A History of Pontypridd and the Rhondda Valleys* (Pontypridd, 1903).
[32] Datganiad Morien, *Western Mail*, 3 Rhagfyr, 1885, 4.

Hwn oedd y dewis. Dewis Rhyddfrydwr neu ddewis Rhyddfrydwr oedd hefyd am roddi blaenoriaeth i'r Mudiad Llafur, a hwnnw'n ymladd am ei fodolaeth ymhlith Rhyddfrydwyr yr holl etholaethau yng Nghymru.

Nid oedd Mabon wedi ennill namyn dau Weinidog yr Efengyl i'w gefnogi, tra cefnogid Fred L. Davis gan dri deg ohonynt. Un o'r gweinidogion mwyaf teyrngar i Mabon oedd y Parchedig J. S. Edwards o Dreorci. Beirniadwyd ef yn gyhoeddus gan un o bregethwyr mwyaf dawnus yr Eglwys Fethodistaidd, y Parchedig John Evans, 'Eglwysbach', fel y'i gelwid.[33] Dychwelodd ef yn bwrpasol o Lundain i Gwm Rhondda i dywallt ei 'athrylith ar ben Mabon'.[34] Meddai J. S. Edwards yn ei llythyr:

> Y cwbl a ellir ei ddweyd am Mr Evans ydyw iddo actio y 'gath fach', sef agor ei geg cyn agor ei lygaid'.[35]

Wythnos cyn dydd y pleidleisio, anfonodd Frederick L. Davis gylchlythyr i'r etholwyr yn dadlau fod yr holl wrthwynebiad a gafodd yn y cyfarfodydd cyhoeddus wedi ei amddifadu o'r cyfle gorau i gyflwyno ei achos ger eu bron, ac felly apeliai yn daer am chwarae teg yr etholwyr pan oedd yn pleidleisio.[36] (Gofynnodd i'r etholwyr ac yn arbennig i gefnogwyr y Blaid

---

33 E. Tegla Davies, 'John Evans ('Eglwys Bach', 1840-97)', Bywgraffiadur Cymreig hyd 1940, 230. Roedd yn Weinidog gyda'r Eglwys Fethodistaidd yn Llundain ym 1885. Daeth i lawr yn arbennig i'r Rhondda i ymgyrchu yn erbyn Mabon. Cyhoeddwyd cofiant iddo ym 1903 gan Thomas Hughes a J. P. Roberts.
34 Gohebydd ,'Mabon yn Ferndale', *Tarian y Gweithiwr*, 19 Tachwedd 1885, 4.
35 *Ibid.*
36 Cylchlythyr Frederick L. Davis, South Wales Daily News, 28 Tachwedd 1885.

Ryddfrydol bleidleisio i'r ymgeiswyr swyddogol ac nid i'r ymgeisydd answyddogol.[37]

Ond fel y digwyddodd hi, cafodd Mabon ei drin yr un mor ffiaidd yng nghadarnle F. L. Davis, sef Ferndale a Tylorstown yn y Rhondda Fach ar Nos Fercher, 11 Tachwedd a Nos Iau, 12 Tachwedd.[38] Gofynwyd yn Ferndale gwestiynau hurt iddo er mwyn creu anhrefn llwyr. Cafodd mab Mabon ergyd yn ei ddannedd tra taflwyd carreg at ei dad.[39] Methwyd â'i daro ond brawychwyd Mabon a'i deulu a'i gefnogwyr. Y noson ddilynol, gohiriwyd ei gyfarfod a gynhelid yn Libanus, eglwys y Methodistiaid Calfinaidd ym mhentref Tylorstown. Hwn oedd yr unig gyfarfod y bu'n rhaid ei ohirio, a roedd y ffaith fod cefnogwyr Frederick L. Davis wedi meiddio tarfu ar adddoldy yn destun siarad trwy'r etholaeth. Roedd derbyn y cylchlythyr fel dŵr oer ar gefn hwyaden i'r etholwyr, wrth alw i gof aflwydd y gwrthdaro yng Nghapel Libanus. Roedd ofn yng nghalonnau pobl dda y ddau wersyll o weld rhagor o ddiflastod ar ddydd Mercher, 2 Rhagfyr, sef diwrnod y pleidleisio.

Gwelwyd ysblander a chyfoeth Frederick L. Davis yn gynnar y bore hwnnw. Teithiodd ymgeisydd y Blaid Ryddfrydol, ef a'i chwiorydd, mewn cerbyd ceffylau trwy'r Rhondda Fawr tra gwelwyd y glöwr, Mabon yn cerdded ar ei ddeudroed ar hyd yr un ffordd. Gwelwyd Prif Gwnstabl Morgannwg, Cyrnol Lindsay, yn teithio ar ei geffyl trwy'r ddau gwm, ac yn ystod y dydd, fe daflwyd cryn dipyn o fwd a cherrig mân tuag ato. Dyna fu tynged y prif ystus, Ignatius Williams, yntau, pan ymddangosodd ef. Taflwyd carreg at ei gorff, ond ni chafodd ergyd na damwain, ac ar ei union, trefnodd fod y tarfandai oedd i fod ar agor am wyth o'r gloch y nos i fod ar gau am y noson gyfan. Fel y digwyddodd hi, bodlonwyd y ddau

---

[37] *Ibid.*
[38] Gohebydd, 'Mabon yn Ferndale', *Tarian y Gweithiwr,* 19 Tachwedd, 1885, 4
[39] *Ibid.*

ymgeisydd ym mhenderfyniad Ignatius Williams, gan fod Mabon a Fred L. Davis yn ddirwestwyr o argyhoeddiad. Llanwyd strydoedd cymoedd y Rhondda gan dyrfaoedd anesmwyth ac anniddig. Caewyd y pyllau glo am y dydd. Daeth y gwrthdaro yn y diwedd yng nghartref Mabon, sef Pentre, a hynny am reswm digonol. Arestiodd yr heddlu bedwar glöwr oedd wedi dangos beiddgarwch ar ôl cyfarfod olaf yr ymgyrch.[40] Clywyd hefyd sibrydion fod y blwch oedd yn cario pleidleisiau (fyddai'n teithio ar y trên o Ferndale) yn mynd i gael ei ddifetha. Am ryw bum awr, bu brwydr hyll o amgylch gorsaf yr heddlu yn y Pentre. Yn y diwedd, bu'r heddlu yn llwyddiannus, yn arbennig pan ddaeth glaw trwm ar y protestwyr. Gwasgarwyd hwy – llawer ohonynt oedd yn mawr obeithio gweld gwawr newydd yn y Rhondda.[41]

Cafodd Mabon gwmni dau o weinidogion diddorol Morgannwg, y Parchedig Evan Jones (Gurnos), gŵr a chanddo gysylltiadau agos â Chwm Rhondda.[42] Ordeiniwyd ef yn Weinidog ar eglwys fechan o Annibynwyr yn Nhreorci ym 1867, a bu hefyd yn gofalu ar ôl Capel y Bedyddwyr yn Llwynypia. Roedd yn Weinidog ar eglwys Betws, Pen-y-bont-ar-Ogwr ym 1885. Yr ail oedd y Parchedig John Salisbury Edwards.

Derbyniodd Mabon gefnogaeth hefyd oddi wrth nifer o'i gymrodyr, sef David Lawrence ac Howell Ajax, Thomas Davies, perchennog Gwesty'r Windsor Castle, Tonpentre. Adnabyddid ef fel Thomas Davies, 'Windsor'. Bu'n briod dair gwaith ac yn dad i bymtheg o blant. Cefnogwyd Mabon yr holl ffordd hefyd gan Walter H. Morgan o gwmni y cyfreithwyr, Morgan and Bruce. Cefnogodd y pobydd, T. Pascoe Jenkins, y

---

[40] L. J. Williams, 'The First Welsh "Labour" MP', 90.
[41] *South Wales Daily News* a *Western Mail,* 3 Rhagfyr 1885.
[42] E. D. Jones, 'Evan Jones (Gurnos, 1840-1903)', *Bywgraffiadur Cymreig* (Llundain, 1953), 435.

groser Aneurin Cule a'r cyfreithiwr, John Morgan arweinydd y glowyr.[43]

Prif gefnogwyr Frederick L. Davis, ar wahân i'w dad a'i deulu, oedd y marsiandïwr sgidiau, Richard Lewis, yr adeiladwr, David Williams a Tom John, prifathro ysgol gynradd. Ceid tri gweinidog amlwg allan o'r deg ar hugain a'i cefnogai, sef Evan Richards, Morgan Charles Morris, dau Annibynnwr ynghyd â'r Bedyddiwr, William Morris (Rhosynnog) o gapel Noddfa ,Treorci.[44]

Penderfynwyd ymweld â phob gorsaf bleidleisio o'r Ystrad hyd Tylorstown. Roedd Cule wedi rhoddi ei gerbyd at wasanaeth Mabon. Pan ddaeth y canlyniadau, fe gafwyd syndod o'r mwyaf. Roedd Mabon wedi ennill, er ei bod hi'n stori wahanol yn Ferndale. Anfonodd un wag delegram i Ferndale o Bentre (lle y cyfrifid y pleidleisiau) i ddweud bod F. Davis wedi ennill. Byr fu'r mwynhad. Ni ddaeth F. L. Davis i glywed y ddedfryd, er nad oedd ganddo ffordd bell iawn i fynd dros Fynydd Penrhys. Mae hynny yn awgrymu ei fod ef yn ofni nad oedd yn mynd i gael ei ddewis i gynrychioli y ddau gwm. Enillodd Mabon gyda mwyafrif o 867 o bleidleisiau, a bu ymateb brwdfrydig yn y Pentre, er gwaethaf y glaw trwm.[45] Ni fu distyrbans o gwbl , ac er bod y prif heddgeidwad Lindsay wedi anfon cant o heddgeidwaid i gadw trefn, ni fu eu hangen o gwbl.

Fore trannoeth, aeth glowyr Cwmparc, tri chant ohonynt, â rhaff fawr yn eu dwylo cyhyrog i lusgo cerbyd Mabon trwy ran ucha'r cwm o Dreorci i Tonpentre, ac i lawr i gartref William Morgan, Tynewydd, tad W. H. Morgan, y cyfreithiwr. Cafodd Mabon gyfle i gynabod dymuniadau da ei

---

[43] Chris Williams, *Democratic Rhondda: Politics and Society, 1885-1951* (Cardiff, 1996), 36.
[44] *Ibid.*
[45] *Ibid.* Am ddau o'r gloch brynhawn Iau, 3 Rhagfyr 1885, cyhoeddwyd canlyniad etholiad seneddol y Rhondda, gydag 83 y cant o'r etholwyr yn troi allan y diwrnod cynt i bleidleisio.

gefnogwyr ar ochr y ffordd, gan floeddio y gair 'Diolch' iddynt. Dychwelwyd wedyn i Heolfach, ond yn wlyb at y croen, gan i storm fawr o law ddisgyn ar y tyrfaoedd a chefnogwyr Mabon, gan ei gynnwys ef ei hun. Cafodd Lewys Afan, yr Undebwr, a'r gohebydd Morien gyfle i gyfleu diolch swyddogol i'r glowyr am eu cefnogaeth ddi-ildio.

Roedd Mabon wedi dangos gallu anghyffredin i bontio'r berthynas rhwng Anghydffurfiaeth grefyddol, gorchwyl beunyddiol y glowyr a'r Blaid Ryddfrydol. Crefydd oedd y pwnc pwysicaf i garfan helaeth o'r glowyr, yn hytrach na gwrthdaro poenus rhwng y dosbarth gweithiol a'r dosbarth canol. Roedd Rhyddfrydiaeth ym 1885 yn bwysicach i lowyr y Rhondda na bod yn Undebwyr Llafur ac eto dymunent gael un ohonynt hwy i'w cynrychioli yn San Steffan.

Brwydr anodd fu'r frwydr, gan fod y ddau ymgeisydd yn Rhyddfrydwyr selog a chadarn. Ofnai'r gwleidyddion ymyrryd llawer mewn etholiad rhwng dau o'r un blaid. Gweithiodd Edward Davies dros Frederick Davis ac ysgrifennodd David Davis, Aelod Seneddol Sir Aberteifi, lythyr i'w gefnogi. Siaradodd Syr R. Edward Reed, Aelod Seneddol Rhyddfrydwyr Caerdydd, a'r enwog Henry Richard, Aelod Seneddol Merthyr, ar ei ran. Anfonodd Joseph Chamberlain a John Bright, dau o sêr llachar y Blaid Ryddfrydol lythyron o blaid Frederick Davis tra cafodd Mabon nawdd Arglwydd Aberdâr a Syr Vivian Hussey, AS. Derbyniodd Mabon help llaw gan ei gyd-asiant, Isaac Evans, ei gyfaill William Lewis (Lewys Afan) o Undeb Gweithwyr Tun a David Randell, cyfreithiwr a ddaeth ym 1888 yn Aelod Seneddol etholaeth Gŵyr.[46]

Bu Rhyddfrydwyr swyddogol y Rhondda yn ddoeth i groesawu Mabon ar ôl ei fuddugoliaeth yn hytrach na'i anwybyddu. Y bore ar ôl y canlyniad, aeth y *South Wales Daily*

---

[46] E. W. Evans, *Mabon* (Caerdydd, 1959), 35.

News i gau'r adwy a chlirio'r teimladau treisiol a amlygwyd o'r ddwy ochr.[47] Wedi'r cyfan, roedd y mwyafrif a gafodd Mabon yn ddigonol i gyfiawnhau ei etholiad yn aelod seneddol. Roedd y *SWDN* wedi cael eu cythruddo gan fod Mabon wedi bod yn ysgrifennu yn gyson i'r *Western Mail*.

Gwahoddwyd Mabon i anfon colofn wythnosol at y *SWDN*, a fyddai'n ymddangos hefyd mewn wythnosolyn arall oedd yn eiddo i'r cwmni, sef y *Cardiff Times*. Teitl y golofn fyddai *Workman's Topics*.[48] Bu'r cyfraniad hwn yn ffordd ymlaen i'r Blaid Ryddfrydol yn ne Cymru, ac i gadw pleidlais y glowyr a'r gweithwyr yn ddiddig. Wedi'r cyfan, roedd yr etholiad ym 1885 wedi dangos bod yn rhaid i'r Blaid Ryddfrydol swcro gwleidydd fel Mabon a phwysleisio gymaint a fedrent o'r dyheadau ymneilltuol a chenedlaethol. Llwyddodd y Rhyddfrydwyr i gadw'r berthynas dda am y chwarter canrif nesaf. Llwyddodd Mabon i gau'r adwy ymhlith y Rhyddfrydwyr lleol, gyda'r canlyniad na safodd neb o'r Blaid Ryddfrydol yn ei erbyn yn etholiadau'r dyfodol. Gwelwyd bod deg o etholaethau o fewn Sir Forgannwg ym 1885 yn nwylo'r Rhyddfrydwyr. Roedd dau grŵp o aelodau seneddol o fewn y blaid honno. Sedd y glowyr oedd etholaeth Canol Morgannwg, oedd yn cynnwys cymoedd glo Llyfni, Ogwr a Garw. Sedd y glowyr oedd y Rhondda a'i chymdoges, Dwyrain Morgannwg a gynrychiolwyd o 1885 i 1900 gan Alfred Thomas, Maer dinas Caerdydd a Llywydd Undeb y Bedyddwyr Cymraeg.[49] Fel Mabon, seliodd ef ei wleidyddiaeth ar ymneilltuaeth. Sedd y glowyr oedd De Morgannwg, hithau.

---

[47] L. J. Williams, 'The First Welsh "Labour" MP,' 92.
[48] *Ibid*.
[49] Bu Alfred Thomas mewn profedigaeth o golli ei fam, a chofir am ei gyfraniad i Gymanfa Bedyddwyr Dwyrain Morgannwg yng Nghapel Heol y Felin, Trecynon, Aberdar ar 24 a 25 Ionawr, 1885. Ef a roddodd yr anerchiad ar *'Cymwysterau Gofynnol mewn Ymgeiswyr am y Weinidogaeth'*. Gw. Cymanfa Bedyddwyr Dwyrain Morgannwg, *Tarian y Gweithiwr*, Gorffennaf 2, 1885.

Roedd yr ail ddosbarth o Aelodau Seneddol yn bobl broffesiynol fel S. T. Evans a Brynmor Jones ac yn dibynnu'n llai ar bleidlais y glowyr. Ond bu buddugoliaeth Mabon yn bwysig dros ben, gan mai ef oedd y Lib-Lab pwysiscaf o'r cyfan. Crëwyd Cymdeithas Lafur a Rhyddfrydwyr yn y Rhondda, a dilynwyd hyn yn etholaeth Dwyrain Morgannwg. Yn niwedd y flwyddyn, ysgrifennodd Lewys Afan erthygl i fesur a phwyso Mabon fel yr Aelod Seneddol newydd gan ddweud wrth ei etholwyr:

> Mae yr agwedd lewyrchus sydd wedi bod ar y Cwm ers ei ddyfodiad i'ch plith, ychydig, ac eithriadau ydyw y strikes sydd wedi ysgyrnygu eu dannedd arnoch yn ei amser ef, a bob tro mae'n barod i sefyll.[50]

Yn ystod yr etholiad, lluniodd Gwilym Glan Afan, y bardd o Bontrhydyfen, y pentref nesaf i Gwmafan, fawlgerdd a blesiodd Mabon yn fawr iawn. Dyma'r gerdd:

> O ddyffryn dinodedd cyfododd i'r lan,
> Hyd risiau enwogrwydd trwy roddi y gwan;
> Tra'r dyfroedd yn gorwedd ar wely yr aig,
> O! safwn o'i blaid fel y graig.
>
> I lwybrau St Stephan, prif sedd Prydain Fawr
> Y gwrol gadfridog ddyrchefir yn awr;
> O eigion ein calon cydfloeddiwn 'Hwre',
> Pwy geir yn ein mysg fel efe?

Roedd Mabon yn unigryw yn etholiad 1885 o fewn Cymru. Ef, fel y mynegodd Rhyddfrydwr yn y *Weekly News* oedd unig

---

[50] Lewys Afan, 'Poblogrwydd Mabon fel AS', *Tarian y Gweithiwr,* 25 Mawrth 1886, 3.

gynrychiolydd y dosbarth gweithiol yn yr Etholiad Cyffredinol.[51] Roedd hi'n anhygoel iddo lwyddo a llwyddo i ddeall agwedd ei oes yn wleidyddol. Dyma syndod y llythyrwr a'n syndod ninnau wrth drafod ei benderfyniad i fod yn ymgeisydd ac i lwyddo i ennill y dydd:

> They have brought out from their midst a self-made and self-improved man of singular ability and well-suited for Parliament. Strange to say, he is the only Labour candidate in this great country, swarming with working men, and containing 6,000 inhabitants.[52]

---

[51] *South Wales Weekly News*, 4 Rhagfyr, 1885, 3.
[52] L. J. Williams, 'The First Welsh "Labour" MP', 94.

PENNOD 5

Gŵr heddychlon ei ddoniau

Erbyn diwedd 1885, ac yntau wedi ennill sedd newydd y Rhondda fel ymgeisydd seneddol, roedd Mabon wedi cael ei goroni yn arweinydd y ddau gwm. Ef oedd yr aelod seneddol, ac ef oedd asiant y glowyr; ac yr oedd hefyd yn arweinydd ym myd y capel a'r eisteddfod. Roedd y diwydiant glo yn cyflogi trwch y boblogaeth, a thrwy hynny yn cynnal y teuluoedd; ond roedd angen mawr am arweinydd o safon i amddiffyn buddiannau y glowyr ac i ymgyrchu dros wella'r amgylchfyd a safon byw y trigolion. Priod waith Mabon oedd cynrychioli Llafur, ond nid oedd am eiliad am ymwadu â'i gefndir a'i gredo yn y Blaid Ryddfrydol. Nid ef oedd yr unig un yn y diwydiant glo. Roedd yr arweinwyr i gyd yn yr un sefyllfa ag ef. Allan o'r gwewyr a'r pair hwn y daeth yr hyn a elwid yn *Lib-Lab*, priodas a fu'n llewyrchus am ugain mlynedd, ac yn raddol fel roedd y glowyr yn cael eu denu gan y Blaid Lafur ifanc, ildiodd ffenomenon y *Lib-Lab* yng ngwleidyddiaeth Cymru, Lloegr a'r Alban.

Roedd Mabon yn ymgorffoniad godidog o'r symudiad hwn, ac felly y bu trwy'r wyth a'r naw degau hyd at y ganrif newydd.[1] Nid ef oedd yr unig un – roedd y mwyafrif llethol yn yr un cwch. Pobl broffesiynol a ymgyrchai dros safon a chyflog gwell, a llai o oriau gwaith, a gweithredu y Raddfa Lithrig oeddynt yng Nghymru, ond eto pobl ddiwylliedig, grefyddol oedd yn deall a pharchu sefydliadau a mudiadau y gymdeithas werinol Gymraeg. Roedd Mabon wedi cyflawni gwyrthiau, a dileu pechodau amlwg fel y *truck system* a chyflogi plant o dan ddaear. Gwir y dywedodd yr hanesydd, Peter Stead:

---

[1] Jan Morris, Wales: *Epic Views of a Small Country* (London, 1986), 149.

Their position was one which allowed them to fight, to strike and to confront the owners. This fact is often played down in surveys of the careers of these men, who, after all, created the modern machinery of trade unionism in South Wales.[2]

Roedd disgwyl mawr am weld Mabon yn cyrraedd y Senedd ar 25 Ionawr, 1886 a chyflwynodd ei araith forwynol ar fater agos iawn i galon y Rhyddfrydwyr, sef Datgysylltiad yr Eglwys Wladol yng Nghymru, a hynny ym mis Mawrth.[3] Roedd Gladstone yr arweinydd yn meddwl y byd ohono. Wedi'r cyfan, cyflwynodd y swm o 50 o bunnoedd tuag at ei dreuliau etholiadol. Ni chafodd unrhyw ymgeisydd seneddol arall yng Nghymru oddi ar 1885 swm anrhydeddus oddi wrth arweinydd ei blaid ond Mabon. Trefnwyd hefyd i ffurfio Cymdeithas Ryddfrydol-Llafur y Rhondda, a phenderfynwyd cyflwyno lwfans blynyddol i'r Aelod Seneddol newydd o £160 y flwyddyn. Gwelwyd yn ei araith forwynol ei fod yn mynnu gwrandawiad aelodau Tŷ'r Cyffredin. Ni chredai mewn siarad er mwyn clywed ei lais ei hun, a phan ddaeth yr etholiad cyffredinol arall fis Gorffennaf, nid oedd teulu Davis, Ferndale am ei rwystro, ac felly cafodd ei ethol yn ddi-wrthwynebiad.

    Rhoddodd hyn gyfle iddo deithio o amgylch Cymru i gefnogi aelodau seneddol Rhyddfrydol.[4] Siaradodd ar ran Syr Edward Reed yng Nghaerdydd a manteisiodd ei gefnogwyr o

---

[2] Peter Stead, 'Working-Class Leadership in South Wales, 1900-1920', 382-397, wedi ei ail-argraffu o *History Review: Cylchgrawn Hanes Cymru,* cyfrol 6, rhif 3, 1973. Daw'r dyfyniad o dudalen 331.
[3] E. W. Evans, *Mabon*, 3.
[4] Ceir hanes Mabon yn ymgyrchu yn Etholiad 1886 yn *Tarian y Gweithiwr,* 15 Gorffennaf 1886, 1.

gael cyfarfod iddo yn Nhrewilliam yn ei etholaeth.[5] Bu'n cefnogi Arthur Williams yn Llanedi yn Sir Gaerfyrddin ac yn annerch tyrfa fawr o blaid Syr Arthur Stepney.[6] Atyniad mawr y cyfarfod hwnnw oedd fod Joseph Chamberlain ar yr un llwyfan.[7]

Aeth o Lanelli i Aberteifi, lle y siaradodd ar ran Bowen Rowlands.[8] Nid oedd yn barod i siarad dros David Davies, Llandinam a enillodd Sir Aberteifi o lond dwrn o bleidleisiau. Teithiodd o Aberteifi i Aberystwyth i gefnogi eto y bargyfreithiwr, Bowen Rowlands. O dref y Coleg ger y Lli, teithiodd gyda'r trên i Faldwyn i siarad ar ran Steward Randal[9]

---

[5] Syr Edward James Reed (1830-1906), pensaer llongau haearn, awdur, gwleidydd ac aelod seneddol y Rhydfrydwyr dros Benfro (1874-1880, yna o 1880 hyd ei farwolaeth Aelod Seneddol dros ddinas Caerdydd. Awdur *Shipbuilding in Iron and Steeel* (London, 1868) a *Our Ironclad Ships: their Qualities Performance and Cost* (London, 1869). Gweler, 'Death of Sir Edward Reed', *The Times*, 1 Rhagfyr, 1906, 1.

[6] Syr Emile Algernon Arthur Keppel Cowell –Stepney, Ail Farwnig (1834-1909), tirfeddianwr ac Aelod Seneddol Rhyddfrydol dros Fwrdeisdref Caerfyrddin rhwng 1876-1878 a 1886- 1892. Gellir dweud mai siomedig iawn fu ei gyfraniad yn ystod ei ddau dymor yn San Steffan. Gweler, T Jenkins, 'Death of Sir Arthur Stepney', *The Cambrian*, Gorffennaf 7, 1909, 4.

[7] Wynebodd Joseph Chamberlain yn y cyfnod hwn gryn wrthwynebiad o gyfeiriad Rhyddfrydwyr Llundain a'r trefydd llai fel Llanelli. Gweler H. J. Hanham, *Elections and Party Management : Politics in the time of Disraeli and Gladstone* (Hassocks, Sussex and Hamden, Connecticut, 1978), 147.

[8] Roedd y Barnwr William Bowen Rowlands (1836-1906), yn athro ysgol, clerigwr gyda 'r Eglwys Esgobol cyn troi i'r Eglwys Gatholig, ac yn Aelod Seneddol dros Geredigion o 1886 i 1895. Disodlodd berchennog pyllau glo yr Ocean, David Davies, Llandinam yn etholiad 1886 o drwch blewyn, naw pleidlais yn unig. Gw, 'Death of Judge Bowen Rowlands' , *Pembrokeshire Herald and General Advertiser*, 7 Medi 1906, 1.

[9] *Tarian y Gweithiwr*, 15 Gorffennaf, 1886, 1. Edmygai Mabon weithred Henry Richard yn rhoddi y swm o ddau gan punt yn nwylo un o'i gefnogwyr, yr Annibynnwr adnabyddus Thomas Williams, er mwyn iddo eu rhannu ymhlith glowyr glofa Cyfartha yn ei etholaeth.

ac oddi yno i Feirionnydd ar ran un o ser pennaf y Blaid
Ryddfrydol, sef T. E. Ellis.[10]
Derbyniodd groeso arbennig yn etholaeth
Meirionnydd ymhob cwmwd y bu'n annerch. Dechreuodd yn
nhref Dolgellau, gan annerch yn Ystafell y Cyhoedd a'r
gynulleidfa gref ar dan tra bu'r Aelod Seneddol yn llefaru.
Dywed gohebydd papur lleol, *Y Dydd:*

> Y mae ei ddull yn wahanol i'r cyffredin wrth areithio. Y
> mae ef yn ei areithiau yn holi cwestiynau i'r gwrandawyr
> ar bynciau ymarferol.

Cafodd yr anerchiad ei gefnogi gan Randal, cyfreithiwr o
Lanelli a'r Athro Roberts o Gaerdydd. O Ddolgellau, teithiodd
y pedwar ohonynt (Ellis, Roberts, Randal a Mabon) i Gorris,
canolfan diwydiant chwarel yn ne Meirionnydd. Roedd hwn yn
gyfarfod lluosog am saith o'r gloch, a chafodd pob un ei gyfle
gan y disgwylid hwy i annerch cyfarfod cyhoeddus yn
Abergynolwyn am ddeg o'r gloch. Trosglwyddodd Mabon
anerchiad grymus i'r gynulleidfa frwdfrydig, gyda bron pob un
ohonynt heb ei glywed na'i weld erioed yn y cnawd.
Cyrhaeddodd Ellis a Mabon dref Tywyn erbyn hanner nos, a
thorf oddeutu dwy fil o bobl wedi dod ynghyd i glywed Mabon
ar ei uchelfannau.[11] Drannoeth, clywyd ef gan filoedd yn nhref
y Bala.[12]

Roedd pawb y tu allan i'r Rhondda yn amlwg yn
gwneud ymdrech arbennig i fynychu cyfarfodydd lle y ceid
cyfle i wrando ar ei raglen radicalaidd. Ym mis Awst, trefnodd

---

[10] T. I. Ellis, 'Thomas Edward Ellis (1859-99)', *Bywgraffiadur Cymreig hyd 1940* (Llundain, 1953), 199-200. O fod yn Ysgrifennydd i Syr John Tomlinson Brunner, Aelod Seneddol, cafodd ei ddewis i ymladd dros y Blaid Ryddfrydol ym Meirionnydd ac ennill ym 1886

[11] 'Mabon ym Meirion', *Tarian y Gweithiwr,* 22 Gorffennaf, 1886.

[12] *Ibid.*

y Blaid Ryddfrydol gyfarfod ym Mhorthcawl i'w longyfarch, am iddo gael ei ddewis yn ddiwrthwynebiad i'r Senedd ym mis Gorffennaf, 1886. Dymuniad y cyfarfod oedd iddo barhau am flynyddoedd lawer i gynrychioli y Cwm 'culach na cham ceiliog'. Cynigiwyd gan y Parchedig E. Evans, Drenewydd a'i eilio gan y groser o'r Rhondda, Thomas Llewelyn, Pentre, fod ganddynt fel plaid a phobl ymddiriedaeth lwyr ynddo ef ac yn arweinyddiaeth W. E. Gladstone. Croesawyd Mabon gyda banllefau o gymeradwyaeth.[13]

Yn ei anerchiad, cyfeiriodd Mabon at yr angen i Brydain o ran democratiaeth i ddiddymu Tŷ'r Arglwyddi – sefydliad diffrwyth a diffygiol yn ei farn ef. Mynegodd ei awydd fel aelod seneddol i gefnogi W. E. Gladstone ar fater hunanlywodraeth i Iwerddon. Nododd yn ystod ei anerchiad cynhwysfawr fel y dioddefai'r Ymneiltuwyr o hyd ac y byddai ef am unioni'r anghyfiawnder a brofwyd ganddynt.[14] Derbyniodd Mabon gymeradwyaeth fyddarol am araith addysgiadol yn nhraddodiad gorau'r Anghydffurfwyr. Pasiodd y cyfarfod eu bod yn gofyn i Aelodau Seneddol Rhyddfrydol Cymru y misoedd nesaf hynny i wahodd y cawr huawdl i'w hetholaethau i gyflwyno'r anerchiad radicalaidd a glywyd y diwrnod hwnnw ym Mhorthcawl.[15]

Gofalai Mabon yn barhaus am anghenion y glowyr, a dyna pam i faes glo'r De gael Haf Bach Mihangel o 1875 hyd 1893 – deunaw mlynedd heddychlon yn y cymoedd. Hoff frawddeg Mabon wrth annerch y glowyr oedd: 'Mae hanner torth yn well na dim torth o gwbl.' Dyna oedd ei obaith o hyd. Pan fyddai anghydfod yn codi yn un o'r glofeydd, gofalai Mabon deithio yno i drafod y cyfan cyn galw streic. Yn nechrau Hydref, 1886 teithiodd i Rymni i setlo anghydfod yn y lofa leol.[16] Cyn ymadael y diwrnod hwnnw, gofalwyd bod cyfarfod

---

[13] *Tarian y Gweithiwr*, 19 Awst, 1886
[14] *Ibid.*
[15] *Ibid.*
[16] 'Mabon yn Rhymni', *Tarian y Gweithiwr*, 7 Hydref, 1886, 4.

yn cael ei gynnal er mwyn iddo drafod cwestiwn ymreolaeth i Gymru. Cyflwynwyd ef gan T. N. Evans fel aelod seneddol 'sydd yn gwneud enw iddo'i hun ar lwyfan San Steffan ymhlith prif areithwyr y byd'.

Cynhaliwyd y cyfarfod yng Nghapel y Tabernacl a roedd yr adeilad o dan ei sang i wrando ar Mabon ar Ymreolaeth i Gymru. Dangosodd y fantais o gael ymreolaeth er mwyn i'r genedl Gymraeg gael yr hawl i 'ddeddfu i ni ein hunain.' Siaradodd gyda huodledd areithyddol gan 'orchfygu holl deimladau y gynulleidfa, nes yr oedd y dorf 'yn colli arni ei hun mewn cymeradwyaeth' pan ddaeth i derfyn ei anerchiad.[17]

Cynigiodd T. Twynog Jeffreys, Cymro i'r carn, ac eiliwyd gan John Jones y genadwri hon:

> Fod teimlad y cyfarfod hwn yn wresog o blaid Hunan-Reolaeth i Gymru; a'n bod yn llawenhau yn fawr wrth weled y symudiad sydd ar droed i ffurfio Undeb Genedlaethol Cymru (Welsh National League) gyda'r amcan o ddwyn hyn oddi amgylch.[18]

Diolchwyd i Mabon gan y Parchedig G. Griffiths, bugail capel Penuel, Rhymni a chan R. Thomas. Mynegodd y cyfarfod eu bod yn barod i gyfrannu tuag at dreuliau Mabon yn y Senedd fel cynrychiolydd Llafur dros weithwyr de Cymru a Mynwy. Teimlai y rhelyw o'r masnachawyr Cymraeg oedd yn bresennol yr un fath â'r glowyr, gan bwysleisio'r angen am fwy o aelodau yn y Senedd yn debyg i Mabon.[19]

Cynigiodd Gladstone swydd Is-Ysgrifennydd yn y Swyddfa Gartref i'r Aelod Seneddol newydd. Ond ar ôl hir

---

[17] *Ibid.*
[18] R. T. Jenkins, 'Thomas Twynog Jeffreys (1884-1911)', *Bywgraffiadur Cymreig hyd 1940,* 405. Cadwai siop sgidiau yn Rhymni, ac ef oedd prif ysgogydd cylch llenyddol Rhymni. Dioddefodd flynyddoedd o glefyd cryd cymalau.
[19] *Tarian y Gweithiwr*, 7 Hydref 1886, 4.

ystyriaeth, gwrthododd am ei fod yn gweld bod ganddo ddigon i'w gyflawni fel asiant ac aelod seneddol. Byddai byth yn colli'r cyfle i fynegi ei farn ar hunan-lywodraeth, ar Gymru, yr iaith Gymraeg ac anghenion y dosbarth gweithiol. Ond ei arbenigedd oedd y diwydiant glo, ac ni chollodd unrhyw gyfle i gario'r ddadl i ganol dadleuon y Ty'r Cyffredin. Cafodd ei araith ar y Coal Mines Bill o 1887 dderbyniad hynod o ffafriol, ac mae adroddiad y *South Wales Daily News*, 23 Mehefin 1887 yn cyfleu ei feistrolaeth ar ei bwnc a'i allu i'w fynegi ei hun yn y Senedd: '

> His figures and quotations from the Report of the Royal Commission were effectively marshalled; the delivery was deliberate and emphatic, and the speech was listened to with marked attention by the Home Secretary, who took ample notes of it, and with admiration and approval by the Liberals and many of the Conservatives. Young Tories were touched by his pathetic but manly appeals for the coalminer in his perilous work.'

Gwyddom fod pob un o'r deddfau hyn yn hynod o ddyledus i ddylanwad ac areithiau Mabon, sef *The Workmen's Compensation Act, The Employers' Liability Act* ac yn arbennig *The Eight Hours Act.*

Bu'n weithgar ar Bwyllgorau Dethol ar gyflogau a'r byd glofaol ym maes glo Dyfnaint a Chernyw a fu yn ganllaw hwylus i Ddeddf Stannaries ym 1887. Teithiodd Mabon i Gynhadledd y Glowyr, dros gyfnod o chwe diwrnod i Fanceinion yn Nhachwedd 1886, a theithiodd ef a Dai o'r Nant yr eildro i Gynhadledd y Glowyr ym Manceinion ar 20 Ebrill, 1887.[20]

---

[20] Ceir bywgraffiad nodedig i Dai o'r Nant gan John Saville o Brifysgol Hull. Gw. 'John Saville, David Morgan (Dai o'r Nant, 1840-1900)', *Dictionary of Labour Biography*, vol. 1 (London and Basingstoke, 1972), 244-46.

Wedi'r cyfan, roedd Mabon wedi cydweithio gryn lawer ar y Raddfa Lithrig.[21] Prif bwnc y Gynhadledd oedd *Bill Mines Regulation* a Dai o'r Nant a gynigiodd y gwelliant i'r Datganiad, sef rhan yn nhrefniadau ac o derfynau gwaith yr arolygwr diogelwch i'r glofeydd. Yn ddiweddarach yn y flwyddyn mewn Cynhadledd o lowyr Cymru, yr Alban a Lloegr a gynhaliwyd yng Nghaeredin ar 11 i'r 14 o Hydref, 1887, cynrychiolodd Mabon a Dai o'r Nant chwe deg mil o lowyr o dalgyrch Merthyr, Aberdâr a'r Rhondda.[22]

Bu Mabon yn aelod amlwg iawn o'r Comisiwn Brenhinol a'r *Mining Royalties*. Apwyntiwyd ef ym 1889 yn Aelod o Gomisiwn Brenhinol ar Lafur (*Labour*), ac yna ym 1891 yn aelod eto o Gomisiwn Brenhinol ar y Glofeydd (*Mines*), ac am y drydedd tro ym 1906. Nid oedd neb arall yn cael ei apwyntio ar Gomiswin Brenhinol mor aml ag y cafodd Mabon, ond cyfrifid ef yn gwbl feistrolgar ar y sefyllfa yn y meysydd glo, a phinacl y cyfan oedd pasio Deddf *Mines Regulation* yn y flwyddym 1911. Paratowyd adroddiad lleiafrifol yn enw y Cymro Mabon, Enoch Edwards o Loegr a Robert Smillie, arweinydd glowyr yr Alban. Derbyniodd yr adroddiad lleiafrifol cyhoeddusrwydd syfrdanol gan y Wasg.[23]

Bu Mabon yn gyfrifol am adroddiad lleiafrifol ar Gomisiwn Brenhinol Llafur a baratowyd ganddo ef ei hun a'r

---

[21] Cefnogai Dai o'r Nant Mabon ar y Raddfa Lithrig. Ef oedd un o bump a gefnogodd y Raddfa Lithrig ar 12 Gorffennaf, 1876. Y lleill oedd Mabon, John Prosser, Henry Motchard a Thomas Halliday. Yn yr ail gynigiad ar 17 Ionawr, 1880, roedd yn un o wyth, a Mabon eto yn llofnodi. Yna, ar 6 Mehefin, 1882 ef a Mabon a phump arall, ac yna ar 15 Ionawr, 1890 yr oedd ef a Mabon ac wyth o arweinwyr. Ar 1 Ionawr, 1892, Dai o'r Nant a Mabon yn cynnwys un-ar-ddeg yn cefngoi. Llofnododd Dai o'r Nant a Mabon ymhlith y saith a lofnododd ar 17 Chwefror, 1893. Ni lofnododd y cytundeb ar Raddfa Lithrig ar 7 Tachwedd 1887 oedd yn newid ychydig ar yr hyn a gytunwyd ym 1882. Gwrthododd ef ynghyd ag Isaac Evans argymell cadw ymlaen gyda'r Raddfa Lithrig ar 28 Mawrth, 1895. Daliodd Mabon yn gryf gan wrthod cytuno gyda'i ffrindiau, Dai o'r Nant ac Isaac Evans. *Ibid.*, 245.
[22] *Ibid.*
[23] E. W. Evans, *Mabon*, 37.

chwyldrowr Tom Mann yn bennaf. Cyhoeddwyd ef yn llyfryn a dderbyniodd gymeradwyaeth Sidney Webb, un o'r deallusion pennaf o fewn y mudiad Llafur. Credai Mabon mewn deddfwriaeth seneddol gan iddo weld ffrwyth mesurau fel *Intermediate Education Bill* ym 1888 ac ymhellach ymlaen, *Eight Hours Bill* ym 1894.[24]

Cyfrifid Mabon erbyn hynny yn un o brif gynrychiolwyr y glowyr ym Mhrydain. Byddid bob amser yn ei ethol yn aelod o'r diprwyaethau fel yr un i drafod deddfwraiethy pyllau glo ym 1887, pan oedd yn llythrennol yn gwisgo dwy het – un het dros y glowyr a'r het arall dros y meistri. Cafodd ganiatâd i ddefnyddio perswâd os nad propaganda ar bwysigrwydd cael oriau gwaith y dydd i'r glowyr o fewn wyth awr. Croesawodd Gladstone ef a'r Ysgrifennydd Cartref yn gynnes iawn ym 1893 ac hefyd ym 1896 pan oedd yn cyflwyno ei ddadleuon.

Rhyddfrydwr balch a chadarn ydoedd o'i ddyddiau cynnar yn nhlodi Cooper Row, Cwmafan ac yn ei drwsus byr yng ngweithgareddau y Tabernacl, Capel y Methodistiaid Calfinaidd. Erbyn dyddiau y *Lib-Lab,* derbyniodd yn ddiolchgar ddisgyblaeth y Blaid Ryddfrydol, a gweithiai yng Nghymru yn egnïol drostynt. Penodwyd ef yn aelod o'r ddirprwyaeth o dde Cymru ac Iwerddon ym 1888. Trwy'r Blaid Ryddfrydol, daeth ar delerau da gyda W. E. Gladstone, arwr mawr y Cymry. Byddai'r ddau yn ciniawa gyda'i gilydd bob rhyw dri mis i drafod Cymru a hoffter y ddau wleidydd o gerddoriaeth. Rhoddodd Mrs W. E. Gladstone, un o ferched Penarlâg, genhinen arian i Mabon fel y medrai ei gwisgo bob blwyddyn ar Ddydd Gŵyl Dewi yn Nhŷ'r Cyffredin. Cyn dyfodiad Lloyd George i'r Senedd, Mabon oedd Mister Cymru. Ffrind mawr arall iddo oedd Thomas Edward Ellis, ac nid anghofiodd Mabon siarad drosto ar Green y Bala ym 1886 am awr gyfan heb ddefnyddio gair o Saesneg 'ac er ei bod wedi

---

[24] *Ibid.*

rhedeg yn hwyr, bu raid i Mabon ganu *Hen Wlad fy Nhadau.*'i'r gynulleifdfa hardd.[25]

Roedd Thomas Edward Ellis ac yntau ar yr un donfedd. Geiriau T. E. Ellis i etholwyr Meirionnydd ar ôl ennill ym 1886 oedd y rhain:

> Y mae gan Gymru, fel yr Iwerddon, lawer o elynion yn y Senedd newydd, ond os bydd cynrychiolwyr Cymru gymaint o ddifrif â'u hetholwyr, nid aiff y Senedd hon heibio heb i iawnderau Cymru gael y sylw y maent yn ei deilyngu.[26]

Talodd T. E. Ellis y gymwynas yn ôl i Mabon gan annerch cyfarfod yn y Rhondda a rhannu llwyfan gyda'i gyfaill twymgalon.

Rhoddodd Mabon gryn lawer o gymorth i David Lloyd George o 1890 ymlaen, ar ôl iddo ennill sedd bwrdeistref Arfon. O hynny hyd ddiwedd gyrfa Mabon, roedd y ddau ar delerau da â'i gilydd. Llwyddodd Lloyd George i'w berwsadio i argyhoeddi'r glowyr fod eu hangen ar faes y gad ar ddechrau y Rhyfel Byd Cyntaf.

Cymro ei ddydd ydoedd; meddai ar egni a dyheadau arweinydd o'r dosbarth gweithiol. Ef oedd yr un a eiliodd y datganiad i ffurfio *Cymdeithas yr Iaith Gymraeg* mewn cyfarfod a gynhaliwyd gan y Cymmrodorion yn Eisteddfod Genedlaethol Aberdâr ym 1885.[27] Yn eironig, bu'r cyfarfod hwn yn gyfangwbl yn Saesneg, hyd yn oed anerchiad byr Mabon. Prif ysgogydd y mudiad oedd Dan Isaac Davies (1839-87) a gyhoeddodd lyfr ym 1885 o dan y teitl, *1785-1885-1985 Neu, Tair Miliwn o Gymry Dwy-Ieithawg mewn Can*

---

[25] *Ibid.*, 35.
[26] T. I. Ellis, *Thomas Edward Ellis: Cofiant* (Aberystwyth, 1948), cyfrol 2, 212, 'Thomas Edward Ellis, gwleidydd', *Gwyddoniadur Cymru yr Academi Gymreig,* 331.
[27] *Ibid.*

*Mlynedd.*²⁸ Dau arall oedd yn barod i ysgwyddo cyfrifoldeb oedd Isambard Owen, y cadeirydd cyntaf.²⁹ Bodlonodd Beriah Gwynfe Evans fod yn Ysgrifennydd.³⁰ Bu marwolaeth ddisyfyd y sylfaenydd ym 1887 yn ergyd farwol i'r Gymdeithas ond gofalodd Mabon fod nod y Gymdeithas o wneud y Gymraeg yn offeryn addysg yng Nghymru yn dod i sylw'r comisiwn i Ddeddfau Addysg Elfennol 1888. Yn anffodus, nid oedd ysgolion Cymru yn barod i fanteisio ar yr hawliau a roddwyd iddynt. Nid bai Mabon oedd hynny.

Fel y gwelsom, coleddai Mabon syniadau gwerthfawr am anghenion Cymru fel cenedl. Clywsom ef yn Rhymni ym 1887, a bu mewn canolfannau eraill yn pledio'r angen am Hunanlywodraeth i'r Alban a Chymru. Wrth drafod Cymru, gobeithiai yn ei galon weld ffurfio Pwyllgor Gwaith Cenedlaethol Gymreig *(Welsh National Executive),* corff gyda'r gallu i drin cwestiynau Cymru yn drwyadl. Felly, peidiwn â syrthio i'r casgliad, ei fod am annibyniaeth i Gymru. Yr hyn a gredai oedd fod angen i'r Cymry yn Nhŷ'r Cyffredin ffurfio grwp i drafod a mynegi barn ar fuddiannau blaenaf y genedl Gymraeg, ond ni ddigwyddodd hynny, gan y byddai'n

---

²⁸ R. T. Jenkins and H. M. Ramage, *The History of the Honourable Society of Cymmrodorion* (London, 1951), 213.

²⁹ Am Dan Isaac Davies (1839-87) gweler 'Cymdeithas yr Iaith Gymraeg' (The Society for the Utilisation of the Welsh Language (1885) (yn) *Gwyddoniadur Cymraeg yr Academi Gymreig* (Caerdydd, 2008), 224. (Herbert) Isambard Owen (1850-1927), meddyg ac hyrwyddwr prifysgolion Cymru, Coleg Armstrong, Newcastle upon Tyne, a bu'n is-Ganghellor Prifysgol Bryste o 1909 hyd 1921. Un o Gymry alltud amlycaf ei oes. Gweler *Gwyddoniadur Cymru yr Academi Gymreig*, 676.

³⁰ Beriah Gwynfe Evans (1848-1927), newyddiadurwr a dramodydd, a aned yn Nant-y-Glo, er bod ei dad o Landdewibrefi. Cafodd gryn ddylanwad yn hyrwyddo gyrfa David Lloyd George, a chreodd gynnwrf yn y gwersyll crefyddol gyda'i sylwadau di-sail am Ddiwygiad y ddeunawfed ganrif. Bu yn Ysgrifennydd Cymru Fydd, ac y mae ei nofel wleidyddol, *Dafydd Dafis,* (Aberhonddu, 1848) yn werth ei darllen heddiw. Gweler *Gwyddoniadur Cymru yr Academi Gymeig,* 336.

gam i greu plaid o fewn plaid, ac ni chaniatâi arweinyddiaeth y Blaid Ryddfrydol i hynny ddigwydd.

Roedd Mabon yn sylweddoli ei fod wedi cyrraedd ei uchelgais o fod yn asiant ac hefyd yn aelod seneddol ar y dalgylch lle oedd ei gefnogwyr, sef y glowyr, yn byw. Ond gwyddai fod o fewn a thu allan i'r mudiad Llafur alwad o du Sosialaeth. Cyhoeddodd *Y Faner* ym Medi 1872 fod Sosialaeth yn cael ei alw yn Gymunoliaeth am fod arweinwyr Llafur yn yr Almaen yn ofni defnyddio'r gair Sosialaeth.[31] Ond erbyn 1888 roedd y gair a'r athroniaeth y tu ôl i Gymunoliaeth yn lledaenu'n gyflym yng Nghymru. Teimlai'r tirfeddianwyr yn ofnus dros ben, a byddent yn ofalus gyda'r dasg o ddewis tenantiaid i'w tyddynod. Nid oedd y tirfeddianwyr am ddewis pobl fyddai'n cefnogi Radicaliaeth Mabon, Dr Pan Jones, Mostyn ar bwnc y tir ac yn arbennig y gwleidydd ifanc, Lloyd George.[32]

Ceir enghraifft dda o'r amaethwr yn gwrthwynebu Sosialaeth pan dderbyniodd Jenkin Williams, a weithiai i Lewis James, Bryn-yr-Ychain, Llanfarian rodd haelionus am ei ddiwydrwydd ar y fferm. Cyflwynodd Lewis James iddo gôt fawr a gwasgod gwerth 25 swllt, ac ym marn colofnydd pentref Llanfarian ger Aberystwyth yn *Y Faner:*

---

[31] *Baner ac Amserau Cymru,* 7 Medi 1872, 1.

[32] Roedd 89.8 y cant o'r tir yng Nghymru yn cael ei amaethu gan denantiaid, a dim ond 10.2 y cant gan rydd-ddeiliaid. Cododd radicaliaid fel Samuel Roberts, Llanbryn-mair a William Rees (Gwilym Hiraethog) ac olynwyr iddynt fel y Parchedig Dr E. Pan Jones a'r David Lloyd George ifanc i drafod yr hyn a ddaeth i'w alw yn 'Bwnc y Tir'. T. E. Ellis oedd y lladmerydd amlycaf o blaid y tentantiaid a oedd o dan fys bawd y landlordiaid, a chefnogodd Mabon y ddau wleidyd galluog, T. E. Ellis a David Lloyd George. Am Bwnc y Tir, gw. *Gwyddoniadur Cymru yr Academi Gymreig* (2008), 762. Am Dr E Pan Jones, gweler ei gyfrol i'w arwyr, Cofiant y Tri Brawd o Llanbrynmair a Conwy (Bala, 1893).

Hon yw y ffordd effeithiolaf i wrthwynebu cyd-feddiannaeth (*Socialism*) ac i gadw i fyny annibyniaeth y gweithiwr.[33]

Ceid aml i ergyd yn erbyn Rhyddfrydiaeth. Roedd Rhyddfrydiaeth swyddogol yn teimlo arswyd lawer tro wrth weld y llythyron di-enw a argreffid yn nhudalen llythyron yr wythnosolyn T*arian y Gweithiwr.* Ym 1887, mynegodd Casawr Gormes mewn llythyr ar sefyllfa y glowyr yn Ne Cymru. Iddo ef, roedd y Blaid Ryddfrydol gynddrwg â'r Torïaid yn eu hagwedd tuag at y glöwr.

Pa le y ceir mwy o Dorïaeth grefyddol nag ym mhlith bugeiliaid y Methodistiaid Calfinaidd, gweinidogion yr Annibynwyr, a phwy sydd yn proffesu ac yn siarad yn gryfach ar Ryddfrydiaeth na hwy? Felly y gellir dweyd am feistri a llywodraethwyr y glofeydd. Y maent mewn proffes yn Radicaliaid, ond mewn gweithred a gwirionedd y Torïaid mwyaf eithafol.[34]

Dibynnai Mabon gryn lawer am gyhoeddusrwydd ar y papurau Cymraeg. Diolchai am y cyhoeddiad *Amddiffynnydd y Gweithiwr* a ddaeth allan o blaid undebau, gan gondemnio'r meistri. Adeg y 'clo mas' yn Streic 1875, ymosododd yn effeithiol ar ffug-Ryddfrydiaeth y *South Wales Daily News.* Methodd *Y Tyst* ac *Y Dydd* gefnogi'r glowyr ran amlaf, a dim ond pedair blynedd fu nes y cyhoeddwyd papur a elwid *Y Gweithiwr Cymreig.*[35] Gwnaeth *Y Gweithiwr Cymreig* gamgymeriad wrth wrthwynebu yn ffyrnig ymgeisyddiaeth

---

[33] Colofn Llanfarian, *Baner ac Amserau Cymru,* 10 Awst, 1889, 5.
[34] Hywel Teifi Edwards, *Arwr Glew Erwau'r Glo: Delwedd y Glöwr yn Llenyddiaeth y Gymraeg, 1850-1950* (Llandysul, 1994) xxvi.
[35] Dyma flynyddoedd y papurau hyn, *Y Gweithiwr* (1858-60) *Amddiffynydd y Gweithiwr* (1874-6) a'r *Gweithiwr Cymreig* (1885-9). Gweler Aled Jones, *Press, Politics and Society: A History of Journalism in Wales* (Cardiff, 1993), 39, 284.

Mabon am sedd seneddol y Rhondda, gan ddal ei fod yn ormod o ffrind i'r *Western Mail*.[36] Fel y dywedodd Hywel Teifi Edwards:

> Fodd bynnag, trwy wrthwynebu Mabon, peidiodd â bod yn dafodiad dibynadwy dros werthoedd y Rhyddfrydiaeth a addawai gymaint i Gymru yn 70au, 80au a 90 u'r ganrif ddiwethaf.[37]

Meddai Mabon ar galon dyner, llawn tosturi. Dyna pam y byddai'n cynrychioli y glowyr a'u teuluoedd a laddwyd mewn pyllau glo yn yr incwest a ddilynai'r ddamwain. Ef fyddai'n cynrychioli'r glowyr a dorrodd reolau iechyd a diogelwch y lofa yn y llysoedd. Gwnâi hynny yn effeithiol dros ben.

Roedd ganddo ddiléit mewn addysg gydol oes, o ysgolion cynradd i'r ysgolion uwchradd ac ymlaen i'r brifysgol. Gofynnid iddo agor ysgolion newydd, cyflwyno gwobrau i fyfyrwyr a wnaeth yn dda yn y dosbarthiadau diwydiannol, a byddai'n barod iawn i annerch cymdeithasau'r capeli ar ei brofiadau fel seneddwr. Ond rhoddai lawer o'i amser i fyd yr Eisteddfod. Ceid eisteddfod ar galendr pob cymuned, a gofynnid i Mabon arwain neu feirniadu. Sicrhaodd le yng Ngorsedd y Beirdd. Gwahoddwyd Mabon ym 1887 i fod yn arweinydd Eisteddfod Genedlaethol Cymru pan gynhaliwyd hi yn Llundain. Dangosodd ei fedr fel arweinydd i lywio cyfarfod swnllyd lle yr oedd miloedd o bobl wedi ymgynnull. Nid oedd meic at ei wasanaeth, ond meddai ar lais oedd yn cario yn glir ac awdurdodol. Daeth yn ffrindiau cywir i

---

[36] Hywel Teifi Edwards, *Arwr Glew Erwau'r Glo,* xxviii. 'Cwta bedair blynedd fu oes *Y Gweithiwr Cymreig* hefyd, ac er bod ei dranc wedi'i briodoli i wenwyn enwadaeth a diffygion dosbarthwyr, mae'n sicr na wnaeth les i'w gylchrediad drwy wrthwynebu'n ffyrnig ymgeisiaeth Mabon am sedd seneddol y Rhondda ym 1885, gan ddal ei fod yn ormod o ffrind i'r *Western Mail.*

[37] *Ibid.,* xxviii.

eisteddfodwyr amlwg fel Dyfed (Evan Rees) a ddechreuodd fel glöwr yn Aberdâr ac a ddaeth yn Weinidog gyda'r Methodistiaid Calfinaidd.[38] Dyfed a baratodd feddargraff Mabon. Eisteddfodwraig yr ymserchodd Mabon ynddi oedd Adelina Patti.[39]

Ef oedd symbylydd Eisteddfod y Glowyr a fu yn rhan o Undeb y Glowyr am ddegawdau. Penderfynwyd cynnal Eisteddfod y Glowyr ar y dechrau ar Ddiwrnod Mabon. Fel y dywedodd Mabon wrth ddau Aelod Seneddol oedd wedi dod yn gwmni iddo i Eisteddfod Ynyshir:

> Dyma fy mhobl; mae marciau eu llafur yn eu dwylo, ond os yw ei dwylo yn galed, y maent yn meddu ar galonnau tyner.[40]

Rhoddodd deyrngarwch mawr i Gapel y Methodistiaid Calfinaidd Nasareth, Pentre, lle y daeth yn Flaenor y Gân, gan ofalu am y plant yn y *Band of Hope* a dangos haelioni tuag at gyllid yr addoldy. Gofalodd ar ôl Côr y Capel fel y gwnaeth

---

[38] Beti Rhys, *Dyfed: Bywyd a Gwaith Evan Rees, 1850-1923* (Dinbych, 1984), 116, tt. Adolygiad gwerthfawr Gwyneth Morgan, *Taliesin*, 50 (1984), 82-5; W. Rhys Nicholas, 'Tri Archdderwydd y Fro: 1. Dyfed (Evan Rees, 1850-1923); 2. (Edgar Phillips, 1889-1962) 3. Jâms Niclas (James Nicholas, 1928-2012)', yn *Abergwaun a'r Fro* (gol. Eirwyn George) (Llanydybïe, 1986), 24-41.

[39] 'Adelina Patti (1843-1919)' yn *Cydymaith Cerddorion Cymru* (golygyddion Pwyll ap Sion ac Wyn Thomas) (Talybont, 2018, 340-341). Cantores Opera a fu farw yn ei chartref yng Nghymru, sef Craig-y-Nos, Cwm Tawe Uchaf ydoedd Adelina Patti. Cafodd yrfa ryfeddol ac ar yr un adeg, hi oedd y diddanydd a enillai fwyaf o bres yn y byd. Meddyliai y byd o lais Mabon a'i ddull o ganu. Gweler hefyd am Patti yn *Gwyddoniadur Cymru yr Academi Gymreig*, 689.

[40] David Davies, *Bywyd a gwasanaeth y ddiweddar William Abraham (Mabon)*. Traethawd sydd yn Archifau y Ll. G. C., Archif y Methodistiaid Calfinaidd.

yng Nghwmafan a meithrinodd ei ddawn fel pregethwr lleyg, cymeradwy.[41]

Roedd byd pyllau glo y Rhondda mor wahanol yn yr wyth a'r naw degau a degawd cyntaf yr ugeinfed ganrif gan na chynhelid unrhyw gyfarfod pwysig heb weddi, os oedd Mabon yn bresennol.[42] Cymerai ef yn ganiataol mai felly y dylai fod gan fod aml i lofa, fel y cyfeiriwyd eisoes, yn cynnal cyfarfod gweddi ar ddechrau'r tyrn. Awyrgylch cyfarfod blaenoriaid Calfinaidd Tabernacl a Nasareth yn hytrach na chynhadledd undeb llafur oedd i'r cyfarfyddiau hyn. Rhoddai bwyslais yn ei anerchiadau ar ddyletswyddau y glowyr yn gymaint ag ar eu hawliau. Pwysai ar y glowyr i fod yn bobl sobr, gweithgar, cefnogol i'w gilydd, cymodlawn a heddychlawn. Apeliai am i'r glöwr fod yn berson cymhedrol ac nid ymfflamychol. Cofier fod asiant y glöwr yn mwynhau cryn lawer o awdurdod. Yn ei glasur o gyfrol, The British Coal Trade, dywed H. S. Jevons fod cymaint yn dibynnu ar yr asiant:

> If he is a good organiser, energetic and firm in negotiations, he secures good terms for his men in all disputes, and keeps them loyal to the Union, whilst strikes are rare and never unofficial, because he has the men well in hand.[43]

Gallai Jevons fod wedi bod yn sgrifennu am Mabon. Dadleuai Jevons fod asiant gwan ac anobeithiol fel trefnydd a dadleuodd dros y glowyr yn colli ymddiriedaeth y dynion y mae ef yn eu cynrychioli. Dyna sut y cyfyd anghydfod diwydiannol sydd yn ddrwg i bawb. Daw streiciau answyddogol yn gyson ac fe gyll yr Undeb aelodau. A dyna pam ei bod hi'n bwysig dewis asiant, meddai Jevons, sydd nid yn unig yn gyfathrebwr da, ond hefyd yn meddu ar sgiliau busnes.

---

[41] *Ibid.*
[42] E. W. Evans, *Mabon*, 43.
[43] H. S. Jevons, *The British Coal Trade* (London, 1915), 131.

Roedd Mabon yn ffitio'r disgwyliadau o asiant da, yn arwr i'r gweithwyr ond yn gymodwr. Cofier am ei ymateb bob amser. Byddai'n hynod o ofalus. Fel y dywedodd ef ei hun:

> Beth bynnag a ddigwydd, penderfynwyd gadw fy mhen. Pan mae dyn yn colli rheolaeth arno ei hun, mae'n colli popeth.[44]

Cadwai'n dawel braf am hydoedd a gwrthodai adael i eraill ei gyffroi. Roedd Mabon yn meddu ar lawer o rinweddau. Deallai'r natur ddynol a'r glöwr a gynrychiolai. Meddyliai y byd ohono. Dywedai mewn anghydfod yr union air oedd angen ei ddweud, neu defnyddiai stori afaelgar, neu byddai'n troi i ganu emyn neu gân o eiddo Ceiriog.

Mewn cyfarfod ym Mryste, cyrhaeddodd Mabon neuadd wag. Gwyddai'n dda fod cannoedd o lowyr y tu allan yn smocio a chwerthin a sgwrsio. Yn lle gweiddi arnynt i ddod i mewn i'r neuadd, aeth ef ar ei union at y piano a dechrau chwarae yn fedrus rai tonau cyfarwydd i Saeson y dosbarth gweithiol, pobl y dafarn a'r neuaddau lle y cynhelid cyngherddau. Gwelodd ryw ddwsin o lowyr yn dod yn araf i mewn i'r neuadd er mwyn gwrando, a'r funud honno, dyma Mabon yn mynd ati i ganu yn ei lais melodaidd, tenoraidd oedd wedi plesio Adelina Patti. O fewn pum munud, roedd y neuadd wedi llenwi a phawb yn eistedd yn fodlon, braf. Ni fu angen dwrdio na dweud y drefn, na chodi ei lais. Gwelwyd seicoleg Mabon ar ei orau – dyna oedd dull y meistr.[45] Byddai'n tawelu glowyr de Cymru a chynulleidfaoedd yr eisteddfodau trwy ganu emynau cyfarwydd yn arbennig emynau William Williams, Pantycelyn, ac o fewn dim, byddai'r glowyr eu hunain yn ymuno ag ef yn y gân orfoleddus. Roedd côr mawr o'i flaen, ac yntau yn arwain ac wrth ei fodd. Yna, distewai'r

---

[44] David Davies, *Bywyd a gwasanaeth y ddiweddar William Abraham (Mabon)*, Traethawd Eisteddfod Treorci 1928.
[45] E. W. Evans, *Mabon*, 44

gân er mwyn iddo ef godi ei' destun a'i thema. Byddai'n dechrau'n dawel, yn gyfeillgar, yn sgwrsiol, gan adael i'r glowyr ofyn cwestiynau, ond yna ar ôl bod yn deg i bawb, codai ei lais yn uchel, ac o dan gyfaredd ei huodledd byddai ei feirniaid yn gorfod distewi ac ildio.

Gwelid didwylledd Mabon lle bynnag y'i ceid, mewn sgwrs breifat, o fewn ei aelwyd, ac yn y cyfarfodydd a gynhelid iddo. Pan feirniadid ef yn gyhoeddus, ni chiliai oddi wrth ei gyd-lowyr. Pan fyddai'r glowyr yn dymuno gweithredu yn wahanol i'w gyngor ef iddynt, byddai'n sicr o ddweud wrthynt eu bod yn dilyn llwybr anghywir, yn cydnabod bod y cyflogwyr yn yr achos o dan sylw yn haeddu cefnogaeth y glowyr.

Gellid dweud bod Streic yr Haliers ym 1893 wedi bod yn agoriad llygad iddo, ond fe ddihangodd yn wyrthiol rhag cynddaredd nifer ohonynt mewn cyfarfod. Cododd David Hughes, bocsiwr rhagorol yn y Rhondda ar ei draed a cherdded i'r llwyfan i herio i ornest unrhyw un o'r haliers oedd yn mentro bychanu ei arwr, Mabon. Distawodd y criw treisgar. Ni dderbyniodd neb sialens David Hughes.[46]

Heddychwr ydoedd Mabon yn ei galon a'r ffordd orau iddo ef oedd ffordd cymodi. Gallai bob amser weld dadleuon y ddwy ochr, ond yn naturiol roedd ei gydymdeimlad pennaf gyda'r glowyr. Ond credai yn ddiffuant y dylasai'r ddwy ochr ystyried cymrodeddu â'i gilydd er budd y diwydiant, y gymuned, y lofa, y glowyr a'u teuluoedd a'r cyflogwyr. Mae'n anodd amgyffred fel y newidiodd agwedd y glowyr yn yr ugeinfed ganrif. Meddylier am Mabon yn mynd i drafod problemau a gododd mewn pwll glo arbennig. Cyfarfyddai ef ar y dechrau â'r atalbwyswr a swyddogion Undeb y pwll glo, ynghyd â'r perchennog a'r brif oruchwylwyr. Ar ôl eu cyfarch,

---

[46] *Ibid.*, 45.

byddai'n eu harwain ar lwybr gweddi fer ac yna'n ymadael â'i gilydd heb drafod mwy. Roedd hynny bob amser yn y cyfnod hwn yn ddigon i setlo'r anghydfod lleol. Dro arall, byddai Mabon yn troi at y cyflogwr gan ddweud ei fod yn 'nabod ei dad yn dda, gan fynegi'r gobaith y byddent hwythau yn medru bod yn bennaf ffrindiau. Gadawodd swyddfa'r lofa i annerch y glowyr a'u hysbysu bod y mater wedi ei setlo rhyngddo ef a'r cyflogwr.[47]

Mae'r cyfan hyn yn arwyddo bod angen arweinydd arbennig iawn i weithredu fel y gwnâi ym myd y diwydiant glo. Ond ni allai gyflawni hyn heb ymddiriedaeth lwyr y glowyr ac hefyd ar y llaw arall, gydweithrediad y cyflogwyr. Er bod ganddo lu o feirniaid, ni allent lwyddo heb ei garisma, ei ddoethineb, ei ymadroddi a'i awdurdod fel arweinydd. Dywedodd Dr E. W. Evans:

> At the turn of the twentieth century he was the most prominent figure in the mining world of South Wales, and the extent of his popularity may be gauged by the fact that his name printed on a packet of tobacco or on a bottle of sauce was sufficient to ensure the success of the product.[48]

Gwnaeth arian da yn ogystal o fusnes yr hysbysebu.

Yn Ionawr 1888, daeth Ffederasiwn i fodolaeth a gafodd ei enwi gyda'r enw glogyrnaidd *South Wales and Monmouthshire Workmen's Federation.* Gosodwyd y gymdeithas hon yn nwylo pwyllgor a etholid yn flynyddol gan warchod aelodau'r Undebau lleol. Disgwyliai i'r glowyr a berthynai dalu *farthing* y mis i gyfarfod a'r costau gweinyddol.[49] Er ei fod yn gam ymlaen, y gwir yw nad oedd yr undeb newydd yn gryfach nag undebau y dosbarthiadau.

---

[47] *Ibid.*, 46.
[48] *Ibid.*
[49] *Ibid.*

Etholwyd Mabon yn Llywydd yr Undeb newydd a chredai ef y medrai fod yn arf effeithiol yn y diwydiant glo. Y mater pwysig cyntaf a gododd oedd oriau gwaith y glöwr. A ddylasid dal ati a gweithio am ddeg awr y dydd neu leihau'r sifft i wyth awr er lles iechyd y glöwr? Mewn Cynhadledd Rhyngwladol yng Nghaeredin yn Hydref 1887, gwnaeth Mabon enw iddo'i hun trwy gynnig penderfyniad o'r pwysigrwydd mwyaf. Dadleuai fod 'wyth awr yn ddigon o ddyddgwaith ar gyfer glowyr dan ddaear'. Awgrymwyd ymhellach gan y Pwyllgor Gwaith (ac roedd Mabon yn aelod o hwnnw) y dylasid rhwystro'r pwll glo rhag cynhyrchu am un dydd bob wythnos. Y ddadl am hynny oedd er mwyn arbed y glo oedd ar gael gan ddyheu am weld y cyflog yn codi ddeg y cant.[50] Yn anffodus, ni allai Mabon gefnogi hyn gan fod y cyflogau a delid i lowyr de Cymru yn gysylltiedig â'r Raddfa Lithrig. Mewn cynhadledd dilynol, atebwyd ar ran glowyr de Cymru mai hwy yn unig oedd yn brwydro am wyth awr y dydd fel oriau gwaith y glowyr. Oherwydd dycnwch Mabon, cafwyd cynnydd a ffrwyth i'r ymgyrchu.[51]

Ym mis Mehefin 1888, mewn Cynhadledd o'r Undeb, cyhoeddwyd buddugoliaeth. Neilltuid bob dydd Llun fel *Diwrnod Mabon,* a byddai hyn yn rhoddi cyfle i'r glowyr ddilyn eu diddordebau o ran garddio, ymarfer canu yn y corau meibion a chynnal cyfarfodydd adloniadol. Roedd hyn yn symudiad gwareiddiedig a blesiodd y cymunedau lle y trigai'r glowyr, ynghyd â'r gwragedd a'r plant. Ceid bodlonrwydd mawr o'r trefniant, ym misoedd y gaeaf pan oedd hi'n tywyllu cyn pedwar o'r gloch y pnawn. Cyfrifir y symudiad hwn o gael dydd rhydd fel un o gamau godidocaf y cawr, Mabon.

Blinai Mabon am y cyflogau a delid yn ne Cymru gan ei fod ef yn gwybod bod maes glo canoldir Lloegr wedi cynnig cyflogau ardderchog, sef codiad o ddeg y cant. Ceid cefnogaeth

---

[50] *South Wales Daily News,* 14 a 15 Hydref,1887.
[51] *Tarian y Gweithiwr,* 13 Mehefin 1889.

i hyn yn ne Cymru yn y Gynhadledd yn Nhachwedd 1888, a bu trafodaeth hir ar y cwestiwn. Cytunai'r cyflogwyr y gellid cynyddu i bump y cant ac ail-ystyried y gweddill. Ond dymunai'r meistri weld *Diwrnod Mabon* yn diflannu. Costiai y dydd hwn i Gwmni Powell-Duffryn y swm fawr o ugain mil y flwyddyn, yn bennaf oherwydd absenoldeb carfan o lowyr a fyddai wedi gor-yfed y diwrnod cynt ac yn rhy gymysglyd i wneud diwrnod o waith yn y lofa. Cythruddwyd trwch y glowyr am y dadleuon hyn, ac mewn cynhadledd fis Chwefror 1889, gwrthodwyd yr hyn a ofynnai'r perchnogion amdano, a dadleuai Mabon y dylid cynnig 12 a hanner y cant yn gyflog a'u bod yn terfynu'r cytundeb.[52] Gwyddai nad oedd gobaith o gwbl i gael hynny, ac felly dilynwyd ei ffordd ef o weithredu, sef cymodi. Ac o'r cymodi hwn, cafwyd codiad mewn cyflog o ddeg y cant.

Digwyddiad pwysig yn yn hanes Undebaeth oedd y Gynhadledd yng Nghasnewydd ym mis Hydref 1889 i sefydlu Ffederasiwn Glowyr Prydain Fawr. Roedd Mabon yno ar ran glowyr y De ond ymadawodd, ynghyd â chynrychiolwyr glowyr maes glo Durham, pan basiwyd y cynigiad yn condemnio'r Raddfa Lithrig.[53] Roedd y Gynhadledd o blaid sefydlu Byrddau Cymodi *(Conciliation Boards)* gan gefnogi hefyd yr alwad y dylai arweinwyr yr Undeb fod yn llawer mwy ymosodol. Gosododd y Gynhadledd un amod a'i gwnaeth hi'n amhosibl i Mabon allu parhau gyda hwy, sef na allai neb oedd yn cefngoi y Raddfa Lithrig ymuno gyda Ffederasiwn Glowyr Prydain Fawr. Mynnodd Undeb Glowyr Dosbarth Mynwy *(Monmouthshire District Union)* ymuno â'r Ffederasiwn, ond cafwyd y syndod mwyaf mewn cynhadledd arall nad oedd glowyr De Cymru am ymuno gyda glowyr gweddill Prydain yn

---

52 E. W. Evans, *Mabon,* 50.
53 Ness Edwards, *History of the South Wales Miners' Federation* (London, 1938), 5.

eu hymgyrch am godiad yn y cyflogau. Daeth y dro bedol hwn i fod oherwydd Mabon. Fel y dywedodd Dr E. W. Evans:

> This new moderate attitude, however, as very largely due to Mabon's influence, which was exerted to the full at this critical juncture.[54]

Credai Mabon yn ddistaw bach fod y glowyr yn tueddu i fod yn rhy farus. Dadleuodd yn fedrus, fel y gallai, dros werth y Raddfa Lithrig, ac am werth cydweithio a chymrodeddu. Iddo ef, roedd y glowyr yn afresymol yn eu hagwedd, a bu Mabon o dan gwmwl am fod mor onest wrthynt, ac am fod yn ystyfnig ei hun gan anwybyddu'r hyn a elwir yn Undebaeth Newydd. Roedd hyn yn ffenomenon a ddaeth yn amlwg iawn adeg Streic y Docwyr yn Llundain ym 1889, a bu twf mawr mewn Undebaeth o 1889 i 1891. Daeth cymaint o bobl i drafod Undebaeth, yn arbennig yn y dinasoedd fel Abertawe, Caerdydd a yn nhrefi mawr Casnewydd a Merthyr Tudful. Roedd glowyr y Rhondda o dan arweiniad Mabon yn dra gwahanol. Nid trafod Undebaeth a wnaent hwy ond trafod agenda y Blaid Ryddfrydol a blesiai eu Haelod Seneddol, sef datgysylltiad yr Eglwys Esgobol ac ymreolaeth. Englynodd bardd o'r enw *Ednant o Landderfel* ym Meirionnydd am Mabon oedd yn 'addurn fel seneddwr' dygn.[55]

Enillodd Mabon y dydd fel y cyfeiriodd Ednant am ei fod yn gymeriad oedd yn apelio'n fawr at bobl gwlad a thref, pobl yn Llandderfel fel Penygraig, Llandysul fel Treherbert yn ei anwylo. Roedd yn meddu ar yr holl sgiliau i argyhoeddi'r cyflogwyr i gytuno ag ef a byddai ei huodledd a'i ddidwylledd yn cadw'r glowyr i'w gefnogi. Ym 1890, daeth i ddealltwriaeth gyda'r cyflogwyr ac am yr wyth mlynedd nesaf o'r hanes, y Raddfa Lithrig oedd hanes ymgeleddu'r cytundeb rhwng y

---

[54] E. W. Evans, *Mabon*, 51.
[55] Ednant (Llandderfel) 'Mabon AS – Hwn sy'n addurn fel seneddwr', *Baner ac Amserau Cymru*, 17 Mehefin 1887, 6.

ddwy ochr, y glowyr a'r meistri. Nid oedd Ffederasiwn Glowyr Prydain Fawr yn meddu ar amynedd tuag at lowyr de Cymru, gan eu bod yn sylweddoli na ellid cyflawni dim byd heb gytundeb a chefnogaeth Mabon. Dim ond wyth mil ar hugain o lowyr de Cymru a ymunodd, gyda'r canlyniad mai dim ond £153 oedd yn y cyllid am y flwyddyn honno. Undeb gwan ydoedd ym maes glo'r De, a sylwodd y cyflogwyr ar hynny. I'r cyflogwyr, nid oedd diben cadw cytundeb ac felly terfynwyd y berthynas.

Yng Nghwm Ogwr ym 1893, cychwynodd streic ac o fewn wythnos, lledaenodd i liaws o lofeydd yn y Rhondda, fel bod yn agos i ugain mil o lowyr erbyn hyn ar streic.[56] Eu cais oedd codiad yn eu cyflogau a fyddai'n ddigonol iddynt fyw arno. Datblygodd y streic yn wrthdaro poenus. Trefnodd Mabon a'i gefnogwr pennaf, T. Daronwy Isaac gyfarfodydd er mwyn perswadio'r haliers i setlo'r anghydfod. Bu'r ddau yn annerch glowyr glannau'r Twrch a'r Llynfell ym mis Awst 1893.[57] Twrchfab yw'r sylwebydd ar y cyfarfod hwnnw, a dywed:

> O! drueni fod ein hardaloedd a'n dynion rhesymol yn cael eu damsang fel mawn y mynyddoedd, neu us diwerth, o dan draed estroniaid a chilgrots gwyllt a dibrofiad. O Gymru annwyl, agor dy lygaid.[58]

Geilw Twrchfab Mabon ac Isaac yn 'ddau ferthyr hawliau cyfalaf a llafur'.[59]

Bu Streic yr Haliers yn frwydr galed. Wedi'r cyfan, gweithiai yr halier o dan amodau difrifol. Yn wir, dywedodd y llenor, D. J. Williams, a fu'n gweithio yn y glofa yn Ferndale,

---

[56] Twrchfab, 'Mabon yng Nghwmtwrch', *Tarian y Gweithiwr*, 24 Awst 1893, 5.
[57] *Ibid.*
[58] *Ibid.*
[59] *Ibid.*

Rhondda, mai halio oedd y 'gorchwyl mwyaf profedigaethus y gallai unrhyw berchen enaid byth ymgymeryd ag ef.'[60] Aiff ymlaen yn ei arddull cofiadwy:

> Diawl, bois, gadewch hi man 'na nes bod gole dydd yn dod ati!" mynte'r halier nos hwnnw gynt wedi iddo ef a'i geffyl adael neu dri arall straenio'u hunain nes 'u bod nhw'n gweld sens i geisio cael dram lawn yn ôl i'r raels, a methu. Gyda llaw, ni chlywais i erioed i'r un halier orffen ei yrfa danddaearol heb regi, ie a rhegi â'i holl galon ac â'i holl nerth ar adegau hefyd; yr oedd siŵr i chi, yn haeddu coron driphlyg y gogoniant.[61]

Gwyddom am yr hollt oedd i'w gael ymysg aweinwyr y glowyr ar y Streic. Ceid dwy blaid o fewn yr arweinyddiaeth. Ar un ochr, safai Brace, Ben Davies ac eraill, a hwythau'n dadlau mai y Ffederasiwn oedd i ddwyn y chwyldroad yn hanes yr haliers i ben. Ar yr ochr arall, safai Mabon, Daronwy Isaac a Dai o'r Nant yn aelodau o Gorff y Raddfa. Lithrig. Roeddent hwy am lynu wrth yr hen gynllun a fu gyda hwy am ddau ddegawd a'i wella. Anfonodd un glöwr lythyr at *Tarian y Gweithiwr* yn dweud nad oedd yn gyfforddus o gwbl gyda'r un blaid yn fwy na'r llall. Ond anghytuna glöwr a'i galwai ei hun yn *Hen Goediwr*. Cefnogwr Mabon oedd ef. Meddai am y sefyllfa a gofiai:

> Yr wyf yn cofio adeg ar y glowr druan pan yr oedd yn gorfod cario ei goed dri neu bedwar cant o lathenni at geg y pwll, a'u gwylio ar ôl eu cario, nes eu bod bron yn gorfod aros o'u catrefleodd ddydd a nos. Nid oedd na chwrdd gweddi na chyfarfod eglwys trwy yr wythnos i'w gael. [62]

---

[60] D. J. Williams, *Yn Chwech ar Hugain Oed* (Aberystwyth, 1959), 99.
[61] *Ibid.*
[62] 'Yr Hen Goediwr', *Tarian y Gweithiwr*, Medi 26 1893, 3.

Pwy oedd yr arweinydd a newidiodd y sefyllfa i lowyr de Cymru? Yr ateb: Mabon. Dywed *Hen Goediwr:*

> Ym 1887, pan yr oedd y Mines Act yn cael ei revisio, fe osododd Mabon, oblegid efe yw y gwr, a drodd i mewn, yn gorfodi pob perchennog i ddodi y coed gerllaw talcen pob pwll, neu level, neu y fan y byddai ei angen arno, fel y byddent yn gyfleus iddo at ei waith, yn lle ei fod yn gorfod eu cario o bellter ffordd.[63]

Credai *Hen Goediwr* y dylasid cadw hyn yn symudiad bytholwyrdd:

> Fe ddylai pawb ddweyd wrth yr oes dydd yn codi am y daioni mawr a wnaeth Mabon trosom ni, hen lowyr tlawd. Ac fe ddylem oll ei gydnabod am y weithred ddaionus hon. Yn lle taflu llaid a cheryg, taflwch flodau iddo.[64]

Bu gwrthdaro ym Mlaenau Gwent a Rhondda, ac anfonodd y Llywodraeth filwyr, mil ohonynt, i gadw trefn. Roedd yr haliers wedi blino ar Mabon a'i gymeradwyaeth gyson i'r Raddfa Lithrig. Roedd y gwrthwynebwyr yn rhoddi eu hyder yn Ffederasiwn Glowyr Prydain Fawr. I'r Ffederasiwn, roedd defnyddio streic fel yr arf derfynol mewn anghydfod diwydiannol yn dderbyniol. Daeth glowyr maes glo gogledd Cymru yn rhan o Ffederasiwn Glowyr Prydain ym 1893, ond 'methai trwch Undeb Glowyr y De ymaelodi oherwydd eu bod yn dilyn Mabon yn ei gefnogaeth i'r Raddfa Lithrig'. Ond ym Mynwy, heriwyd Maboniaeth o dan arweiniad William Brace

---

63 *Ibid.*
64 *Ibid.*

o Risca.⁶⁵ Ef oedd prif ddyn y Ffederasiwn ym maes glo Mynwy. Ym 1893 o'r 118 o lowyr a weithiai ym mhyllau glo'r De, perthynai chwe mil i'r Ffederasiwn a deugain mil i'r Undebau a gymeradwyai safbwynt Mabon. Roedd 74 mil o lowyr yn ddi-undeb. Felly roedd mwy na hanner y glowyr heb neb i ddadlau yn swyddogol o'u plaid. Ond er bod Mabon yn edrych fel y prif ddyn, gwyddai fod amgylchiadau economaidd yn medru ei gaethiwo yntau. Rhwng 1890 a 1896, gwelid pris glo ar y doc yng Nghaerdydd yn gostwng o 13 swllt i 9 swllt 2 geiniog y dunnel. Rhoddwyd bai ar y Raddfa Lithrig am hyn, gan fod y sustem yn temtio'r meistri i werthu eu glo am bris isel, a thrwy hynny gadw cyflog y glowyr hwythau yn isel. Ond tyfu yn eu grym a wnai'r cwmnïau uchelgeisiol, gan suddo rhagor o byllau glo mewn nifer o gymunedau.

    Roedd yr Undebau a ddeuai o dan gyfaredd a chyfarwyddyd Mabon yn Undebau lleol a bwysleisiai werthoedd Ymneilltuaeth Gymraeg ac yn benodol, y Blaid Ryddfrydol. Yn naturiol, nid oedd y safbwynt Mabonaidd yn atyniadol o gwbl i'r mwyafrif helaeth o fewnfudwyr dros Glawdd Offa. Rhwng 1891 a 1901, denwyd 52,000 o bobl i Forgannwg, gyda llai na'u hanner o gefndir Ymneilltuol Gymraeg. Mae'n wir i ddweud mai trefi'r arfordir fel Y Barri

---

⁶⁵ R. Page Arnot, Joyce Bellamy, John Saville 'William Brace (1865-1947)' yn *Dictionary of Labour Biography,* Cyfrol 1, 51-53. Ganwyd yn Risca, a bu'n gweithio yn y lofa yn Risca, Celynen, Abercarn. Pregethwr lleyg gyda'r Bedyddwyr, ac asiant glowyr Mynwy ym 1890. O'r cychwyn cyntaf, bu'n gwbl wrthwynebus i'r Raddfa Lithrig. Dosbarth bach oedd Mynwy ond o dan arweiniad Brace datblygodd yn ganolfan trefniadaeth Undebaeth ar ei gorau. Datblygodd atgasedd mawr rhwng y ddau arweinydd, y ddau bregethwr lleyg, yn arbennig yn Streic yr Haliers §. Gwrthwynebwyd yr haliers gan berchnogion y pyllau glo, deg asiant y glowyr yn ne Cymru o dan arweiniad Mabon a Thomas Richards, y milwyr a'r heddlu. Yr unig ddau asiant a gefnogai'r haliers oedd Brace ac Isaac Evans. Daeth cyfnod newydd yn hanes Undebaeth y Glowyr pan faddeuodd Brace a Mabon i'w gilydd a chytuno ar Undeb i holl lowyr de Cymru.

oedd atyniad llawer o'r rhain, ond ceid carfan gref yn y cymoedd. Yn wir, dywed John Davies, yr hanesydd:

> Yr oeddynt yn ddigon niferus yn y maes glo erbyn diwedd y ganrif i wanhau'r ymlyniad wrth Mabon, gŵr a ddibynnai'n drwm ar ei allu i swyno cynulleidfaoedd Cymreig a Chymraeg.[66]

Wedi'r cyfan, roedd ef wedi dod i amlygrwydd ar lwyfan yr eisteddfodau ac ym mhulpudau a chapeli Cymoedd y De.

Ar wahân i faes glo Sir Fynwy, ychydig o gydymdeimlad oedd gan lowyr de Cymru gyda'r haliers. Credai carfan o'r glowyr Cymraeg eu hiaith fod y streic wedi digwydd oherwydd propaganda gweithwyr o ddinas Bryste a glowyr o'r Forest of Dean a symudodd i weithio yn ne Cymru. Safodd y glowyr Cymraeg ar wahan, gan feio y streic ar giangiau o haliers diwerth, yn iaith Dr E. W. Evans, *'a gang of reckless hauliers'*.[67]

Cythruddwyd Mabon. Crwydrodd yn ddibaid i annerch cyfarfodydd yn y meysydd glo o'r Dwyrain i'r Gorllewin. Iddo ef, roedd y streic yn anghyfreithlon. Yn ôl un papur newydd, dywedodd un heclar mewn cyfarfod:

> Let Mabon call meetings like this and there is no success for the movement.[68]

Yn sicr, bu dylanwad Mabon ar y glowyr Cymraeg a Chymreig yn brif reswm am fethiant Streic yr Haliers.

Cyfaddefodd Brace, arweinydd y glowyr yn Sir Fynwy, na allai gystadlu gyda huodledd a rhethreg Mabon, a bod ei ymdrech ef i ennill aelodau o Undebau y Dosbarth i ymuno gyda Ffederasiwn Glowyr Prydain Fawr wedi bod yn

---

[66] John Davies, *Hanes Cymru* (Harmondsworth, 1990) 457.
[67] E. W. Evans, *Mabon,* 58
[68] *South Wales Daily News,* 12 Awst 1893, 1

fethiant llwyr. Awgrymodd Brace y dylai arweinwyr y glowyr gyfarfod i greu Undeb fwy effeithiol, annibynnol o'r Raddfa Lithrig ac o Ffederasiwn y Glowyr.[69] Gan nad oedd Mabon yn cytuno gyda'r awgrym ymarferol, ni ddaeth dim o'r peth. Syrthiodd ar dir diffaith. Yn ôl Mabon, dylasid cryfhau'r Undeb lleol cyn mynd ati i gryfhau Undeb a fyddai'n cynrychioli de Cymru i gyd. Cynghorodd Brace ei lowyr i dalu y lefi tuag at y Raddfa Lithrig. Rhoddai hyn yr hawl iddynt fynychu Cynadleddau y Raddfa Lithrig lle y medrid bychanu barn a bod yn rhydd i sôn yn barhaus am yr angen am Ffederasiwn Glowyr De Cymru.

Trefnodd Brace Gynhadledd y Ford Gron *(Round Table Conference)* ar gyfer asiant y glowyr, dosbarth hynod bwysig, gan lawenhau fod y rhai a gefnogai a'r rhai a wrthwynebai'r Raddfa Lithrig wedi dod ynghyd i'r un lle. Gwelwyd plwyfoldeb amlwg a dyhead yn y Dobarthiadau i gadw eu hunanieth. Fis yn ddiweddarach, sefydlwyd *Society of the Colliery Workmen.*[70] Ni chafwyd newid sylfaenol – y *status quo* oedd y sefyllfa erbyn hynny. Os rhywbeth, roedd y dystiolaeth o blaid y glowyr yn wannach, gan i lowyr a gefnogai y Raddfa Lithrig a glowyr maes glo caled yn gwrthod cefnogi. Y rheswm am hyn, heb unrhyw amheuaeth, oedd gwrthwynebiad Mabon i'r undeb newydd. Ymhlith selogion y Raddfa Lithrig a maes glo carreg yng Ngorllewin Morgannwg a Sir Gaerfyrddin y ceid dylanwad Mabon ar ei gryfaf. Daliai ef i gredu ym 1893 nad oedd dim byd ar gael ymhlith y glowyr na'r Raddfa Lithrig.

Cofier hefyd nad oedd Mabon a Brace yn bennaf ffrindiau. Roedd y ddau mor wahanol i'w gilydd, ac eto roedd ganddynt gymaint yn gyffredin, fel arweinwyr y glowyr. Perthynai Brace i'r genhedlaeth a ddaeth ar ôl Mabon, tra bo

---

[69] E. W. Evans, *Mabon,* 56.
[70] R. Page Arnot, Joyce Bellamy, John Saville, *Dictionary of Labour Biography,* 1972, 52.

Mabon wedi rhoddi blynyddoedd o wasanaeth i'r glowyr cyn bodolaeth y gŵr o Risca. Gosododd Dr E. W. Evans y tensiwn yn gofiadwy fel hyn:

> Mabon's cautiousness irritated Brace, while Brace's enthusiasm and inexperience made him appear a hot head in Mabon's eyes.[71]

Roedd Brace yn fwy lliwgar ei wisg a'i ymadroddion a thueddai i fod yn llawer mwy haerllug na Mabon. Beirniadu polisïau a wnâi Mabon ac nid personau. Fel arall y byddai Brace; ac yn haf 1893 aeth dros ben llestri trwy athrodi Mabon. Aeth hi yn fater o gyfraith a gafodd gyhoeddurswydd anhygoel. Bu prawf yn sesiwn llys Abertawe gerbron y Barnwr Wiles. [72] Amddiffynwyd Mabon gan Abel Thomas, QC, AS Dwyrain Caerfyrddin ac S. T. Evans, AS Gorllewin Morgannwg, ynghyd ag Arthur Lewis. Cyflogwyd hwy gan gwmni Morgan a Rhys, Pontypridd tra amddiffynid Brace gan J. Brynmor Jones, QC ac Allen Upward gyda chyfarwyddyd gan gwmni cyfreithwyr Meyrick a Davies, Caerdydd. Roedd y Llys yn orlawn. Bu'n achos trist o flaen y Barnwr am chwe awr, gyda William Brace a Mabon yn cael eu holi a'u croesholi. Mynegwyd teimladau cryf o blaid y ddwy ochr, a bu'r Barnwr yn bygwth gohirio'r achos pe dangosid y fath deimladau ag a gafwyd ar rai adegau. Crynhôdd y Barnwr yr helynt gan ofyn i'r Rheithgor roddi ystyriaeth ddwys yn yr helynt blin rhwng dau o brif arweinwyr y maes glo. Tair munud a gymerodd y Rheithgor i ddod i'w dedfryd fod William Brace yn euog o enllib yn erbyn William Abraham a'i fod i dalu y swm o £500 o iawn, ac hefyd y treuliau, oedd yn gwneud cyfanswm o £800. Gwelwyd cefnogwyr pennaf Brace yn y Llys, sef yr asiant, Isaac Evans, ynghyd â P. D. Rees, Aberaman. Ceid hefyd

---

[71] E. W. Evans, *Mabon*, 57.
[72] *Tarian y Gweithiwr,* Medi 20, 1893, 2.

bresenoldeb prif gefnogwyr Mabon, sef William Evans (Mabon bach) a Tom Richards.[73]

Mynegodd Brace ei ddirmyg trwy ddweud na fyddai'n talu y swm o £800 am mai dyn tlawd oedd ef. Synnodd gohebydd *Tarian y Gweithiwr* fod William Brace eisoes wedi anfon apêl i'w gyfoedion a'i gefnogwyr am gymorth ariannol i wynebu costau'r llys. Mae hyn yn awgrymu y byddai'n euog o gymryd enw Mabon yn gwbl ofer. Gwrthodod Brace ymhellach wneud ymddiheuriad cyn cael cyfle i drafod yr holl fater gyda'i gyd-swyddogion yn Sir Fynwy.[74]

Ond yn ôl golygydd *Tarian y Gweithiwr*, yr hyn a aeth â sylw y dosbarth gweithiol yng nghymoedd y De oedd yr Eisteddfod Genedlaethol ym Mhontypridd o dan arweiniad y Barnwr Gwilym Williams yn hytrach nag achos Brace a Mabon. Testun siarad y glowyr o'r Eisteddfod oedd buddugoliaeth y Parchedig John Ceulanydd Williams (Ceulanydd, 1847-99) am awdl ar 'Pwlpud Cymru'.[75] Mae'n sicr y byddai Mabon wedi bod yn hynod o gysurus pe bai ef yn arwain yn ystod Seremoni Cadeirio'r Bardd gan iddo ef Ceulanydd fugeilio gapeli Bedyddwyr Cymraeg, Salem a Chaersalem, Maesteg oddi ar 1882.

Gwnaeth William Brace a'i ganlynwyr eu gwaethaf i Mabon, gan fod yn barod i'w amddifadu ef a'i deulu niferus o'r moddion ariannol i fyw gyda'i gilydd, a chamliwio'i holl fywyd yn enbyd, gan ei gyhuddo o fod yn nwylo'r cyflogwyr, y rhai yr oedd yn ddibynnol arnynt am ei gyflog wythnosol. Ni dderbyniodd unrhyw ymddiheuriad nac unrhyw fodd i gymodi. Derbyniodd gan y Llys swm o £500 er bod Mabon yn hawlio y swm o £1,100 o iawndal am enllib.

---

[73] *Ibid.*
[74] *Ibid.*
[75] B. G. Owens, 'John Ceulanydd Williams (Ceulanydd, 1847/51-99)' yn y *Bywgraffiadur Cymreig hyd 1940*, 992-3.

Cytunodd y Cambrian Miners' Association, gydag amddiffyniad eu hasiant a chan wrthod hefyd gefnogi y gymdeithas newydd. Cofier na chafodd Mabon y swm o £500, gan fod Brace a'i Undeb wedi methu codi'r swm. Bodlonodd perchnogion y pyllau glo, fel arwydd o barch tuag at Mabon a'i ddelfrydau didwyll, dalu y swm o £500 tuag at y costau cyfreithiol. Gwrthododd Mabon yn fonheddig y cynnig caredig, haelionus.[76]

Penderfynnodd Mabon herio Brace mewn cyfarfod yn Abergwynfi. Ar bnawn Sadwrn, 14 Medi, esgynnodd Mabon i bulpud Capel y Bedyddwyr, Abergwynfi i annerch cyfarfod lluosog.[77] Gwelwyd seindorf arian yn disgwyl amdano yng ngorsaf y rheilffordd a ffurfiwyd gorymdaith gref i'r capel. Siaradodd Mabon am dros awr ar ragoriaeth y Raddfa Lithrig, a hynny yn y ddwy iaith. Pasiwyd ar ddiwedd y cyfarfod bleidlias a chymeradwyaeth bersonol iddo ef.

Mynegodd Mabon yn y cyfarfod yn Abergwynfi reswm yn erbyn undeb newydd. Sefydlwyd hi gan bobl fel Brace heb drafodaeth o gwbl gan y glowyr yr oedd ef yn eu cynrychioli. Roedd hi'n ddyddiau digon anodd ar y diwydiant glo. Dadleuai ef ar i'r glowyr beidio â chynhyrchu cymaint o lo. Wedi'r cyfan, pledio am gyflog derbyniol a wnâi, a phwysodd ar y gweithwyr i gadw at naw awr y dydd, er mwyn lleihau y cynnyrch.[78]

Roedd buddugoliaethau seneddol Mabon ym 1885 ac 1886 yn bwysig dros ben i'r mudiad a'r Undebau Llafur. Roedd ei fuddugoliaeth yn cyhoeddi i'r maes glo yn ne Cymru y potensial oedd yn nwylo Llafurwyr ymroddedig ar gyfer y dyfodol. Nid oedd Mabon yn un o brif gefnogwyr Cymru Fydd – mudiad i adfywio Rhyddfrydiaeth Gymraeg gyda'r bwriadu o gael Llywodraeth i Gymru. Bu ef yn ymgyrchu o blaid hynny, ond ceisiai ef gyfuno Rhyddfrydiaeth a Llafur, a gwelir y

---

[76] E. W. Evans, *Mabon*, 58.
[77] *Tarian y Gweithiwr*, 21 Medi 1893, 1.
[78] *Ibid.*

frwydr i gynnal hynny yn y bennod nesaf. Bu Streic yr Haliwr yn fethiant, ond ar y llaw arall, cafodd Mabon ei atgoffa bod y bobl a weithiai yn y diwydiannau trwm yn dra gwahanol i gefnogwyr Rhyddfrydwyr fel Lloyd George a Tom Ellis.

PENNOD 6

Mabon yn dal ei afael fel Arweinydd

Gŵr dewr yn mwynhau bywyd ac yn rhoddi arweiniad cryf i'w gefnogwyr a'r Undeb a greodd oedd tasg Mabon, ond daeth testun o ddiolchgarwch i'r rhai hyn oll pan glywyd am ddihangfa gyfyng yn ei hanes ym mis Awst, 1888.[1] Roedd wedi mynd i ymlacio i Lanfair ym Muallt, ef a ffrind iddo. Dyma hwy yn y pnawn yn llogi bad bychan i fwynhau ychydig oriau ar yr afon Gwy. Rhwyfai'r ddau y cwch, ond yn ddi-rybudd, trodd y cwch ar ei ochr a thaflu'r ddau i ddyfroedd dwfn yr afon. O fewn amser byr, aeth y si ar led o Lanfair ym Muallt fod arweinydd y glowyr wedi boddi, ond fe'i harbedwyd yn wyrthiol gan nifer o bobl oedd ar lan yr afon. Yn ôl gohebydd *Y Celt,* 'Dyweder mai dihangfa gyfyng a gafodd Mr Abraham rhag boddi.'[2]

Byddai Cymru wedi colli un o'i phrif arweinwyr pe bai hynny wedi digwydd, ond goresgynodd Mabon ei awr gyfyng. Dibynnai'r Blaid Ryddfrydol yng Nghymru gryn lawer arno. Pan oedd angen ymgyrchu, gelwid yn gyntaf ar Mabon i ymateb. Roedd yn hynod o boblogaidd yng nghanolbarth a gogledd Cymru am ei ddaliadau, ei lais swynol fel canwr a'r huodledd pan siaradai y Gymraeg yn ei phurdeb. Pan oedd y Rhyddfrydwyr ym Machynlleth yn dymuno siaradwr o fri yn Rhagfyr 1891 i gefnogi F. S. A. Hanbury-Tracy, AS dros

---

1 'Dihangfa Mabon', *Y Celt,* 24 Awst 1888, 3.
2 *Ibid.*

Fwrdeistref Maldwyn gwahoddwyd Mabon atynt.³ Daeth dau Aelod Seneddol arall heblaw Mabon.⁴ Ond derbyniodd Mabon fwy o gymeradwyaeth na'r gweddill gyda'i gilydd, a siaradodd ar lu o'i hoff bynciau fel capelwr, sef Datgysylltiad yr Eglwys Esgobol, gan gloi ei anerchiad trwy ganu, yn ei lais soniarus, yr Anthem Genedlaethol.⁵

Y mater oedd yn corddi'r dyfroedd ymhlith y glowyr oedd safbwynt pob arweinydd ar gwestiwn y Raddfa Lithrig. Ymddiswyddodd Mabon o Bwyllgor Gwaith Cymdeithas Glowyr y Cambrian yn haf 1892 er mwyn rhoddi cyfle i'r glowyr ddatgan eu barn ar y cwestiwn hwn: pa un ai Cynghrair Glowyr Prydain Fawr ynteu'r Raddfa Lithrig oedd y ffordd orau i amddiffyn hawliau a buddiannau y glowyr? Pleidleisiodd can mil o lowyr a'r mwyafrif mawr yn ail-ethol Mabon i'r Pwyllgor Gwaith ac yn cefnogi yn ogystal y Raddfa Lithrig.⁶

---

3 Yr Anrhydeddus Frederick Stephen Archibald Hanbury-Tracy, AS, Rhyddfrydwyr Bwrdeistref Maldwyn o 1877 i 1880. Collodd i Pryce Pryce-Jones ym 1885 o 83 o bleidleisiau. Flwyddyn yn ddiweddarach, enillodd y sedd yn ôl gyda mwyafrif o 173. Collodd y sedd i Pryce Pryce-Jones eto ym 1892. Marsiandïwr mentrus yn y Drenewydd oedd Pryce-Jones, ac y mae ei gwmni yno hyd heddiw. Dywed Wikipedia amdano: 'Creating the first mail order catalogues – which consisted of woollen goods – for the first time, customers could order by post, and the goods were delivered by railway.'
⁴ Un o'r siaradwyr eraill oedd William Pritchard Morgan (1844-1924), cyfreithiwr, perchennog gwaith aur Gwynfydd, Dolgellau, ac AS Rhyddfrydol Merthyr Tydfyl o 1888 i 1900. Collodd ei sedd ym 1900 i Keir Hardie. Gweler Philip Mennell, 'William Pritchard Morgan', *The Dictionary of Australian Biographers (1855-1892)*' (London, 1892), 332.
⁵ 'Mabon ym Machynlleth', *Carnarvon and Denbigh Herald,* 11 Rhagfyr, 1891, 6.
⁶ 'Mabon supported the Sliding Scale principle because he was convinced that it would remove the determination of wage rates from the arbitrary control of the Employers' Association and avert the possibility of their demanding reductions which had no participation in the selling price of coal' Gw., E. D. Lewis, *The Rhondda Valleys* (London, 1959), 168. I gael cefndir cychwyn y Raddfa Lithrig gweler J. H Morris and L. J. Williams, *The South Wales Coal Industry 1841- 1875* (Cardiff, 1958), 274-284.

Gwelir yn y digwyddiad hwn fel roedd gyrfa wleidyddol Mabon yn un hynod o gymhleth. Ar un llaw, roedd yn frwd dros gefnogi anghenion Llafur, ac ar y llaw arall, yn medru cydymffurfio yn gyfforddus gyda'r Rhyddfrydwyr parchus a adnabyddai yn y capeli, yr eisteddfodau ac o blith glowyr de Cymru. Rhaid cofio'r ddau beth hyn ar hyd yr adeg. Perthynai i fyd Llafur ac i fyd y Blaid Ryddfrydol.[7]

Roedd hi'n bwysig fod Mabon yn cadw perthynas dda gyda'r gwleidyddion lleol, y rhai a ddaeth i'r amlwg trwy Ddeddf Cynghorau Sir, 1888. Rhoddwyd i'r Rhondda ddeg cynrychiolydd ar Gyngor Sir Forgannwg hyd 1912. Y flwyddyn ddilynol, cynyddodd y nifer i ddeuddeg cynghorydd, ynghyd â'r rhai a wasanaethai am gyfnod a'u dyrchafu yn Henaduriaid (*Aldermen*). Cafwyd cyfle arall trwy Ddeddf Llywodraeth Leol a chreu Cyngor Dosbarth Ystradyfodwg (YUDC) a ail-enwyd yn Gyngor Dosbarth Rhondda (*Rhondda Urban District Council*) ym 1897. Cafwyd hefyd Fwrdd y Gwarcheidwaid a chyfanswm o ugain o seddau i'r Rhondda gan fod yn rhan o Fwrdd Gwarcheidwaid Pontypridd. Rhyddfrydwyr oedd y mwyafrif llethol ar bob un o'r cynghorau hyn, hynny yw, roedd y peiriant oedd yn gofalu am y gymuned yn ddiogel yn nwylo'r dosbarth canol. Pan ddaeth Mabon â'i bwyslais ar *Lib-Lab* i rym ym 1885, gwyddai y Rhydfrydwyr y byddid yn derbyn cefnogaeth y werin ddarllengar, ddiwylliedig a ymgasglai o amgylch eu harwr Mabon. Yn y nawdegau, bu hi yn braf ar y Rhyddfrydwyr, er eu bod hwythau yn ymwybodol fod y garfan a elwid yn sosialwyr yn cnocio drysau holl beirianwaith y llywodraeth lleol .

---

[7] Dyma eiriau yr Athro Ieuan Gwynedd Jones : 'For the essence of the Sliding Scale, of which he was the leading advocate on the side of the colliers, was the harmony of interests between capital and labour and that disputes between them should be determined not by force but by arbitration.' Gw. Ieuan Gwynedd Jones, 'Smoke and Prayer: Industry and Religion Cwmafan in the Nineteenth Century' *The Journal of Welsh Religious Hstory,* Volume 6 1998, 35.

Ond hyd 1910, ychydig o lwyddiant a gafodd Llafur ar Fwrdd y Gwarcheidwaid, ac yn y cysgodion y bu hi ar y Cyngor Sir. Pan geid etholiadau yn y Rhondda am unrhyw Gyngor, lleol neu sirol, etholiadau oeddent rhwng dau Ryddfrydwr. Pobl Mabon oedd arweinwyr Cymdeithas Ryddfrydol Llafur, ond yn fuan fe welwyd pobl a fu'n gwrthwynebu Mabon yn ennill seddau ar y Cyngor Dosbarth. Daeth y RLLA *(Rhondda Labour and Liberal Association)* yn fudiad dosbarth canol hyd yn oed yn nyddiau yr asiant diwylliedig T. Daronwy Isaac, a gwelodd Mabon yn glir y peryglon gwleidyddol.

Iachawdwriaeth Mabon oedd y medrai fyw a gweithredu heb y RLLA gan na fu'n rhaid iddo ymladd unrhyw Etholiad Cyffredinol trwy'r naw degau. Ym 1889, ar gyfer y Cyngor Sir bu cynnwrf yn y gwersyll, ond gwelwyd William Morgan a gefnogai Frederick Davis ym 1885 a'r Parchedig John Salisbury Edwards a gefnogai Mabon yn barod i siarad ar yr un llwyfan. Siaradai Mabon o blaid y ddau ond ym 1892 rhoddwyd tragwyddol heol i'r Rhyddfrydwyr unigol i fapio'r ymgyrch heb ormod o ymyraeth oddi wrth yr Aelod Seneddol.[8] Ond yn Nhreorci, cafwyd problem bersonol gan fod y Parchedig William Morris (Rhosynnog) am sefyll am sedd yn erbyn un o ffrindiau pennaf Mabon, sef T. Daronwy Isaac, asiant y glowyr lleol, aelod o'r Raddfa Lithrig, a chadeirydd Rhyddfrydwyr-Llafur y Rhondda.[9] Daronwy Isaac a enillodd yn erbyn gweinidog adnabyddus a phoblogaidd Noddfa, Capel y Bedyddwyr, Treorci. Collodd disgybl Mabon yn ward Tonypandy a Threalaw a'r buddugol oedd y llyfrwerthwr,

---

[8] Chris Williams, *Democratic Rhondda: Politics and Society, 1885-1951* (Cardiff, 1990), 4.
[9] *Ibid.*, 49

William Gwrtydd Williams.[10]

Gwleidyddiaeth y dyn cyhoeddus oedd hi, ac yn Nhreorci, roedd hi'n hynod o anodd gan fod Rhosynnog ar lawer agwedd yn fwy o 'ddyn cyhoeddus' nag oedd T. Daronwy Isaac. Mantais Isaac oedd ei fod ef yn gallu dibynnu ar bleidleisiau y glowyr oedd, wedi'r cyfan, wedi ei ethol ef yn y lle cyntaf yn asiant, swydd hynod o bwysig. Nid oedd llawer o obaith ennill sedd gan rai 'pobl gyhoeddus' o fyd biwrocratiaeth y lofa, ond fe gafwyd eithriadau amlwg fel Clifford J. Cory.[11] Ym 1892, enillodd sedd Ystrad, a bu yn ei chynrychioli am gyfnod o ddeunaw mlynedd. Ef oedd un o berchnogion cwmni glo y brodyr Cory a'u canolfan yng Nghaerdydd. Roedd gwell mantais gan rai o'r gweinyddwyr adnabyddus, rheolwyr y pwll glo, a gwelwyd hyn yng ngyrfaoedd dau arall, sef William Jenkins ac W. P. Thomas. Ymunodd Jenkins gyda chwmni glo David Davies, Llandinam ym 1871. Bu yng ngofal pwll glo Bute Merthyr ger Treherbert hyd ei ymddeoliad ym 1915. Bu'n hynod o amlwg ym myd

---

[10] Dyma oedd brwydr nodedig yn ardal Treorci. Roedd y Parchedig Ddr William Morris yn un o sylfaenwyr Cymdeithas Rhyddfrydwyr Ystrad y Fodwg. Gweler J. Vyrnwy Morgan, *Welsh Political and Educational Leaders in the Victorian Era* (London, 1908), 699. Un o Orllewin Sir Gaerfyrddin oedd T. Daronwy Isaac, a symudodd i Dreorci ym 1876. Pan oedd angen ailbledleisio i gynrychioli glowyr y Rhondda ar bwyllgor y Raddfa Lithrig ym 1889, ef a etholwyd. Bu'n Ysgrifennydd Cronfa Salwch, Damweiniau a Chladdu Pwll Glo Abergorky *(Abergorky Colliery Sick, Accident and Burial Fund)* am 20 mlynedd. Roedd yn Rhyddfrydwr I'r carn. Daeth yn Llywydd Rhondda *Labour and Liberal Association* fel olynydd i T. D. Jenkins. Ymddiddorai mewn barddoniaeth ac roedd yn llenor da yn y ddwy iaith. Apwyntiwyd ef yn asiant maes glo carreg fel olynydd Mabon ym 1900. Gw. 'Anthracite District's Agent: Colliers elect Mr T. Daronwy Isaac', *Evening Express,* 16 Awst, 1900, 4.

[11] Chris Williams, *Democratic Rhondda,* 50.

addysg a llywodraeth leol hyd ddiwedd ei oes.[12] Cydweithiai yn gyfeillgar ar hyd y blynyddoedd fel Rhyddfrydwr gyda Mabon. Ef oedd mentor W. P. Thomas. Bu hwnnw yn swyddfa'r cwmni glo o'i lencyndod, clerc a chyfrifydd y cwmni cyn dod yn ysgrifennydd preifat i William Jenkins. Etifeddodd swydd Jenkins a'r tŷ byw crand, Tŷ Ystradfechan, rhwng Treorci a Chwmparc.[13] Bu W. P. Thomas yn gynghorydd lleol am 24 o flynyddoedd, ac yn un o ddiaconiaid pwysicaf Noddfa, Treorci ac Undeb Bedyddwyr Cymru. Wedi'r cyfan, roedd rheolwyr y pyllau at ei gilydd yn ffigyrau lleol pwysig.

  Meddygon oedd galwedigaeth arall oedd yn uchelgeisiol fel gwleidyddion a gefnogai Mabon. Yn Ystrad Rhondda, bu llawfeddyg cwmni glo y brodyr Cory, Dr William Evans Thomas ar y Cyngor lleol o 1894 hyd 1933 ac ar Gyngor Sir Forgannwg o 1910 hyd 1930. Bu'r brodyr Evan ac Henry Naunton Davies, meddygon eraill, yn amlwg yn y nawdegau fel arweinyddion gwleidyddol.[14] Bu'r pensaer, Rhys Samuel Griffiths ar y Cyngor lleol o 1894 hyd 1912 a'r cyfreithiwr, William Thomas Davies yntau ar y Cyngor lleol o 1906-1915,

---

[12] Bu Mabon yn canmol cwmni Cory, perchnogion glofeydd y Gelli, Pentre, Tynybedw a Threherbert. Dim ond dau ddiwrnod y bu glowyr y Gelli a'r Pentre heb weithio mewn cyfnod o bedair blynedd, a hynny o eisiau wagenni gweigion i gario'r glo. *Tarian y Gweithiwr,* 9 Medi 1897, 4.

[13] William Jenkins a gychwynodd ysgol i blant glowyr Cwmparc, a dyma'i ddull o weithredu: 'The manager of the colliery, William Jenkins of Ystradfechan House, formed a committee with himself as chairman, and he recruited his colliery officials and six working colliers as members. The original school, which was housed in a loft over colliery stables, had one class of pupils whose ages ranged from 8 to 18. The Ocean Coal Co contributed a certain sum annually, and the pupils paid 1d a week. In 1871, a British School was built. The company continued its financial aid, and a poundage on the colliers' wages was introduced to meet the additional expenses.'

[14] Chris Williams, *Democratic Rhondda,* 51; D. Ben Rees, *Cofiant Jim Griffiths, Arwr Glew y Werin* (Talybont, 2014), 106-7.

ac roedd ef yn fab i'r Dr Henry Naunton Davies.[15] Athrawon oedd cefnogwyr eraill Mabon. Y pennaf ohonynt oedd John James Griffiths a Thomas Charles Morgan o Gwmparc a adnabyddid ar lafar gwlad fel 'Y Sgwlyn'.[16]

Rhaid cofio lle'r capeli a'u gweinidogion yng ngyrfa wleidyddol Mabon. Yn y capeli Anghydffurfiol, derbyniai'r glowyr eu haddysg a'u hyfforddiant ar gyfer eu buchedd Gristnogol, fel y'i gelwid, lle y mynegai eu diddordeb yn nyfnion wironeddau'r Ffydd, gan ddysgu ffordd parch a hyder, a mwynhau'r danteithion a baratoid yn y cyfarfodydd ac o amgylch y byrddau adeg dathlu y gwaith cenhadol neu y gwyliau eglwysig, yn arbennig Dydd Diolcharwch a'r Nadolig.[17]

Haedda nifer o'r gweinidogion hyn eu cofio am eu bod mor enwog yn eu dydd. Hwy, wedi'r cyfan, oedd arweinwyr y cymunedau, fel y dywed y Dr E. W. Lewis:

> Their leadership was distinguishable, not by any accidental of births or riches, but simply the fact of leadership – by superior intelligence, a higher degree of education, the gifts of oratory in pulpit or on a platform. They, therefore, became the natural leaders of Rhondda Society in a way that the local landowners could never be, and the local industrial master had never attempted to be.[18]

---

[15] Ganwyd Dr Henry Naunton Davies (1828-1899) yn Dinas, yn fab i Dr Evan Davies, (1801-50) a adnabyddid gyda'i enw barddol, Ieuan ap Dewi. Undebwr Llafur ydoedd, a chyhoeddodd y gyfrol *Rhifedi ac Undod Duw* (Cardiff, 1846) i amddiffyn Undodiaeth yn erbyn syniadau y Parchedig John Jones, Rhydybont, Llanybydder. Gw. E. D. Lewis, *Rhondda Valleys*, 193.
[16] Chris Williams, *Democratic Rhondda*, 52.
[17] John Morgan Jones, 'Crefydd yng Nghwm Rhondda' *Y Goleuad*, 28 Chwefror 1912, 4.
[18] E. D. Lewis, *Rhondda Valleys*, 220.

Byddai llawer o'r mwyaf huawdl yn derbyn gwahoddiadau cyson i Gyfarfodydd Pregethu ledled Cymru, ond roeddent yn anfodlon i roddi amser i waith undonnog fel bod yn Gynghorydd Dosbarth. Dyna oedd sefyllfa y canlynol: Thomas Davies, Bethlehem (MC) Treorci; Ben Watkins, Penuel (MC) Ferndale; Dr Ben Davies, Tabernacl (A) Treorci; Evan Richard, Ebenezer (A) Tonypandy; J. T. Evans, Bodringallt (B), J. H. Jones, Bethesda, Pentre (A) ac R. B. Jones Porth, Bedyddiwr tanllyd yn Niwygiad Crefyddol 1904-5.[19]

Gwnaeth Dr Lewis Probert, Pentre, a Dr Ben Davies gyfraniad fel esbonwyr, ac i ddeallusrwydd eu henwadau o ddiwinyddiaeth.[20] Cyfrifid Gwrhyd Lewis, Cwmparc ac M. C. Morris, Bethesda, Pentre fel beirdd safonol tra oedd Dr M. H. Jones, gweinidog Jeriwsalem, Tonpentre yn haneswr a gyfranodd yn helaeth i hanes ei enwad.[21] Gwelsom eisoes bwysigrwydd Dr William Morris. Pobl ar dân oedd y rhain, ond ar wahân i Dr Morris yn cadw allan o wleidyddiaeth plaid, er bod pob un ohonynt yn gefnogwyr cadarn o ran pledleisio i'r Blaid Ryddfrydol.

Daeth y math o Lafur a goleddai Mabon, wedi ei seilio ar y diwydiant glofaol i rym yn y Rhondda am ei fod ef yn medru perswadio digon o bobl i arwain er budd y gymuned lleol, yn arbennig asiant y glowyr, ysgrifenyddion a

---

[19] *Ibid.*
[20] R. G. Owen, 'Lewis Probert (1837-1908)', *Bywgraffiadur Cymreig hyd 1940*, 754. Urddwyd ef fel gweinidog cyntaf Capel yr Annibynwyr, Bodringallt ym mis Gorffennaf 1867. Yn y saith mlynedd y bu yn y Rhondda, cychwynodd achos eglwys Seilo, Ystrad; achos Saesneg yn Nhonpentre, ac achos yng Nghwmparc. T. Eirug Davies,' Ben Davies (1840-1930)', *Bywgraffiadur Cymreig*, 101. Ganwyd ef yn Ninas , Rhondda a bu am ddeuddeng mlynedd yn fugail Capel Tabernacl, Treorci (1873-1885). Mewn un oedfa ym 1880, derbyniodd Dr Ben Davies, 133 o aelodau newydd i gapel y Tabernacl. Gw. Mihangel ap Rhys, *Braslun o Hanes Eglwys Annibynol y Cymer, Porth* (Porth, 1938), 23.
[21] Dr Morgan Hugh Jones (1873-1930), gw. D. Ben Rees, *Haneswyr yr Hen Gorff* (Lerpwl a Llanddewi Brefi, 1981) 16-23; 25; 27-9; 33-4; 38, 50, 64, 74, 76-77.

chadeiryddion y cyfrinfeydd ac atalbwyswyr. Pobl oeddent oedd yn llwyddo yng ngrym eu gallu cynhenid ac nid trwy arian a nodded y cyfalafwyr. Pwysleisiai Mabon y dylai'r bobl ddawnus hyn a adnabu mor dda gael eu dewis i gynrychioli yr ardal, a elwid y *ward,* lle yr oeddent yn byw. Nid oedd ef yn bleidiol i gynghorydd fyw ym Mhontypridd a chynrychioli Llwynypia, dyweder. Pan ddaeth sedd Mardy yn wag ym 1902 ac eto ym 1908, gofalodd Mabon fod yr ymgeiswyr yn hannu o Mardy ac yn byw yno. Disgwyliai y rhain i adlewyrchu y cylchoedd lle yr oeddent yn byw, a gorau oll os oeddent hefyd yn arweinwyr yn un o'r capeli Anghydffurfiol.

Cymerer proffeil o William Thomas Jones, cynghorydd yn y Rhondda o 1894 hyd 1916, Cynghorydd Sir o 1901 hyd 1916. Beth oedd ei gymwysterau? Yn gyntaf, gweithiai fel cyfrifydd pwll glo Abergorky, ac yn ail, yn ei oriau hamdden, roedd yn amlwg yng Nghyngor Eglwysi Rhyddion ei fro, yn ddiacon gyda'r Annibynwyr Cymraeg ac yn athro ymroddedig yn yr Ysgol Sul. Wedyn, edrycher ar fywyd John Samuel a fu'n gynghorydd lleol yn y Rhondda o 1899 hyd 1901. Glöwr a oedd hefyd yn ddiacon a thrysorydd Capel Noddfa, Treorci ydoedd, a'i ffrind yn y sêt fawr oedd W. P. Thomas, cynghorydd arall fel y gwelsom.

Gofalodd Mabon fod ei gyd-eisteddfodwr, Enoch Davies, groser yn Nhreherbert a Chalfinydd amlwg yn ystyried gwasanaethu y Cyngor Sir am flynyddoedd, a gwnaeth hynny o 1901 hyd 1928.[22] Rheolwr pwll glo Fernhill oedd Daniel Richard Jones, a fu ar Gyngor y Rhondda o 1903 hyd 1912, a byddai ef a Mabon yn mwynhau cwmni ei gilydd yn y cymanfoedd canu. Etholwyd ef yn Llywydd Sefydliad Gweithwyr Fernhill.[23]

Ym Mhentre a Thonpentre, ceid dau gynghorydd ufudd a chefnogol i Mabon yn Elias Henry Davies ac Elias

---

[22] Chris Williams, *Democratic Rhondda,* 54.
[23] *Ibid.*

Thomas Davies.[24] Annibynnwr ac aelod amlwg o'r seiri rhyddion oedd Elias Henry Davies. Bu'n amlwg ym mywyd Cymdeithas Cymmrodorion y Rhondda, ac yn Llywydd yn ei dro. Asiant gwerthu tai ydoedd yn ei waith beunyddiol, a bu'n brysur oddi ar i Mabon ddod i fyw i Bentre. Yn wir, cafodd ei enwebu fel Ymgeisydd i'r Blaid Ryddfrydol ym 1885, ond sylweddolodd na fyddai gobaith ganddo yn erbyn Frank Davis a Mabon. Y cynghorydd arall oedd Elias Thomas Davies, cynghorydd sir o 1898 hyd 1901 ac henadur hyd ei farwolaeth ym 1915.

Heb drefniadaeth effeithiol, roedd gwleidyddiaeth y Rhondda yn nwylo y bersonoliaeth fawr, liwgar, ymfflamychol fel Mabon, a'r personoliaethau llai carismatig – pobl oedd yn dal i daenu cefnogaeth a phleidleisiau i'w gosod hwy, yn aelodau o'r cynghorau a bethynai i'r awdurdodau lleol.

Bai mawr Mabon yn y cyfnod hwn oedd anwybyddu'r dasg o drefnu peirianwaith, gyda mwy o arweinwyr y dosbarth gweithiol yn y tresi. Serch hynny, yn y bennod nesaf, fe welwn fel y bu'n rhaid iddo sylweddoli fod ei ddyddiau fel Rhyddfrydwr o ddifrif yn gorfod ystyried ildio i'r symudiadau newydd a berthynai i'r Blaid Lafur.

Buddugoliaeth bersonol, i raddau helaeth, oedd buddugoliaeth 1885. Gwleidydd uchelgeisiol ydoedd a hwnnw'n barod i herio sefydliad Rhyddfrydol y Rhondda ac ennill y dydd arnynt. Roedd hyn yn rhyfeddol, am fod ei swydd fel asiant y glowyr yn ddigon o warant iddo gael ennill y dydd. Ar ôl hynny, o 1885 hyd 1905, nid oedd glowyr y Rhondda am gael cynrychiolaeth wahanol. Ef oedd eu harwr, a gofalodd hefyd am ei fod yn wleidydd craff, i swcro'r Blaid Ryddfrydol a'u cadw hwy yn ddiddig. Yr unig dro y bu'n rhaid i Undeb y Cambrian Miners' Association ymaflyd i'r frwydr oedd pan ddaeth hi'n adeg i Mabon bach, William Evans, sefyll ar gyfer y Cyngor Dosbarth. Gwir yw asesiad Chris Williams:

---

[24] *Ibid.*

Mabon himself made no attempt to spawn a political power-base or to set a tradition, beyond the establishment of the R. L.L. A., which fell swiftly under the control of his ex-opponents. This was due to his failure to recognise that the interests of Labour required more than representation by himself alone.[25]

Dyma'r gwendid affwysol. Nid oedd am weld Llafur yn dod i'w theyrnas yn wleidyddol. Ac eto, fe gafwyd pobl debyg iddo ef oedd am weld cynrychiolwyr y dosbarth yn cael cyfle i ddadlau a deddfu. Gofalai'r Rhyddfrydwyr na fyddai ymgeiswyr o gefndir Llafur yn cael cyfle i sefyll mewn etholiad. Mabon oedd yr unig un yng Nghymru a lwyddodd i'w gorchfygu, am ei fod yn barod i sefyll ei dir, costied a gostio.

Brwydr dosbarth oedd hi yn y bôn, er na welai Mabon hi yn y goleuni hwnnw. Ceid ambell i aelod o'r cymdeithasau sosialaidd a arweinid gan y Marcsydd H. H. Hyndman yn dadlau bod y glowyr a gefnogai'r Blaid Ryddfrydol yn bradychu'r dosbarth a'u cymrodyr. Y gwir plaen oedd hyn, mai Rhyddfrydiaeth oedd athroniaeth y mwyafrif o'r Llafurwyr fel Mabon ei hun. Ar gyrrion bywyd a chymdeithas y gwelid y sosialwyr ran amlaf cyn 1893 a genedigaeth y Blaid Lafur Annibynnol yn Bradford y flwyddyn honno. Mae'r ffaith nad aeth Mabon na neb arall o Gymru i Gynhadledd sefydlu y Blaid Lafur Annibynnol yn dweud y cwbl. Ond ar ôl 1893, cafwyd gogwydd gwahanol a theithiai rhai o'r sosialwyr pennaf i ennill disgyblion yn y Rhondda. Dyna pam i Tom Mann ddod i'r cwm ym 1896, a sefydlwyd cangen o'r Blaid Lafur Annibynnol ym Mardy.[26] Cangen fechan o ugain aelod ydoedd, ond roedd SDF *(Social Democratic Federation)*, creadigaeth Hyndham wedi

---

[25] *Ibid.,* 57-8.
[26] Treuliodd Tom Mann gryn dipyn o amser yn hanes glowyr y Rhondda, yn arbennig yn Streic y Cambrian Combine. Gw. R. Page Arnot, *The Miners: Years of Struggle* (London, 1954 (ail argraffiad), 114-115.

sefydlu cangen yn Nhonypandy cyn hynny. Cafwyd cenhadaeth sosialaidd o dan ofal Sam Mainwaring, a bu aelodau o gangen Plaid Lafur Annibynnol yn gefn iddo yntau yn y Rhondda.[27]

Dyddiau lle yr oedd sosialaeth yn ddigon di-rym yn y cymoedd oedd y rhain, ac heb wreiddiau dwfn, bu'n rhaid aros o leiaf ddeuddeng mlynedd arall cyn y bu'n rhaid i Mabon gymrodeddu. Byddai to iau o arweinwyr y glowyr yn tueddu i wfftio Mabon ond anodd, yn wir amhosibl, oedd iddynt ei symud o'i orsedd fel arweinydd y glowyr Cymreig.

Bu'n rhaid i Mabon wynebu Streic Fawr 1898. Ym mis Medi 1897, pleidleisiodd y glowyr o blaid diwygio'r Raddfa Lithrig er mwyn 'cynnwys ynddi yr egwyddor o leiafswm cyflog'.[28] Gwrthododd y cyflogwyr y cynnig, gan fynd ati i wneud mân ychwanegiadau i'r Raddfa Lithrig, ynghyd â dileu Diwrnod Mabon.[29] Ni chytunwyd gan fod Diwrnod Mabon yn golygu cymaint i'r glowyr a'u teuluoedd. Terfynodd y cyflogwyr eu cytundebau gyda'r glowyr. Daeth i fodolaeth nid streic ond yr hyn a elwid yn *lockout*. Bu'r pyllau yn segur ac mewn amser byr, gwelid teuluoedd cyfan yn cwyno am eu cyflwr truenus, yn arbennig pan amddifadwyd hwy o Ddeddf y Tlodion. Derbyniodd yr Undebau eu cyfalaf, a chyflwynodd Ffederasiwn Glowyr Prydain Fawr y swm o ddeng mil o bunnoedd i leihau'r dioddefaint – swm bychan i gadw can mil o lowyr a'u teuluoedd rhag llwgu.

Bu'r anghydfod yn un anodd i Mabon. Roedd ei arweinyddiaeth gymedrol, ofalus wedi derbyn ergyd barlysol o

---

[27] Ken John, 'Sam Mainwaring and the Antagonist Tradition', *Llafur* 4, Rhif 3 (1986), 55-66, y cylchgrawn *Labour Leader*, 16 Mehefin 1894.
[28] John Davies, *Hanes Cymru*, 458.
[29] Ar ddydd Gŵyl Mabon, câi'r glowyr gyfle i gynnal cyfarfodydd a chymdeithasu â glowyr o ardaloedd eraill, ac hefyd caent gyfle i gynnal yr eisteddfod a'r Gymanfa Ganu, i blannu'r ardd yn y gwanwyn ac, yn y Gorllewin yn arbennig, i gynaeafu gwair eu tyddynod yn yr haf. Felly collwyd llawer mwy nag wyth awr o seibiant y mis pan gipiwyd Gŵyl Mabon oddi ar y glowyr.

du perchnogion y pyllau glo. Roedd yn gocyn hitio trwy'r cyfan, ond gwelodd y glowyr fel y gwelodd y cyflwynwyr na ellid cymharu neb ag ef, ac heb ei ddoniau, roedd hi'n ddiwedd ar y trafod. Meddyliai y cyflogwr pwerus, W. T. Lewis y gellid cael y tro hwn fuddugoliaeth lwyr ar y glowyr, ond buan y gwelodd yntau bwysigrwydd Mabon fel cymodwr. Trowyd ato ef am arweiniad allan o'r chwalfa oedd ar y gorwel. Deallodd Mabon fod trefniadaeth effeithiol yn hynod o bwysig ac na ellid fforddio cario ymlaen heb Undeb pwerus.[30] Roedd dyddiau'r undebau rhanbarthol, bychain ar ben. Ym 1898, felly ar 11 Hydref, daeth saith undeb i ffurfio Ffederasiwn Glowyr De Cymru (Y Fed). Gan fod diddymu'r Raddfa Lithrig ymhlith amcanion y Fed – amcan a wireddwyd ym 1903 – ymgysylltodd â'r ffederasiwn Prydeinig ym 1899. Yn ychwanegol at y Fed, ceid undebaeth llai, gyda'r rhan fwyaf ohonynt yn gweithredu ar eu liwt eu hunain ac yn annibynol ar y Fed.[31] Er enghraifft, ffurfiwyd y South Wales and Monmouthshire Colliery Enginemen's Association ym 1895, ond ni ddymunai berthyn o gwbl i'r Fed.[32]

Penderfynwyd ar 11 Hydref 1898 i ethol Mabon yn Llywydd Ffederasiwn Glowyr De Cymru.[33] Argyhoeddwyd Mabon fod William Brace ac eraill yn llygad eu lle, fod angen

---

[30] Anerchodd Mabon gyfarfod mawr o'r glowyr yn niwedd Medi 1898 yng Nghwm Rhondda. Anogai hwynt i ffurfio Undeb gref rhwng yr holl undebau rhanbarthol. Soniodd fod Cynghrair Glowyr Prydain Fawr yn barod i Undeb Glowyr De Cymru ymgysylltu â hwy, ac roedd Mabon yn bleidiol iawn i'r awgrymu hwnnw. Gw. *Y Genedl Gymreig,* 27 Medi 1898, 7.

[31] Ar ryw gyfnod neu'i gilydd, fel y soniodd Gwyddoniadur Cymru, bu'r undebau a'r cyrff a ganlyn yn weithredol ym maes glo'r De: South Wales Colliery Enginemen; Stokers' and Craftsmen's Association; y South Wales and Monmouthshire Colliery Enginemen's Association; Colliery Examiners' Association; y National Association of Colliery Managers; y National Union of Clerks; y South Wales Colliery Officials' Union ac yn ddiweddarach y National Association of Colliery Overseers, Deputies and Shotfirers (NACODS). Bu gelyniaeth amlwg rhwng yr NUM ac undeb y gaffers.

[32] *Ibid.*

[33] John Davies, *Hanes Cymru,* 458.

diddymu'r Raddfa Lithrig. Bu ef am wythnosau yn dadlau'n galed o blaid y Raddfa Lithrig ddiwygiedig ond gwelodd y wawr yn torri yn ei hanes. Ac felly, nid oedd dim byd yn atal Ffederasiwn De Cymru rhag bod yn rhan o'r Ffederasiwn Prydeinig a daeth hynny i fodolaeth ym mis Ionawr, 1899.[34]

Daeth y glowyr i goleddu yr Undeb Newydd. Ym 1893, ceid llai na hanner y gweithlu yn falch o'u haelodaeth, ond erbyn 1899 roedd 104,000 o lowyr wedi ymuno â hi, ac ym 1903, diddymwyd y Raddfa Lithrig a fu yn ffordd ymlaen i Mabon ond a gadwodd y glowyr o dan lyffetheiriau am ddegawdau. Tyfu a wnaeth y Federasiwn o dan arweiniad Mabon yn y ddegawd nesaf pan ddaeth chwarter miliwn o aelodau i berthyn i'w gilydd o fewn y Fed. Dyma'r corff lluosocaf a fu erioed yn rhan annatod o hanes y genedl Gymreig. Ni all y gwasanaeth iechyd cenedlaethol ddod yn agos i'r ffigwr yna yng Nghymru 2021.

Rhoddodd yr anghydfod, pan fu'r pyllau yn segur o Fawrth i Fedi 1898, ddigon o reswm i'r cymdeithasau sosialaidd ymyrryd. Daeth y Blaid Lafur Annibynnol i hau'r had yn y cylchgrawn, *Labour Leader* a gysylltiad gyda Keir Hardie. Erbyn diwedd y gwrthdaro yn y maes glo, cafwyd deg cangen o'r Blaid Lafur Annibynnol yn bodoli yn y Rhondda gan roddi hwb i gangen Mardy oedd yn dal mewn bodolaeth. Ond tân shafins o ddiwygiad sosialaidd o gafwyd. Erbyn 1900, dim ond cangen Mardy oedd yn dal mewn bodolaeth. Ond o leiaf, fe gafwyd ychydig o ddychweledigion i sosialaeth yn y ddau gwm, a daeth sosialaeth o leiaf ar agenda gwleidyddol rhai glowyr ond nid i'w gofleidio gan y trwch ohonynt oedd yn

---

[34] Roedd y Ffederasiwn yn hynod o bwysig, fel y pwysleisia John Davies: 'Fe ddeuai adeg pan fyddai ganddi dros chwarter miliwn o aelodau. Y Fed, felly, yw'r corff seciwlar lluosocaf ei aelodaeth a fu erioed yn hanes y genedl Gymreig, ac am genhedlaeth a mwy ar ôl 1898, byddai ei weithgareddau'n elfen ganolog ym mywyd y genedl honno.' John Davies, *Hanes Cymru*, 458.

dal yn gadarn i gefnogi Mabon y Rhyddfrydwr.[35] Roedd y glowyr yn fwy cyfforddus yng nghwmni Rhyddfrydwyr adain dde a chwith nag oeddent ymhlith sosialwyr y tair plaid fechan a blediai sosialeth, sef SDF, y Blaid Lafur Annibynnol a'r Ffabiaid.

Undeb y Glowyr oedd y pwerdy, a dyna a ddeallai Mabon.[36] Ni thrafferthodd ef gyda pheirianwaith wahanol i'w bwyslais Llafur; roedd digon o hwnnw o du y Rhyddfrydwyr. Wedi'r cyfan, ceid cangen o'r Fed ym mhob pwll, y gyfrinfa (*lodge*) o leiaf hanner cant ohonynt at ei wasanaeth fel aelod Seneddol. Roedd y cyfrinfeydd yn gwahaniaethu o ran aelodaeth. Dyna Gyfrinfa Pwll Glo Abergorky, er enghraifft, yn meddu ar 1,816 o aelodau yn nechrau'r ugeinfed ganrif, tra oedd y gyfrinfa leiaf, Ynyshir House, fel y'i gelwid, yn meddu ar 47 o aelodau. Ond y pennaf ohonynt oedd y Cambrian, oedd yn cynnwys mwy nag un pwll, a'r cyfanswm o'r aelodau yn 3,183. Perthynai'r gyfrinfa i'r Dosbarth a cheid 19 o Ddosbarthiadau o fewn y Fed yn ne Cymru. Y mwyaf ohonynt i gyd oedd teyrnas Mabon, sef Rhondda Rhif 1, gyda 31,000 o lowyr ym 1908. Rhennid y Rhondda i ddau Ddosbarth. Ceid Rhondda Rhif 1 a Rhondda Rhif 2. Enw yr ail Ddosbarth oedd Pontypridd a Rhondda, oedd yn cynnwys y cyfrinfeydd ar waelod y Rhondda, rhwng Porth a Phontypridd.

Gallai'r cyfrinfeydd mawr ethol asiant iddynt hwy eu hunain, ond yn y cyfrinfeydd llai, roedd llawer o'r awdurdod

---

[35] Yng Nghynhadledd y Glowyr ar 7 Ebrill, 1898, pleidleisiwyd yn erbyn Mabon fel cadeirydd a llywydd. Ond ni allent fodoli hebddo, ac felly pan ddaeth hi yn fater o sefydlu Undeb a chael llywydd. Mabon oedd y dewis. E. W. Evans, *Mabon,* 60 a 63.

[36] Yn y cyfarfodydd niferus a gynhaliwyd o dan arweiniad Mabon o Ebrill I Hydref, 1898, pwysleisiai ef nad oedd hi'n bosibl i lowyr na fynnai berthyn i'r Undeb fynegi eu barn o gwbl. 'Mewn undeb y mae nerth' a disgwyliai i bob glowr ei uniaethu ei hun gyda'r Undeb a gynrychiolai maes glo'r de a'r de-ddwyrain. Erbyn diwedd 1898, perthynai 60,000 o lowyr i'r Undeb, a deallai y glowyr mai'r unig ffordd i gynnal cyflogau da oedd trwy gefnogi safbwynt Undeb y Glowyr. Gw. E. W. Evans, *Mabon,* 67.

yn nwylo naill ai Cadeirydd neu Ysgrifennydd y Gyfrinfa, ac roedd hi'n bwysig fod Mabon yn cadw perthynas dda gyda phob un ohonynt. Cynhelid, fel y gwnâi y Methodistiaid Calfinaidd, gyfarfod misol, lle y dewiswyd cynrychiolydd i fynychu cynadleddau ac ati ar ran y pwll a'r gyfrinfa.

Dyna'r cyfarfod oedd yn dewis pwyllgor gwaith oedd yn cyfarfod bob wythnos. Ond y person pwysicaf oedd asiant y glowyr a fyddai'n cael ei gynorthwyo gan ei ddirprwyon a swyddogion y Dosbarthiadau. Rhoddid hawl i bob Dosbarth anfon cynrychiolwyr i Undeb Glowyr De Cymru. Ni ddangosodd yr Undeb ddiddordeb arbennig ym mheirianwaith etholiadol na llywodraeth leol.

Trwy'r nawdegau, ni fu'n rhaid i Mabon boeni am yr Etholiadau Cyffredinol. Cafodd ei ethol yn ddi-wrthwynebiad ym mhob un ohonynt, ond erbyn etholiad cyffredinol 1900 bu newid ar ôl cyfnod o bymtheg mlynedd heb wrthwynebydd seneddol. Penderfynodd y Blaid Geidwadol roddi ymgeisydd yn ei erbyn ym 1900, sef cyfreithiwr o Gaerdydd o'r enw Robert Hughes.

Galwyd yr etholiad ar 28 Medi 1900 a'r pleidleisio i ddigwydd ar 24 Hydref.[37] Roedd etholaeth y Rhondda yn meddu ar fwy o etholwyr na Brycheiniog, Dwyrain Caerfyrddin (yn meddu ar 5, 557 o etholwyr yn unig) lle yr enillodd David Lloyd George Fwrdeisdref Caernarfon gyda 296 o bleidleisiau.[38] Yn y Rhondda, cafodd Mabon fuddugoliaeth dda fel y gwelir:

William Abraham (Rhydd/Llafur)	8383
Robert Hughes (Ceidwadwr)	1874
Mwyafrif	7509 [39]

---

[37] Beti Jones, *Etholiadau Seneddol yng Nghymru, 1900-1975* (Talybont, 1977), 29.
[38] *Ibid.*, 30.
[39] *Ibid.*, 31.

Unwaith yn rhagor, y Rhyddfrydwyr oedd plaid fwyaf Cymru. Enillodd y Blaid Ryddfrydol 26 o seddau. Cafodd y Ceidwadwyr 6 o seddau a Llafur yn ennill Merthyr am y tro cyntaf, a Keir Hardie wedi ei ddychwelyd i'r Senedd ar ôl rhai blynyddoedd o chwilio sedd. Cafodd y *Lib-Lab* un sedd, sef y Rhondda, ond roedd sŵn ym mrig y morwydd, oherwydd yn gynnar ym 1900 y ffurfiodd y Blaid Lafur Annibynnol, y SDF y Ffabiaid a'r Undebau yr hyn a elwid yn Bwyllgor Cynrychioladol Llafur (*Labour Representation Committee* [*LRC*)]) a dyfodd,erbyn 1906 yn Blaid Lafur. Roedd honno'n dymuno cael tragwyddol heol i ymladd heb fod yn bartneriaid i'r Rhyddfrydwyr o gwbl.[40] Ond cofier rhybudd yr hanesydd Carl Brand am 1900:

> Yet the trade unionists who accepted the LRC were in the main at heart still Liberals not socialists.[41]

---

[40] Donald Sasoom, *One Hundred Years of Socialism: The West European Left in the Twentieth Century* (Hammersmith, London, 1997), 16.
[41] Carl Brand, *The British Labour Party* (Standford, 1974), 12.

PENNOD 7

Dewis Anodd

Mae'n anodd credu bod sosialwyr cymhedrol a sosialwyr adain chwith yn ogystal â'r undebwyr Llafur oedd yng ngwersyll y Rhyddfrydwyr wedi dod at ei gilydd ym mis Chwefror 1900 i ystyried creu mudiad gwleidyddol, gan ei fedyddio gydag enw cwbl glogyrnaidd, sef *Labour Representation Committee*.[1] Mae'n wir ei bod hi'n flwyddyn gyntaf canrif newydd, ond roedd y gwersyll gwleidyddol wedi ei gyffroi trwy Ryfel y Boeriaid yn Ne'r Affrig. Gwrthodai un garfan a ddaeth i Lundain yn Chwefror 1900, sef y Blaid Lafur Annibynnol gefnogi y Rhyfel o gwbl tra oedd canran uchel o bobl yr Undebau o blaid Prydain yn dysgu gwers i'r Boeriaid. Ni allai Mabon na glowyr de Cymru uniaethu eu hunain o gwbl gyda'r LRC, ac felly y bu hi am ran helaethaf o'r degawd, er i Robert Smillie, arweinydd y glowyr yn yr Alban, weithio'n ddygn i sefydlu corff tebyg, y *Scottish Workers' Representation Committee*.[2] Gwrthododd y Mudiad Cydweithredol, er iddynt dderbyn gwahoddiad i'r cyfarfod, ddod i drafod y bwriad.

Yn y diwedd galwyd y blaid wleidyddol newydd yn Bwyllgor Cynrychioladol Llafur (*Labour Representation*

---

[1] Dyma'r ddau llyfr sy'n rhoddi'r hanes: Henry Pelling, *A Short History of the Labour Party* (London and New York), 1961; ac Andrew Thorpe, *A History of the British Labour Party* (London and New York), 1971. Cyfrol Pelling yw'r clasur. Cafwyd chwe argraffiad rhwng 1961 a 1978. Ceir yr hanes o 1900 a'r LRC hyd ddyddiau Callaghan yn argraffiad 1978.

[2] Robert Smillie (1857-1941), arweinydd y glowyr yn yr Alban ac un a fu'n bwysig yn hanes y Blaid Lafur gan iddo berswadio ei gyd lowyr I newid eu teyrngarwch o'r Blaid Rhyddfrydol i'r Blaid Lafur Brydeinig am ei fod yn credu yn y ffydd sosialaidd.bu yn gyfaill agos I Keir Hardie , ac yn garedig dros ben i Jennie Lee pan safodd hi am San Steffan yn 1929. Cafodd ei wahodd yn Llywydd y Dydd yn Eisteddfod Genedlaethol Rhydaman yn 1922 gan lonni calonnau James Griffiths a'i frawd Amanwy a llu o lowyr Dyffryn Aman.

Committee) a go brin fod neb o'r rhai a ddaeth ynghyd yn proffwydo hir oes iddo. Yn wir, dywedodd Ramsay MacDonald fod y mwyafrif a ddaeth ynghyd wedi dod gyda'r bwriadu o gladdu'r syniad ynfyd o roddi ergyd farwol, fel y medrent fynd adref y noswaith honno heb unrhyw blaid wleidyddol i'w gwarchod. Roedd pawb yn grintachlyd, a gosodwyd y swm o ddeg swllt o dâl aelodaeth ar gyfer mil o aelodau i'r cymdeithasau sosialaidd oedd yn awyddus i berthyn. Felly yn y flwyddyn gyntaf daeth £210-10-0 o arian i'r cyllid, swm pitw i ymladd Etholiadau Cyffredinol yn erbyn y Toriaid a'r Rhyddfrydwyr, a bu Etholiad ym 1900 fel y soniwyd yn y bennod ddiwethaf, pan gafwyd pymtheg o ymgeiswyr ac etholwyd dau a chanddynt gysylltiad agos â Chymru. Un o Benderyn oedd Richard Bell – Cymro Cymraeg, a llwyddodd ef yn nhref Derby am fod ganddo garfan fawr o weision y rheilffordd oedd yn barod i'w gefnogi.[3] Y Llafurwr arall oedd Keir Hardie a ddaeth yn ail yn etholaeth Merthyr ac Aberdâr, a chan fod honno yn sedd oedd yn anfon dau wleidydd i'r Senedd, aeth Keir Hardie yno, er mai David Alfred Thomas oedd â'r gefnogaeth gryfaf. Mae'n amheus a fyddai Hardie wedi cipio'r sedd oni bai fod yr ymgeisydd arall, William Pritchard Morgan, 'Brenin Aur Cymru' fel y'i gelwid, wedi pechu D. A. Thomas trwy gefnogi Prydain yn y rhyfel imperialaidd yn Ne Affrica. Pwysodd D. A. Thomas ar yr etholwyr a wrandawai arno i anwybyddu Morgan a chefnogi Hardie. Y gwir oedd fod naw o undebwyr Llafur wedi ennill seddau, ond roedd pump ohonynt yn arweinwyr y glowyr, sef Mabon, Thomas Burt, Charles Fenwick, Ben Pickard a John

---

[3] Ceir cofnod ardderchog ar Bell gan yr Athro Huw Morris-Jones. Gweler 'Richard Bell (1859-1930)', *Y Bywgraffiadur Cymreig hyd 1940,* 28. Roedd Richard Bell yn ewythr i'r Parchedig R. W. Bell, gweinidog Capel y Presbyteriaid Cymraeg, Tabernacl, Abercynon, lle y bu am gyfnod hir.

Wilson ac wedi mynnu sefyll fel Llafurwyr Rhyddfrydol.[4] Felly dim ond dau – Hardie a Bell – a enillodd yn enw y *Labour Representation Committee*. Roedd ef yn un o'r pedwar cynrychiolydd undebol ar y pwyllgor a dynnodd allan gyfansoddiad i'r *Labour Representation Committee*.[5] Richard Bell oedd Trysorydd yr LRC a'i gadeirydd ym 1902-03 ond roedd yntau fel Mabon yn ei chael hi'n anodd ymddihatru o'i gefndir fel Rhyddfrydwr oherwydd ar ôl i Bell gyrraedd San Steffan, pleidleisiodd i'r Rhyddfrydwyr, ac o fewn tair blynedd torrodd ei berthynas yn gyfangwbl. Felly gadawyd yr LRC yn blaid un person didwyll o'r enw Keir Hardie. Ond buan y gwelwyd fod gwir angen plaid wleidyddol i gynrychioli ac i amddiffyn y Mudiad Llafur a'r dosbarth gweithiol.

Daeth ysgytwad i Mabon ym 1901 pan benderfynnodd Tŷ'r Arglwyddi ar 22 Gorffennaf gefnogi cwmni rheilffordd Cwm Taf. Bu streic answyddogol gan Undeb *Amalgamated Society of Railway Servants* yn erbyn cwmni rheilffordd Taff Vale.[6] Streic digon dof ydoedd, ond cythruddwyd Mr Ammon Beasley, prif oruchwyliwr y cwmni. Mae rhamant yng ngyrfa Ammon Beasley (1837-1924). Ganwyd yn nhref Rugby a dechreuodd ar ei yrfa fel clerc yng ngorsaf rheilffordd Stoke on Trent. Gwnaeth argraff dda yno ac yn Wolverhampton cyn derbyn y swydd o brif reolwr nwyddau gorsaf reilffordd Paddington. Roedd hynny ym 1858, ac erbyn 1891 dewiswyd ef, er syndod i lawer, a'i alw yn Rheolwr Cyffredinol ar Gwmni Rheilffordd Taff Vale. Erbyn hyn, roedd yn briod, ac yn dad i chwech o blant. Aeth i fyw mewn steil i 'North Cliff' ym Mhenarth a medrai gyflogi cogydd, dwy forwyn, morwyn cegin, garddwr a gyrrwr cerbyd at ei wasanaeth. Roedd pob un

---

[4] Francis Williams, *Magnificent Journey: The Rise of Trade Unions* (London, 1954), 221.
[5] Huw Morris Jones, *Y Bywgraffiadur Cymreig hyd 1940,* 28.
[6] Cymerodd Richard Bell fel ysgrifennydd yr Undeb ofal o drefnu'r streic. Gweler Prifysgol Warwick, Canolfan Cofnodion Modern, llawysgrifau 1 27/A5/TV/2/1/16/i-xx 1900.

o'r rhain yn byw gydag ef a'i epil ym Mhenarth. Anfonodd ei blant i Ysgolion Bonedd yn Llundain a Cheltenham.[7] Dyn penderfynnol, llwyddiannus, awdurdodol, cyfoethog, ystyfnig ydoedd a phan gychwynnodd y streic, aeth i gysylltiad gyda mudiad asgell dde o'r enw *Free Labour Association*. Gofynnodd iddynt anfon yn ddiymdroi ddigon o bobl i yrru'r trenau ac i gynnal trafnidiaeth y rheilffordd. Gelwid y rhain wrth yr enw *blacklegs* neu fradwyr. Cythruddwyd aelodau'r Undeb o Ferthyr i Gaerdydd.[8] Ymosodwyd ar ddau ddeg wyth o'r rhai a anfonwyd gan y *Free Labour Association* gan eu harwain o'r Eglwys Newydd i bencadlys Undeb ASLS Waunddyfal (Cathays) a'u caethiwo. Pan ddaeth hi'n amser addas, anfonwyd hwy ar y trên yn ôl i Lundain.[9] Methodd William Collinson o *Free League Exchange* yn ei gynllun a llefarodd Mabon gyda huodledd yn erbyn '*Blacklegs Collusion*', gan rybuddio cwmni rhelffordd Taff Vale y byddai'r glowyr yn amharod i gynhyrchu glo ar gyfer y trenau.[10] Byddai'r docwyr yng Nghaerdydd yn amharod i drin y trenau hefyd.

   Daliodd Beasley yn emosiynol a dogmatig a cheisiodd gael y gair olaf ar Mabon. Siarsiodd y cyfarwyddwyr ef i fynd â'r mater i'w drafod yn y llys a gofyn am iawndal oddi wrth Undeb yr ASRS i ddigolledu y cwmni. Aeth Beasley trwy'r holl lysoedd y medrai, gan drosglwyddo'r achos yn y diwedd i ystyriaeth Tŷ'r Arglwyddi. Ac er syndod i Mabon a chyfreithwyr yr Undebau, fe benderfynnodd yr Arglwydd

---

[7] P. S. Bagwell, *The Railwaymen: The History of the National Union of Railwaymen* (London, 1963), 209. Cefais gryn lawer o wybodaeth amdano o'r rhyngrwyd trwy ymchwil Dudley Clark, *A Turn of Century Struggle for Trade Union Recognition and How a Management Victory was turned to defeat: Amon Beasley versus the Taff Valley Railwaymen*, www.ductatren. com (darllenwyd 9 Mai 2020).
[8] Lleolid canghennau o'r Undeb yn Aberdar, Abercynon, Treherbert, Tonypandy, Merthyr, Pontypridd, Llantrisant a'r Barri.
[9] Francis Williams, *Magnificent Journey,* 223.
[10] *Ibid.*

Ganghellor gytuno gyda Beasley er bod Deddf Undebau Llafur 1871 a *Conspiracy and Protection of Property Act 1875* yn caniatáu i'r Undebau weithredu dros eu haelodau yn y modd y gwnaethant.

Roedd Mabon oddi ar 1871 wedi coleddu'r gred fod gan yr Undebau statws gyfreithiol oedd yn ei gwneud hi'n amhosib iddynt orfod talu dirwy am weithredu yn erbyn yr hyn oedd yn anghyfiawn ac roedd hyn yn dangos ei anghymeradwyaeth ar linellau streic. Gofynnodd Arglwyddi'r Gyfraith (*Law Lords*) a eisteddai yn Nhŷ'r Arglwyddi i Undeb yr ASRS dalu y swm aruthrol o £23,000 i Gwmni Rheilffordd Taff Vale ynghyd â chostau, oedd yn gwneud cyfanswm o £42,000.

Roedd yr Undebau Llafur i gyd mewn perygl o gael eu difrodi. Roedd Balfour a'r Llywodraeth Doriaidd yn ddigon bodlon i adael hynny ddigwydd. Ac yn waeth na hynny, llugoer a difater hollol oedd ymateb y Blaid Ryddfrydol a olygai'r byd i Mabon a'r *Lib-Labs*. Roedd hi'n amlwg nad oedd glowyr de Cymru o dan arweiniad Mabon a Brace am fynd y foment honno i ymgyrchu yn erbyn y ddedfryd. Yn wir, penderfynnodd y Federasiwn Prydeinig i weithredu yn ofalus, fel y cydnabu Francis Williams, gan barhau fel Mabon i goleddu safbwynt y Blaid Ryddfrydol o eistedd ar y ffens:

> Reaffirming its earliest decision not to affiliate to the Labour Representation Committee, it decided instead to organise political representation through the Political Committee of the Miners' Federation itself, although on a larger scale than formerly financing candidates from a central political fund.[11]

Credai Pwyllgor Cynrychioli Llafur lwyddo i ddylanwadu yn effeithiol ar y Blaid Ryddfrydol. Daethpwyd i'r casgliad hwnnw am fod pedwar arweinydd pwysicaf y glowyr yn Lloegr

---

[11] *Ibid.*, 277.

a Chymru, Ben Pickard, Thomas Burt, Charles Fenwick a Mabon yn Rhyddfrydwyr i'r carn a chan eu bod yn sylweddoli nad oedd angen pryderu ynglŷn ag ennill sedd fel y Rhondda pan oedd y mwyafrif o'r etholwyr yn lowyr.

Nid oedd unrhyw undeb Llafur arall yn y sefyllfa honno. Byddai undebau eraill a ddymunai gael un o'u haelodau yn y Senedd yn gorfod dibynnu ar gefnogaeth undebau eraill. Nid dyna oedd problem etholaethau fel y Rhondda. Er hynny, fe lwyddodd yr LRC i ennill undebau i'w cefnogi, os nad oedd Undeb Glowyr De Cymru na Mabon ei hun yn barod i berthyn.

Gwelwyd undebau go niferus o ran aelodaeth yn dod i'r amlwg, fel undebwyr y gwaith cotwm yn Sir Gaerhirfryn. Ceid can mil o aelodau ar lyfrau y *Lancashire Textile Workers*.[12] Erbyn 1903, roedd pob undeb a berthynai i Gynhadledd yr Undebau Llafur wedi dymuno perthyn i'r LRC ar wahân i'r glowyr. Er hynny, yn ei Chynhadledd Flynyddol ym 1904, penderfynwyd bod yr ymgeiswyr a noddid ganddynt yn sefyll fel cynrychiolwyr Llafur ac i gydweithio gyda'r LRP yn y Senedd.[13]

Y gwir yw hyn, fod Ammon Beasley o Gwmni Rheilffordd Dyffryn Taf yn gymaint o bensaer y Blaid Lafur ag ydoedd y ddau Albanwr, Keir Hardie a Ramsay MacDonald. Nid oedd gwir ddewis yn wynebu yr undebau na throi yn ôl i gorlan y Rhyddfrydwyr. I Mabon, roedd pedwar peth yn bwysig i undebau Llafur:

(i) Sicrhau cyflog priodol i'r gweithwyr ym mhob diwydiant am ei lafur
(ii) Gofalu bod y gweithiwr yn llafurio oddi fewn i oriau rhesymol. Iddo ef, wyth awr oedd yr 'oriau rhesymol'.
(iii) Amddiffyniad priodol i fywyd yr aelodau tra roeddent yn eu gweithle.

---

[12] *Ibid.*
[13] *Ibid.*, 228.

(iv) Cael cynrychiolaeth uniongyrchol yn enw Llafur yn Senedd San Steffan.

Tanlinellodd Mabon amodau Undebaeth unwaith yn rhagor wrth annerch chwarelwyr Penrhyn, Bethesda ym mis Mehefin, 1903.[14] Wrth dderbyn cyflog teg i fyw arno, gwyddai Mabon fod bywyd y gweithiwr a'i deulu yn gweddnewid. Gellid prynu gwell bwyd, gwell dillad a gwell cartref nag oedd yn bodoli yn y pentrefi chwarelyddol a'r pentrefi glofaol. Dadleuodd Mabon fod cyflog teg yn foddion cynhaliaeth ac yn rhoddi cyfle hefyd i'r glowr a'r chwarelwr roddi heibio ychydig bres yn gyson ar gyfer y dyddiau stormus neu ddyddiau streic.

> Gofidiai am y cynllun o fargeinio wrth y mis – arferiad na chawsai ei gario allan yn un lle ond yn chwareli Gogledd Cymru a mwynfeydd Cernyw.[15]

Cyflog y chwarelwr ar gyfartaledd oedd pum punt y mis, ac roedd hyn yn bunt yr wythnos yn llai na'r cyflog a enillid ar gyfartaledd gan lowyr y de. Roedd y cyflog yn debyg i'r hyn a gafwyd ddeuddeg mlynedd yn ôl, ac eto yn y cyfamser, cododd pris y llechi yn sylweddoli.

Nid rhyfedd i Mabon gael cymeradwyaeth fyddarol ym Methesda, ac yna, drannoeth tyrrodd y cannoedd ynghyd i lenwi Capel Jerwsalem, Bethesda, i oedfaon bore a'r hwyr i wrando ar Mabon yn cyhoeddi 'newyddion da yr Efengyl'.[16]

Erbyn 1906, roedd y Pwyllgor Cynrychioli Llafur yn barod i anghofio yr enw chwithig a choleddu teitl oedd yn haws i'w seinio, sef y Blaid Lafur. Ond nid oedd y Blaid Lafur chwaith yn barod am foment i goleddu sosialaeth y Blaid Lafur Annibynnol, er bod Keir Hardie wedi ceisio ei orau glas i danseilio safle'r *Lib-Lab* yn y Senedd ac ymosod ar Mabon yn

---

[14] 'Amod Undebaeth', *Tarian y Gweithiwr*, 25 Mehefin, 1903, 1.
[15] *Ibid.*
[16] *Ibid.*

gyson, gan ddweud mai yn y Blaid Lafur yr oedd ei briod le ac nid yn cefnogi'r Blaid Ryddfrydol. Hyd yn oed yng nghyfnod genedigaeth y Blaid Lafur, roedd yna densiwn amlwg ac ymrafael rhwng y Chwith a'r Dde.

Crynhodd Francis Williams y sefyllfa yn berffaith pan ysgrifennodd yn ei glasur ar y mudiad:

> They neither sought to turn the Labour Party into an exclusively trade-union party, which would have been fatal to both its crusading vigour and its hope of national support, nor, while remaining loyal partners of their political allies, did they abdicate the right to make a political decisions of their own through the TUC.[17]

Roedd hi'n ddigon amlwg na allai'r ochr wleidyddol fodoli heb gyfraniad yr undebau. Heb yr undebau Llafur, ni fyddai'r Blaid Lafur yn debyg i enwad efengylaidd (er ei bod yn debycach i'r Blaid Lafur Annibynnol na neb arall) yn llawn ynni, gyda gweledigaeth eang, ryngwladol, yn coleddu brawdgarwch, a brwdfrydedd moesol, ac yn hynod o awyddus i gynorthwyo'r dirmygedig a'r anghofiedig.

Ond yn y cyfnod hwn, roedd y *Lib-Lab* wedi dod yn rymus yn y Rhondda. Heddwch yn y maes glo oedd byrdwn Mabon wrth lowyr Cwm Rhondda, a dywedodd yn gyson yn y blynyddoedd 1903 i 1905 fod 'cyfnod newydd wedi agor – cyfnod heddwch (heddwch wedi ei sylfaenu ar gyfiawnder) wedi gwawrio a bod angen iddynt weddïo i'r nefoedd am iddo barhau tra byddent yn fyw'.[18]

Dyna oedd ei diwn gron. Amddiffynnodd y mudiad *Lib-Lab* yn rymus gerbron Cynhadledd Flynyddol Glowyr De Cymru ym 1903:

---

[17] Francis Williams, *Magnificent Journey*, 229.
[18] Cofnodion Ffederasiwn Glowyr De Cymru, Dosbarth y Rhondda: cyfarfod a gynhaliwyd ar 25 Mai 1903.

The delegates were to be congratulated on the fact that the coalfield was now almost clear of disputes, troubles and strikes – they were able once more to harbour their funds for some further rainy days, though he hoped that they were rid of them for a very long time ahead.[19]

Bu Undeb Glowyr y De yn llwyddiannus yn yr ymgyrch i ennill rhagor o aelodau, a bellach, roedd Undeb y Glowyr o dan lywyddiaeth Mabon yn gryfach nag unrhyw ffederasiwn arall trwy'r byd, a de Cymru oedd y gangen gryfaf o fewn Ffederasiwn Glowyr Prydain Fawr.[20] Roedd hi'n ofynnol i'r Aelod Seneddol fod pawb ohonynt yn gweithio er budd yr Undeb, a gobeithiai na fyddai unrhyw gweryl yn cael ei greu yn ddiangen gan y glowyr, a phan ddeuai anghytundeb, gofynnai iddynt ei gefnogi ef i setlo'r ffrae. Roedd bywyd y glöwr, yn nhyb Mabon, yn gwella trwy gymod, ewyllys da a dealltwriaeth. Dyna, yn fyr, oedd agwedd un o brif ddynion y *Lib-Lab*.

Roedd mwyafrif helaeth y glowyr ym mhob rhan o faes glo y De yn ymserchu yn ei arweinyddiaeth. Ceir ei hanes yn annerch y glowyr yn Ysgol Sirol Treherbert yn yr Hydref. Ei gri oedd i'r glowyr fod yn barod i ryfela ac argyhoeddi'r rhai a alwodd ef yn 'anundebwyr'.[21] Daeth ei ffrind, y Parchedig John Williams, Aelod Seneddol Gŵyr, i'w gefnogi yn ei etholaeth. Llefarodd un o gefnogwyr pennaf Mabon, sef Tom Evans, Penygraig mai clymblaid peryglus oedd glowyr o 'anundebwyr'.[22]

Yn ystod yr un mis, roedd Mabon i fod yng Ngŵyl Glowyr y Gorllewin. Gorymdeithiodd glowyr maes glo carreg trwy strydoedd Abertawe i wrando ar dri o weinidogion yr

---

[19] Cofnodion Pwyllgor Gwaith Ffederasiwn Glowyr De Cymru, 1903
[20] Peter Stead, 'Working-Class Leadership in South Wales, 1900-1920', *Cylchgrawn Hanes Cymru*, Cyfrol 6, Rhif 3, 1973, 332-3.
[21] *Tarian y Gweithiwr,* 19 Hydref, 1905, 1.
[22] *Ibi*d.

Efengyl oedd yno i ddangos eu cefnogaeth. Roedd un o'r tri yn aelod seneddol, sef John Williams, a chafwyd cwmni hefyd ffrind mawr i John Williams sef y sosialydd Parchedig Ddr Gomer Lewis, y Parchedig Teifion Richards, ynghyd ag S. T. Evans, AS Rhyddfrydol Gorllewin Morgannwg ac Abraham Thomas. Da oedd clywed bod 98 y cant o'r glowyr yng ngorllewin Cymru yn aelodau o'r Ffederasiwn. Darllenwyd llythyr Mabon yn mynegi'r ffaith na allai fod yn bresennol am ei fod yn gorfod bod y diwrnod hwnnw yn archwilio cyfrifon y Federasiwn.[23]

Rhaid cofio i'r arwr, Mabon, ym mis Awst gael damwain – ef a'i fab, a'i ŵyr, a hynny yn Llanilltyd Fawr. Yn gwbl ddirybudd, aeth y ceffyl yn afreolus, gan ddianc gyda Mabon a'i anwyliaid yn y cerbyd. Trawyd cornel y ffordd a dymchwelodd y cerbyd. Taflwyd Mabon, a oedd o gorff mawr, ar ei ochr o'r cerbyd, ac anafwyd ei fraich. Derbyniodd ei ŵyr drawiad ar ei ben, tra dihangodd y mab yn ddi-anaf. Daeth y meddyg lleol, Dr Gill i liniaru'r boen ac i esmwytháu clwyfau Mabon a'i ŵyr.[24]

Pleser digymysg i Mabon ym 1905 oedd derbyn y newydd fod un o'i gefnogwyr brwdfrydig, Tom John, Penygraig wedi ei ethol yn Llywydd Undeb Athrawon ac Athrawesau Lloegr a Chymru. Ef oedd y Cymro cyntaf i lywyddu y Gynhadledd ac fe'i cynhaliwyd hi ym 1905 yn Llandudno. Cyfaill ffyddlon i Mabon ydoedd, ac fel Mabon, byddai Tom John yn arwain eisteddfodau yng Nghwm Rhondda.[25]

Pan ddaeth Etholiad Cyffredinol 1906, cafodd Mabon ryddid rhag gorfod sefyll fel ymgeisydd. Fe'i hanfonwyd ef i'r Senedd yn ddiwrthwynebiad, ac felly hefyd ei ffrind mawr, Thomas Richards – undebwr arall y glowyr yng ngorllewin

---

[23] *Ibid.*
[24] *Ibid.*, 17 Awst 1905, 1.
[25] *Tarian y Gweithiwr,* 19 Hydref, 1905,

Mynwy. Bu'n rhaid i William Brace sefyll yn ne Morgannwg, ac fe enillodd y dydd yn lliwiau y *Lib-Lab*, a hynny dros y Ceidwadwr, Wyndham-Quin. Un o'r canlyniadau mwyaf arwyddocaol oedd i A. Clement Evans ennill sedd Bwrdeistref Dinbych yn erbyn yr Anrhydeddus G. T. Kenyon o blith y Ceidwadwyr a'r Aelod Seneddol.[26]

Bu 1906 yn fuddugoliaeth anghyffredin yn hanes y Blaid Ryddfrydol yng Nghymru. Bu'n etholiad i'w gofio, gyda 29 o Aelodau Seneddol Rhyddfrydol wedi eu dewis a phedwar *Lib-Lab*, un Llafur ac un Plaid Lafur Annibynnol Fel y dywedodd un hanesydd:

> The Lib-Labs were essentially returned as part of a wider progressive vote.[27]

Yng nghyfarfod mabwysiadu Mabon yn y Rhondda, fe anfonodd yr arweinydd, Syr Henry Campbell-Bannerman lythyr i gyfarch yr etholwyr. I Mabon, dyma un o'r dogfennau perffeithiaf ei genhedlaeth, a balch ydoedd o gael cytuno mewn gostyngeiddrwydd calon â'r cyfan a gynigiai'r Blaid Ryddfrydol.[28] Rhyfedd yw sylwi nad yw Mabon yn siwr o gwbl am Bwyllgor Cynrychioli Llafur na'r Blaid Lafur a'i disodlodd fel mudiad arall a ddylai fod yn hynod o bwysig iddo. Ymatebodd William Brace, *Lib-Lab* arall, yn gallach ac aeth ef mor bell â dweud iddo gael ei gefnogi yn swyddogol gan y Rhyddfrydwyr, ac hefyd gan Lafur, ynghyd â Chynghorau yr Eglwysi Rhyddion yn ogystal â mudiadau o blaid cynnydd o fewn ei etholaeth.

Roedd Brace, fel Mabon, yn rhodd'r argraff eu bod hwy, y *Lib-Lab*, yn cynrychioli y bobl oedd o blaid cynnydd a datblygiad. Hoffent weld cyfalafiaeth yn dwyn ffrwyth ar ei

---

[26] Beti Jones, *Etholiadau Seneddol yng Nghymru, 1900-1975* (Talybont, 1977), 35.
[27] Peter Stead, *Working-Class Leadership in South Wales, 1900-1920.*, 333.
[28] *South Wales Daily News*, 10 Ionawr, 1906, 3.

ganfed. Roedd y papurau lleol yn y ddwy iaith o blaid y *Lib-Lab*. Dyna oedd safbwynt y *South Wales Daily News* a *Llais Llafur* a gynhyrchid yn Ystalafera. Cofier fod *Llais Llafur* wedi bod yn gaffaeliad i *Tarian y Gweithiwr*. Ond roedd yr wythnosolyn, *Llais Llafur* a'i argraffty yn Ystalafera o dan olygyddiaeth Ebenezer Rees yn bleidiol iawn i Lafur. Bu *Llais Llafur* yn gaffaeliad mawr yn y dasg o sefydlu anghenion y Blaid Lafur Annibynnol.[29] Ymgyrchodd *Llais Llafur* gydag afiaith o 1898 ymlaen i argyhoeddi y glowyr a'r gweithwyr alcam i anwybyddu safbwynt Rhyddfrydol y capeli. Rhoes y papur lwyfan i sosialwyr blaenaf y genedl Gymreig, fel David Thomas, awdur *Y Werin a'i Theyrnas,* y pregethwr, R. Silyn Roberts ac R. J. Derfel o Fanceinion, i ysgrifennu yn Gymraeg.[30]

Tacteg amlwg y *Lib-Lab* oedd cydweithio â'i gilydd, yn hytrach na chystadlu â'i gilydd. Yr unig etholaeth y bu'n rhaid i'r ymgeisydd Llafur wynebu ar ymgeisydd Rhyddfrydol oedd etholaeth Gŵyr.[31] Yno, ym mherson John Williams, ceid ymgeisydd yn meddu ar gymaint o rinweddau yn nhyb ei gefnogwyr selocaf. Roedd yn Asiant y Glowyr, yn Weinidog yr Efengyl ymhlith y Bedyddwyr Cymraeg ac yn ŵr hynaws ei bersonoliaeth a'i agwedd.[32] Llwyddodd, nid am ei fod yn sefyll dros y Blaid Lafur nag yn gefnogol i Ryddfrydiaeth oleuedig, ond am ei fod drwyddi draw o blaid cynnydd a datblygiad, yn

---

[29] *Glamorgan Gazette*, 12 Ionawr, 1910, 3.
[30] Ben Rees, *Cofiant Jim Griffiths: Arwr Glew y Werin* (Talybont, 2014) 53; 'David Thomas (1880- 1967)' yn *Atodiad i'r Bywgraffiadur Cymreig, 1951-1970* (Llundain, 1997), 173; D. Ben Rees yn holi 'Y Gŵr Gwadd: David Thomas (Golygydd y *Lleufer*)' *Aneurin*, Cyf. 1, Rhif 4, 48-51; Ffion Mai Thoams, 'R. Silyn Roberts', *Y Traethodydd,* Cyfrol xcvii, 1942, 79-94; David Thomas, *Silyn* (Lerpwl, 1956); D. Ben Rees, 'Robert (Jones) Derfel (1824-1905)' (yn) *Dictionary of Labour Biography,* volume xv, Edited by Keith Gildart and David Howell, 2019, 72-79.
[31] K. O. Morgan, 'The Gower Election of 1906', *Gower*, volume vii, (1959)
[32] Joyce Bellamy, 'John Williams (1861-1922)' yn *Dictionary of Labour Biography,* volume 1, 347-48.

meddu ar optimistiaeth heulog dros y Gymraeg. Felly, yn ôl Peter Stead, roedd y *Lib-Labs* yn fwy o lawer nag arweinwyr o fewn Undeb y Glowyr neu unrhyw Undeb Llafur arall. Dyma ei gasgliad pwysig:

> They came to the elections as trade unionists, but trade unionists who could appeal to wider loyalties. They were more than leaders of labour.[33]

Gallwn sôn am ymgyrch James Winstone yn Etholiad Cyffredinol 1906 ym mwrdeistrefi Sir Fynwy.[34] Er bod Winstone yn arweinydd y glowyr, ni safodd yn swyddogol fel y gwnaeth Mabon, yn enw ei gyd-Undebwyr. Perthynai Winstone i'r Blaid Lafur Annibynnol, a chefnogid ei ymgeisyddiaeth gan Bwyllgor Cynrychioli Llafur. Methodd Winstone ennill y sedd, nid am nad oedd yn dderbyniol i'r Rhyddfrydwyr na'r Llafurwyr, ond am iddo fethu ennill cefnogaeth y bobl hynny ym mhob etholaeth oedd o blaid byd gwell a chynnydd yn safon byw.[35] Roedd hi'n amlwg fod ymgeisyddiaeth James Winstone yn rhy lafurol hyd yn oed i fwyafrif yr etholwyr oedd yn aelodau Undebaeth Llafur a'u bod yn dilyn cyngor John Burns ac yn pleidleisio dros yr ymgeisydd Rhyddfrydol.[36]

Roedd etholiad 1906 yn gymaint o fuddugoliaeth i *Lib-Labism* ag yr oedd i'r Blaid Ryddfrydol ac i'r etholwyr oedd yn bleidiol iawn i'r syniad o gynnydd. Wedi'r cyfan, roedd Diwygiad 1904-05 (a bydd yn rhaid son amdano eto) yn ddigwyddiad cwbl arbennig yn hanes y werin bobl. Ac yn yr Ysgolion Sul ym 1906, dyweder, daeth y syniad o esblygiad i'w drafod gymaint fyth ag unrhyw bwnc arall. Roedd

---

[33] Peter Stead, 'Working-Class Leadership in South Wales, 1900-1920', 334.
[34] Joyce Bellamy and John Saville, 'James Winstone (1863-1921)' yn *Dictionary of Labour Biography*, volume 1, 350-1.
[35] Ibid., 351. Pan fu farw ym 1921 yn ôl y Times (25 Mehefin 1921) daeth dros bum mil ar hugain o bobl i'w gynhebrwng.
[36] South Wales Weekly Argus, 30 Rhagfyr 1905, 4.

syniadaeth Huxley, Charles Darwin ac eraill yn dygyfor ym meddyliau carfan dda o etholwyr 1906 yng Nghymru. Ac i fod yn fuddugol mewn seddau ledled y wlad, roedd yn rhaid cofio'r bobl oedd yn trin a thrafod syniadaeth R. J. Campbell a'r ddiwinyddiaeth newydd. Ei apêl ef oedd i Ymneilltuwyr dorri'n rhydd oddi wrth hualau'r Blaid Ryddfrydol, gan fod y bartneriaeth honno, yn ei dyb ef, wedi goroesi ei defnyddioldeb. Rhyddfrydiaeth radicalaidd gymhedrol Gymreig oedd prif nodwedd gwleidyddiaeth cyfran helaeth o'r glowyr yn y cyfnod hwnnw – yr un math o wleidyddiaeth a goleddid gan eu harweinydd, Mabon. Teimlai R. J. Campbell fod angen cenhadaeth newydd i addasu egwyddorion Cristnogol i gwrdd â phroblemau anodd cymdeithas.[37]

Gwyddai Mabon fod y *Lib-Lab* yn gyntaf ac yn bennaf yn arweinwyr Undebaeth Llafur. Ni anghofiodd y ffaith honno fel y dywedodd ef ei hun ar ôl clywed canlyniadau Etholiad Cyffredinol 1906:

---

[37] Am R. J. Campbell, gweler D. Ben Rees, *Cofiant Jim Griffiths*, 43-4; 46-7; 51, 54, 61, 78, 87, 277-9. Gw. R. Tudur Jones, *Ffydd ac Argyfwng Cenedl, Hanes Crefydd yng Nghymru, 1890-1914, Prysurdeb a Phryder*, Cyfrol 1. (Abertawe, 1981/ *Hanes Crefydd yng Nghymru, 1890-1914*, Cyfrol 2, *Dryswch a Diwygiad* (Abertawe, 1982), 11, 51, 67-9; 84; 202, 267-270, 280. Am ddisgrifiad Campbell o'i safbwynt, gw. ei gyfrol, *A Spiritual Pilgrimage* (London, 1916); *The New Theology* (London, 1907). Dywed M. Wynn Thomas am ei ddylanwad yng Nghymru: 'But Campbell's impact on working class Wales was through his seminal book. Highly respected by many of the Welsh chapel-going workforce, these taught that the essence of the Christian Gospel was radical social reform intended to secure justice for all, a reform that could be accomplished only by broadly socialist means.' *Gw. M. Wynn Thomas, In the shadow of the Pulpit: Literature and Nonconformist Wales* (Cardiff, 2010), 171. Ond cofier ar y llaw arall fod myfyrwyr Coleg Diwinyddol y Methodistiaid Calfinaidd yn Aberystwyth yn gwrthod apêl R. J. Campbell. Gw. J. E. Wynne Davies, 'From the Archives', *The Treasury*, Tachwedd 2012, 4: 'The student body was, nevertheless emphatic in its dismissal of R. J. Campbell's "New Theology", categorically stating that Wales will have nothing of this "new theology" which is as old as heresy.'

for twenty years, he had been as independent a Labour man as any socialist would ever be – call it by whatever name you will – as it was in the beginning, - so it shall be Labour first. [38]

Ond i ennill etholiad, roedd hi'n ofynnol ar y *Lib-Labs* i aros dros rywbeth mwy fyth fel y mynegodd William Brace, ei ddirprwy, ar derfyn yr Etholiad. Iddo ef, fe ddaeth ei lwyddiant am iddo ennill y Llafurwyr, y Rhyddfrydwyr a chenedlaetholdeb yr Ymneilltuwyr capelyddol Cymreig ac hefyd bobl y cynnydd. Dyna sut yr enillodd ef sedd De Morgannwg. Dyn Llafur ydoedd o ran ei gefndir a'i gyfraniad, ond deallai na fyddai byth wedi ennill yn lliwiau y *Lib-Lab* yn unig. Dyma a glywn o enau William Brace:

> The division was cosmopolitan in character. He stood as a Welsh nationalist – his whole nature breathed nationalism. Wales had her particular question, and on that question, he was in entire agreement with the Progressives. He stood for freedom of food, freedom of conscience, and public control in education. [39]

Nid oedd Mabon yn plesio'r Blaid Lafur Annibynnol o gwbl ym 1901. Roedd unarddeg o ganghennau ganddynt yng nghymoedd y Rhondda. Cynyddodd y nifer ym 1909 i naw deg. Beirniadwyd Mabon a Brace yn dragywydd ar Bwyllgor Gwaith y Ffederasiwn gan aelodau amlwg o'r Blaid Lafur Annibynnol, yn arbennig Vernon Harsthorn, gŵr a fagwyd ymhlith y Methodistiaid Primitif yn ardal Pont-y-Waun, Sir Fynwy ac Asiant y Glowyr yn rhanbarth Maesteg oddi ar 1905.[40] Roedd ef am i'r Blaid Lafur Annibynnol sefyll ar ei phen ei hun, yn rhydd o afael y Blaid Ryddfrydol. Bu'r Blaid Ryddfrydol yn hynod o amharchus ohono a chaniataodd eu

---

[38] *South Wales Daily News*, 13 Mawrth, 1906, 3.
[39] *South Wales Daily News*, 25 Mai 1906, 4.
[40] D. Ben Rees, *Cofiant Jim Griffiths*, 51.

harweinydd ym Morgannwg i'r Cynghrair Gwrth-Sosialaidd (*Anti-Socialist League*) ddylanwadu ar lowyr Maesteg a'r cyffiniau, gan ddefnyddio slogannau i fychanu ffydd Sosialaidd gwŷr grymus fel Hartshorn.[41]

Erbyn 1906, yng Nghynhadledd Flynyddol Glowyr De Cymru, medrai Alfred Willis, cynrychiolydd o Abertileri, gyfarch Mabon a'r *Lib-Lab* oedd yn ei ymyl ar y llwyfan yn y termau bygythiol hyn:

> You must be Labour men, pure and simple. You are not to be Lib-Labs. Good heavens, is there not enough dignity attached to Labour for us to stand on our own legs? I respect the old leaders for what they have done, but the needs of the present and the future cannot be effectively met by the methods of the past.[42]

Gwnaeth Vernon Hastshorn ei hun yn gwbl glir ei feddwl pan sefydlwyd cangen o Bwyllgor Cynrychioli Llafur yn etholaeth Canol Morgannwg:

> It was to be a Labour organisation or nothing. If the Liberals chose to contest the division against Labour, then let them fight it out. It was not the Labour Party who would go down.[43]

Fel yr âi'r blynyddoedd heibio, ceid elfen arall llawer mwy milwriaethus, a goleddid gan feirniaid ar y ffrynt diwydiannol, meddylwyr oedd wedi hen flino ar arweiniad Mabon ym myd y diwydiant glo. Credai y rhain fod ei ymdrechion gwleidyddol, diwydiannol o dan faner Cynnydd a'r *Lib-Lab* ddim byd o unrhyw werth. Ceid nifer da o'r rhain yn etholaeth Mabon; yr huotlaf ohonynt oedd Noah Ablett, Noah Rees ac W. F. Hay. Dadleuodd Ablett ac Hay fod y Ddeddf wyth awr a

---

[41] *Ibid.*
[42] *South Wales Daily News*, 13 Mawrth, 1906, 3.
[43] *South Wales Daily News*, 25 Mai, 1906, 4.

fu yn gonsÿrn pwysig i Mabon wedi cymryd chwarter canrif o ymgyrchu gwleidyddol cyn gwireddu hynny o fewn Tŷ'r Cyffredin. [44] Nid oedd Ablett a'i ddilynwyr yn mynd i aros mor hir am yr hyn y dyhewyd amdano, ond breuddwyd gwrach optimistaidd oedd hynny, fel y gwelwyd.

Ond o 1906 ymlaen, bu mwy a mwy o feirniadu ar ddulliau a gweithrediadau y *Lib-Labs*. Nid oedd y Bwrdd Cymodi yn cyflawni ei waith er budd y glowyr. Dyna oedd y feirniadaeth amlycaf. Roedd hi'n amlwg fod Vernon Hartshorn erbyn 1907-8 wedi cael hen ddigon o'r cymodi di-rym a welai yn y maes glo. Dadleuai mai gorau oll i'r glowyr fyddai taflu y cyfan dros y dibyn. Ablett, fel y gwelsom, oedd un o'r lleisiau eraill - arweinydd mentrus a gwrthwynebydd peryclaf i Mabon. Gwisgai ef amryw o liwiau, o Syndicaliaeth i Farcsiaeth, a meddai ar ddawn cyfathrebu.[45]

Gwelid aml i lythyr o'i eiddo yn y wasg leol, a dyma enghraifft o'r *South Wales Daily News:*

> Very good. Mabon let us organise, but for what pupose? We don't organise for the sake of organisation. Is not organisation only a means to end? If so, will you tell us to

---

[44] Roedd Mabon yn gredwr cryf yn yr ymgyrch wyth awr y dydd yn ei anerchiad yng Nghynhadledd Flynyddol Ffederasiwn Glowyr Prydain Fawr yn Birmingham ar 2 Hydref 1901 y pwysleisiodd 'that when the necessity for a strike on the eight-hours question arrived, South Wales would be ready and willing, and some people would find out what little justification they had in calling him a 'peace at any price man'. Gw. E. D. Lewis, *The Rhondda Valleys* (London, 1959), 173

[45] Bu Noah Ablett (1883-1935) yn fyfyriwr yng Ngholeg Ruskin, Rhydychen ac ef oedd un o sylfaenwyr y *National Council of Labour Colleges.* Pan gynhaliwyd cynhadledd i ffurfio Cynghrair Plebs *(Plebs League)* yn Rhydychen, ef oedd y Cadeirydd, a gwnaeth y *Plebs Social Club* a ffurfiwyd yn Nhonypandy gryn lawer o waith addysgol dros yr hyn a alwyd ganddo yn 'addysg annibynol i'r dosbarth gweithiol'. Yn ei erthygl yn y rhifyn cyntaf o *Plebs*, lluniodd Noah Ablett erthygl, 'The Relationship of Ruskin College to the Labour Movement'. Gw E. D. Lewis, *The Rhondda Valleys*, (London, 1980), 173-4.

what end do you want us to organise? The present policy of our organisation seems to be rather unsatisfactory, and we feel ourselves more in the power of our employers now than we were at the commencement of the federation.[46]

Dadleuai Ablett mai'r angen mawr oedd brwydro am well amodau byw yn hytrach na'r hyn a eilw yn *'farcial sham-fighting'*. Gwir angen y dydd i Ablett oedd gweld cadfridogion dewr ym mhob rhan o'r maes glo yn hytrach nag ysgrifenyddion dof. Clodd ei lythyr agored, hynod o bwysig, gyda'r paragraff hwn:

> Mabon tells us 'with all due diligence' that we are young and inexperienced. And you, Mabon, with equal deference – you are old – almost too old to hear the rising generation knocking at the door of progress.[47]

Meddai Mabon yn amlwg ar lu o wrthwynebwyr oddi fewn i'w swyddfa a'i bwyllgor gwaith, ei etholaeth a'i undeb. I'r rhain, roedd consenswr yn beryglus pan oedd galw am arweiniad annibynnol a milwriaethus. Onid oedd hi'n hen bryd i Lafur dyfu i fyny a sefyll ar ei draed ei hunan? Ond ni allent ymryddhau o afael Rhyddfrydiaeth. Ar gyfer etholiad 1906, bu Ramsay MacDonald ar ran Llafur, a Herbert Gladstone ar ran y Rhyddfrydwyr, yn trafod cydweithio gyda'i giydd er lles y ddau wersyll gwleidyddol.

Bu'r ymateb, mae'n rhaid cydnabod, yn un cymhleth – mwy cymhleth nag a ddeallodd aml i sylwebydd ac hanesydd. Yn araf bach, fe welid symudiad oddi wrth y *Lib-Lab* a chri nerthol am fudiad a fyddai'n mynegi dyheadau'r dosbarth gweithiol y bu Mabon yn Aelod Seneddol iddynt yn y Rhondda. Methai y Blaid Lafur Annibynnol â denu'r miloedd

---

[46] Noah Ablett, 'Llythyr' yn y *South Wales Daily News,* 23 Awst, 1910, 4; Peter Stead, 'Working-Class Leadership in South Wales, 1900-1920', 337.
[47] Noah Ablett, *ibid*.; Peter Stead, *ibid.*, 337-8.

o'r dobarth gweithiol i'w rhengoedd ac nid oedd ysbryd milwriaethus a'i neges syndicalaidd yn apelio at y mwyafrif o lowyr yn y Rhondda. Wedi'r cyfan, roedd diwylliant de a gorllewin Cymru yn ddiwylliant cystadleuol, cymdogol a roddai sylw a pharch i Aelodau Seneddol oedd yn meddu ar ddoniau amrywiol a dyhead i wasanaethu yr etholaeth gyfan. Dyna, heb amheuaeth, oedd cryfder Mabon. Nid oedd yn rhy wleidyddol ei fryd – hoffai lwyfan yr Eisteddfod a phulpudau Cwm Rhondda. Ceid yn y cymunedau glofaol yn y De wrthwynebiad chwyrn i ymgeiswyr gwleidyddol oedd yn gyfyng eu hapel, a bu rhai o'r rhain yn dioddef oherwydd eu methiant i uniaethu eu hunain gyda'r gweithgareddau oedd yn rhan bwysig o fywyd yr etholwyr. Ni lwyddodd y Blaid Lafur Annibynnol i ddisodli Rhyddfrydiaeth a feddai ar safbwynt garedig, agored, a chroesawus. A chofier am y llawenydd a ddaeth i fywyd y glowyr ym 1908 pan benderfynodd y Llywodraeth Ryddfrydol gyfyngu oriau gwaith y glowyr i wyth awr ac am weithred Lloyd George yn rhoddi pensiwn i'r henoed am y tro cyntaf erioed, sef pum swllt yr wythnos i bob person dros saith deg mlwydd oed. Sefydlwyd cyfnewidfeydd llafur yn yr un cyfnod, a chyflwynodd Lloyd George Gyllideb Robin Hood fel y gelwid hi yn Lloegr a Chyllideb y Bobl yng Nghymru. Ym 1911, pasiodd y Rhyddfrydwyr Ddeddf Yswiriant a roddai driniaeth ddi-dâl gan feddyg teulu i weithwyr a'u teuluoedd. Rhoddwyd y dôl hefyd i rai gweithwyr am y tro cyntaf, o ganlyniad i'r ddeddf.[48]

Dyna raglen na fedrai Llafur wella arni, ac i'r bobl gyffredin, anodd oedd amgyffred newid cefnogaeth, a'r Rhyddfrydwyr mor flaengar. Ni fyddai Mabon o'i wirfodd wedi ymuno gyda'r Blaid Lafur. Gwnaeth hynny ar ôl i'r Federasiwn ei uniaethu ei hun yn swyddogol â'r Blaid Lafur ym 1908. Dyna'r flwyddyn y bu'n rhaid i Aelodau Seneddol o blith y glowyr wneud penderfyniad digon anodd. Methodd

---

[48] D. Ben Rees, *Cofiant Jim Griffiths,* 54.

nifer ohonynt â throi côt a dod yn Aelod Seneddol Llafur a throi eu cefnau ar hen Gyfeillion yn y Blaid Ryddfrydol a hybu buddiannau'r Blaid Lafur newydd-anedig.

Yng Nghymru penderfynodd y tri aelod seneddol *Lib-Lab* a noddwyd gan y glowyr, sef William Brace, Tom Richards a Mabon fod yn gefnogol o hyn allan i'r Blaid Lafur. Ond go brin ei bod hi'n amser da bryd hynny i'r tri groesi drosodd megis o grwp *Lib-Lab* i'r Blaid Lafur pan gofir am ddyfarniad arall o eiddo yr Uchel Lys. Achos Osborne yw'r achos hwnnw. Dyfarnwyd ym 1909 na allai'r Undebau Llafur yn gyfreithlon drosglwyddo unrhyw gyfran o dâl aelodaeth eu haelodau i goffrau y Blaid Lafur. Golygodd hyn fod y Blaid Lafur, a ddaeth i fodolaeth ym 1906, yn mynd i golli incwm sylweddol dros nos. Aeth hi bron yn amhosibl iddi ymladd unrhyw etholiad seneddol gan fod swydd aelod seneddol yn un ddi-dâl ac felly byddent yn dibynnu ac yn byw ar eu hadnoddau ariannol eu hunain, neu ar undeb fel y Glowyr a ofalai am y rhan fwyaf o'r aelodau senedol.

Er i'r tri gwleidydd orfod uniaethu eu hunain â'r Blaid Lafur, ni newidiodd Mabon, Brace na Richards eu golygon gwleidyddol. Ni ddefnyddiodd Mabon y gair *Llafur* yn ei daflenni ar gyfer Etholiad Cyffredinol Ionawr 1910. Canmolwyd ef am hynny i'r entrychion gan y papur lleol, y *Rhondda Leader*, gan ddatgan mai ei gryfder oedd ei fod ef at alwad pob person a berthynai i etholaeth y Rhondda.[49] Roedd yn eu tyb hwy yn gynrychiolydd delfrydol, nid yn unig i'r Rhondda ond i genedl y Cymry yn ogystal. Gadawodd William Brace yntau y gair *Llafur* allan o'i daflenni, gan apelio i'r etholwyr yn enw '*Progress and Reform*' beth bynnag a olygai hynny i'r mwyafrif o'r etholwyr.

Yn y Rhondda, roedd nifer o fechgyn ieuainc oedd yn trin a thrafod Marcsiaeth, a hynny oddi ar sefydlu Clwb Marcsiaeth ym Mlaenclydach. Noah Rees oedd y tu ôl iddo ym

---

[49] Golygyddol, *Rhondda Leader*, 15 Ionawr, 1910, 1.

1903, a daeth y glöwr ifanc, Lewis Jones a ysgrifennodd nofel enwog, Cwmardy yn un o'r canlynwyr. Gweithiai Noah Rees gyda W. H. Mainwaring, a ddaeth yn aelod seneddol ei hun, ynghyd â'r peintiwr a golygydd y *Rhondda Socialist*.[50]

Erbyn 1908 a 1909, llwyddai y Clwb hwn i ddenu llu o sosialwyr *efengylaidd* fel y gellid eu galw a grwydrai Prydain i ddarlithio ac argyhoeddi. Ym 1909, daeth pobl fel H. M. Hyndham a Henry Quelch, golygydd *Justice* i ddarlithio ym Mlaenclydach.[51] Ond yn yr un dalgylch ceid tystiolaeth y rhai a goleddai Sosialeth Gristnogol. Rhaid cofio bod y mwyafrif llethol o sosialwyr amlwg yn y Rhondda wedi eu meithrin mewn capeli anghydffurfiol. Bu Noah Ablett yn bregethwr yn ei arddegau gyda'r Bedyddwyr; felly hefyd A. J. Cook a ymfudodd o Wlad yr Haf i'r Rhondda.

Bu S. O. Davies yn meddwl gweinidogaethu gyda'r Annibynwyr Cymraeg. Yng nghylch Tonypandy, cafwyd cefnogaeth cwbl ddiffuant i Sosialaeth Gristnogol gan John Hopla. Symudodd ef a'i deulu o Benfro i Donypandy, a bu ei dad a'i frawd, William ac yntau yn deyrngar i Gapel yr Annibynwyr Saesneg yn De Winton Street, Tonypandy. Llwyddodd John Hopla i ddenu rhai o sosialwyr Cristnogol amlycaf y cyfnod i ddarlithio yn y Rhondda.[52] Daeth y ddau frawd o'r America, y Parchedigion Stitt Wilson a Ben Wilson atynt. Atyniad arall oedd cael y Parchedig R. J. Campbell o Lundain ac o Aberpennar, y Parchedig George Neighbour, gweinidog Capel Brawdgarwch (*Brotherhood Chapel*) yn Aberpennar.

---

[50] Daryl Leeworthy, 'Tonypandy, 1910: The Foundations of Welsh Social Democracy' yn *Secular Martyrdom in Britain and Ireland: From Peterloo to the Present* (golygwyd gan Quentin Outram a Keith Layborn) (London) 129.

[51] *Ibid.*, 'Darlithiau yn Clwb Marcsiaeth, Blaenclydach', 130.

[52] Yr unig bortread o John Hopla ydyw'r un a ysgrifennodd yr Athro Dai Smith. Gw. Dai Smith, *The World of John Hopla Turned Around* (Treorchy, 2014).

Amlygodd John Hopla cryn lawer o allu fel arweinydd i'r glowyr oedd yn dal yn anniddig, a bu 1908 yn flwyddyn bwysig gan iddo ysbrydoli pedair mil o lowyr oedd yn gweithio ym mhwll glo Llwynypia. Dechreuodd y streic ar 23 o Dachwedd, 1908. Y diwrnod canlynol, cafwyd cyfarfod o'r glowyr a daeth ysgrifennydd yr Undeb, sef Tom Richards a'r asiant lleol, D. Watts Morgan i annerch, a John Hopla yn cadeirio. Ni lwyddwyd i symud ymlaen, a thefnwyd cyfarfod mawr arall ar 28 Tachwedd a'r tro hwn, daeth Mabon gyda Watts Morgan at y glowyr. Bu anghytuno dybryd ag anerchiadau y ddau. Yr unig lais a dderbyniai gymeradwyaeth oedd llais James Winstone. Ef oedd y sosialydd cydnabyddedig cyntaf i'w ethol i swydd gydag Undeb Glowyr De Cymru. Plediai Winston ar i'r glowyr roddi'r gorau i'r streic a hithau ar drothwy y Nadolig, er budd y plant a'r aelwydydd. Daeth y streic fawr i ben ar y 16 a'r 17 o Ragfyr, ond roedd Hopla wedi gwneud enw da iddo'i hun, ac fe'i dewiswyd yn atalbwyswr ym Mhwll Glo Morgannwg ym mis Mawrth 1909, ac fe chwareuodd ran amlwg yn Nhonypandy ym 1910-11.

Yn Etholiadau Cyffredinol 1910, fe fu'n rhaid i Mabon wynebu ar ymgeisydd Ceidwadol. Yn yr Etholiad Cyffredinol cyntaf, o 14 Ionawr hyd 9 Chwefror, bu Mabon yn swcro y ddau wersyll, Llafur a'r Rhyddfrydwyr. Dyma'r canlyniad:

William Abraham (Llafur)	12,436
Harold Lloyd (Ceidwadwyr)	3471
Mwyafrif	8,965

Yn yr ail Etholiad o'r 2 hyd yr 19 o Ragfyr, aeth llai allan i bleidleisio yn y Rhondda, a lleihawyd y mwyafrif o bleidleisiau. Fel hyn yr edrychai y canlyniad:[53]

---

[53] Beti Jones, *Etholiadau Seneddol yng Nghymru, 1900-1975* (Talybont, 1977), 42

William Abraham (Llafur) 9023
Harold Lloyd (Ceidwadwyr) 3701
Mwyafrif 5572

Nid oedd gobaith symud Mabon. Fel arall y bu hi yn hanes Vernon Hartshorn[54] yn etholaeth Canol Morgannwg, a rhoddodd ef y bai ar genedlaethau o draddodiad Rhyddfrydol a rhagfarn gwrth-Lafurol. Enwodd yn y papur lleol, y *Glamorgan Gazette* y garfan mwyaf adweithiol ohonynt i gyd, sef gweinidogion yr Efengyl o bob enwad:

> We have to overcome the active hostility of a couple of hundred Nonconformist ministers, then we shall go on.[55]

Methodd yr efengylwr sosialaidd, Ben Tillett yn ninas Abertawe, gan i'r Undebau Llafur anwybyddu ei apêl, gan ei gyfrif yn ŵr llawer rhy eithafol. Roedd yn arweinydd yr 'undebaeth newydd' ym 1889, ac yn aelod seneddol Llafur o 1917 hyd 1924 ac o 1929 hyd 1931. Iddo ef, roedd gweithwyr a bleidleisiai i'r Torïaid neu'r Rhyddfrydwyr yn gwadu eu

---

[54] Yn yr is-etholiad ym Mawrth ar benodiad Syr S. T. Evans (ffrind mawr Mabon) yn Llywydd Adran PDA yr Uchel Lys, cafwyd ymgiprys rhwng F. W. Gibbons a Vernon Hartshorn. Y canlyniad:
    F. W. Gibbons (Rh) 8920
    Vernon Hartshorn (Llaf) 6210
    Mwyafrif 2710

ac yna yn yr Etholiad Cyffredinol ar 19 Rhagfyr:
    J. Hugh Edwards (Rh) 7624
    Vernon Hartshorn (Llaf) 6102
    Mwyafrif 1822

Am Hartshorn, gweler Peter Stead, 'Vernon Hartshorn: Miners' Agent and Cabinet Minister' yn Stewart Williams (gol.) *The Glamorgan Historian,* cyf. vii (Pontfaen, 1969).
[55] *Glamorgan Gazette,* 20 Rhagfyr, 1910.

dosbarth ac yn gwerthu eu genedigaeth fraint.[56] Collodd arweinydd glowyr Cwm Cynon, Charles Butt Stanton yn etholaeth Dwyrain Morgannwg. Onid ef a alwodd ar Brace, Richards a Mabon 'to move on or move out' o swyddi pwysig y Ffederasiwn cyn yr etholiad hwnnw.[57] Ef oedd y trydydd yn ras ar ôl y Rhyddfrydwr a'r Ceidwadwr.[58] Mae'n amlwg, yn arbennig yn hanes Mabon, fod personoliaeth a ffordd o fyw yr ymgeiswyr yn bwysig dros ben i'r etholwyr.

Roedd Keir Hardie yn ddiogel eto yn ei etholaeth fel yr ail ar y rhestr. Fel dywed un o'n haneswyr craff:

> By and large, Hardie was returned on the Progressive vote, his election being a coalition of ILPers, Progressives and Lib-Labs.[59]

Enillodd ym 1900 a dwywaith ym 1910 am ei fod yn fwy atyniadol na'r ail ymgeisydd a wisgai liwiau'r Blaid Ryddfrydol. Methodd Hardie ag ennill ar y Rhyddfrydwr cyntaf ar y rhestr o ymgeiswyr. Llwyddodd D. A. Thomas ym 1900 ac ym 1906 ac Edgar Rees Jones yn y ddau etholiad ym 1910 a chasglu mwy o bleidleisiau yr hyn a alwyd 'y garfan a gredai mewn cynnyd a byd gwell'. '*Radical Progressivism*' oedd cnewyllyn ei bleidlais yn ôl Peter Stead, ond yn sicr, yn

---

[56] Ceir ei atgofion yn ei hunangofiant, *Memories and Reflections* (London, 1931). Cyhoeddwyd dau gofiant iddo, George Light (gol), *Ben Tillett: Fighter and Pioneer* (London, 1943) a Jonathan Schneer, *Ben Tillett: Portrait of a Labour Leader* (London and Urbana, 1982). Gweler hefyd, John Saville ac A. J. Topham, cofnod arno yn *Dictionary of Labour Biographraphy* (DNB), vol. 4, edited by Joyce M. Bellamy and John Saville, (London and New Jersey) 1977.
[57] T. Ivor Rees, 'Charles Butt Stanton,' (1873-1946), www.library.wales, 2012, 2
[58] *Ibid.*
[59] Peter Stead, *ibid.* 341.

ôl Hardie ei hun, mai'r Blaid Lafur Annibynnol oedd ei gefnogwyr pennaf.

Credai ef yn gydwybodol fod y dyfodol yn nwylo y BLA, a chredai eraill nad oedd yr etholwyr yn ddigon aeddfed ac yn dal i gefnogi yr arwr Cymreig, David Lloyd George. Y gwir oedd fod etholwyr Cymru yn freiniol, gan nad oedd y ferch yn cael y cyfle i bleidleisio na charfan o'r werin chwaith. Golygai y Blaid Lafur yng ngolwg y deallus mai 'plaid yr Undebau' ydoedd. Nid oedd y *Lib-Lab* yn mynd i ennill y dydd yn wleidyddol fel yr ymffrostiai Mabon ym 1907. Roedd cnewyllyn cryf o lowyr uchelgeisiol yn derbyn addysg Coleg Ruskin, Rhydychen, ac yn mynnu cael Coleg Llafur annibynnol i addysgu arweinwyr glew y werin o dan ei phwn. Daeth degawd cyntaf yr ugeinfed ganrif yn flynyddoedd dramatig, o greu plaid wleidyddol newydd, diwygiad emosiynol, crefyddol o dan arweiniad glöwr ifanc, llwyddiant anhygoel y Blaid Ryddfrydol, gwella amodau byw a phrotestio ar lwybr streic. Nid y syndicaliaid oedd yn gyfrifol am weld pwysigrwydd streic o fewn cysylltiadau diwydiannol. Defnyddiodd Mabon lwybr y streic ar hyd ei yrfa, ond bob tro fel y weithred olaf yn y ddadl.

Yn negawd olaf y bedwaredd ganrif ar bymtheg a degawd cyntaf yr ugeinfed ganrif, roedd gwleidyddiaeth de a gorllewin Cymru, yn arbennig yn y maes glo, yn cyfeirio'n gyson at ddau berson, sef Mabon a Brace. Dywed Stead:

> Mabon and Brace were dominant men, but they were also representative men. They had created a new tradition of working-class leadership, which was thought of as reflecting certain values.[60]

Galwyd William Evans, asiant y glowyr yn y Rhondda yn 'Mabon bach', am ei fod ef bob amser yn adlewyrchu ei

---

[60] *Ibid.*, 344.

werthoedd a'i safbwynt ei hun. Gellid galw aml un gyda'r enw barddol, ar yr un cyfnod dyna Vernon Hartshorn ac ar gyfnod arall, D. Watts Morgan.

Ac fel y dadleua Peter Stead mae'r holl ddadl rhwng Mabon a'i feirniaid yn y pendraw yn ddadl am yr arweiniad a ddisgwylid oddi wrth arweinwyr y dosbarth gweithiol yng nghymunedau y cymoedd glofaol. Nid gwleidyddiaeth nac undebaeth oedd yr unig feysydd y gweithredai Mabon o'u mewn. Rhaid cynnwys y capel, y cymdeithasau cyfeillgar, yr eisteddfodau a'r holl ymateb addysgol trwy Gymdeithas Addysg y Gweithwyr (yr WEA), y *Plebs' League* i eraill, a'r dosbarthiadau nos. Tyfodd Llafur i olygu llawer mwy nag aelod seneddol yn cynrychioli etholaeth; daeth yn ffordd o fyw, gyda statws a grym oherwydd fod yr etholwyr ar yr un un donfedd â'r bobl a anfonwyd ganddynt i San Steffan. Fel y dywed Stead:

> The real revolution came in every town and village of South Wales where the position of the local working-class leaders was transformed.[61]

Mae'n angenrheidiol cofio dwy agwedd o'r chwyldro cymdeithasol yr oedd Mabon yn rhan ohono. Yn y lle cyntaf, magwyd arweinwyr yn y cyfrinfeydd a'r capeli o'r dosbarth gweithiol oedd yn awyddus i wasanaethu eu cyd-fforddolion ac a oedd yn gweld eu cyfle yn y Cyngor Dosbarth, y Cyngor Plwyf a'r Cyngor Sir. Roedd hi'n haws ar y lefel hon nag ar lefel y Senedd, gan fod y gorffennol yn dal yn nwylo dwy blaid, y Ceidwadwyr a'r Rhyddfrydwyr, nad oedd am ildio eu grym. Nid oedd lle o gwbl i'r Blaid Lafur ar fap gwleidyddiaeth Prydain, yn ôl mawrion y Blaid Ryddfrydol a'r Blaid Geidwadol. Bu hi'n gryn frwydr i'r Llafurwyr fedru ennill seddau o gwbl, ac mi fyddai wedi bod yn anobeithiol heb waith

---

[61]*Ibid.*, 345.

arloesol yr Aelodau Llafur-Rhyddfrydol (*Lib-Lab*). Ac felly, fe welodd arweinwyr y Blaid newydd ei bod hi'n haws agor drysau i Neuadd y Dosbarth a Neuadd y Sir nag i San Steffan. Ac ar lefel leol, y bersonoliaeth gyflawn, garismatig oedd y ffactor bwysicaf, a bu hynny yn wir i'n dyddiau ni yn ogystal. Gwelodd y Blaid Lafur Annibynnol ei chyfle, ond yn anffodus, tueddai aml un o'r rhain i fod yn bigog ac yn anodd eu trin.

> Normally, the successful ILP candidate had to be a man well-known outside the ILP branch, and a man capable of appealing to the wider progressive vote.[62]

A dyna a gyfrifai yn gyson am eu methiant, fel ym 1910 pan gollodd ymgeiswyr Llafur yn y Rhondda. Eglurodd y papur lleol iddynt gyflawni llu o gamgymeriadau fel arweinwyr y mudiad llafur, a chanlyniad hyn oedd colli cefnogaeth dda o blith y Rhyddfrydwyr.[63]

Disgwylid cymaint oddi wrth bobl yr Undebau fel Mabon a Brace, ynghyd â'r asiantau a'r atalbwyswyr yn y glofeydd. Gwaith cyson, poenus o araf yn aml ydoedd, gan mai tasg anodd yw cymodi gweithwyr oedd yn anghytuno â'i gilydd wrth weinyddu cyfiawnder, wrth ddelio ag achosion cyfreithiol a thribiwnlysoedd yn dilyn trasiedïau yn y pyllau.

Daeth strwythur Undebaeth â llawer o gyfleon yn ei sgîl. Roedd ffyddlondeb a gallu ar lefel cangen neu ddosbarth yn dod ag elw cyson. Medrai gŵr oedd yn meddu ar ynni a gallu fel John Hopla, gael ei ddewis gan ei gyd-lowyr yn atalbwyswr ac ar ôl hynny deuai cyfle i aml un ohonynt i fod yn asiant. Dyna oedd y pinnacl i aml un o'r arweinwyr lleol hyn. Roeddent, drwy hynny, yn bobl llawn amser a chyfrifid eu sylwadau fel llais swyddogol llafur yn yr ardal y gweithredent ynddi. Dyna bellach hanes y glöwr, a'i ddillad gwaith yn diflannu, a chyfle iddo wisgo coleri gwynion a siwt addas.

---

[62] *Ibid.*, 346,
[63] *Rhondda Leader*, 26 Chwefror, 1910, 4.

Roeddent yn ddigon pell oddi wrth y glowyr o dan y ddaear, ond roedd yn bwysig ryfeddol – yno y cychwynodd pob un ohonynt. Hynny oedd yn rhoddi iddynt y profiad a'r cydymdeimlad. Braint aruthrol oedd cael eu dewis i'r swydd, fel y dywedodd Mabon yn gyson, gyson wrth annerch y cyfarfodydd lluosog a gynhaliai. Rhoddai'r wasg gyhoeddusrwydd eithriadol i'r swydd o asiant byth er i Mabon lenwi'r swydd mor bell yn ôl ag 1871.

Cofier mai eithriadau prin oedd gweld a chlywed glöwr ar Bwyllgor Gwaith Undeb Glowyr De Cymru, sef y Fed fel y'i gelwid. Sonia yr hanesydd R. Page Arnot fod Pwyllgor Gwaith Undeb Glowyr De Cymru ym 1915 yn cynnwys pymtheg asiant i'r glowyr, pum atalbwyswr a dim ond un glöwr wrth ei waith yng nghrombil y ddaear.[64] Pobl fel Vernon Hartshorn, Charles Stanton, Noah Ablett oedd y rhain, gyda phob un yn asiant a'r rheini yn meddu ar ddylanwad arbennig iawn. Hwy oedd yn penderfynu gyda Mabon a Brace a Tom Richards, oedd yn creu awyrgylch gwleidyddol a diwydiannol yr Undeb , ac yn arbennig, y dosbarthiadau a wasanaethasant. Trwy y rhain y datblygodd biwrocratiaeth Undebaeth Llafur a ddisgwyliai weld doniau gweinyddol yn cael lle dyladwy. Roedd y mwyafrif – bron pob un – wedi gadael ysgol rhwng wyth a deuddeg mlwydd oed, ond roedd hynny'n ddisgwyliedig yn yr ardaloedd diwydiannol. Datblygai rhai o'r mwyaf uchelgeisiol yn swyddogion y pyllau, asiantwyr y glowyr ac yn weinidogion yr enwadau Ymneilltuol. Cymerer gyrfa nodedig Frank Hodges yn ei hunangofiant, *My Adventures as a Labour Leader* a gyhoeddwyd ym 1926. Gweithiai Hodges yn y lofa yn dair ar ddeg oed. Yn ddeunaw mlwydd oed, ef oedd ysgrifennydd y gyfrinfa. Enillodd ysgoloriaeth i Goleg Ruskin yn Rhydychen ac i astudio ar ôl

---

[64] R. Page Arnot, *South Wales Miners: A History of the SWMF, 1898-1914* (Cardiff, 1967), 28

hynny ym Mharis. Daeth yn Asiant Glowyr Dosbarth y Garw, ac yntau ond yn bedair mlwydd ar hugain oed.[65]

Roedd machlud haul y *Lib-Lab* wedi digwydd am fod y glowyr wedi ymaelodi gyda'r Blaid Lafur ym 1908. Heb y glowyr, ni fyddai'r Blaid Lafur wedi dod yn rym yn y tir, ac fe ddigwyddodd hyn ar ôl hir fargeinio. Digwyddodd hyn pan gafwyd consensws ymhlith y glowyr mai dyma oedd yr unig ffordd i wynebu ar Blaid Wleidyddol y Torïaid a oedd yn elyn iddynt. Roedd de Cymru yn araf bach yn dod yn diriogaeth y Blaid Lafur a'r Rhyddfrydwyr yn gorfod ildio. Ond tra byddai Lloyd George ar ei orsedd ac yn ei rym roedd hi'n anodd i'r Cymry yn y diwydiannau trymion i'w anwybyddu. Meddyliai Mabon y byd ohono, ac yn ei galon a'i feddwl, daliodd yn ffyddlon i Lloyd George tra y bu yn aelod seneddol. Erbyn 1910, roedd Mabon yn dal yn gefnogol i'r Blaid Ryddfrydol, ond mewn enw roedd yn cael ei gyfrif yn Aelod Seneddol Llafur. Bu hi'n ddewis anodd iddo ar ôl bod yn *Lib-Lab* am chwarter canrif.

---

[65] Frank Hodges (1887-1947) a symudodd o Gaerloyw yn 1901 i weithio ym mhwll glo Powell Tilley yn Abertyleri. Daeth o dan dylanwad Diwygiad Evan Roberts yn 1904-5 a buan yr oedd yn bregethwr lleyg cymeradwy. Etholwyd ef i'r senedd dros Lichfield yn 1923, ac ildiodd ei swydd fel Ysgrifennydd Ffederasiwn Glowyr Prydain Fawr yr adeg honno, ac fe'i holynwyd gan undebwr gwahanol iawn iddo ef, sef Arthur J. Cook, o Drehafod. Cafwyd astudiaeth dreiddgar ohono yng nghyfrol *Trafodion Anrhydeddus Gymdethas y Cymmrodorion* yn 1998 gan yr hanesydd Chris Williams.

PENNOD 8

Galar, Diwygiad a Theithio

Bu 1900 yn flwyddyn anodd iawn i Mabon a'i deulu – blwyddyn galar ar yr aelwyd, pan fu farw ei briod, Sarah Abraham.[1] Nid yn ei chartref yn Pentre, Rhondda, y daeth y diwedd iddi, ond yn 5 Southend Villas, Mumbles, oherwydd yn y dalgylch honno y'i ganed hi. Symudodd ei theulu i Gwmafan, ac yno y cyfarfu Mabon â hi a'i phriod.[2] Tra bu Mabon yn ŵr cyhoeddus, ac yn un oedd yn adnabyddus ledled Cymru, ni welwyd cyfeiriad at Sarah yn unman. Ym myd preifat y cartref, yn gofalu ar ôl ei phlant ac ar ôl anghenion ei gŵr y treuliodd hi ei bywyd. Hi, fel y darlunid mamau Cymru, oedd 'angel yr aelwyd'. Bu'r cynhebrwng yn Nhreorci a daeth cefnogwyr Mabon ynghyd i dalu'r gymwynas olaf.

Cludwyd ei chorff gyda'r trên o Mumbles i Dreherbert ac yna i'r cartref noson cyn yr arwyl. Cafwyd gwasanaeth byr yn y cartref o dan ofal y Parchedig Thomas Davies, gweinidog Capel Bethlehem, Treorci, ac yna'r dynion yn unig yn teithio i Fynwent Gyhoeddus Treorci. Daeth gwŷr amlwg Undeb y Glowyr i'r angladd, ac yn eu mysg Tom Richards, Cendl; A. Onions, Tredegar; D. Watts Morgan, Porth; Lewis Miles, Bedwas; Ben Davies, Ton Pentre; J. Davies, Dowlais; D. Beynon, Maesteg; J. Walters, Nantyglo; E. Meredith, Merthyr Vale; Tom Evans, Penygraig; T. Jones, Clydach Vale; P. D. Rees, Aberaman a J. S. Jones, atalbwyswr, Treorci. Gwelwyd

---

[1] Bu farw yn 5 South End, Mumbles ar ôl treulio pum wythnos yno gyda'i merch, Mrs Pugh. Dioddefai o bronceitis parhaol. Teithiodd Mabon i Mumbles ar Nos Iau cyn ei marwolaeth fore trannoeth. Mae hyn yn awgrymu na fu Mabon ar gyfyl 5 South End hyd hynny. Daeth merch arall Mrs Smith yno hefyd, ac roedd y tri yn bresennol pan ddaeth yr alwad fore Gwener. *Weekly Mail,* 21 Gorffennaf 1900, 3

[2] Yn y deugain mlynedd y bu'r ddau yn briod o 1860 i 1900 ganwyd iddynt ddeuddeg o blant.

chwe chynghorydd wrth y bedd a'r Henadur R. Lewis. Pontypridd yn eu bugeilio. Canwyd ugeiniau o emynau Cymraeg gyda Chôr Capel Nasareth, Pentre yn arwain, ac yn canu yr hollffordd gyda 'r arweinydd Tom Howells yn eu cyfarwyddo. Cafwyd gwasanaeth dwys yng nghapel y fynwent a phawb yn rhyfeddu at yr arch o dderw pur a safai o flaen yr allor. Trefnwyd yr orymdaith urddasol gan ddau o ffrindiau pennaf Mabon sef D. Watts Morgan a Tom Morgan o'r Cymer. Ymfalchiai Mabon yng nghyfraniad y côr gan gofio fod ei briod Sarah yn un o'r aelodau o'r cychwyn cyntaf. Ef wedi'r cyfan oedd sefydlydd ac arweinydd Côr Capel Nasareth am flynyddoedd cyn i Tom Howells dderbyn yr her. Gosodwyd Sarah Abraham yn yr un bedd â'i mab a fu farw yn Llundain adeg y Nadolig, 1899.[3]

Nid oes cofnod yn unman fod Mabon yn pledio achos y gwragedd am bleidlais. Anghenion y glowyr oedd ei flaenoriaeth ef bob amser. Dywedodd un gwleidydd nad oes gan y ferch unrhyw hawliau na dim hawl i eiddo, dim hawl i bleidleisio; a phe bai hi yn gweithio, ni thelid iddi yr hyn a delid i'r gŵr am yr un math o waith. I fyny hyd diwedd y Rhyfel Mawr, roedd geiriau Syr Leslie Scott yn agos i'w lle:

> It will be seen that in England how the wife is, in many things, the property of her husband.[4]

Y flwyddyn ddilynol, 1901, bu galar cyffredinol am drychineb glofa Senghennydd.[5] Bu'r ysgytwad yng nglofeydd Universal

---

[3] *Evening Express,* 14 Gorffennaf,1900, 3, a hefyd adroddiad *Cardiff Times*, 21 Gorffennaf, 1900, 7.

[4] Papurau Syr Leslie Scott (1869-1950) Lerpwl yn Archif Modern Prifysgol Warwick. Ysgrifennodd Scott wyth dudalen ar le'r ferch yn y gymdeithas, a bu yn agoriad llygad i weld sut y cafodd y ferch ei thrin yn Oes Fictoria ac yn Oes Iorwerth y Seithfed. Roedd ef yn Aelod Seneddol y Ceidwadwyr yn y Liverpool Exchange o 1910 i 1929, a bu hefyd yn fargyfreithiwr a barnwr.

[5] Yn y Wikepedia ar *Senghenydd Coal Mines Disaster,* canolbwyntir ar drychineb 1913. Ychydig o sylw a roddir i danchwa 1901.

yn ddigon i greu diflastod mawr. Clwyfwyd yr halier, William Harris a daethpwyd o hyd iddo yn gorwedd gyda'i ben yn gorffwys ar ei geffyl ffyddlon oedd wedi ei wasanaethu am flynyddoedd wrth ei orchwylion tanddaearol. Roedd y ceffyl yn farw a'i feistr caredig mewn cyflwr truenus. Y meddyg cyntaf i fentro i lawr i'r pwll glo oedd Dr Burke, swyddog meddygol glofeydd Llanbradach.[6] Roedd y nwy dinistriol wedi ymledu i bob cyfeiriad. Y glöwr mwyaf ffodus heb amheuaeth oedd William Davies, ustler y lofa. Er ei fod ef wedi meddwl gweithio ymlaen am ychydig o amser, arweiniwyd ef i roi'r gorau iddi. Ychydig funudau wedi iddo adael y pwll y digwyddodd y danchwa. Dywedwyd wrth y teuluoedd oedd wedi dod i ben y pwll fod Mabon yn bwriadu dod i'r lofa ar fore Sul er mwyn cyfarch a chydymdeimlo gyda'r gwragedd a gollodd eu gwŷr.[7] Collwyd 65 o lowyr, a thasg anodd oedd darllen amdanynt, llawer wedi symud o gefn gwlad i chwilio gwaith.

Yr hyn sy'n taro'r hanesydd wrth ddod o hyd i enwau'r rhai a gollwyd oedd mai dynion dwad oedd y rhan helaethaf ohonynt. Ceid llawer un yn ymfudo o gefn gwlad Ceredigion, ac o Gwm Aberdâr i'r lofa hon. Un felly oedd Thomas Jones, 2 Station Terrace, Senghennydd. Roedd yn chwe deg mlwydd oed ac yn enedigol o Gilcennin yng Ngheredigion. Bu'n gweithio fel glöwr am ugain mlynedd yng nglofa Bwllfa a Nantmelyn, Aberdâr am ugain mlynedd cyn symud i weithio i Senghennydd. Beth oedd yn gyfrifol am iddo ef symud? Gwell amodau gwaith, mae'n debyg. Mae rhestr y rhai a gollwyd yn dweud wrthym am y golled i Gaerffili a'r cylch, yn arbennig gan fod cymaint o'r rhai a fu farw yn arweinwyr yn y capeli

---

[6] *Evening Express,* 7 Mawrth, 1902, 2. Collwyd 81 o fywydau a llwyddais i ddod o hyd i 68 o enwau y rhai a gollwyd.

[7] Cynrychiolwyd Undeb y Glowyr gan y bargyfreithiwr a'r Aelod Seneddol dros Ddwyrain Caerfyrddin, Abel Thomas. *Evening Express,* 23 Hydref, 1901, 3.

anghydffurfiol yn Abertridwr a Senghennydd. Ac mae'n amosibl credu y bu farw 439 o ddynion a bechgyn dair blynedd ar ddeg ar ôl hynny, sef y nifer mwyaf erioed mewn damwain pwll glo ym Mhrydain, yng nglofa'r Great Universal, Senghennydd. (Cwm Aber) ar fore Mawrth, 14 Hydref,1913.

Roedd Mabon yno eto ym 1913. Daeth arweinwyr y glowyr i gyd i Senghennydd ym 1900. O'r Rhondda gyda Mabon, daeth D. Watts Morgan a Ben Davies; o Ferthyr E. Morrel, ac yna o rannau eraill y maes glo, Thomas Richards, Alfred Onions, George Barker, John Williams, Evan Thomas, T. George, James Baker, T. Thomas, T. James, James Winstone, J. Jones, D. Beynon a J. Manning.[8]

Mabon oedd y prif Undebwr yn Nosbarth Glowyr y Rhondda. Ef oedd y Prif Asiant yn cael ei gynorthwyo yn y degawd cyntaf gan D. Watts Morgan[9] fel asiant ac Ysgrifennydd y dosbarth yn rhif 2. Yn Nosbarth y Rhondda, yr asiant a'r Ysgrifennydd oedd Ben Davies, Pentre. Llwyddai Mabon i gadw yr awdurdod yn ei ddwylo trwy areithio gwych, a thrwy gydol 1901 bu yn annerch tri dwsin o gyfarfodydd. Tanlinellodd yn y rhain fod y glowyr yn haeddu cyflogau teg, a hyn oedd cri y gwrthwynebwyr milwriaethus iddo o fewn y Dosbarth. Plediodd ar y perchnogion i bwyso ar y tramorwyr a brynai'r glo i dalu swm anrhydeddus. Wedi'r cyfan, hwn oedd glo gorau'r byd. Soniodd wrth y glowyr fod costau maes glo y

---

[8] Alfred Thomas, AS oedd y cyntaf i gyfrannu tuag at y Gronfa, a bu'r Parchedig D. Roberts, gweinidog Capel Salem yn arweinydd doeth yn y ddwy drychineb, 1901 a 1913. Gw. *Tarian y Gweithiwr,* 6 Medi, 1901, 4 a *Tarian y Gweithiwr,* 1 Mai, 1919,

[9] Joyce Bellamy, 'David Watts Morgan (1867-1933)' yn *Dictionary of Labour Biography,* volume 1, 246-7. Roedd yn löwr yn unarddeg oed, ac o 1900 i 1911 yn beiriannydd glofaol. Meddai ar gymwysterau arbennig ac achubodd fywydau glowyr yn y tamchweydd. Arbedodd ddeunaw o ddynion yn nhrasiedi Senghenydd ym 1913. Roedd yn gefnogydd pennaf Mabon ac yn ei ddilyn fel prif asiant y Rhondda. Yn ystod y Rhyfel Mawr, bu yn flaenllaw, a chafodd y DSO am ei ddewrder. Etholwyd ef yn ddiwrthwynebiad ym 1918 fel Aelod Seneddol Dwyrain y Rhondda.

De yn uwch, gyda natur y gwythiennau glofaol, y coed i ddiogelu y pyllau, yn costio, ar gyfartaledd, yn ôl wyth swllt am bob tunnel o lo a godid ac wyth swllt fel hawlfraint (*royalty*). 'Rhaid cofio,' meddai Mabon, 'am brisiau cadw'r ceffylau, o gael dŵr i'r pwll.'[10] Roedd y cyfan hyn yn gadael ychydig o elw i neb yn y diwedd.

Ar derfyn 1901, cafodd Mabon wahoddiad i ymweld â'r cymunedau Cymreig yn yr Unol Daleithiau, ac yn Ionawr 1902, fe'i gwelid yn teithio o un ddinas a thalaith i'r llall. Roedd yr Unol Daleithiau erbyn 1902 wedi denu mwy o Gymry Cymraeg nag unrhyw wlad heblaw Lloegr. Gwyddai Mabon am yr ymfudo cyson yn Oes Fictoria i ardaloedd glo, haearn a thunplat y wlad fawr, ond yn arbennig ym meysydd glo Pensylfania, Ohio ac Iowa. Teithiodd Mabon i blith Cymry America pan oedd hi'n oes aur, a phan oedd llewyrch ar y bywyd diwylliannol Cymraeg.[11] Gwelid hynny yn y capeli niferus, yr eisteddfodau lleol a chenedlaethol, y corau niferus, y cyhoeddi llyfrau a chofnodolion Cymraeg a Saesneg eu hiaith. Roedd rhai o'r ardaloedd yn hollol Gymraeg eu hiaith, yn arbennig yn Utica a Remsen yn nhalaith Efrog Newydd.

Gofalodd Mabon dreulio mwy o amser yn Utica. Ysgrifennodd un o ohebwyr papur Cymraeg *Y Drych,* a gyhoeddid yn Utica, y geiriau hyn:

> Daeth i'n plith fel Santa Claus, gyda chenadwri felus ac adgofion gwerthfawr o Wyllt Walia. Yr oedd arogly porfeydd caeau bach a thwyni gwyrdd y wlad fynyddig i'r gorllewin i Loegr gan ei ddillad, ac yr oedd llygaid y dydd a blodau ymenyn o amgylch ei draed; a pha ryfedd fod yr hen dadau sydd yn America oddi ar cyn cof gan rai ohonom yn cael blas newydd a chyfriniol yn 'Hen Wlad fy

---

[10] 'Araith Mabon', *Tarian y Gweithiwr,* 16 Medi, 1901, 2.
[11] Daniel Jenkins Williams, *One Hundred Years of Welsh Calvinistic Methodism in America* (Philadelphia, 1937), 390-420.

Nhadau' pan yn cael eu harwain gan gynrychiolydd mor gyflawn.¹²

Ef oedd yr union berson i droedio tir yr Unol Daleithiau ymhlith y Cymry. Yn wir, yn ôl *Y Drych,* roedd yn llysgennad Cymreig, ac ni ellid fod wedi anfon neb gwell nag ef:

> Pan yn anfon cynrychiolwyr i America, chwi Gymru, efelychwch Mabon, deuwch yma i gynrychioli yr hen Fam-Wlad, nid i gynrychioli enwad na phlaid.¹³

Bu'r daith ym 1902 yn llwyddiant mawr, a phan ddaeth Mabon yn ôl i'r Rhondda, cafodd gyfle i ddiolch i Gyfarfod Dosbarth Glowyr y Rhondda yn y Porth am ofalu am y costau i'w anfon i'r Unol Daleithiau.¹⁴ Cydnabu hefyd fod cwmni Elder Dempster, Lerpwl, trwy y Cymro a chadeirydd y cwmni, Syr Alfred Lewis Jones, wedi talu treuliau cyffredinol y daith.¹⁵ Roedd hynny yn dweud y cyfan ac yn amlygu edmygedd Syr Alfred Lewis Jones o Mabon.¹⁶ Wedi'r cyfan, roedd Syr Alfred Lewis Jones yn berchen pyllau glo yn ardal Maesteg, a byddai ei longau yn cael y glo ym mhorthladd Port Talbot ar eu teithiau i Orllewin yr Affrig. Talodd Mabon ymweliad â'r glofeydd, y gweithfeydd haearn a dur, a bu yn darlithio, siarad yn gyhoeddus a phregethu yn gyson.

Pwysleisiodd yn yr Amerig fel y codid y glo ager gorau ym Mhrydain ym mhyllau glo Cwm Rhondda. Cymru hefyd, yn ôl Mabon, oedd yr unig wlad a fedrai gynhyrchu glo carreg. Anfonid llwythi o'r glo hwn bob wythnos o borthladd Abertawe i San Fransisco. Ym meysydd glo yr Unol

---

¹² Gohebydd *Y Drych,* yr ysgrif i'w gweld yn *Baner ac Amserau Cymru,* 15 Ionawr, 1902, 15.
¹³ *Ibid.*
¹⁴ *Tarian y Gweithiwr,* 9 Ionawr, 1902, 1.
¹⁵ *Ibid.*
¹⁶ Am Syr Alfred Lewis Jones (1845-1909) gweler D. Ben Rees, *Hanes Rhyfeddol Cymry Lerpwl* (Talybont, 2019), 107, 161-6.

Daleithiau, disgwylid i'r glöwr fod wrth ei waith am naw awr y dydd. Daeth ar draws llawer o lowyr Cymreig yn y meysydd glo, a bu'r sgwrs yn felys a gwelid dagrau yr alltud ar ei ruddiau ef a hwy.[17]

Daethai'r glo a ddefnyddid ar yr ager-long ar y ffordd adref o byllau glo Nova Scotia. Yn nhyb Mabon, roedd hwn, efallai, yn well nag eiddo glo Cape Bretion, ond gwyddai fod ei ansawdd mor wael, fel y gorfu iddo ef a'i gyd-deithwyr fod ar y môr am yn agos i wythnos yn hirach nag y dylasid fod wedi gwneud.[18]

Bodlonai Mabon deithio i bob rhan o Gymru a Lloegr i annerch. Ef oedd y gŵr gwadd yng nghyfarfod blynyddol maes glo y Forest of Dean, lle y dangosodd ei agwedd gymodlon.[19] Gofidiai fod James Winstone yr un wythnos mewn cyfarfod o lofa Cwmbrân wedi bod yn bychanu y Raddfa Lithrig, gan awgrymu nad oedd y glowyr wedi derbyn cyfiawnder o dan y Raddfa Lithrig. Ym mis Hydref, ef oedd y gŵr gwadd yng Ngŵyl Flynyddol Glowyr y Glo Garreg ym Mrynaman. Llawenydd mawr iddo oedd cael gweld dwy seindorf yn cefnogi yr ŵyl. Gorymdeithiodd seindorf Gwauncaegurwen trwy Ddyffryn Aman a seindorf Brynaman hithau drwy Gwmtwrch, Cwmllynfell ac ymlaen wedyn i orsaf Brynaman.[20]

Roedd Mabon ym 1902 wedi cael ei dderbyn i lwyfan rhyngwladol Ewrop. Ym mis Mai, teithiodd i Düsseldorf yn yr Almaen i Gyngres Ryngwladol y Glowyr (*International Miners' Congress*) a dewiswyd ef yn drysorydd.[21] Byddai yn olynydd i un o arwyr y glowyr yn Lloegr, sef Thomas Burt. Roedd Burt yn ŵr digon tebyg i Mabon – tyner ei galon, heddychlon ei ysbryd, Methodist Weslead pybyr a threfnydd

---

[17] *Tarian y Gweithiwr,* Ionawr 9, 1902, 1.
[18] *Ibid.*
[19] *Tarian y Gweithiwr,* 24 Gorffennaf 1902, 2.
[20] *Ibid.*
[21] G. W. Evans, *Mabon*, 69.

penigamp. Llwyddodd i ennill etholaeth Morpeth ar docyn y Blaid Ryddfrydol ym 1874 a daliodd y sedd hyd 1918, 44 mlynedd fel Seneddwr. Tad Tŷ'r Cyffredin ydoedd. Credai mewn datgysylltu'r Eglwys Anglicanaidd yn Lloegr fel ag yng Nghymru.[22] Dyma anrhydedd mawr i'r Cymro o Gwm Rhondda, ac fe fynegwyd hynny yn y Wasg yng Nghymru. Yna, yn nechrau 1904, ar ôl marwolaeth Benjamin Pickard, dewiswyd Mabon yn drysorydd Ffederasiwn Glowyr Prydain Fawr.[23] Mae'n amlwg fod parch aruthrol iddo ymysg arweinwyr glowyr Cymru, Lloegr a'r Alban, yn ogystal ag Ewrop a'r Unol Daleithiau. Ond ei ofal pennaf oedd am lowyr y Rhondda a De Cymru, er mor anhydrin y medrent fod, yn arbennig felly y duedd ymhlith y glowyr i beidio â thalu swm digonol i fod yn aelod o'r undeb newydd, sef Undeb Glowyr De Cymru. Dywed Dr E. W. Evans:[24]

> Substantial defects appeared in 1904 and 1905 and only very small surpluses in 1903 and 1906. One reason for this was that the miners still refused to pay large union dues, the rate of contribution in South Wales being only half that levied by English organisations. This was to remain, as it had been in the past, a most serious problem which even Mabon was unable to solve.

---

[22] H. F. Bing a John Saville, 'Thomas Burt (1837-1922)' yn *Dictionary of Labour Biography*, vol. 1, 59-63.
[23] John Saville, 'Benjamin Pickhard (1842-1904)' yn *Dictionary of Labour Biography, cyfrol 1, 268-270*. Ganwyd ef yr un flwyddyn â Mabon. Roedd yntau yn fab i löwr yn Swydd Efrog. Roedd yn ymneilltuwr cadarn ac yn Wesle tanbaid. Roedd hefyd yn ddirwestwr, a gwelid ef wrth y llys-enw '*iron man*' am ei fod yn gwybod ei feddwl ar bob cwestiwn. Ei gyfraniad pennaf oedd llwyddo i sefydlu Ffederasiwn Glowyr Prydain Fawr yng Nghasnewydd ym 1889, ac etholwyd ef yn Llywydd yr Undeb. Ef oedd pensaer Ffederasiwn Glowyr Swydd Efrog ym 1881 Ni fu yn Aelod Seneddol arbennig iawn, a daliodd yn *Lib-Lab* hyd ddiwedd ei oes.
[24] E. W. Evans, *Mabon*, 69.

Methai yr Undeb yn gyson am fod cyfalaf yn brin i ymosod ac i ymgyrchu. Ar y 9fed o Dachwedd, 1900 a phum gwaith yn nhymor Hydref 1901, cyhoeddwyd gan Bwyllgor Gwaith yr Undeb wyliau cyffredinol yn y meysydd glo. Ffordd i leihau cynnyrch oedd hyn, neu fel y dywedid ar lafar, '*stop days*'. Fel y dywedodd Mabon:

> The 'stop days' were, in fact, intended as a warning to bugers who had been 'holding the market' altogether or making contracts for three months only in the hope and belief that prices would give way.[25]

Eglurodd Mabon y pwrpas yn y dyddiau hynny yn y pennill hwn:

> To kill the ring that caused the slump,
> To throttle the thing – bring it down with a bump.[26]

Fe gostiodd y dyddiau arbennig hyn yn ddrud i'r Undeb, a golygai golli cwsg yn hanes Mabon. Gwelai'r cyflogwyr fod y dyddiau hyn yn rhai anghyfreithlon ac nad oedd rheswm yn y byd y tu ôl i'r gweithredu. Bu ymrafael yn y llysoedd, a throsglwyddwyd y mater i Arglwyddi y Gyfraith yn Nhŷ'r Arglwyddi. Yn y diwedd, dirwywyd yr Undeb i dalu y swm enfawr o £57,000 mewn iawndal. Dyma ddechrau ymosod pellach ar yr Undeb a hynny wedyn yn arwain, fel y gwelsom, at achos Taff Vale. Dangosodd y Llywodraeth hefyd ei gwrthwynebiad, gan osod treth o swllt ar bob tunnell o lo a allforid o Brydain. Gan fod de Cymru yn allforio cymaint, roedd hon yn ergyd arall i'r diwydiant. Galwodd Mabon am streic – nid rhywbeth y byddai ef yn galw amdano yn aml. Ond gwrthododd glowyr Prydain â gwrando ar lais Mabon.[27] Roedd

---

[25] *Ibid.*
[26] *Ibid.*
[27] *Ibid.*

y gŵr cymhedrol yn cael ei gyfrif yn awr fel un eithafol. Credai Mabon i'r glowyr ofnus wneud camgymeriad dybryd; dylasent fod wedi gwrthwynebu y dreth hyd y diwedd.[28] Deallai na fedrai de Cymru sefyll yn annibynnol ar bawb arall.

Yn ystod gaeaf 1904-5, teithiodd Mabon unwaith yn rhagor i'r Unol Daleithiau, y tro hwn fel cynrychiolyddd Cyngres yr Undebau Llafur i Gyngres Llafur Ffederasiwn yr America (*American Federation Labour Congress*) a gynhaliwyd yn San Fransisco.[29] Gwnaeth argraff fawr ar ei ymweliad cyntaf ym 1901-2. Yn ôl y Barnwr Edwards o Scranton, ni chafodd yr un Cymro erioed fwy o groeso brwdfrydig nag a gafodd Mabon.[30] Daeth tyrfaoedd enfawr i'w groesawu pan deithiodd yn ei gerbyd o Wilkesbarre i fyny i Carbondale. Llwyddodd ar ei ail daith i ymweld ag aml i dref lle y ceid Cymry ar y ffordd o Efrog Newydd i San Fransisco. Ond y tro hwn, yr Undeb Llafur lleol oedd yn gofalu amdano, a disgwylient hwy iddo annerch eu cyfarfodydd hwy. Siaradodd yn y gynhadledd gyda meistrolaeth lwyr, gan bwysleisio gyda huodledd egwyddorion oedd yn bwysig iddo ef fel undebwr ac arloesydd undebaeth ym Mhrydain. Rhoddodd y Gynhadledd gymeradwyaeth fyddarol iddo. Bu'r daith bell o fudd mawr.

Treuliodd dri mis yn yr Unol Daleithiau. Cyrhaeddodd yn ôl i Gaerdydd am dri o'r gloch brynhawn Sadwrn, 3 Chwefror 1905, a chyrhaeddodd adref yn y Rhondda erbyn chwech o'r gloch.[31] Yn yr orsaf, daeth tyrfa fawr o'r glowyr a'i gyfeillion ynghyd i ddathlu ei ddyfodiad adref ar 7 Chwefror 1905, ond pedwar diwrnod ar ôl hynny, fe gollodd ei ffrind diwylliedig, Edward Williams, 'Celynog' (1822-1905), Porth, y gŵr a roddodd a lefarodd ac a ganodd yr emyn addas 'Yn y dyfroedd mawr a'r tonnau' pan ffrwyrdrodd y dyfroedd i lenwi

---

[28] *South Wales Daily News*, 28 Ionawr, 1903, 3.
[29] E. W. Evans, *Mabon*, 68.
[30] *Ibid.*, 86.
[31] *Tarian y Gweithiwr*, 9 Chwefror, 1905, 5.

pwll glo Tynewydd. Un o genfogwyr selog Mabon ydoedd.[32] Dywedodd Mabon wrth y dorf ei fod wedi cael gwell mantais i ddod o hyd i'r wybodaeth am sefyllfa'r gloywr yn yr Unol Daleithiau nag a gafodd y tro blaenorol.[33] Derbyniodd flas anghyffredin yn darllen y newyddion o Gymru oedd yn tanlinellu brwdfrydedd y deffroad crefyddol.

Roedd Evan Roberts, y cyn-lowr, wedi teithio i Ddwyrain Morgannwg ym mis Tachwedd 1904 a bu yno hyd 21 Chwefror 1905.[34] Felly roedd Mabon wedi colli y rhan fwyaf o'i daith i Gwm Cynon, Caerffili, Merthyr Vale ac yna i Glydach Vale a Threorci i ledaenu'r neges. Ond ymwelodd yn y cyfnod hwn â hanner cant o drefi, gan ennill 80,000 o ddychweledigion yn y ddeufis y bu ym Morgannwg. Methodd Mabon â bod yn bresennol yn yr oedfa fendithiol yng Nghapel ei febyd, sef y Tabernacl, Cwmafan ar yr 21 o Chwefror, 1905.

Roedd Mabon ar delerau da gyda'r Parchedig Ddr D. M. Phillips, Tylorstown a fu yn gyfaill mynwesol i Evan Roberts.[35] Defnyddiodd ef ei holl ynni a'i ddawn lenyddol i lunio adroddiadau manwl o gyfarfodydd Evan Roberts, ac yn wir, yn Ebrill 1905, bu yn gwmni i'r diwygiwr yn ystod ei daith i Lerpwl a Phenbedw.[36] Gosododd Dr D. M. Phillips Evan Roberts ar y pedestal uchaf posibl, fel na ellid ei gymharu ag unrhyw un arall. Gosododd y Parchedig John Morgan, Trecynon y cefndir fel hyn:

> Y mae glofeydd o'n cwmpas i gyd yn cyd-gyfarfod, gan gyflwyno eu hunain i'r Arglwydd mewn gweddïau taerion am arweiniad a dylanwad yr Ysbryd Glân y mae y rhegi a'r cablu wedi alltudio o'n bron. Chwareu cyfarfodydd y diwygiad y mae y plant bach, ymhob man y misoedd

---

[32] *Tarian y Gweithiwr,* 9 Chwefror, 1905, 5
[33] *Ibid.*
[34] John Gwynfor Jones, *Hanes Henaduriaeth Dwyrain Morgannwg, 1876-2005* (Caerdydd, 2006, 137).
[35] *Ibid.*
[36] D. Ben Rees, *Hanes Rhyfeddol Cymry Lerpwl,* 174-183.

blaenorol. Efelychu y working-class y byddent, a chicio'r bêl. Y mae'r plant 'up to date' o hyd, ac yn dangos yn eglur tueddiadau y wlad. Darllenir a chlywir o ddydd i ddydd teams y bêl yn myn'd yn ddarnau ac yn cael eu galw yn ôl ar hyd a thraws y wlad, a bwrdd y billiard wedi ei adael, a gobaith elw y tafarndai wedi myned i golli.[37] (38)

Yr un yw tystiolaeth y *Rhondda Leader* yn nechrau Chwefror 1905:

> The chapels are crowded on Sunday evening and some of the churches are contemplating extensions to their buildings. Business at the public houses has suffered greatly, and it is rumoured that some of the publicans have given notice to their servants to terminate their engagements and instead retiring from the business.[38]

Ymhle y safai Mabon ar hyn i gyd? Roedd ef yn naturiol o blaid y bywyd rhyfeddol a welai yn ei gapel ei hun ac yng nghapeli ei etholaeth. Gorfoleddai fod y mudiad Dirwest yn cynyddu a'r tafarndai yn cau a chredai fod caniadaeth y cysegr ar ei hennill. Gorfoleddai yn y ffaith mai glöwr ifanc oedd Evan Roberts cyn iddo fynd i Ysgol Baratoi John Phillips yng Nghastell Newydd Emlyn a chael ei ddwysbigo yng nghapel Blaenannerch yn niwedd Medi, 1904. Ni welodd Mabon gynnwrf crefyddol tebyg iddo, er iddo gael ei gyffwrdd gyda rhai o'r cynulleidfaoedd a fu yn gwrando arno yn yr Amerig. Llawenydd iddo oedd sylweddoli fod y mwyafrif o'r pyllau glo yn dechrau y diwrnod gwaith â gweddi.[39] Roedd hynny yn digwydd yn chwareli Arfon a Meirionnydd ac yn y gwaith alcam. Croesawodd Mabon y syniad fod y diwygiad yn rhoddi lle amlwg i'r ferch ac i'r ifanc. I John Davies:

---

[37] John Morgan, 'Y Diwygiad yn Trecynon', *Y Goleuad,* 16 Rhagfyr, 1904, 11. J. Gwynfor Jones, *Hanes Henaduriaeth Dwyrain Morgannwg,* 139-40.
[38] *Rhondda Leader*, 4 Chwefror, 1905, 3
[39] John Davies, *Hanes Cymru* (Harmondsworth, 1990), 486.

Gellid ei ddehongli fel gwrthryfel yn erbyn theocratiaeth, fel ymdrech i ailgydio yn y brwdfrydedd poblogaidd, annysgedig, anghlerigol a fu gynt yn nodweddu crefydd Cymru.[40]

I Jim Griffiths, y glöwr ifanc a ddaeth yn Ddirprwy Arweinydd y Blaid Lafur, y Blaid Lafur a'r mudiad sosialaidd a elwodd fwyaf ar y diwygiad. A bu goblygiadau seciwlar amlwg i'r cyffro mawr, sef rhoddi asgwrn cefn i werinwyr i allu sefyll yn erbyn Deddf Addysg 1902 ac ym muddugoliaeth ysgubol y Rhyddfrydwyr yn Etholiad Cyffredinol Cymru ym 1906. Elwodd y prif enwadau crefyddol yn sgil y Diwygiad, a daeth oddeutu 80,000 o ddychweledigion i fod, a llawer ohonynt yn parhau weddill eu hoes fel 'pileri'r achos Anghydffurfiol'. Gwir y dywedodd yr hanesydd John Davies, a fagwyd yng Nghapel yr Hen Gorff ym Mwlchyllan, de Ceredigion fod cynulleidfaoedd ledled Cymru wedi bod yn hynod o ddyledus i ddychweledigion y Diwygiad.[41]

Bu straen aruthrol ar Mabon gyda'i anerchiadau, ei waith yn cysuro y profedigaethus, y teithio cyson, a bu hyn yn gyfrifol am gyfnod arall o waeledd yn ei hanes, a hynny ym mis Gorffennaf, 1905. Gan ei fod yn ŵr gweddw, dibynnai ar ei deulu, ac yng nghartref ei ferch a'i fab yng nghyfraith yng Nghaerdydd y bu'n gorffwys yn dawel am bythefnos. Gweinyddwyd arno gan ddau feddyg a chredent mai straen y tanchweydd oedd yn gyfrifol am ei waeledd. Yn y cyfnod o 1901 hyd 1905, bu pum tanchwa. Collwyd 81 yn Senghennydd ym 1901 ac 16 ym McLaren No 1 yn Sir Fynwy ar Fehefin 2, 1902. Bu tair tanchwa ym 1905. Ar 21 Ionawr, collwyd unarddeg ym mhwll glo Elba ym Morgannwg ac ar 10 Mawrth, collwyd 33 ym mhwll glo y Cambrian yng nghanol y Rhondda

---

[40] *Ibid.*
[41] *Ibid.*, 487.

ac yna ar 11 Gorffennaf, bu farw 119 ym mhwll glo y National ym Morgannwg.[42]

Yn naturiol, roedd Mabon a'r Undeb yn eu cael eu hunain yng nghanol y trasiedïau hyn. Byddai ef ac aelodau o'r Pwyllgor Gwaith yn mynychu yr incwest a fyddai'n cymryd rhai wythnosau i dderbyn a gwrando ar y dystiolaeth.[43]

Roedd gweithio fel glowr yn waith calcd, pcryglus. Lladdwyd ar gyfartaledd fil i bymtheg cant bob blwyddyn o 1880 hyd 1910. Hynny yw, ar gyfartaledd, roedd hynny yn cyfateb i bedwar glöwr yn colli ei fywyd bob dydd ym meysydd glo Prydain. Ymladdai Mabon ac Aelodau Seneddol y *Lib-Lab* yn galed dros y glowyr. Croesawodd y rhain *The Mines Prohibition of Child Labour Undergound Act* ar ddechrau canrif newydd, oedd yn codi oedran bechgyn i gychwyn yn y lofa i dair ar ddeg oed, a manteisiodd James Griffiths ac Aneurin Bevan ar hynny.[44]

Yn haf 1906, daeth tri o undebwyr pwysicaf y glowyr ym Mhrydain, sef Mabon o Gymru, Robert Smillie o'r Alban ac Enoch Edwards o Loegr yn aelodau o Gomisiwn Brenhinol ar y pyllau glo. Penodwyd y Barwn Monkswell yn Gadeirydd, gyda Syr Lindsay Wood; Henry H. S. Cuningham o'r Swyddfa Gartref; un o berchenogion pyllau glo Frederick Lewis Davis, Ferndale, a Chadeirydd Bwrdd Cymodi De Cymru; Thomas Ratcliffe Ellis a'r Dr John Scott Haldane, cymrawd o'r Gymdeithas Frenhinol yn aelodau hefyd o'r comisiwn. Gwaith y naw aelod a enwyd oedd astudio yn fanwl faterion yn ymwneud â'r glowyr, y clefydau a ddioddefid ganddynt, diogelwch a gweinyddiad Deddfau y Diwydiant Glo fel y *Coal Mines Regulation Act* (1896) a hwnnw'n rhoddi hawl i'r Ysgrifennydd Gwladol i gyflwyno rheolau arbennig ar

---

[42] 'Gwaeledd Mabon,' *Y Cymro,* 20 Gorffennaf 1905, 5.
[43] R. Page Arnot, *The Miners: Years of Struggle* (London, second edition, 1954), 24
[44] *Ibid.*, 45

gwestiynau ffrwydriadau, lampau diogelwch a chynlluniau ar gyfer y pyllau newydd.

Bu'r Comisiwn wrth ei waith am dair blynedd yn gwrando ar dystiolaeth 134 o dystion, gyda 57 ohonynt yn gyn-lowyr, 35 yn berchnogion ac 8 dros y *National Association of Colliery Managers*.[45] Teithiodd Mabon gydag aelodau eraill o'r Comisiwn i Ffrainc ac hefyd i feysydd glo yr Almaen, i weld y gwahaniaethau yn y broses o ddiogelwch y glowyr wrth eu gwaith beunyddiol. Pan ddaeth y dasg i ben, cyhoeddwyd pedair cyfrol swmpus o adroddiad, a gwelid yn amlwg fod y goruchwylio a gwaith swyddogion diogelwch a'r arolygwyr yn annigonol.

Mynegodd Thomas Richards ei hun yn rymus gerbron yr aelodau. Pwysleisiodd fod yn y pyllau glo fwy nag un wythïen o'i le, a'i bod hi'n bosibl bod un wythïen yn ddi-fai, tra nad oedd hynny'n wir am y lleill. Rhoddwyd felly yr argraff annigonol i bawb. Dylasai'r arolygwyr fod yn edrych, yn nhyb cynrychiolwyr y glowyr, ar bob gwythïen lo oedd ar waith er mwyn diogelwch pawb oedd yn gweithio yn y lofa.[46]

Darganfu'r Comisiwn fod llawer mwy o lowyr yn cael ddamweiniau ym mhyllau glo Prydain nag yng ngwledydd Ewrop, a hyd yn oed ym meysydd glo yr Unol Daleithiau. Rhoddodd yr ystadegau fraw i Mabon a'i gymrodyr, ond sylweddolai fod mwy o ddynion a bechgyn yn gweithio ym meysydd glo Prydain nag yn Ffrainc, yr Almaen a Gwlad Belg. Dyma nifer y glowyr ym 1906:

Prydain	882, 345
Ffrainc	178, 431
Belg	139, 394
Almaen	569, 745
Unol Daleithiau yr Amerig	640, 780

---

[45] *Ibid.*, 46
[46] *Ibid.*, 48

Canlyniad y Comisiwn Brenhinol oedd pasio trwy'r Senedd *Coal Mines Act, 1911*, symudiad blaengar y Blaid Ryddfrydol. Roedd Prydain ar y blaen i wledydd eraill cyfandir Erwop, a chredir bod y Ddeddf hon yn deyrnged i arweinwyr y glowyr fel Mabon ac Enoch Edwards ac Undeb Ffederasiwn Glowyr Prydain Fawr. Dyma ddedfryd hanesydd y glowyr, R. Page Arnot:

> The elaborate act was in itself a magnificent tribute to the work of the Miners' Federation and to the unity of the miners who made it possible for the leaders to carry on in the country, and in the House of Commons the campaign that was responsible for bringing it into being. It was the reward of twenty years of mounting agitation.[47]

Yn y blynyddoedd prysur hyn, bu Mabon yn darlithio yn gyson yn y capeli ar bensaerniaeth a gweithgarwch Tŷ'r Cyffredin. Hon oedd y ddarlith o'i eiddo a dderbyniai gymeradwyaeth. Byddai'r gwrandawyr yn chwerthin ac wylo am yn ail. Cwm Cynon oedd un o'r cymoedd a fyddai'n colli eu pennau ar Mabon fel darlithydd huawdl. Meddylier amdano yn darlithio ddwywaith yr un mis yng Nghwm Cynon – y tro cyntaf i lond capel, sef Siloh, Aberdâr a'r elw yn mynd tuag at ddileu dyled ar y capel. Gwnaed elw sywleddol a gwelwyd meistrolaeth lwyr y darlithydd ar ei wrandawyr. Siaradwyd yn ganmoliaethus ar ddiwedd y ddarlith gan ddau Weinidog, y bardd Taranydd, a gwelwyd pum gweinidog Anghydffurfiol eraill yn bresennol.[48]

Teithiodd Mabon ar y 23 Mawrth, 1906 i gapel yr Annibynwyr Cymraeg, Bethania, Aberpennar pan ddaeth torf anferth i wrando ar yr un testun, sef Senedd Prydain Fawr.[49] Aeth yr elw tuag at anghenion gŵr ifanc oedd yn gystuddiedig

---

[47] *Ibid.*
[48] *Ibid.*, 50.
[49] *Ibid.*

ers misoedd, sef John Jones, un o bobl ifanc y capel a mab Mr a Mrs William Jones, Caegarw. Ymhlith y gynulleidfa, gwelid David James (Gwyrosydd), glöwr ym mhwll glo Nixon, Aberpennar ac awdur yr emyn poblogaidd, 'Calon Lân'. [50]Lluniodd Gwyrosydd bennill i Mabon ar ddiwedd ei berfformiad bythgofiadwy:

> Hir oes a pharch i'n Mabon
> Sydd Gymro ben a chalon;
> Ei ddawn i ni sydd wledd heb os
> Ac hefyd 'sauce' i'r Saeson.[51]

Nid rhyfedd i ohebydd *Tarian y Gweithiwr* ysgrifennu am y noson: 'Un Mabon fedd Cymru, ac mae ein cenedl yn falch ohono.'[52]

Roedd glowyr wedi ymateb fwy nag unwaith ac wedi trefnu mwy nag un tysteb iddo. Sefydlwyd cronfa a phwyllgor gwaith i drefnu'r dysteb o dan gadeiryddiaeth yr Henadur R. Lewis, Pontypridd. Yn Neuadd y Ddinas, Caerdydd, cynhaliwyd cyfarfod i gyflwyno'r dysteb yn nechrau Awst, 1903. Erbyn hynny, roedd y gronfa wedi cyrraedd y swm o £2,000, yn cynnwys haelioni gwleidyddion oedd yn meddwl y byd ohono. Cyfrannodd Syr Alfred Thomas, Arglwydd

---

[50] D. Myrddin Lloyd, 'Daniel James (Gwyrosydd: 1847-1920)', yn *Y Bywgraffiadur Cymreig hyd 1940,* 396. Cyhoeddwyd *Caneuon Gwyrosydd* (Plasmarl 1885) a'i ail gyfrol, *Caniadau Gwyrosydd* (Caernarfon, 1892). Yn yr ail gyfrol y ceir 'Calon Lân', ei ddarn enwocaf, emyn poblogaidd y Diwygiad (1904-1905), angladdau a chaeau rygbi hyd ein dyddiau ni. Ymddangosodd *Aeron Awen Gwyrosydd* (Aberpennar, 1898).
[51] *Tarian y Gweithiwr,* 15 Mawrth, 1906, 3. Siaradwyd yn ganmoliaethus gan y Parchedigion L. J. Jones, Undodwr, gweinidog Hen Dŷ Cwrdd, Aberdar; John Morgan, gweinidog Bryn Seion, Trecynon; John Mills; ac yn bresennol roedd y Parchedigion Sulgwyn Davies (gweinidog capel Siloh) J. D. Rees, Salem; John Richards, Bethel; W. S. Davies, Llwydcoed a J. Grawys Jones, Ebeneser.
[52] *Tarian y Gweithiwr*, 24 Mawrth 1906, 4.

Tredegar, S. T. Evans, AS., Clifford Cory a Syr J. E. Reed, AS., y swm o £250, sef £50 yr un.[53]

Nid oedd hyn yn rhyfedd o gwbl, gan fod Mabon yn barod iawn ei gymwynas a'i arweiniad i gofio, nid yn unig arweinwyr ym myd diwylliant a Chymeictod ond rhai a fu hefyd yn barod i gyfrannu ym myd diwydiant. Un o'r rheini oedd Archibald Hood a fu yn hyrwyddo y fasnach lo yn y Rhondda, ac yn gysylltiedig gyda Chwni Glo Morgannwg.

Edmygai Mabon Archibald Hood am iddo lwyddo i'w gael yn gefnogwr brwdfrydig i waith Dan Isaac Davies a Chymdeithas yr Iaith Gymraeg. Credai Hood, fel Mabon, y dylai'r Gymraeg a'r Saesneg gael eu dysgu yn yr ysgolion dyddiol. Adnabyddid Hood fel cyflogwr da, ac fel dyn oedd bob amser am gael perthynas dda yn y lofa gyda'i weithwyr. Roedd ei fab, W. H. Hood yn dilyn ei lwybrau ac roedd yn un o achubwyr pennaf y glowyr yn y damweiniau a'r trychinebau. Braf oedd gweld dau fab yn dilyn llwybrau eu tad. Codwyd y gofeb gerllaw Darllenfa y Glowyr ar y brif ffordd rhwng Llwynypia a Thonypandy, a dadorchuddiwyd hi yn nechrau Gorffennaf, 1906. Ar ôl y seremoni, arweiniodd Mabon y gynulleidfa fawr i ganu emyn David Charles, Caerfyrddin, 'O fryniau Caersalem ceir gweled'. Siaradwyd ymhellach gan Mafar Merrett, y cerflunydd, yr Henadur R. Lewis a'r ddau fab, a chanwyd i gloi *Yr Hen Ganfed.* Yn gerfiedig ar y gofeb, ceir y geiriau:

Archibald Hood,
Glo berchennog.
Codwyd y gof-golofn hon gan ei weithwyr a'i gyfeillion
fel arwyddion o barch i'w goffadwriaeth.[54]

---

53 Llyfrgell Genedlaethol Cymru. Llawysgrifau 1252D, Mabon Testimonial Fund Minute Book, gw. E. D. Lewis, *The Rhondda Valleys*, 173. 'Mabon Testimonial', *Weekly Mail*, 8 Awst, 1903, 9.
54 *Tarian y Gweithiwr*, 5 Gorffennaf, 1906, 5.

Bu Mabon yn hynod o ffodus yn y degawd hwn yng nghefnogaeth Dai Watts Morgan. Un o Sigwen ydoedd o ran ei enedigaeth, ond symudodd ei deulu i Wattstown, y Rhondda, pan oedd ef yn dair blwydd oed. Daeth yn atalbwyswr ar ôl rhai blynyddoedd fel glöwr, ac yna yn asiant glowyr y Dosbarth. Disgybl Mabon ydoedd a'i brif gefnogwr. Roedd yn boblogaidd fel siaradwr ac ef oedd y cyntaf o ddisgyblion Mabon i gymryd diddordeb yn yr etholaeth a llywodraeth lleol a threfnu buddiannau ei arwr fel gwleidydd.

      Soniai amdano yn y cyfarfodydd yn gyson, gan atgoffa'r glowyr fod y swm o £200 a roddwyd iddo am y tro cyntaf ym 1900 wedi mynd tuag at ei ymgyrch seneddol. Nid swm ydoedd am ei gyfraniad i'r Blaid Ryddfrydol, ond am ei wasanaeth i'r achos llafurol. Ym 1902, ar ôl marwolaeth ddisyfyd James Baker, enillodd Watts Morgan yr enwebiad i fod yn ymgeisydd Llafur a chafodd fynd i'r Cyngor Sir yn ddiwrthwynebiad. Roedd adnoddau erbyn hyn o fewn Dosbarth Cyntaf Glowyr y Rhondda i noddi glowyr i'r cynghorau lleol a sirol.[55] Watts Morgan oedd yr ysgogydd pennaf yn y symudiad hwn. Pwysleisiai yn gyson fod angen i'r glowyr gael llais clir yn lleol fel pawb arall, ond yn benodol ar lwyfan y Llafurwyr, ac o 1906 ymlaen, yn enw y Blaid Lafur. Galwodd ef am greu yn yr etholaeth bwyllgorau Llafur. Syrthiodd yr had ar dir caled, ond o leiaf, sefydlwyd pwyllgorau bywiog yn y Porth ac yn Ynyshir. Daeth pwyllgorau eraill i fodolaeth, ond ran amlaf fel Cynghorau Masnach a Llafur *(Trades and Labour Council)*. Pan fu'n rhaid i Watts Morgan amddiffyn ei sedd, a hynny yn erbyn Rhyddfrydwr a chyfreithiwr lleol, sef William Thomas Davies, pwysleisiodd yr ymgeisydd fod colli sedd i Ryddfrydwr yn y Rhondda yn fethiant affwysol i'r glowyr:

---

[55] Chris Williams, *Democratic Rhondda:Politics and Society, 1885-1951*, 65.

We ought to be able to pull two-third of the electorate in every division that we have in the Rhondda Valley.[56]

Roedd yn llygad ei le; ond daliai Watts Morgan o ran ei egwyddorion gwleidyddol yn Rhyddfrydwr fel ei arwr mawr, Mabon. Bu Mabon yn bendant yn erbyn y syniad fod yr Undeb Llafur yn perthyn o gwbl i'r Blaid Lafur. Gwelid ei wrthwynebiad yn y wasg yn gyson, ac yn y cyfarfodydd cyhoeddus. Roedd Vernon Hartshorn yn feirniadol dros ben o Mabon am ei fod yn erbyn y syniad o'r glowyr yn cefnogi Pwyllgor Cynrychioli Llafur (yr LRC) a'r Blaid Lafur wedyn. Nid oedd Mabon yn cynghori unrhyw löwr yn Ne Cymru i ymuno gyda'r mudiad newydd.[57]

Yng nghyfarfod blynyddol Glowyr Merthyr a'r Cyffiniau ym mis Gorffennaf 1907, acth Mabon ati i ganmol David Lloyd George 'ein cyfaill fel Cymro', chwedl Mabon. Nid oedd neb wedi gwneud mwy nag ef, ac ni welai Mabon yn Nhŷ'r Cyffredin ddim gwahaniaeth rhwng aelodau Llafur a'r rhai a berthynai i'r Blaid Lafur Annnibynnol. Y foment honno, dyma ŵr yng nghanol y dorf fawr yn bloeddio allan: 'Pam na wnei di felly ymuno â nhw?' Atebodd Mabon: 'Mae gen i fy rhesymau am hynny.[58] Dylasai fod wedi ei nodi. Nododd y pnawn hwnnw waith Undeb y Glowyr, sef dadlau am gyflogau teilwng, amddiffyn diogelwch a bywyd y glowyr, ac yn drydydd, ceisio lleihau oriau gwaith y glowyr i wyth awr. Ei eiriau olaf oedd y rhain: 'Look after the Federation, and the Federation would look after them.'[59]

Gwewyr Mabon oedd gweld y dydd yn dod pan fyddai'n rhaid iddo gynrychioli Llafur yn unig. Roeddent yn mynd i'w orfodi i newid ei deyrngarwch ac ymuno gyda phlaid

---

[56] *Ibid.*, 66.
[57] Mr Hartshorn speaks for the Labourers, *Evening Express,* 20 Gorffennaf, 1906, 3.
[58] *Evening Express,* 22 Gorffennaf, 1907, 2.
[59] *Ibid.*

nad oedd ganddo lawer iawn o gydymdeimlad â hi. Ac yn fwy trist na hynny, roedd hi'n amlwg ei fod ef ac eraill yn colli cysylltiad gyda charfan o lowyr oedd bellach yn cofleidio sosialaeth. Roedd eu hagwedd hwy mor wahanol i'w agwedd ef. Roedd rhyfel dosbarth Syndicaliaeth, Marcsiaeth a gwladoli'r diwydiant yn gwbl ddieithr iddo.

Roedd ef yn gysurus gyda'r drefn gyfalafol a chyda'i le yntau o fewn y Blaid Seneddol Gymreig. Nid oedd eidioleg yn ei boeni, ond roedd dau aelod tanbaid yn ei etholaeth, sef T. I. Mardy Jones a Noah Ablett. I'r ddau hyn, roedd hi'n bwysig fod y glowyr yn codi pont rhyngddynt hwy a'r Blaid Lafur newydd-anedig.

Roedd tipyn o wahaniaeth rhwng Mabon ac Watts Morgan ar un llaw, a'r Blaid Lafur Annibynol, dyweder, ar y llaw arall. Ond arweinwyd ymgyrch ymhlith y glowyr i uniaethu gyda'r Blaid Lafur, nid gan arweinwyr y Blaid Lafur Newydd ond gan y Blaid Lafur Annibynnol. Roedd pedwar asiant i'r glowyr oedd yn frwd dros yr ymgyrch, sef James Winstone, Vernon Hartshorn, Charles Stanton ac yn y Rhondda, T. I. Mardy Jones.[60] Nid oedd ef yn twyllo neb, a dyma ei eiriau:

---

60 Thomas Isaac Mardy Jones (1879-1970), glowr a ddaeth yn Aelod Seneddol, ac arbenigwr ar India a'r diwydiant glo. Un o Brynaman ydoedd yn wreiddiiol. Adysgwyd ef yn Ferndale cyn mynd yn ddeuddeg oed i'r lofa. Lladdwyd ei dad a'i dad-cu mewn damweiniau yn y lofa a syrthiodd y cyfrifoldeb arno ef i warchod teulu o chwech. Ymunodd â'r Blaid Lafur yn gynnar yn ei yrfa a dod yn asiant seneddol dros lowyr De Cymru i gynorthwyo gwleidyddion fel Mabon a William Brace. Enillodd sedd Pontypridd i Lafur mewn is-etholiad yn 1922 ond oherwydd amryfusedd e'i diswyddwyd gan y blaid leol yn niwedd 1930. Dyna ddiwedd ar ei yrfa seneddol er cryn golled. Ceir cofnod gwerthfawr amdano yn y *Bywgraffiadur-ar-lein* a baratowyd gan y Dr J. Graham Jones, Aberystwyth.

The industrial conditions of our lives as workers are controlled by the laws made in Parliament by the very men who do not hesitate, as employers, to grind the last penny out of our tool. This is why Labour representation, if it is to be effective, must also be independent.[61]

Roedd y symudiad i wrthwynebu priodas rhwng Undeb y Glowyr a'r Blaid Lafur yn cael ei arwain yn dra effeithiol gan Mabon a Watts Morgan. Roedd y gwrthwynebiad yn seiliedig ar amheuaeth o sosialaeth y chwith ac o ddeallusion y dosbarth canol, a'r rheini yn amlwg y tu ôl i enedigaeth y Blaid Lafur – pobl nad oedd yn malio dim am ddiddordeb ac anghenion y dosbarth gweithiol.[62] Dymuniad Mabon yn y diwedd oedd cael perthyn i Blaid Lafur oedd yn cynnwys aelodau o Undebau Llafur yn unig, ac heb aelodau o'r Blaid Lafur Annibynnol, yr SDF, y Ffabiaid a'r mân gymdeithasau bychain oedd yn arddel eu math hwy o sosialaeth. Crefai am blaid wironeddol o Undebwyr Llafur i gefnogi y dosbarth gweithiol. Yr ymgyrch 'IE' a enillodd y ddadl yn y Rhondda a de Cymru, ond nid ar hyd a lled Prydain; ac nid oedd arweinwyr yr ymgyrch 'IE' wedi gosod sosialaeth fel hanfod athroniaeth y Blaid Lafur Newydd.

Ond o fewn y Rhondda, rhoddodd yr ymgyrch gryn dipyn o bleser i'r Blaid Lafur Annibynnol, ond nid i'r garfan a fu o blaid y *Lib-Lab*. Daeth rhai o ffigyrau mwyaf adnabyddus y Blaid Lafur Annibynnol i annerch, fel Victor Grayson a

---

[61] Chris Williams, *Democratic Rhondda: Politics and Society, 1885-1951*, 70.
[62] Teimlai Enoch Edwards yr un fath, ac wedi'r cyfan ym 1906, ef oedd Llywydd Ffederasiwn Glowyr Prydain Fawr pan oedd mater perthyn i'r Blaid Lafur o dan y chwydd-wydr. Nid oedd yn hapus o gwbl y byddai'n gorfod sefyll, er mwyn cadw ei sedd yn Hanley, yn lliwiau y Blaid Lafur. Rhyddfrydwr ydoedd a Lib-Lab hyd ei fedd ym 1912. Gw. Joyce Bellamy a John Saville, 'Enoch Edwards (1852-1912)' yn *Dictionary of Labour Biography*, vol. 1, 109-111.

Ramsay MacDonald.[63] Erbyn 1910, cynhaliwyd 233 o gyfarfodydd yng nghymoedd y Rhondda yn enw y Blaid Lafur Annibynnol. Bellach, roedd y BLA yn fudiad ddigon cyhyrog a byddai'n rheidrwydd ar Mabon i gadw ei lygad arnynt a magu perthynas mor dda ag y medrai gyda phob carfan mewn cymdeithas. Gan fod Mabon yn dibynnu yn gyfangwbl ar y glowyr oddi ar 1885 a'r Blaid Ryddfrydol, felly bu'n rhaid i'r cawr o Gymro ddod yn Aelod Seneddol ar ran y Blaid Lafur ym 1908, pan ymgysylltodd Undebau'r Glowyr â'r blaid honno. Ac felly ym 1910 y dechreuodd olyniaeth ddi-dor y Rhondda, hyd 2019, o Aelodau Seneddol Llafur, er y bu hi yn agos iawn yn is-etholiad 1967.

    Cyflawnodd Llafur yn y Rhondda gryn lawer erbyn1910. Ar Gyngor Dosbarth y Rhondda a'r Cyngor Sir roedd Llafur yn ennill tir. Roedd y Rhyddfrydwyr yn cael rhybudd fod eu hoes aur ar ddarfod, ond roeddent yn ddall i hynny. Dal eu gafael yn dynn oedd yr unig opsiwn iddynt; ond gwelai Mabon bosibiliadau y byddai Llafur yn torri trwodd ac fe adroddir hynny yn y bennod nesaf.

---

[63] C. L. Mowat, 'Ramsay MacDonald and the Labour Party' yn *Essays in Labour History, 1886-1923* (editors, Asa Briggs and John Saville) (London and Hamden, Connecticut, 1971; L. MacNeill Weir, *The Tragedy of Ramsay MacDonald: A Political Biography* (London, 1938).

PENNOD 9

Y Cymodwr yn Nherfysg Tonypandy

Diwrnod i'w hir gofio oedd 1 Gorffennaf 1909, pan ddaeth newid byd i'r glowyr a phan wireddwyd Deddf Wyth Awr y Glowyr *(Miners' Eight Hour Act)*. Rhoddodd Mabon ei orau i ymgyrch y cyflogau a'r oriau, a gwir a ddywedodd y Dr E. W. Lewis:

> These may be regarded as notable victories, and they were due, in no small degree, to Mabon's resolution, personal influence and negotiating skills.[1]

Ond gwyddai Mabon ei fod ef bellach yn wynebu ymgyrchoedd llawer mwy ffyrnig, gan fod ei ffrind, Syr David Alfred Thomas, wedi troi ei gefn ar wleidyddiaeth, pan siomwyd ef na chafodd swydd gan Campbell Bannerman. Canolbwyntiodd ar byllau glo canol y Rhondda. Casglu ffortiwn oedd ei nod bellach ac arweiniodd hyn ef i sefydlu y *Cambrian Combine,* gyda chyfalaf o ddwy filiwn o bunoedd.[2]

Roedd ganddo gynlluniau uchelgeisiol y tu allan i'r Rhondda, yn yr Unol Daleithiau ac ym Mhrydain. Mynych y bu'r ffraeo rhyngddo ef a'i hen gyfaill, Mabon. Dywedodd R. T. Jenkins am Alfred Thomas:

> Yr oedd yn wir unigolwr Victoriaidd. Iddo ef, twrnament yn cynnig gwobrwyon gwiw a disglair i'r gwr anturiaethus ydoedd bywyd.[3]

---

[1] E. W. Lewis, *Rhondda Valleys,* 173
[2] R. T. Jenkins, 'David Alfred Thomas (1865-1918)' yn *Y Bywgraffiadur Cymreig hyd 1940,* 884-5.
[3] *Ibid.*

A llwyddodd fel cyfalafwr, er iddo golli ei ddelwedd fel arwr y glowyr. Bellach roedd D. A. Thomas yn cael ei weld yn y Rhondda fel gelyn pennaf y glowyr.[4] Gofalodd Mabon ei ddarlunio yn y lliwiau hynny. Roedd gweithred D. A. Thomas yn trefnu nifer o byllau glo canol y Rhondda i ffurfio yr hyn a alwodd yn *Cambrian Combine* yn fater hynod o boenus i'r glowyr, i Mabon, ac i'r arweinwyr mwy milwriaethus a wasgarai athroniaeth syndicaliaeth.[5]

Bu trasiedïau enbyd ym mhyllau glo y Rhondda yn y flwyddym 1905.[6] Collwyd 31 o lowyr mewn tanchwa ym mhwll glo y Cambrian, Clydach Vale, a bu ffrwdyrau mwy colledus fyth ym mhwll glo y National ym mhentref Wattstown yn y Rhondda Fach ym mis Gorffennaf 1905, pan laddwyd 119 o ddynion a bechgyn ym mlodau eu dyddiau. Ffactor arall a fu yn faen tramgwydd i'r arweinwyr o wersyll y syndicaliaid oedd y Ddeddf Wyth Awr y gorfoleddai Mabon am iddi fynd trwy'r Senedd ar ôl ymgyrchu caled. Roedd y newid o ddeg awr i wyth awr yn golygu colled ariannol i'r glöwr. Byddai'r glöwr yn naturiol yn cynhyrchu llai o lo ac yn derbyn llai o gyflog, ac nid oedd hyn yn gysur o gwbl i wraig y tŷ na'r gweithiwr.[7] Yn ychwanegol at hyn, rhoddodd D. A. Thomas y sac i'r glowyr oedd dros 60 mlwydd oed; gwnaed i ffwrdd â'r sachau o lo mân a roddid i'r glöwr bob wythnos, ac yn bennaf oll, fe amharchwyd y cytundebau ar gyfer y gweithwyr a weithiai mewn mannau *abnormal* fel y'u gelwid. Gwylltiodd y glowyr gyda'r driniaeth amharchus hwn, ac yn Hydref 1910 bu ymrafael ym mhyllau glo y *Cambrian Combine*.

Dyma ddechrau streic hanesyddol – un o'r penodau mwyaf anghymodlon ym maes glo Prydain yr ugeinfed ganrif. Lluniwyd ysgrifau fyrdd ar y gwrthdaro a gofalodd haneswyr

---

[4] 'David Alfred Thomas (Is-iarll Rhondda, 1856-1918) Diwydiannwr a gwleidydd' yn *Gwyddoniadur Cymru yr Academi Gymraeg,* 890.
[5] 'Streiciau'r Glowyr' , 869-70. Erthygl werthfawr.
[6] E. D. Lewis, *Rhondda Valleys,* 174.
[7] *Ibid.*

cynnar y glowyr nodi'r ffeithiau yn ofalus.[8] Dechreuodd y gwrthdaro ar y dydd cyntaf o Dachwedd 1910, ychydig ddyddiau ar ôl streic y glowyr yn Nosbarth Aberdâr. Bu'r streic honno a elwid *The Slaves of the Lamp* mewn bod o 20 Hydref 1910 hyd 2 Ionawr 1911.[9] Roedd 11,000 o lowyr y Dosbarth yn rhan o'r streic honno. Streic y Cambrian, a barodd o 1 Tachwedd 1910 hyd 1 Medi 1911, oedd y streic a gafodd yn naturiol sylw'r wasg yn Llundain a Chaerdydd. Streic anghyfreithlon oedd streic Aberdâr, fel un Tonypandy. Asiant y glowyr yn Aberdâr oedd C. B. Stanton, ac roedd ef yn feirniadol iawn o arweinwyr yr Undeb, ac yn arbennig felly o Mabon. Penderfynodd Stanton ymddiswyddo o'r Bwrdd Cymodi (*Conciliation Board*) er mwyn cael ei uniaethu ei hun gyda'r streic.[10] Roedd Stanton mewn perthynas agos gyda Tom Mann a Keir Hardie.[11] Yn wir, fe ddylanwadodd Mann ar Stanton, gyda'i syniadau syndicalaidd, fel y gwnaeth gyda nifer da o lowyr a goleddai syndicaliaeth yng Nghwm Rhondda.

    Credai Stanton mai'r ffordd orau i gyfathrebu oedd trefnu cyfarfodydd awyr agored. Daeth y cyfarfodydd mawr hyn yn arf effeithiol yn ei ddwylo. Yn fuan, gwelwyd cyfarfodydd gydag o leiaf ddeng mil o lowyr yn bresennol. Golygai hynny fod naw deg y cant o'r glowyr yn bresennol. Ceisiodd Stanton yn niwedd Hydref estyn terfynau'r streic i Gwm Rhymni, a chan ofyn hefyd i streicwyr y Cambrian eu cefnogi.[12]

---

[8] Gweler R. Page Arnott, *The Miners*, 59-77, Ness Edwards, *History of the South Wales Miners' Federation* (London, 1938), 33-49; H. S. Jevons, *The British Coal Trade* (London, 1915), 533-41; David Evans, *Labour Strife in the South Wales Coalfield, 1910-11* (Cardiff, 1911); E. D. Lewis, *Rhondda Valleys*, 171-179; Hywel Francis and David Smith, *The Fed: A History of the South Wales Miners in the Twentieth Century* (London, 1980, 13-20).
[9] Martin Barclay, '*The Slaves of the Lamp – The Aberdare Miners' Strike, 1910,*' *Llafur*, cyf. 2, rhif 3, Haf 1978, 24-42.
[10] *Ibid.*, 27-28.
[11] *Ibid.*, 26.
[12] *Ibid.*, 29.

Sylweddolodd Mabon y perygl mawr o ehangu'r streic trwy faes glo y De.[13] Ar 2 Tachwedd, cyhoeddodd Mabon (Llywydd), Tom Richards (Ysgrifennydd) ac Alfred Onions (Trysorydd), arweinwyr y Ffederasiwn, faniffesto i'r cyfrinfeydd yn gofyn iddynt anwybyddu yr alwad i streic, gan y byddai'n gorffen mewn diflastod. Dyma ddiweddglo y maniffesto:

> Having had no opportunity of discussing the merits of the grievances complained of by the Powell Dyffryn workmen, we cannot at present offer any opinion on their action in stopping work. In the interests of the whole of the Federation, including the Powell Dyffryn workmen, and especially the 12,000 Cambrian Combine workmen, the 3,000 Cwmtillery and Roseheyworth workmen, the Cicely and Gelli workmen, who are at present on our funds, and whom we are obliged to support, we are urging the members of this Federation to refuse to consider any proposition for a general stoppage which, if entered upon in such a sudden, unconstitutional manner, must end disastrously for all concerned.[14]

Gweler y maniffesto hefyd yn *The South Wales Daily News,* 3 Tachwedd 1910, 4. Pwysleisiodd Mabon fod y streic yn answyddogol:

> In doing this, we are acting in accordance with your direct instructions recently declared in a ballot vote when, by an overwhelming majority, you decided against a general stoppage of the collieries of the South Wales district at the present juncture (tudalen 40).

Roedd gwŷr blaenllaw y Ffed wedi llefaru! Clywyd llais amlwg Mabon wrth ei aelodau yn y Rhondda, Mynwy ac

---
[13] *Ibid.*, 28.
[14] *Ibid.*, 40-41.

Aberdâr: 'Peidiwch â mynd ar streic!' Wedi'r cyfan, roedd Mabon ar ran y glowyr ac F. L. Davis (Ferndale) ar ran y cyflogwyr wedi dod i gytundeb yn y Bwrdd Cymodi ar 22 Hydref 1910 i dalu i'r glowyr y swm o ddau swllt a thair ceiniog y dunnell. Gwrthodwyd hyn yn ddiymdroi gan lowyr y *Cambrian Combine*.[15]

Erbyn Sul, 6 Tachwedd, teimlai'r glowyr amheuaeth am y cyflogwyr a'u bod am ddod â bradwyr (*black-leg labour*) i ofalu ar ôl yr offerynnau ym mhwll glo Glamorgan yn Llwynypia, a'r noson ddilynol, mentrodd dau ddwsin o'r streicwyr trwy'r ffens i dir y lofa lle y ceid nifer o blismyn ar ddyletswydd. Bu hi yn noson o ddyrnu ei gilydd. Y diwrnod canlynol, protestiodd y glowyr ar Sgwâr y Pandy ac fe'u dyrnwyd gan *truncheons* yr heddlu. Clwyfwyd plismyn a glowyr. A'r noson honno, dinistriwyd ffenestri siopau a thai gan dorri i mewn i rai ohonynt i ddwyn dillad a phethau drudfawr. Erbyn hyn, daeth y milwyr o Loegr i gadw trefn, *The Lancashire Fusiliers, 218th Hussars, West Riding Regiment.*[16] Gosodwyd y milwyr o dan ofal Syr Nevil MacReady gan yr Ysgrifennydd Cartref.[17] Fe wnaeth Winston Churchill ei hun yn ddrwg-enwog oherwydd y weithred hon yng Nghwm Rhondda hyd ein dyddiau ni. Gosododd Vaughan Roderick y cyfan yn gofiadwy:

> Mae hi'n wir, er enghraifft, fod Winston Churchill, yr Ysgrifennydd Cartref ar y pryd, wedi caniatáu danfon milwyr i geisio dofi'r glowyr. Ond mae hi hefyd yn wir fod y milwyr wedi ymddwyn yn llawer mwy pwyllog a

---

[15] Cofnodion Pwyllgor Gwaith Bwrdd Cymodi a gyfarfu yng Nghaerdydd, 22 Hydref, 1910; E. D. Lewis, *Rhondda Valleys*, 175.
[16] E. D. Lewis, *Rhondda Valleys*, 176.
[17] Ysgrifennodd Syr Nevil MacReady gyfrol lle ceir ei hanes yn y Rhondda. Gweler *Annals of an Active Life* (London, 1924).

gwareiddiedig nag y gwnaeth y plismyn lleol a'r rheiny oedd wedi eu galw mewn o Fryste. Ta beth am hynny, fe barodd y drwgdeimlad yn erbyn Churchill am ddegawdau yn y maes glo ac fe gafodd hynny effaith andwyol ar obeithion dwy blaid – effaith sy'n para hyd heddiw.[18]

Protestiodd Mabon a Keir Hardie ac Aelodau Seneddol a gynrychiolai etholaethau lle roedd y glowyr yn y mwyafrif. Cododd Hardie y mater yn y Senedd, gan osod y cyfan a ddigwyddodd yn ei gefndir, ac nad oedd y digwyddiad yn haeddu gweithred yr Ysgrifennydd Cartref.[19]

Bu ymddygiad torcyfraith ar ôl hynny yn Nhonypandy a Phenygraig ar 21 Tachwedd 1910, yna misoedd ar ôl hynny yng Nghlydach Vale a Blaenclydach hyd mis Mawrth 1911. Arestiwyd nifer o streicwyr, a chafodd Cadeirydd Pwyllgor Streic y Cambrian, Will John, ei garcharu yn Llys Sirol Morgannwg. Roedd pawb a wyddai am Will John yn gwybod pa mor anheg oedd y ddedfryd.

Daliodd y streic, a bu trafodaethau lu; argraffwyd taflenni a chyhoeddwyd y *Cambrian Strike Manifesto* ar 16 Mehefin 1911 yn enw arweinwyr y streic, sef William John, Cynghorydd; Noah Rees (Is-Gadeirydd), James Ivins (Trysorydd) a'r Cynghorydd Mark Harcombe (Ysgrifennydd).

Yn y cyfamser, roedd arweinwyr Undeb y Glowyr yn y Ffederasiwn a'r Dosbarth, o dan arweiniad Mabon, yn trafod y sefyllfa adfydus gyda D. A. Thomas ac eraill o gwmni y Combine. Daethpwyd i gytundeb ar aml i fater, ond gwrthodai y Pwyllgor fynd ar streic trwy yr holl feysydd glo.

Roedd arweinyddiaeth glowyr y Cambrian yn nwylo cynrychiolwyr pedair cyfrinfa, gyda phedwar gŵr grymus a

---

[18] Vaughan Roderick, *Pen ar y Bloc* (gol. Ruth Thomas) (Talybont, 2017), 225.
[19] Hansard, 28 Tachwedd, 1910.

deallus wrth y llyw, sef Noah Rees, Tom Smith, Will Hopla a Mark Harcombe.[20] Ni allai un o'r pedwar gytuno gyda safbwynt Mabon a'i gyd-swyddogion, a galwent am streic trwy holl feysydd glo Prydain. Cyflogau oedd y prif gonsarn, ac nid syniadaeth sosialaeth, er na ellid anwybyddu hwnnw. Amodau byw oedd y bwgan, a chymaint o anwyliaid y glowyr yn dioddef o ddiffyg gofal meddygol a chymaint o dlodi ym mhob stryd. Er holl garisma Mabon, nid oedd ef yn y streic hon yn adlewyrchu bywydau y mwyafrif oedd yn ei gefnogi ac wedi pleidleisio iddo ym 1910.

Bu cymaint o droi i lawr ar yr hyn a gynigiai Mabon ac ar 27 Mai 1911, yng Nghynhadledd Maes Glo y De, cefnogwyd agwedd streicwyr y Rhondda.[21] Roedd hyn yn gryn fuddugoliaeth i Bwyllgor y Cambrian Combine, ac hefyd y mudiad a ddaeth i fodolaeth, sef Pwyllgor Diwygio Answyddogol (*Unofficial Reform Committee*) a ddaeth i fodolaeth yn gynnar yn yr anghydfod.[22] Arweiniwyd y Pwyllgor hwn, yr URC, gan rai o arweinwyr ifanc galluocaf y maes glo, a phob un ohonynt wedi ymgartrefu yn y Rhondda. Prif arweinwyr yr URC oedd Noah Ablett, W. F. Hay a Noah Rees – y tri yn cyflwyno syniadau a damcaniaethau ynglŷn ag

---

[20] Tom Smith. Atalbwyswr ym mhwll glo Naval, Penygraig ydoedd, ac aelod o Bwyllgor Gwaith Ffederasiwn Glowyr De Cymru. Will Hopla, brawd John Hopla, a'r ddau yn aelodau blaenllaw gyda'r Eglwys Gynulleidfaol yn Nhonypandy *(Rhondda Leader,* 4 Gorffennaf, 1903, 4; 1 Hydref, 1905; 9 Mai, 1914.) Bu Mark Harcombe (1875-1956) a'i deulu hefyd yn weithgar ym mywyd y Blaid Lafur ac yng nghapel Cymraeg y Presbyteriaid Seion, Trealaw. Ef oedd un o'r ddau gyntaf i dderbyn Rhyddfraint Bwrdeistref y Rhondda, 1955. Defnyddiwyd gwasanaeth Llyfrgelloedd Rhondda Cynon-Taf i ddod o i wybodaeth am Harcombe, er fy mod yn adnabod aelodau y teulu ar ôl imi symud i Abercynon yn 1962.
[21] David Egan, 'The Unofficial Reform Committee and the Miners' Next *Step':* Documents from the W. H. Mainwaring papers, with Introduction and Notes', *Llafur,* cyf. 2, rhif 3, Haf 1978, 66.
[22] *Ibid.,* 64.

undebaeth diwydiannol a syndicaliaeth.[23] Ffrwyth y *Plebs League* a'r Coleg Llafur Canolog oeddynt. Cyfarfu yr URC unar-ddeg o weithiau rhwng 27 Mai 1911 a 17 o Ragfyr, ac W. H. Mainwaring oedd yr Ygrifennydd.[24] Un o Glydach Vale ydoedd, a gweithiai ym mhwll glo y Cambrian lle roedd yn hynod o weithgar yn y gyfrinfa.

Galwyd cynhadledd arall gan Ffederasiwn y Glowyr ar 29 Mai 1911 i drafod polisïau yr Undeb tuag at yr anghydfod yn y Cambrian. Penderfynwyd galw ar Undeb Glowyr Prydain Fawr i ystyried streic trwy'r wlad ar gwestiwn cyflog lleiafrifol

---

[23] Noah Ablett, (1883-1935). Atalbwyswr yng nglofa Mardy yn y Rhondda Fach oedd hwn, ac aelod o Bwyllgor Gwaith Ffederasiwn Undeb Glowyr De Cymru. Bu yn fyfyriwr yng Ngholeg Ruskin, Prifysgol Rhydychen ar ysgoloriaeth o Ddosbarth Glowyr y Rhondda, Hydref 1908. Ef oedd un o sylfaenwyr y *Plebs League*. Sefydlodd Gynghrair Plebs De Cymru ym 1909 a chyhoeddodd y *Plebs League* ei bamffledyn a fu yn ddefnyddiol yn nosbarthiadau nos y mudiad, *Easy Outline of Economic Science* (Plebs publication, 1910). Sefydlodd gangen o'r *British Advocates of Industrial Unionism* yn y Porth. Ymunodd gyda chyngrair arall y tro hwn, a sefydlodd Tom Mann, *Industrial Syndicalist League*. Gwnaed ef yn asiant glowyr Dosbarth Merthyr ym 1918. Un o Lundain yn enedigol oedd W. F. Hay. Bu yn dilyn ei grefft fel peintiwr ym myd diwydiant tai cyn ymfudo i Gwm Rhondda. Cafodd waith ym mhwll glo y Standard ym Wattstown. Daeth yn aelod o *Industrial Syndicalist League* a chyfranai yn gyson erthyglau i'r cylchgrawn *Rhondda Socialist* o dan ffugenw *Syndic*. Roedd yn weithgar gyda'r *Plebs League* a Choleg Canolog Llafur *(Central Labour College)*. Atalbwyswr oedd Noah Rees ym mhwll glo y Cambrian, Clydach Vale, ac ef oedd ysgrifennydd cyfrinfa y Cambrian. Daeth yn Is-gadeirydd Pwyllgor Streic y Cambrian Combine, a bu yn fyfyriwr yng Ngholeg Ruskin ar ysgoloriaeth Undeb Glowyr y Rhondda. Un o sylfaenwyr Cynghrair Plebs Cymru ym 1909 ac yn Ebrill 1911, etholwyd ef yn Gynghorydd dros y Blaid Lafur gan Gyngor Dinesig y Rhondda, *ibid.*, 77-79.

[24] Roedd W. H. Mainwaring yn ŵr gwybodus, a bu yn hyfforddi Aneurin Bevan a Jim Griffiths yng Ngholeg Llafur Canolog yn Llundain. Daeth yn Asiant y Glowyr, Dosbarth Rhif 1, Cwm Rhondda o 1924 hyd 1933 ac yn Aelod Seneddol Llafur dros Etholaeth Dwyrain y Rhondda o 1933 hyd ei ymddeoliad ym 1959. Am Mainwaring, gweler D. Ben Rees, *Cofiant Jim Griffiths*, 59, 61, 75, 108, 114, 148-9, 156. Ni chafwyd astudiaeth ohono er dirfawr golled i hanes Cymru.

(*minimum wage*).²⁵ Galwyd y Gynhadledd yn ôl ar 12 Mehefin i gytuno yn derfynol ac i hysbysu Ffederasiwn Glowyr Prydain fel hyn: os nad oeddent yn barod i weithredu y byddai Undeb Glowyr De Cymru yn mentro ar eu pennau eu hunain. Ond ar 14 Mehefin 1911 mewn cynhadledd o'r MFGB, gwrthodwyd awgrym yr SWMF; cytunwyd ar yr hyn a gynigiwyd ar 15 Mai a thrwy hynny olchi eu dwylo o unrhyw gyfrifoldeb gan gynnwys cyfrifoldeb ariannol am y streicwyr.²⁶ Felly, ni ddaeth dim byd o'r holl drafod, a chafwyd siom fawr gan y streicwyr a'u harweinwyr a chymdeithas yr URC. O leiaf, fe argyhoeddwyd arweinwyr fel Mabon yn ne Cymru i ystyried streic cyffredinol.

Erbyn Mawrth 1911, roedd yr URC yn ddigon hyderus i gynnal cynhadledd yng Nghaerdydd, gan fod rhai o wŷr amlwg yr Undeb fel Vernon Hartshorn, George Barker a James

---

[25] Roedd glowyr de Cymru yng nghynhadledd flynyddol Ffederasiwn Undeb Glowyr Prydain Fawr yn Hydref 1910 wedi codi y mater o weithio mewn mannau anodd. Rhoddodd William Edwin Harvey, arweinydd y glowyr y maes glo Swydd Derby, ddarlun a dorrai galon Mabon a'r arweinwyr o Gymru. Meddai, 'For years, this question has been dealt with in my county, dealt with somewhat successfully... Now there is not a colliery in my county, but what has a price list, and on that price list is a clause, that where men cannot get a day's wage through difficulties, falls, inundation of water, and so forth, they shall be paid a day's wage, that is the day's wage on the price list plus percentage.' Gw. J. E. Williams, *The Derbyshire Miners: A Study in Industrial and Social History* (London, 1962), 396.

[26] Roedd yr M.F.G.B. wedi cytuno yn y Gynhadledd ar 24-26 Ionawr, 1911 i gyfrannu y swm o £3,000 yr wythnos i lowyr y Rhondda. Telid am hyn trwy osod lefi o dair ceiniog ar bob aelod o Ffederasiwn Glowyr Prydain Fawr, *ibid*, 399.

Winstone yn mynychu aml i gyfarfyddiad.[27] Erbyn 29 Mai, teimlai yr URC y dylasent gyflwyno rhaglen eu hunain, ac o hyn y tarddodd un o'r dogfennau pwysicaf yn y cyfnod, sef y *Miners' Next Step*. Trefnwyd bod nifer o lowyr yn paratoi y pamffledyn, ac erbyn hyn, nid ydym yn sicr pwy oedd yn gyfrifol am y cyfan. Ar un adeg, arferid credu bod A. J. Cook, a ddaeth yn arweinydd i lowyr Prydain yn y streic cyffredinol ym 1926, yn un ohonynt.[28] Nid yw hynny'n wir o gwbl – mewn gwirionedd, nid yw ei enw yn ymddangos yn y llawysgrifau

---

[27] James Winstone (1863-1921), Asiant Glowyr Cymoedd Dwyreiniol Sir Fynwy o 1898 oedd hwn, ac aelod o Bwyllgor Gwaith Ffederasiwn Glowyr De Cymru. Roedd yn aelod o'r BLA, ac enillodd sedd ym 1906 yn enw Llafur ar Gyngor Sir Fynwy. Methodd â chyrraedd San Steffan, ond bu'n ymgeisydd fwy nag unwaith. Talodd ei wrthwynebydd, Cyrnol Ellis Williams, ymgeisydd y Torïaid yng Ngogledd Mynwy deyrnged fawr iddo fel cymeriad diddwyll a dibynadwy. Ffrind da yn y bywyd cyhoeddus. Gw. *Llais Llafur*, 24 Ionawr, 1914, 1. Vernon Hartshorn (1872-1931), Asiant Glowyr Dosbarth Maesteg o Undeb y Glowyr oedd hwn. Yn aelod blaenllaw o'r Blaid Lafur Annibynnol, bu'n cnocio drysau yr etholaeth ddwywaith ym 1910 cyn iddo agor yn etholiad 1918, pan etholwyd ef yn ddiwrthwynebiad dros ranbarth newydd Ogwr. Daliodd y sedd yn ddiogel hyd ei farwolaeth. Dyma deyrnged yr hanesydd, Dr Thomas Richards iddo: 'O dan yr arafwch a'r gwastadrwydd, roedd nerthoedd mawrion ynddo; nid oedd arweinydd Llafur mwy ddiogel nag ef yn ei gyfnod na galluocach.' Tom Richards, 'Vernon Hartshorn (1872-1931)' yn *Y Bywgraffiadur Cymreig hyd 1940*, 323. Roedd George Barker (1858-1936) yn Asiant Glowyr Cymoedd Gorllewin Sir Fynwy ac un o sylfaenwyr y *Plebs League* ym 1909 ac yn llywodraethwr Coleg Llafur Canolog. Gweithredodd fel Ynad Heddwch yn Abertileri.

[28] Paul Davies, 'The Making of A. J. Cook: His Development within the South Wales Labour Movement, 1900-1924', *Llafur*, volume 2, no 3, Summer 1978, 43-63. Camarweiniwyd R. Page Arnot gan Cook i gredu mai A. J. Cook oedd un o awduron *The Miners' Next Step*, ond derbyniodd neges oddi wrth W. H. Mainwaring fod arweinydd y glowyr yn barod iawn i oreuro'r gorffennol hyd yn oed pan oedd y ffeithiau yn anghywir. Llyfrgell Genedlaethol Cymru Papurau W. H. Mainwaring Llythyr Page Arnot i Mainwaring, dyddiedig 3 Mawrth, 1970. Yn wir, mewn erthygl yn y cylchgrawn, *Tit-Bits*, 15 Medi, 1926, dywed A. J. Cook mai ef, ynghyd ag Ablett, Mainwaring a May oedd awduron *Miners' Next Step*.

sydd ar gof a chadw yn y Llyfrgell Genedlaethol.[29] Mae'n debyg fod Noah Ablett a C. L. Gibbons yn gyfrifol am y rhagymadrodd (*preamble* yw'r gair a ddefnyddid) ac W. F. Hay, Tom Smith a J. Rees i baratoi y Rhaglen.[30] Gwahoddid Noah Rees a T. R. Davies i ofalu ar ôl y cyfansoddiad a George Dolling a Llewellyn Thomas i baratoi pennod. Thomas oedd y glowr a gollodd ei fywyd yn y lofa.[31] Bu amheuaeth ar un adeg am ran J. L. Rees a Llewellyn Thomas, ond bellach, credir eu bod yn rhan o'r tîm. Y rhyfeddod yw nad oes sôn am W. H. Mainwaring o bawb. Enw arall a enwir fel un a baratodd dudalennau ydyw Dick Dinsley o'r Porth. Gwyddom fod Mainwaring wedi cynorthwyo Noah Rees. Mae'n amlwg fod grŵp y Rhondda o'r URC yn gyfrifol am lunio'r drafft, a gellir

---

[29] *Ibid.*

[30] Charles L. Gibbons, Glöwr ym mhwll glo Mardy oedd hwn. Ar ôl cwblhau cwrs fel tanwr (*fireman*) yn y lofa, daeth yn drwm o dan ddylanwad yr Asiant, Noah Ablett. Ym Medi 1911, enillodd ysgoloriaeth Dosbarth y Rhondda o Undeb Glowyr De Cymru i astudio yn y Coleg Canolog yn Llundain. Ceir cofnodion eisioes am Ablett ac Hay. Ni cheir llawer o fanylion am Tom Smith ond glöwr ydoedd yntau, ac roedd yn hynod o ddylanwadol gan ei fod yn aelod o Bwyllgor Gwaith Ffederasiwn Undeb Glowyr De Cymru ym 1911. Mae gennym broblem gyda John Rees, gan fod dau o'r un enw yn weithgar yng Nghynghrair Plebs De Cymru. Yr un mwyaf tebygol yn ôl David Egan yw J. L. Rees, Bwllfa, Abercraf, Cwm Tawe. Gwelir ei enw ef fel aelod o'r URC. Roedd J. L. Rees yn un o sylfaenwyr y *South Wales Plebs League* ac yn gydweithiwr gyda Nun Nicholas, atalbwyswr yng nglofa y Diamond yng Nghwm Tawe ac un o'r Sosialwyr y sonia y bardd Gwenallt gryn dipyn amdano. Y mae J. Rees arall hefyd yn un o sylfaenwyr y *South Wales Plebs League* ac fe'i hetholwyd i gynrychioli Ogmore Vale ac Westward ar bwyllgor gwaith y Gynghrair. Gw. David Egan, 'The Unofficial Reform Committee and the Miners' Next Step', *Llafur*, cyf. 2, rhif 3, Haf 1978, 79.

[31] Glöwr yn un o byllau y *Cambrian Combine* oedd T. R. Davies, ac yn ôl pob tystiolaeth, yn aelod o Bwyllgor y Streic. Atalbwyswr ym mhwll glo y National yn Ynyshir. Roedd yn aelod amlwg o'r Blaid Lafur Annibynnol ac yn gefnogwr brwd Cymdeithas Sosialaidd y Rhondda a Chynghrair Plebs De Cymru. Glöwr yn y Rhondda Fach oedd Llewellyn Thomas (1881-1913) a laddwyd ym mhwll glo rhif 9, Tylorstown ym mis Mawrth 1913.

bod yn weddol sicr mai Noah Ablett, W. F. Hay, Noah Rees a George Dolling oedd y prif awduron. Yr hyn a gawn yn y pamffledyn yw dadl gref i Undeb Glowyr De Cymru, y Ffederasiwn fel y'i gelwid, i ail-drefnu fel ei bod yn fwy o Undeb Diwydiannol i holl weithwyr y glofeydd.[32] Bu'n rhaid aros i weld Mabon yn rhoddi'r gorau i'r Undeb cyn bod gobaith i ad-drefnu Undeb y bu ef mor gyfrifol am ei bodolaeth. Nid oedd Mabon yn medru stumogi y pamffledyn, am mai beirniadaeth arno ef ac eraill fel Tom Richards ydoedd yn ei hanfod. Llais y glöwr deallus ydoedd, ac nid llais y glöwr cyffredin. Roedd y glöwr cyffredin yn dal yn ffyddiog yn arweinyddiaeth Mabon tra oedd y glowyr deallus wedi hen flino arno. Gwelai'r glowyr deallus fod arweinydd fel Mabon yn ormodol yn nwylo y cyflogwyr, yn rhy gyfeillgar o lawer â hwy ac yn fwy tebygol o fod yn ffrindiau gyda'r gwŷr bonheddig ac hyd yn oed aelodau seneddol. Dyna'r darlun o Mabon oedd yn wybyddus iddynt a gofalodd y pamffledyn fod yn dra beirniadol o arweinyddiaeth bwyllog William Abraham.[33] Mynnai *The Miners' Next Step* roddi atebion ar fyrder i faterion fel cyflogau ac oriau gwaith, ond yn fwy dadleuol, âi yn ei flaen i gynnig cysyniad newydd o undebaeth lafur 'wyddonol' a gweledigaeth o ddiwydiant wedi ei rheoli gan undeb lle byddai'r cyflogwyr yn cael eu 'diddymu'.[34]

Nid oedd syniad felly yn syniad derbyniol i syndicaliaid. Ni fyddent hwy am reoli eu hundeb eu hunain, ond yr hyn a wnaeth y streic a'r pamffledyn oedd rhoddi mwy o hyder, ac yn wir, ddicter yng nghalonnau arweinwyr fel A. J. Cook i gymryd yr awenau mewn unrhyw wrthdaro diwydiannol. Cyrhaeddwyd yr uchafbwynt yn streic fawr 1926.

---

[32] Gweler y gyfrol o eiddo Hywel Francis a David Smith, *The Fed and the Miner's Next Step*, 10, 13-16, 186-7, 305, 419 a 444.
[33] 'The Miners' Next Step', *Gwyddoniadur Cymru yr Academi Gymreig*, 627-8.
[34] *Ibid.*, 628.

Daeth y streic i ben ym mis Hydref 1911 heb fuddugoliaeth i'r streicwyr yn eu hamcanion.[35] Ond gellir dadlau bod terfysgoedd Tonypandy wedi dod yn arwyddair i lowyr ym mhob un o feysydd glo Prydain i beidio â bod mor ddiniwed a difater. Roedd yn rhaid ymladd am welliannau, ac roedd yn rhaid brwydro am isafswm cyflog (a sicrhawyd yn rhannol ym 1912) ac yna am welliannau eraill yn eu hamodau gwaith peryglus ac anodd.[36]

Roedd yr ymosodiad ar Mabon wedi dod o wahanol gyfeiriadau. O gyfeiriad unigolion, mynegodd Mark Harcombe ei hun heb flewyn ar dafod. Ganwyd Mark Harcombe yn yr un un pentref â Mabon, sef yng Nghwmafan, yn fab i Jehoida ac Hannah Harcombe, glöwr, ond ymfudodd yn ifanc i Donypandy ac ymgartrefu yn Nhrealaw a dod yn ffigwr pwysig yn Streic y Cambrian. Daeth yn un o arweinwyr pwysicaf y Blaid Lafur yng Nghwm Rhondda o'r dau ddegau ymlaen hyd y pum degau. Dyma ei brofiad ef:

> It is simply sickening to read of the half-hearted way the leaders are taking up the question of a minimum wage in abnormal places and if the worker is to come to his own, he must get rid this present day 'oligarchy' manifested by his accredited leaders.[37]

Mabon oedd dan lach Harcombe. Bu bron i Mabon golli llywyddiaeth y Ffederasiwn yn erbyn y sosialydd, George Barker, ac yn fuan wedyn, enillodd C. B. Stanton, yr eithafwr o Aberdâr, sedd fel cynrychiolydd Cymru ar Bwyllgor

---

[35] *Ibid.*, Terfysg Tonypandy, 905.
[36] *Ibid.*
[37] David Smith, 'Leaders and Led' yn Rhondda Past and Present (edited by K. S. Hopkins, Rhondda Borough Council, Ferndale, 1974) 45.

Rhyngwladol y Glowyr.[38] Dewis hynod o anffodus ar ran y Ffederasiwn oedd hwn gan iddynt deimlo galar ar ôl marwolaeth tri o'u cefnogwyr pennaf ar 23 Ionawr 1911 mewn damwain drên yn Nhrehopcyn, sef W. H. Morgan (Treherbert), Tom George (Ferndale) a Tom Harries (Pont-y-gwaith) a hwythau ar eu ffordd i Bwyllgor Gwaith Undeb y Glowyr yng Nghaerdydd.[39] Galarai Mabon am y colledion mawr a gofidiai fod y tri a etholwyd yn fawr eu teyrngarwch iddo ef. Roedd y tri a ddewiswyd i gymryd lle y rhai a gollwyd yn y ddamwain yn wrthwynebus i'r arweinyddiaeth. Cymerwyd eu lle gan dri o wrthwynebwyr pennaf Mabon, sef Tom Smith, John Hopla a Noah Rees ac ymunodd Noah Ablett â hwy yn fuan. Ac i goroni y cyfan, ym 1912 etholwyd tri o wŷr blaengar y Blaid Lafur Annibynnol, George Barker, Vernon Hartshorn a C. B. Stanton i gymryd lle Mabon, Alfred Onions a Tom Richards, Llywydd, Trysorydd ac Ysgrifennydd yr Undeb, fel y cynrychiolwyr ar Bwyllgor Gwaith Glowyr Prydain Fawr.[40]

Ond er y siomedigaethau hyn, ni surodd Mabon ond daliodd i weithredu a theimlo yn hapus ym Mawrth 1912 iddo lwyddo i sefydlu lleiafswm o gyflog er gwaethaf beirniadaeth Harcombe. Ni chafodd Mabon y swm a geisiodd i'r glowyr fel lleiafswm, sef pum swllt i oedolyn a dau swllt i fechgyn. Penodwyd cyfalafwyr yn yr ardaloedd lle gweithredai Byrddau Cymodi. Hwy oedd i roddi'r swm ar ôl gwrando ar gynrychiolwyr y perchnogion a chynrychiolwyr y gweithwyr mewn cyfarfod a alwyd i drafod y cwestiwn hwnnw. Roedd Mabon ar flaen y gad i bwysleisio'r angen i gyflogwyr a'r rhai cyflogedig i ddod i berthynas dda â'i gilydd. Nid gelynion i'w

---

[38] Ni allai C. B. Stanton ddod yn agos i boblogrwydd Mabon yn y maes glo. Mentrodd sefyll ym 1901 yn ei erbyn am swydd Llywydd y Ffederasiwn yn ne Cymru. Derbyniodd Mabon 108, 550 o bleidleisiau a C. B. Stanton 10,510 – prawf pendant pwy oedd yr arwr.
[39] E. D. Lewis, *Rhondda Valleys*, 176. Gwelir plac i'w goffáu yn Siambr Cyngor Bwrdeistref y Rhondda yn Pentre.
[40] David Smith, 'Leaders and Led' yn *Rhondda Past and Present,* 45.

gilydd oedd y nod, ond cydweithio er budd pawb yn y diwydiant a olygai gymaint, er pan oedd yn fachgen bach yng Nghwmafan. Y gwir oedd hyn: na fyddai y mesurau (mesur y blwydd-dal) ac eraill wedi dod i rym oni bai am aelodau y *Lib-Lab* a Llafur a hwythau yn ysgogi'r Llywodraeth Ryddfrydol. Gallai T. P. O'Connor, Aelod Seneddol y Blaid Wyddelig dros Scotland Road, Lerpwl, ddweud:

> Y mae'r Blaid Lafur wedi dylanwadu'n ddyfnach ar Dŷ'r Cyffredin nag a sylweddolai ei hun.[41]

Ac roedd hyn yn cael ei ddweud ychydig flynyddoedd ar ôl i Mabon ac eraill ymuno â'r rhengoedd. Gwyddai Mabon fod trigolion y Rhondda yn ei edmygu a'i barchu. Flynyddoedd cyn Terfysg Tonypandy, galwyd ef yng Nghyfarfod Ffederasiwn Glowyr Prydain Fawr yn Abertawe ym 1906 yn *Grand Old Man of the Mining World in Parliament*. Enoch Edwards, Aelod Seneddol a Chadeirydd yr Undeb a'i galwodd ef gan ychwanegu, 'he has become an historical figure.'[42]

Bu ei safiad yn y blynyddoedd hyn o 1909 hyd 1912 yn arwrol. Crwydrodd gyda Winston Churchill, Llywydd y Bwrdd Masnach, ym 1909 oherwydd yr ymrafael ym maes glo yr Alban. Bu Churchill yn bygwth gorfodi glowyr yr Alban i dderbyn cyflafareddiad a chafodd ef a Mabon sgwrs ar y cwestiwn.[43] Wrth adael yr ystafell yn Whitehall, trodd Mabon at Winston Churchill a dweud wrtho: 'Mr Churchill, you cannot put six hundred thousand men in prison.'[44] Daeth gwên i wyneb y llew o wleidydd. Cytunodd a bodlonodd Mabon, yn

---

[41] *Ibid.*, 45-6.
[42] Llyfrgell Genedlaethol Cymru. Archif y Methodistiaid Calfinaidd 14, 842. *Bywyd a Gwasanaeth y ddiweddar William Abraham (Mabon)* gan y Parch David Davies, Pentre, Rhondda, 57.
[43] *Ibid.*, 58..
[44] *Ibid.*, 61-2

enw Ffederasiwn Glowyr Prydain Fawr, ar osod ei enw wrth y cytundeb.

Yn y cyfnod hwn, bu yn prysur ryfeddol, yn llunio erthyglau i'r papurau ym Morgannwg, a gwelid yn amlwg, er ei fod ar drothwy oedran yr addewid, fod ei resymeg yn ddifai. Anfonid newyddiaduron i'w gyfweld a chyhoeddwyd yn gyson bortreadau mewn llun a geir ohono. Ond un o ddigwyddiadau hyfrytaf y cyfnod hwn oedd yr un yn Chwefror 1911 pan dderbyniodd neges oddi wrth Lywodraeth y Dydd. Dyma'r geiriad:

> William Abraham, Equire, M. P. for the Rhondda Division, was, by His Majesty's command, sworn in to be on His Majesty's Most Honourable Privy Council, and took his place accordingly

Roedd Mabon wedi gwrthod yr anrhydedd o fod yn Farchog, ond derbyniodd y teitl o'r Gwir Anrhydeddus am ei fod yn rhoddi anrhydedd i lowyr de Cymru. Daeth Mabon yn ail Ŵr Anrhydeddus i'w ddewis o blith Undebwyr Llafur a daeth hyn iddo ef pan oedd yng nghanol y frwydr anoddaf y bu ynddi hyd hynny. Bu camddeall mawr, ac yn sicr camliwio ar bob ochr. Dyn teimladwy oedd Mabon, a chollodd nosweithiau o gwsg gyda'r beirniadu a'r ynfydrwydd a brofodd gydag ambell i ynfytyn yn bygwth ei ladd. Trwy'r cyfan, arhosodd yn ddoeth, yn fedrus ei safiad ac yn wrol ar y llwyfan ac yn y trafodaethau, Dywedodd, 'The hour hath come. Someone must die for the people.[45] Golygai hynny pe bai raid. Safodd yn ddi-ildio drwy'r cyfan, ac roedd yn barod iawn i sefyll yn erbyn eithafwyr fel C. B. Stanton. Ychydig o arweinwyr sydd yn debyg iddo yn hanes Cymru o 1880 hyd 1914. Gorfu iddo ddioddef gwaradwydd a gwarth gan lowyr yr oedd ef yn arweinydd swyddogol iddynt, a daeth trwy'r cyfan yn fuddugoliaethus, yn

---

[45] *Ibid.*, 62.

Wir Anrhydeddus William Abraham. Cymodi a chymedroli oedd ei fwriad bob amser. Ond roedd Streic y Cambrian yn amser anniddig, y cecru cyson a'r angen i fod yn gall yn un o'r streiciau nad anghofir yn hanes Cymru. Rhaid cofio teyrnged y newyddiadurwyr iddo a mynegodd Picton Davies o'r *Western Mail* hynny yn glir yn ei atgofion. Dyma a ddywedodd ef yn ei bennod ar 'Mwynder Cwm Rhondda':

> Mabon (William Abraham, 1842- 1922) oedd prif ddyn y cwm. Yr oedd bywoliaeth miloedd lawer o weithwyr a siopwyr yn dibynnu ar ei air ef. Gallai benderfynu beth oedd i fod – heddwch ynteu streic. Ei brif nod oedd cyfiawnder i'r glowyr heb beryglu heddwch yn y glofeydd. Clywais ef yn annerch cynulliadau mewn llawer math o le – ar lwyfan eisteddfod, mewn festri capel, yn y pulpud, yng nghyrddau misol y glowyr, ar ben mynydd rhwng Cwm Taf a Chwm Cynon i dorf enfawr o lowyr. Nid oedd neb yn deall y glowr fel Mabon. Os byddai cynnwrf mewn cyfarfod, gallai Mabon ei atal ag un gair.[46]

---

[46] Picton Davies, *Atgofion Dyn Papur Newydd*, Lerpwl, 1962) ,104.

Pennod 10

Gyrfa Seneddol Llafurwr

Credid ym 1885 ac yn y blynyddoedd dilynol fod Mabon yn ddyn cymwys i gynrychioli Llafur yn y Senedd. Roedd yn iach yn y ffydd Ryddfrydol fel radical yn erbyn rhyfeloedd ac anghydfod diwydiannol; roedd yn gredwr cryf mewn cyflafarerddiad ac roedd yn olynydd da i'w arwr, Henry Richard, Aelod Seneddol Merthyr Tudful ac Aberdâr o 1868.[1] Pan deithiodd Mabon i San Steffan, roedd ei arwr yn dal yn aelod o Dŷ'r Cyffredin. Roedd Mabon, fel cymaint o arweinwyr y Rhyddfrydwyr yng Nghymru yn gadarn yn erbyn y fasnach feddwol. Dyfynnai ef y pennill hwn yn gyson:

> To prison goes the man or woman
> Who steal a goose from off a common,
> Then what should be the fate of those
> Who steal the common from the goose?[2]

Fel yr eglurwyd, aelod o'r *Lib-Lab* fu Mabon hyd nes i'r glowyr yn swyddogol ymuno gyda'r Blaid Lafur ym 1908. Ac ni fu hynny yn hawdd iddo. Yn wir, mewn cyfarfod yn y Porth cyn etholiad 1906, mynegodd Mabon ei rwystredigaeth am fod y Pwyllgor Cynrychioli Llafur yn ymddwyn yn unbennaethol tuag at nifer o aelodau a fu yn rhengoedd y *Lib-Lab* ac a oedd yn ei chael hi'n anodd newid plaid. Un o'r rhain oedd J. H. Wilson, ffrind da i'r morwyr, a galwodd yr LRC ar etholwyr

---

[1] Am Henry Richard, gweler *Dilyn Ffordd Tangnefedd: Canmlwyddiant Cymdeithas y Cymod* (gol. D. Ben Rees) (Lerpwl, 2015), 29-38, 94, 99, 116, 125, 142, 167, 180, 186-7, 211, 264 a 271; Gwyn Griffiths, *Henry Richard: Heddychwr a Gwladgarwr* (Caerdydd, 2013).
[2] 'Gwleidyddwr: Mabon fel Aelod Seneddol', yn *Tarian y Gweithiwr*, Mawrth 12, 1885, 3.

Canol Swydd Durham i beidio â phleidleisio drosto.[3] Gwnaed yr un peth yn hanes Enoch Edwards, Llywydd Glowyr Prydain Fawr ym 1906, Aelod Seneddol yn sedd Hanley.[4] Roedd y math hwn o weithredu yn groes i ysbryd ac argyhoeddiadau Mabon. Galwodd y Pwyllgor Cynrychioli Llafur yn bwyllgor di-enaid; yn wir, yn blaid oedd yn yr anialwch ac a oedd heb osod ei phabell yn ddiogel. Un o'r arweinwyr mwyaf dig yn llawn o gasineb oddi fewn i Undeb Glowyr y De oedd C. B. Stanton. Dadleuai ef fod Mabon am ddod allan dros yr hen drefn, ac nid dros y drefn newydd. Dyma eiriau Stanton am Mabon:

> Mabon was Mabon, but although he was powerful, he was not getting to prevail against the intelligence of the reading public of South Wales ... If Mabon, William Brace and John Williams were going to hang on to the old system, they must be taught that they could not control the people of South Wales.[5]

Un arall o feirniaid Mabon am ei hwyrfrydigrwydd i wneud ei feddwl i fyny oedd gweinidog yr Eglwys Undodaidd ym Mhenybont-ar-Ogwr, sef y Parchedgi D. G. Rees. Cyflwynodd ef ei anerchiad yn Gymraeg yn y Porth, a bu yn fawr ei feirniadaeth. Yn ôl adroddiad y papur lleol, dywedodd eiriau rhyfedd dros ben:

---

[3] Anthony Mason a John Saville, 'John Wilson (1837-1915)' yn *Dictionary of Labour Biography,* cyfrol 1 (1973), 348-30. Daliodd yn *Lib-Lab* ac ym 1909 gwrthododd ef, ynghyd â Burt a Fenwick ddod o dan oruchwyliaeth y Blaid Lafur yn San Steffan. (t. 349) Etholwyd ef yn Aelod Seneddol Ryddfrydol dros Houghton-le-Springs ym 1885 ac ym 1890 yn *Lib-Lab* dros Ganol Swydd Durham hyd ei farwolaeth ym 1915.

[4] Joyce Bellamy a John Saville, 'Enoch Edwards (1852-1912)' yn *Dictionary of Labour Biography, ibid.,* 109-111. Nid oedd yn hapus o gwbl y byddai'n rhaid iddo sefyll fel Llafurwr am sedd Hanley. *Lib-Lab* ydoedd hyd ei fedd ym 1912.

[5] *Rhondda Leader,* 12 Rhagfyr, 1905, 4.

The men of South Wales must get leaders who would lead. If their leaders like the Jewish Mabon of old hankered for the flesh pots of Egypt, away with them.[6] *(6)*

Teithiodd un o sosialwyr amlycaf dinas Caerlŷr, G. H. Bibbings, yr holl ffordd i'r Rhondda. Ymosododd yntau yn ei ragfarn a'i anwybodaeth ar ôl ffefryn ddyn y cymoedd. Thema Bibbings oedd nad oedd unrhyw fath o ostyngeiddrwydd yn perthyn iddo:

> The cry was, beside me, there is no other. I am Mabon and there is no-one like me.[7]

Nid oedd hyn yn dderbyniol i gefnogwyr Mabon, ond cafodd yr ymwelydd bowld dderbyniad, ond nid cymeradwyaeth.[8]

Ond bu yr ymrafael ymhlith y glowyr ar y cwestiwn trwy gydol haf 1906. Mewn cyfarfod yng Nghilfynydd i lowyr Dosbarth Pontypridd, siaradwyd gan Enoch Morrell oedd o blaid ymuno gyda'r LRC, a D. Watts Morgan, cyfaill da arall i Mabon, oedd yn erbyn. Ail-ddweud ymateb Mabon a wnaeth D. Watts Morgan yn y cyfarfod hwnnw ym mis Gorffennaf 1906.[9]

Yn Nhredegar, gosododd Alfred Onions y mater gerbron y glowyr, a daeth ef i'r casgliad mai gwan oedd y ddadl i ymuno fel corff o weithwyr gyda'r Pwyllgor Cynrychioli

---

[6] *Ibid.*, D. G. Rees, gweinidog yr Undodiaid ac un o'r sosialwyr ymosodol.
[7] *Ibid.*, G. H. Bibbings, un o weithwyr brwd y Blaid Lafur Annibynnol yng Nghaerlyr.
[8] Gofidiai John Williams, Aelod Seneddol Gŵyr, am yr ymgais fwriadol a wnaed i ddibrisio cyfraniad amhrisiadwy Mabon. Nid oedd Mabon yn erbyn Llafur, ond gan nad oedd y glowyr yn gweld eu ffordd i ymuno yn swyddogol i gefnogi y Blaid Lafur, ni allai yntau fentro cefnogi y Blaid Lafur. Byddai Mabon yn ddigon parod i ymuno yn y rhengoedd pan fyddai y glowyr a garai gymaint yn aeddfed i'r penderfyniad hynny. Roedd John Williams yn bleidiol i dderbyn yr LRC ym 1906. Gw. *Evening Express,* 30 Gorffennaf 1906, 3.
9 *The Cardiff Times,* 28 Gorffennaf, 1906, 5.

Llafur. Dadleuai ef y byddai'n bosibl i newid ac i addasu peiriant LRC a'i wella o'r tu fewn. Amosibl fyddai gwneud hynny o'r tu allan yn feirniadol.[10]

Anerchwyd glowyr Merthyr gan eu hasiant, John Williams, gyda T. I. Mardy Jones o'r Rhondda Fach a Tom Weale o Ferthyr, a'r tri ohonynt o Blaid Lafur Annibynnol wedi ymuno gyda Phwyllgor Cynrychioli Llafur.[11]

Bodlonodd Mabon i annerch glowyr a llafurwyr y Rhondda Fach ym Mardy ynghyd ag Alfred Onions. Gwelid Onions ar ei orau, yn deg a chymhedrol, tra'i bod hi'n amlwg fod Mabon ei hun yn dechrau aeddfedu. Mynegodd yn glir mai Llafur oedd ef yn bennaf ac yn gyntaf, ond iddo hefyd ei gael ei hun yn nhraddodiad unigryw Llafur-Rhyddfrydiaeth (*Lib-Lab*)[12]

Yn Sir Fynwy, cyfarfu glowyr y sir honno yn Abertileri i wrando ar y ddwy ochr gyda Keir Hardie yn pwyso arnynt i berthyn ac William Brace yn ochelgar ac am ohirio'r dewis.[13] A dyna a ddigwyddodd, fel y cofiwn. Ond ym 1908, daeth Mabon yn aelod o'r Blaid Lafur a safodd fel ymgeisydd Llafur yn etholiadau 1910.

Ym 1911 y ffurfiwyd Plaid Lafur y Rhondda. Dyddiad ei genedigaeth oedd 31 Hydref 1911.[14] Rhoddwyd y llywyddiaeth i Mark Harcombe, ysgrifennydd Pwyllgor Streic Glowyr y Cambrian Combine, a T. C. Morris yn Is-Lywydd.[15] Diddorol yw sylwi pwy oedd aelodau amlycaf Plaid Lafur yr etholaeth – pobl o'r un cefndir ag agwedd Mabon. Cymerer David Lewis (1874-1938) o Ferndale, un a ddaeth yn fachgen ieuanc i weithio yn y lofa ym 1888, ac un o sylfaenwyr gyda Mabon o Undeb Glowyr De Cymru. Chwareuodd ran amlwg

---

10 *Ibid.*
11 *Ibid.*
12 *Ibid.*
13 *Ibid.*
14 David Smith, *Leaders and Led (yn) Rhondda Past and Present,* 47.
15 *Ibid.*

yn Nosbarth 1 Undeb Glowyr y Rhondda o'r Ffederasiwn, ac ym 1917, gwnaed ef yn Ysgrifennydd y Dosbarth. Gwnaed ef hefyd yn Ynad Heddwch. Dyn capel fel Mabon ydoedd, a bu'n hynod o weithgar yng Nghapel y Methodistiaid Calfinaidd, Penuel, Ferndale.[16]

Un arall o'r un stamp â Mabon oedd James Jones (1867-1938) Ystrad. Ef oedd y sosialydd cyntaf i'w ethol i Gyfarfod Dosbarth y Rhondda, a bu yno hyd 1937. Daethai o Sir Benfro i'r Rhondda ym 1888, ac anodd credu iddo weithio dan ddaear am 48 o flynyddoedd hyd 1936, ac yntau yn 69 mlwydd oed. Bu yn ddiacon yng Nghapel Annibynwyr Bodringallt ac fel Mabon, mynychai'r eisteddfodau. Adnabyddid ef fel bardd eisteddfodol. Ef oedd aelod cyntaf glowyr y Rhondda i berthyn i'r Ffederasiwn, Undeb Glowyr De Cymru.[17]

Gŵr arall a fu yn fawr ei sêl dros y Blaid Lafur o'r cychwyn ym 1911 oedd Watkin Phillips (1889-1938). Dyma arloesydd arall ym myd Undebaeth y bu Mabon yn dibynnu cymaint arno. Deuai yn wreiddiol o Dredegar, a gweithiai ym mhwll glo Abergorky, lle bu yn llawn gweithgarwch yn y gyfrinfa. Ef oedd diacon hynaf Capel y Bedyddwyr Cymraeg, Ainon, Treorci.[18]

Un arall o edmygwyr Mabon oedd yn weithgar ym 1911 oedd William John (1878-1955), a anwyd yn y Cockett, ger Abertawe, y pedwerydd o deulu o bedwar-ar-ddeg o blant.[19] Ni chafodd, fel Mabon, lawer o fanteision addysg, ac yn dair-ar-ddeg oed aeth i weithio yn y pyllau glo yng Nghwm Rhondda. Carcharwyd ef, fel y cyfeiriwyd yn nherfysg y

---

[16] *Ibid.*, 48.
[17] *Ibid.*
[18] *Ibid.*
[19] John Saville, 'William John (1878-1955)' yn *Dictionary of Labour Biography,* 195; D. Ben Rees, 'William John (1878-1955)' yn *Cymry Adnabyddus, 1952-1972* (Lerpwl a Phontypridd, 1978), 107-8.

glowyr ym 1910.[20] Yna ym 1911, fe'i hapwyntiwyd ef yn asiant i lowyr Cwm Rhondda.[21] Ef oedd olynydd Mabon fel Aelod Seneddol. Roedd yn fawr ei gyfraniad fel Bedyddiwr, a bu yn Llywydd Undeb Bedyddwyr Cymru.[22]

Roedd gan Mabon gyfeillion da i'w gynrychioli a'i amddiffyn a'i gynorthwyo. Sylweddolai pob un o'r rhai a enwais fod cynadleddau y glowyr ym mis Mehefin a Gorffennaf wedi galw am arweinydd newydd yn lle Mabon. Galwyd arno i ymddiswyddo ac ethol pwyllgor gwaith i'r Ffederasiwn. Ni weithredwyd mo hynny; yn wir, cafodd Mabon ei ffordd unwaith yn rhagor. Ond fel y dywedodd ei gofiannydd Saesneg:

> The policy of industrial warfare had been rejected once again by the miners, but this was to be Mabon's last triumph.[23]

Nid yw hynny yn hollol wir, er ei bod hi'n edrych felly ym 1911. Yn wir, cyfaddefodd Mabon hynny a dywedodd Ablett wrtho ei bod hi bellach yn amser bwyta'r genhinen arno.[24] Dyna ei eiriau wrth Bwyllgor Gwaith y Ffederasiwn, a sylweddolai yn ddigon da ei fod wedi cael ergydion y byddai'n anodd arno ail-afael arni. Deallai ef y sefyllfa. Cydnabu hynny yn y *South Wales Daily News:*

---

[20] John Saville, *ibid.*, 195. Dedfrydwyd John i flwyddyn o garchar am iddo fod ynghlwm wrth y terfysg yn Nhonypandy. Rhyddhawyd ef a'i gydundebwr, John Hopla ar ôl wyth mis o gaethiwed, gan yr Ysgrifennydd Cartref, Reginald MacKenna.
[21] *Ibid.* Yn ystod ei garchariad, apwyntiwyd ef yn asiant y glowyr dros y Rhondda, ac roedd Mabon â rhan bwysig yn yr apwyntiad hwnnw. Daeth allan o'r carchar a'i groesawu i'r swydd newydd hon.
[22] *Llawlyfr a Dyddiadur Undeb Bedyddwyr Cymru*, 1956; *Who was Who, 1951-1960*, 587.
[23] E. W. Evans, *Mabon*, 91.
[24] Dyma eiriau Noah Ablett wrth Mabon: 'The time for fight has gone by and the time for eating the leek has arrived.'

Not only that, but my policy - the policy that I have lived for forty years to carry out, and also to serve to the utmost of my ability in the interests of my fellow workmen - have been respected unmistakably.[25]

Roedd Mabon yn ddigon o ddyn i dderbyn geiriau un o'i hoff feirdd, Ceiriog: 'A bugeiliaid newydd sydd ar yr hen fynyddoedd hyn.' Llaciodd ei afael fel arweinydd nodedig y glowyr. Rhwng Awst 1911 a Chwefror 1912, ni fynychodd ond chwe phwyllgor gwaith yr Undeb, ac wrth weld Streic Gyffredinol ar y gorwel, penderfynodd na fyddai'n dymuno cael ei ail-ethol.[26] Felly ar 5 Medi, 1912 yng Nghaerdydd, llywiodd y Gynhadledd Flynyddol am y tro olaf. Bu yn arweinydd am 35 o flynyddoedd, a mynegodd ei ddyled am y fath anrhydedd, gan gydnabod iddo wneud ei orau ar bob amgylchiad. Derbyniodd fanllefau huawdl a gwahoddwyd William Brace, ei hen elyn, yn olynydd iddo. Gwahoddwyd ef i gadw ei gysylltiad fel swyddog anrhydeddus y Ffedersiwn.

Bu'r ddamwain drên ar 25 Ionawr 1911 yn ergyd anodd iddo fel arweinydd. Collwyd tri arweinydd Llafur. Roedd William Herbert Morgan, Tom Harries a Tom George yn Gynghorwyr Llafur. Bu bron i dri arall golli eu bywydau yn y ddamwain yn Nhrehopcyn, sef Will John, Mark Harcombe a Tom Smith. Roedd y tri ohonynt ar yr un un trên, ond mewn cerbyd arall. Dihangodd y tri rhag Brenin Braw. Yn wir, roedd Mabon ei hun wedi bwriadu bod gyda'i gymrodyr, ond newidiodd ei gynlluniau a theithio'r diwrnod cynt, neu fe allai y byddai ei fywyd yntau wedi bod yn y fantol. Roedd y golled i'r Blaid Lafur ifanc, ac i Mabon ac i Gwm Rhondda yn fawr. Cyfrifid Herbert Morgan fel un o'r gwŷr ieuainc mwyaf addawol oddi fewn y Blaid Lafur ac Undeb y Glowyr. Ceid

---

[25] *South Wales Daily News,* 10 Hydref, 1910.
[26] Chris Williams, *Democratic Rhondda: Politics and Society, 1885-1951,* 254.

deunydd aelod seneddol ynddo. Er bod nifer o arweinwyr radical (hyd yn oed yn fwy radicalaidd na Morgan ac Harries a George a gollwyd) yn ymddangos yn y Rhondda, nid oedd hi'n hawdd goresgyn colledion fel y rhain. Awgryma Chris Williams:

> It is reasonable to suggest that, had Morgan, Harries and George survived, Labour might have been in a fraction of control on the RUDC by 1912.[27]

Roedd Mabon yn ymwybodol fod holl ddyfodol Llafur yn yr etholaeth yn dibynnu ar areithwyr cyflogedig Undeb y Glowyr. Ar gyfer etholiad Tachwedd 1910, trefnodd ef fod taflen yn cael ei hargraffu yn pwysleisio cyfrifoldeb ar swyddogion yr Undeb:

Yn gyntaf dylai pob atalbwyswr, aelod o bwyllgorau gwaith y gyfrinfa, o fewn y Ffederasiwn roddi cefnogaeth i'r ymgeisydd Llafur. Os na wneir hynny, nid ydynt hwy yn haeddu cefnogaeth eu cyd-lowyr, a dylid eu symud hwy yn ddiymdroi o'u swyddi.

Yn ail fod pob aelod o'r Ffederasiwn sydd yn gwrthwynebu yr ymgeisydd Llafur trwy gadw'n ddistaw mewn gair a chefnogaeth ac yn methu pleidleisio yn y bwlch yn euog o fradychu achos y gweithiwr.[28] Yn wir, y mae yn fradwr.

Ceid cryfder pleidlais Llafur ym mhen ucha'r cymoedd. Yn y Rhondda Fawr, Treherbert, oedd y ganolfan i Lafur, ac yn y Rhondda fach, Mardy, oedd y ganolfan sosialaidd. Oddi ar derfysg Tonypandy, daeth canol y Rhondda, sef Trealaw, Tonypandy, Clydach Vale a Blaenclydach yn bleidiol ac yn gadarnleoedd. Ym 1915 yn Nhreherbert, cynrychiolid y pentref gan ddau Lafurwr, a dim

---

[27] *Ibid.*, 93.
[28] *Rhondda Leader,* 5 a 12 Tachwedd, 1910.

ond un Rhyddfrydwr, a mater o amser fyddai ganddynt hwy i gadw'r sedd. Yn ardal y Mardy, roedd dau allan o'r pedwar cynghorydd yn gwisgo lliwiau y Blaid Lafur. Yng nghanol y Rhondda Fawr, ceid saith o gynghorwyr Llafur allan o naw a gynrychiolai'r pentrefi hyn. Ni cheid Llafur yn cynrychioli Treorci – mangre y *Lib-Lab* a'r Rhyddfrydwyr ydoedd y dref Gymreigaidd honno, a dim ond un cynghorydd allan o bedwar yn y Porth ar waelod y ddau gwm oedd yn gefnogydd Llafur.

Ceid rhai unigolion nad oedd modd i Lafur gael y gorau arnynt fel Thomas Thomas o'r Ystrad, ac yn un o wŷr amlycaf yr Annibynwyr Cymraeg yn y Rhondda. Llwyddodd ef i atal Llafurwr rhag cael buddugoliaeth arno yn yr etholiadau am y Cyngor ym 1908, 1911 a 1914.

Un arall oedd yn debyg iawn i Tom Thomas oedd Ben Davies. Ni fedrai'r glöwr, Tom Rees ei ddisodli ef, a chofier i'r papur hwnnw, y *Rhondda Socialist* ddweud ym 1913 ei fod ef yn 'a Labourite and Socialist of the first rank.'

Nid oedd hi'n bosibl i ferched ennill o gwbl yn lliwiau Llafur. Wedi'r cyfan, nid oedd ganddynt hwy bleidlais eu hunain. Dinasyddion ail law oeddent yn wleidyddol a'u tynged hwy oedd cadw'n dawel, ac er bod croeso iddynt weithio yn y dirgel dros y pleidiau, ceid cryn ragfarn yn erbyn merch hyderus oedd yn awyddus i sefyll am sedd y Cyngor. Dioddefodd un o ffrindiau da Mabon, sef Elizabeth Davies. Cymhlethwyd ei hymgeisyddiaeth hi yn enw y Blaid Lafur gan ei bod yn briod gyda'r Cynghorydd Sirol a'r Rhyddfrydwr pybyr, Elias Thomas Davies.[29]

Ond cafwyd personoliaethau magnetig yn y gwersyll Llafurol i helpu Mabon ym 1911, a'r pennaf ohonynt oedd Mark Harcombe. Enillodd ef yn erbyn Is-Gadeirydd y Cyngor Dinesig, David Charles Evans, a gadwai westy ac a fyddai wedi

---

[29] Chris Williams, *ibid.*, 255.

dod yn Gadeirydd ym 1911-1912 oni bai am allu y glöwr o bwll y Cambrian i ennill y dydd. [30]

Dyhead y chwith wleidyddol ym 1910 oedd cael ymgeisydd Llafur ac nid Rhyddfrydwr mewn lliwiau Llafur fel Mabon. Ond ni ddigwyddodd dim byd am fod aml i sosialydd yn credu mai etholiad Rhagfyr 1910 fyddai etholiad olaf Mabon. Disgwylid iddo ymddeol ar ôl hynny, gan mai anaml iawn y bu yn bresennol ym mhwyllgorau gwaith Undeb Glowyr De Cymru a chafodd gryn dipyn o salwch ym 1912 ac yng ngwanwym 1913.[31] Yn wir, gellid dadlau bod Mabon wedi ymddeol o'r Senedd mor gynnar â'r flwyddym 1908. Roedd colli bod yn *Lib-Lab* wedi torri ei galon, fel petai, ac nid oedd mor awyddus i fod ymhlith y Llafurwyr. Nid ef oedd yr unig un a deimlai felly. Ym 1908, fe'i hapwyntiwyd ef yn aelod o Bwyllgor y *Standing Committee*, ond methodd â bod yn bresennol mewn un cyfarfyddiad yn San Steffan.

Ym 1911 y gwnaeth ei araith olaf yn y Tŷ ac ym 1915 daeth y cwestiwn seneddol olaf o'i enau.[32] Cyhoeddodd ym 1913 y byddai'n ymddeol yn yr Etholiad Cyffredinol nesaf, ond gyda dyfodiad y Rhyfel Mawr, yn naturiol, gohiriwyd pob sôn am unrhyw etholiad seneddol. Erbyn 1918, roedd hi'n stori wahanol oherwydd ym mis Mehefin y flwyddyn honno, fe basiwyd *The Representation of the People Act.* Golygai hyn ganiatáu y bleidlais i bob dyn dros un ar hugain oed, ag eithrio gwrthwynebwyr cydwybodol (fe ddadrithiwyd nifer da o Lafurwyr am bum mlynedd) ond caniatawyd buddugoliaeth i wragedd dros ddeg ar hugain mlwydd oed. Gelwid y merched ifancach yn un ar hugain oed yn *flappers*, merched didoreth, ac yn rhy anaeddfed yn eu hugeiniau i fod yn meddu ar y bleidlais. Talodd y papur lleol y *Rhondda Leader* glod i Mabon am iddo gael ffordd gwbl rydd yn etholiad 1918. Nid oedd yn haeddu hynny o bell ffordd. Er ei fawredd, gofalwyd ym Mwrdeistref

---

[30] *Rhondda Socialist,* 25 Tachwedd, 1911.
[31] Chris Williams, *ibid.,* 254.
[32] *Parliamentary Debates, 1908-1920, Western Mail,* 5 Rhagfyr ,1918.

Caernarfon na chafodd Lloyd George ei anfon un tro yn ddiwrthwynebiad i Dŷ'r Cyffredin. Ni chafwyd llawer o fwyafrif ar un o'r Etholiadau. Dyma derynged y *Rhondda Leader* i'r arwr:

> In the Rhondda, sentiment has wisely ruled to give the veteran 'Mabon' an unopposed return. He has had a great record of close identification with the progress of democracy. He has helped, as few men have, to give the miners of Wales the power of self-expression, and we must not throw dirt into that fountain of which we have drunk. In politics, like all else, there must be gratitude.[33]

Ni chafodd unrhyw wleidydd fwy o gymeradwyaeth nag ef. Ble bynnag y teithiai, i ganolbarth a gogledd Cymru a maes glo y de, derbyniai groeso yr un fath â Lloyd George, curo dwylo a chymeradwyaeth fyddarol. Felly roedd hi yn ei hanes ym 1918.

Roedd y Rhyddfrydwyr yn ddigon balch a bodlon i dderbyn Mabon. Wedi'r cyfan, un ohonynt hwy ydoedd o'i blentyndod yng Nghapel Cwmafan. Meddai'r Rhyddfrydwyr yn y Rhondda (pobl capeli y Rhondda oedd y mwyafrif ohonynt) edmygedd mawr ohono, er ei fod wedi gorwedd ar ei rwyfau am flynyddoedd fel Aelod Seneddol. Iddynt hwy, nid oedd hynny'n broblem, gan ei fod yn dod yn gyson i'w pulpudau i bregethu gydag arddeliad ar y Suliau. Roedd ei bregethu yn ei anwylo iddynt; teimlent hi'n anoddach gefnogi Dai Watts Morgan. Nid oedd ef, mwy na Mabon, yn un o sosialwyr y chwith, ond bu yn amlwg yng Nghymdeithas Lafur a Rhyddfrydwyr y Rhondda *(Rhondda Labour and Liberal Association)* ar ddechrau'r ganrif, ac ef hefyd oedd yn bennaf gyfrifol fod y sedd a'r seddau i'w cynrychioli, nid gan *Lib-Lab* ond gan Lafur yn unig. Roedd aml i Ryddfrydwr amlwg o fewn cymdeithas yr RLLA yn ysu am gael Rhyddfrydwr i

---

[33] *Rhondda Leader,* 21 Rhagfyr, 1918. Dyfynnir y geiriau yn y gyfrol *Democratic Rhondda,* 84.

gynrychioli Dwyrain y Rhondda. Daeth dim o'r awgrym, er cael aml i gyfeiriad yn y Wasg am y posibilrwydd.

Cofier hefyd fod yna ddinasyddion llawn hyder, er bod y mwyafrif ohonynt wedi bod yn gweithio mewn ffatrïoedd a melinau trwy flynyddoedd y Rhyfel. Rhoddwyd sedd i Brifysgol Cymru, hynny yw i raddedigion y sefydliad hwnnw, a dim ond 1,066 ohonynt oedd ar gael ym 1918.[34] Tro sâl oedd hwn, gan ei fod yn gosod yn nwylo y graddedigion ddwy bleidlais, un yn y fangre lle y preswylient a'r llall am eu bod wedi derbyn gradd. Diddymwyd pob bwrdeistref yng Nghymru ond un, a honno oedd Bwrdeistref Caernarfon, lle roedd ffrind Mabon, David Lloyd George, yn aelod seneddol.[35] Ym 1918, penderfynwyd am y tro cyntaf fod pob etholaeth i bleidleisio ar yr un diwrnod, a bod yr ymgeiswyr i gyd i dalu ernes o £150.

Cynhaliwyd Etholiad 1918 ar 14 Rhagfyr, 34 diwrnod wedi'r Cadoediad. Ni roddodd Lloyd George ddigon o amser i baratoi, ac ni chafwyd gornest deg, gan mai dim ond 57 y cant o'r etholwyr a aeth allan i bleidleisio.[36] Dyma ganran isa'r ugeinfed ganrif, a llu o'r rhai a ddylai fod yn pleidleisio, sef milwyr maes y gad, wedi cael eu hamddifadu o'r fraint.

Roedd y Glwmblaid o dan Lloyd George yn gymysgedd o Ryddfrydwyr a Cheidwadwyr, ac hefyd y Blaid Genedlaethol Ddemocrataidd, lle ceid pobl fel C. B. Stanton yn sefyll yn erbyn y Blaid Lafur. Lloyd George oedd y slogan, 'Y Cymro mwyaf erioed', yn ôl Mabon, ac yng ngolwg y werin Gymraeg yr oedd Mabon gyfuwch ag ef. O leiaf yn dynn ar ei sodlau. Cafodd y Blaid Lafur ddeg o aelodau o Gymru i'r Senedd, er iddynt fethu ennill seddau y dylasid eu bod wedi eu hennill, fel Pontypridd, Llanelli a Merthyr Tudful. Cafodd y Rhondda ei rannu yn ddwy etholaeth, sef Dwyrain a

---

[34] John Davies, *Hanes Cymru,* 503.
[35] *Ibid.*, 503-4.
[36] Ibid., 504.

Gorllewin.[37] Mynnodd Undeb Glowyr De Cymru fod y ddwy sedd i gael eu cynrychioli gan lowyr, a chefnogwyd Mabon, er ei record difrifol o'i bresenoli ei hun yn y Senedd ar hyd y ddegawd. Cadwodd ef ei le, a chafodd fod yn Aelod Seneddol Gorllewin y Rhondda (sef y Rhondda Fawr) tra bu ei gefnogwr pennaf, Dai Watts Morgan yn cynrychioli Dwyrain y Rhondda (sef y Rhondda Fach). Ac ar ben hynny, cafodd y ddau eu hanfon i'r Senedd yn Etholiad 'Khaki' 1918 yn ddiwrthwynebiad.[38]

Yn lle dwrdio'r sefyllfa oedd yn amddifadu pobl o'u hawl sylfaenol i bleidleisio, roedd y Rhyddfrydwyr mewn digon o ddiflastod erbyn 1918, gan nad oedd eu peirianwaith gwleidyddol o werth yn y byd. Yn ychwanegol, derbyniai Watts Morgan a Mabon fendith Lloyd George. Y Ceidwadwyr oedd yn fwyaf niferus o ddigon yn y Glwmblaid, a gweithiodd Lloyd George yn galed er mwyn sicrhau digon o gefnogwyr o'r gwersyll Rhyddfrydol. Llwyddodd i argyhoeddi Bonar Law, arweinydd y Toriaid, i gyd-gymeradwyo ymgeiswyr. Dyma'r *coupon* a elwid gan haneswyr. O'r ymgeiswyr a dderbyniodd y *coupon*, roedd Mabon a Watts Morgan, a golygai hynny na allai y Ceidwadwyr na'r Rhyddfrydwyr eu herio yn yr etholiad. Heblaw bod plaid fechan fel y Blaid Genedlaethol Ddemocrataidd yn sefyll, nid oedd gobaith gael gwrthwynebydd. Bu'n rhaid aros dwy flynedd arall i sefydlu y Blaid Gomiwnyddol, ac ymunodd nifer o lowyr y Rhondda gyda honno ym 1920. Gofalodd Mabon a Watts Morgan gyhoeddi mai ymgeiswyr Llafur oeddent hwy ac nid *Lib-Lab*. Rheswm arall fod Watts Morgan yn ymgeisydd hynod o dderbyniol oedd iddo dreulio pedair blynedd yn y Fyddin adeg

---

[37] Beti Jones, *Etholiadau Seneddol yng Nghymru, 1900-1975* (Talybont, 1977), 56.
[38] *Ibid.*

y Rhyfel Mawr. Derbyniodd fedal gwrhydri y DSO am ei ddewrder ar y Ffrynt Gorllewinol.[39]

Cyhoeddodd Mabon ei ymddeoliad o fyd gwleidyddiaeth yn Chwefror 1920 am resymau iechyd. Syrthiodd ei fantell ar William John, asiant Dosbarth y Rhondda. Ef oedd ei olynydd erbyn mis Awst y flwyddyn honno. Y tro hwn, cafwyd ymgeisydd yn ei erbyn ym mherson Gwilym Rowlands (mab rheolwr pwll glo y Naval) ac yn ddiweddarach, Aelod Seneddol etholaeth y Fflint dros y Ceidwadwyr. Doedd yr ymgeiswyr a ddewiswyd, yn amlwg, ddim am ymladd y sedd, a byddai hynny'n hwyluso teyrnasiad Llafur yn y ddau gwm. Ymladdodd Rowlands gydag egni, a galwai ei hun yn Ymgeisydd Coalisiwn Llafur, gan bwysleisio ei fod ef yn cefnogi Undebaeth. Anfonodd Bonar Law a Lloyd George i ddymuno'n dda iddo a siaradodd amryw o Ryddfrydwyr De Cymru ar ei lwyfannau. Ceisiodd Rowlands bortreadu Will John, y Bedyddiwr amlwg, fel eithafwr o'r adain chwith. Roedd hynny'n drueni o'r mwyaf, oherwydd gŵr y llwybr canol oedd ef – gŵr a ymddiddorai yn y bywyd Cymreig. Hoffai farddonaieth, ac, fel Mabon, daeth yn aelod o Orsedd y Beirdd yn yr Eisteddfod Genedlaethol. Tarddai ei gredo sosialaidd, nid o lyfrau *Das Kapital* Karl Marx, ond o'r Testament Newydd a'i ddehongliad o'r Bregeth ar y Mynydd. Daeth yn arwr adeg Streic y Cambrian, ac yn wir, dylasai Mabon fod wedi gofalu, mor bell yn ôl â 1912 iddo ef ddilyn ei lwybrau fel aelod seneddol. Ni wnaeth ildio i'r Bedyddiwr brwdfrydig a fu yn fawr ei gyfraniad ym mhob agwedd o fywyd Capel Moriah yn Nhonypandy.[40]

---

[39] Joyce Bellamy, 'David Watts Morgan (1867-1933)' yn *Dictionary of Labour Biography,* cyfrol 1, 246-7. Roedd yn casáu y Comiwnyddion. Cynigiodd yn Hydref 1928 i ymddiswyddo ei sedd ac ymladd mewn Is-Etholiad yn erbyn Arthur Horner. Safodd Horner yn ei erbyn ym 1929 a 1931, ond gorchfygodd Morgan ef gyda thrafferth y ddau dro.

[40] D. Ben Rees, *Cymry Adnabyddus,* 108.

Enillodd Will John yr Is-etholiad gan iddo dderbyn cefnogaeth gref o'r capeli Ymneilltuol, a hynny o bob enwad, ynghyd â'r glowyr.[41] Wedi'r cyfan, roedd Will John yn well gapelwr na Mabon o ran teyrngarwch. Bu yn ddiacon am dros 40 mlynedd, a gwasanaethodd fel athro ac arolygwr Ysgol Sul am dros 48 mlynedd, ac fel ysgrifennydd yr eglwys am gyfnod maith hefyd. Pregethai fel Mabon ym mhulpudau ei etholaeth. Etholwyd ef yn Llywydd Undeb y Bedyddwyr Cymraeg am 1935-6, a thraddododd araith o'r Gadair yn Aberteifi ar 'Genhadaeth yr Eglwys yn anghenrhaid y byd'.

Ac er nad oedd Will John yn mynychu clybiau yfed y dosbarth gweithiol, ar ôl ymweld â hwy fel ymgeisydd, cafodd gefnogaeth pob un ohonynt. Gan fod carfan dda o'r mudiad Llafur yn ddynion a merched dros 30 oed yn cael y bleidlais erbyn 1920, sylweddolwyd eu bod hwy o ddifrif yng ngwersyll Will John, un o bileri'r gymdeithas werinol Gymraeg, Gristnogol yn y Rhondda.

Nid oedd tebygrwydd o gwbl rhwng yr etholiad olaf y bu'n rhaid i Mabon sefyll ynddo yn Rhagfyr 1910 ac Is-etholiad 1920. Derbyniodd Mabon neb o gewri y Blaid Lafur i'w gefnogi. Agorodd ef ei ymgyrch yng Nghapel y Bedyddwyr, Noddfa, Treorci a'r gweinidog, Dr Morris (Rhosynnog) hen Ryddfrydwr, yn cefnogi Mabon y Llafurwr. Dywedodd Mabon ei fod ef wedi cynrychioli Llafur ers 1885 a Llafur ydoedd o ran argyhoeddiad; ond credai hefyd mewn cenedligrwydd Cymreig a phob mesur o gynnydd a datblygiad. Thema ei gyfarfod agoriadol oedd y priodoldeb o gael gwared o Dŷ'r Arglwyddi. Roedd y sefydliad hwnnw yn rhwystr ar lwybr democratiaeth. Pwrpas y siambr honno oedd ecsploitio'r werin bobl. Dyma ei eiriau:

> Every Labour representative and every Liberal and Radical citizen in the real must be of the opinion that the

---

[41] *Ibid.*

feudal age should be in fact and practice, come to an end.⁴²

Gofynnodd y cwestiwn: 'Pwy sydd i lywodraethu? Y bobl ynteu'r arglwyddi?' Cafodd yr ateb gan ei wrandawyr. Gwaeddodd hanner y dorf, 'Y bobl'. Yna, cawsant berorasiwn fel hyn:

> Arhoswch gyda Llafur, ymladdwch dros Lafur ac ennillwch y dydd yn enw Llafur.⁴³

Teimlai'r papur lleol fod ymgeisydd y Ceidwadwyr, Harold Lloyd, yn gwneud ei orau, ond nid oedd gobaith yn y byd i symud Mabon o'i orsedd.⁴⁴

Nid oedd Mabon heb ei feirniaid yn yr etholiad hwnnw, ond hoffai ddyfynnu George Barnes, yr Albanwr ac arweinydd y Blaid Lafur am bron i flwyddyn, sef 1910-1911. Dyma'i eiriau ef amdano:

> What appealed to him most was the speech, delivered by the hon. member for the Rhondda, who spoke as a Welshman and with all the fervour of a Welshman, and as one who has the honour of the country at heart, and he asked the Home Secretary to grant an inquiry to clear the people of that district from any idea of complicity in the acts of violence alleged to have been committed.⁴⁵

---

⁴² *Rhondda Leader*, 8 Ionawr 1910, 3.
⁴³ *Ibid.*
⁴⁴ *Rhondda Leader*, 12 Chwefror 1910, 4.
⁴⁵ *Ibid.* George Nicoll Barnes, (1859-1940), arweinydd y Blaid Lafur am lai na blwyddyn, o 14 Chwefror 1910 hyd 6 Chwefror 1911. Taflwyd ef allan o'r Blaid Lafur am iddo gefnogi y *National Democratic and Labour Party*. Gweler y manylion yn ei hunangofiant, *From Workshop to the War Cabinet* (Llundain, 1923). Gwnaeth Lloyd George ef yn Ysgrifennydd Pensiynau, 1916-17.

Safai Mabon yn etholiad 1910 ar y datganiad o eiddo arweinydd ei Blaid. Roedd holl waith y Ffederasiwn yn aml yn gorwedd ar ei ysgwyddau, a byddai yn mwynhau gwasanaethu ei gyd-lowyr a'i gyd-ddinasyddion. Derbyniodd Will John ym 1920 gymorth arweinwyr y Blaid Lafur yn ei ymgyrch, gan gynnwys Jimmy Thomas, J. R. Clynes a Frank Hodges.

Dadleuodd arweinwyr glowyr y Rhondda fod pleidlais yn erbyn y Blaid Lafur ac Will John yn bleidlais yn erbyn Undeb y Glowyr. Ni ellid dweud yn gliriach. Mynegodd Mabon ei gefnogaeth, gan ofyn i bobl eangfrydig eu meddyliau gredu mewn cynnydd a gwella'r gymdeithas yr oeddent yn aelodau ohoni. Apeliodd ar ei hen gyfeillion yng ngwersyll Llafur a'r Rhyddfrydwyr i fod yn deyrngar i Will John fel y buont iddo ef ar hyd ei yrfa wleidyddol – cyfnod o 35 mlynedd.

Roedd hi'n amlwg fod Mabon yn anwybyddu cymaint o'r gwrthwynebiad a gafodd ef ym 1885, ond roedd yr ail do o wleidyddion ym mhersonau Watts Morgan ac Will John yn ddigon tebyg i Mabon yn eu hymarweddiad a'u hagwedd. Pobl bwyllog, gymhedrol eu geiriau a gofalus o deimladau pobl oeddent. Yr unig wahaniaeth erbyn 1920 oedd nad oedd Will John na Watts Morgan yn gorfod dibynnu ar y dosbarth canol fel y bu'n rhaid i Mabon wneud o fewn Cymdeithas Rhyddfrydwyr-Llafur y Rhondda. Derbynient gefnogaeth ddigonol o blith y glowyr a'u gwragedd dros 30 oed a'r Blaid Lafur leol, gan gofio mai etholaethau y dosbarth gweithiol oedd y ddwy etholaeth. Roedd 34,203 o etholwyr i'w cael yn etholaeth Gorllewin y Rhondda, a throdd 23,994, sef 70.2% o'r etholwyr allan i bleidleisio. Dyma'r canlyniadau:[46]

Will John (Llafur)	14,035 (58.5%)
Gwilym Rowlands (Ceidwadwyr)	9,959 (41.5%)
Mwyafrif	4,076

---

[46] Beti Jones, *ibid.*, 57.

Ni fu Will John mor lwyddiannus ag y bu Mabon, ond dechrau ei yrfa oedd yr Is-etholiad. Enillodd yn hawdd, ac roedd ganddo fwyafrif da. Pynciau pwysig i Will John oedd y cysylltiad rhwng y Blaid Lafur a thraddodiad radicalaidd Cymru ar genedlaetholdeb, diwygio deddfau tir a phynciau pwysig fel Anghydffurfiaeth Gymreig. Safodd Gwilym Rowlands yn erbyn Will John yn Etholiad Cyffredinol 1922, ond enillodd y Llafurwyr gyda mwyafrif diogel o 7,011 o bleidleisiau y tro hwnnw.

      Nid oedd carfan o'r sosialwyr yn fodlon o gwbl gyda'r modd y cadwodd Mabon ei sedd heb roddi cyfrif da ohono ei hun dros flynyddoedd y Rhyfel Mawr. Un o'i feirniaid pennaf oedd David Evans (Dai Evans y Bom, fel y gelwid ef) o Glydach Vale ac aelod tanbaid o'r Blaid Lafur Annibynnol. Aeth ef mor bell â dweud bod y ddau etholiad ym 1910 wedi bod yn warthus, gan na chafodd Mabon ei ddewis yn ddemocrataidd. Yr unig rai oedd â'r dewis oedd Undeb y Glowyr, ac o blith y rheini, aelodau y Pwyllgor Gwaith yn unig, a hynny erbyn 1918 yn y ddwy etholaeth.

      I Dai Evans y Bom, roedd cyfarfodydd yr etholiadau a geid ym 1910 yn ffars ac yn jôc. Rhyddfrydwyr oedd yn y gadair ac yn wastadol Rhyddfrydwyr oedd y prif siaradwyr a ddeuai i annerch, gydag ychydig o eithriadau. Cyfeirid at yr hyn a gyflawnodd y Blaid Ryddfrydol fel Llywodraeth, canmol mawr ar Mabon ac addoli Lloyd George. Dyma eiriau Dai Evans:

> Labour was not to be heard even on the 'second fiddles'. It only came in today's paper Many of Labour's bitterest opponents were amongst the most prominent speakers – men who, before and since, have denounced Labour candidates at local elections and have slandered us with their lying shrieks of 'atheism', 'Free Love', etc. These

men should not have been aided in their hollow hypocrisy and their pious pretences to be friends of Labour.[47]

Roedd Dai y Bom yn llygad ei le wrth osod y sefyllfa gymhleth o flaen egin sosialwyr a gobeithiai yn fawr y gellid cael gwared â Mabon o'i swydd allweddol fel aelod seneddol.

Un a fu yn allweddol yng ngenedigaeth y Blaid Lafur yn y Rhondda oedd T. I. Mardy Jones. Crwydrodd ef yr ardal gyfan gyda brwdfrydedd cenhadwr i ddarlunio y berthynas newydd i'r cyfrinfeydd gyda Chyngor Masnach a Llafur ac hefyd y Blaid Lafur.[48] Roedd ef yn addysgwr a threfnydd penigamp i weithwyr y Rhondda. Perthynai ugain o bobl i Bwyllgor Gwaith yr etholaeth, ac aethpwyd ati i drefnu strwythur lleol ac etholiadol heb ddibynnu ar y Rhydfrwydwyr. Ond gan nad oedd etholiad cyffredinol ar y gorwel ym 1912-13, ni fu llawer o lewyrch ar y symudiadau angenrheidiol hyn.

Roedd T. I. Mardy Jones yn ŵr optimistaidd, ond ychydig iawn oedd yn teimlo yr un fath ag ef erbyn dechrau y Rhyfel Mawr. Ail-enwyd y drefniadaeth ar 12 Ebrill 1918 yn RBLP (*Rhondda Borough Labour Party*) neu PLByRh (Plaid Lafur Bwrdeistref y Rhondda). Serch hynny ni fu angen gweithgarwch i'r ddau Ymgeisydd Llafur yn Etholiad 1918, ond cafwyd cyfle euraid yn Is-etholiad 1920. Ni wnaed gwyrthiau yr adeg honno chwaith. Yn wir, cwynodd Will John ym 1920 wrth y Ffedersiwn: 'nad oedd trefn wleidyddol o unrhyw werth yn nwyrain a gorllewin y Rhondda.'[49]

Gellir dweud mai ar ôl marwolaeth Mabon ar 14 Mai 1922 y daeth trefniadau'r Blaid Lafur i olygu llawer mwy ac yn wir yn angenrheidiol, a chredir bod Undeb y Glowyr yn gofalu yn ardderchog pan ddaeth yr holl etholiadau yn y dau-

---

[47] David Evans, *Rhondda Socialist,* Medi a Hydref 1911.
[48] Thomas Isaac Mardy Jones (1879- 1970). Bu ef ac Arthur Cook yn gyfrifol am lyfryn ar *The Mines for the Nation* (London, 1924), 1-7. Gweithiodd yn ddygn dros y Blafur Lafur yn y blynyddoedd cynnar yn y Rhondda Fach.
[49] *South Wales Daily News,* 15 Rhagfyr, 1920.

ddegau. Erbyn diwedd y Rhyfel Mawr, roedd y gwragedd yn hynod o weithgar o fewn y Blaid Lafur. Bu hi yn daith hir iddynt hwy. Cynhaliwyd Cynhadledd Plaid Lafur Annibynnol De Cymru a Ffederasiwn Sosialaidd yn Neuadd Swiss, Queen Street, Caerdydd ar 26 Rhagfyr 1898 o dan gadeiryddiaeth Tom Harrington, Casnewydd. Bu chwe awr o drafod a chafwyd adroddiadau manwl gan Willie Wright, trefnydd llawn amser y Ffederasiwn, ar waith gwleidyddol ymhlith y gwragedd.[50]

Erbyn Etholiad 1918, roedd nifer o wragedd tanbaid yn y gwersyll, fel Elisabeth Andrews o Donpentre. Ym 1918, fe'i hapwyntiwyd hi i drefnu merched y Blaid Lafur yng Nghymru. Nid yn y Rhondda yn unig y ceid y gwragedd hyn. Pan grewyd etholaeth newydd Aberdâr ym mis Ionawr 1918, a phan ddaeth 65 o gymdeithasau ynghyd yn cynrychioli 23,340 o bobl, mynegodd y Cadeirydd, William Hamburn ei fod ef yn bersonol yn falch o weld cymaint o wragedd yn bresennol.[51] Dyna oedd byrdwn neges Edmund Stonelake, yntau.[52] Siaradwyd y noson honno gan Noah Tromans, Mrs Matthews, Ysgrifennydd Cylch Merched Mudiad Cydweithredol a Mrs F. Rose Davies, Ysgrifennydd Cylch Merched Cydweithrdol Aberdâr. [53]Bu ei chyfraniad hi ar Gyngor Sir Morgannwg yn un pwysig, a gwelai ddyddiau gwell ar y gorwel i'r merched. Bu olynwyr Mabon ac aml wleidydd Llafur arall yn dibynnu cryn lawer ar weithgarwch y merched, ac roedd hynny i'w ganfod yn gynnar yn yr hanes. Roedd merched wedi bod yn rhan bwysig o fywyd y pyllau glo. Daliai gwragedd i weithio o dan ddaear mewn ychydig o byllau glo, yn bennaf o amgylch

---

[50] *South Wales Daily News*, 15 Rhagfyr, 1920.
[51] *Ibid.*
[52] *Ibid.*, Edmund Stonelake, un arall o arloeswyr Llafur Cwm Cynon .Ceir cofnod amdano gan D. Leslie Davies yn *Bywgraffiadur ar Lein* .
[53] *Ibid.*, Mrs Florence. Rose (née Rees) Davies (1882-1958). Un o saith o blant a anwyd yn Aberaman. Daeth yn ffigur pwysig ym myd Plaid Lafur y Cwm ac etholwyd hi yn Gadeirydd Cyngor Sir Morgannwg yn 1949. Priododd gydag Edward Davies yn 1908 a ganwyd iddynt bump o blant. Ceir ei phapurau DX1K yn Archifau Morgannwg.

Nant y Glo yn Sir Fynwy ddeg mlynedd ynghynt; a daliai merched y dyddiau hynny i weithio ar ben y pyllau glo yng Nghwm Cynon, yn arbennig, pwll glo Abernant ger Aberdâr. Roedd y dyddiau hynny ar ddod i ben er dirfawr lawenydd a bodlonrwydd i Mabon.[54]

---

[54] *Aberdare Leader,* 5 Medi, 1908, 3.

PENNOD 11

Brenhinbren y Goedwig yn dal yn gadarn

Bu ymosodiadau ar bolisïau Mabon yn y blynyddoedd cyn y Rhyfel Byd Cyntaf yn rheswm digonol iddo benderfynu â rhoddi ei ymddiswyddiad o fod yn asiant glowyr Dosbarth y Rhondda gerbron y Pwyllgor Gwaith. Roedd cyflwr ei iechyd yn rheswm digonol arall. Ond yn ei ymddeoliad, ni fu yn segur, gan ei fod yn Drysorydd Ffederasiwn y Glowyr o Gyngor Rhyngwladol y Glowyr, ac yr oedd, mewn enw o leiaf, yn Aelod Seneddol y Rhondda hyd 1920. Ond y glowyr a'r diwydiant glo oedd ei brif ddiddordeb yn y blynyddoedd o 1911 hyd 1922. Amddiffyn y glowyr oedd ei flaenoriaeth hyd ei fedd, a thrysorodd yr anrhydedd a osododd Prifysgol Cymru arno ym 1918 trwy gyflwyno gradd Doethuriaeth yn y Gyfraith mewn cyfarfod o lys y sefydliad yng Nghaerdydd ar 19 Gorffennaf.[1] Buan y cyhoeddid fod Dr William Abraham neu Dr Mabon yn ymweld â'r fangre hon neu'r capel hwn neu'r gyfrinfa yma.

      Erbyn y cyfnod hwn, roedd Mabon, a fu ar gyflog digon isel trwy ddarbodaeth a phoblogrwydd wedi ymgyfoethogi yn fawr yn ariannol. Bu yn gyfarwyddwr y *London, Edinburgh and Glasgow Assurance Co. Ltd.* o 1889 hyd 1910.[2] Y flwyddyn honno, ymunwyd fel cwmni gyda chwmni Pearl a derbyniodd Mabon swm anrhydeddus ar yr uniad. Roedd ganddo ddau gartref yn negawdau cyntaf yr ugeinfed ganrif – un yn Llanilltud Fawr a'r llall ym Mhentre, y Rhondda. Pan briododd ei wyres, Winnie Pugh, unig ferch T. Pugh a Mrs Pugh (merch Mabon) a oedd yn byw yn y cartref yn Pentre, trefnodd Mabon iddi gael priodas a fyddai'n synnu ei deulu a'i ffrindiau. Trefnodd fod y briodas i fod yn yn Llanilltud Fawr lle yr oedd yn byw; ac nid yn y capel, ond yn

---

[1] E. W. Evans, *Mabon*, 95-6.
[2] *Ibid.*, 96.

Eglwys Sant Illtyd ar Ddydd Iau, 18 Mehefin 1908.[3] Y priodfab oedd Rees Morgan, sylfaenydd ffyrm *ironmongers* Rees Morgan a'i Gwmni, a ddaeth yn ddiweddarach yn Gwmni Rees Morgan, Abraham a'i Gwmni gyda chanolfannau yn y Bontfaen, Pen-y-Bont-ar-Ogwr ac yn Llanilltud.

Roedd Mabon wedi cynllunio ac adeiladu tŷ crand o'r enw Bryn Illtud ar y ffordd sydd yn arwain allan i Lanmaes, ac yn agos i orsaf y rheilffordd. Teithiai gryn lawer, a byddai'n hwylus cael ei gludo oddi yno ar y trên i Lundain ac i Gaerdydd. Ddiwrnod y briodas, cyflwynwud Winnie gan ei thad a Mabon a gwasanaethwyd gan y ficer, y Parchedig Henry Morris. Roedd y gwasanaeth mor anhebyg i'r hyn a geid mewn capel, gan na chanwyd yr un emyn, a hynny, cofier yng nghlyw gŵr a garai ganu yn gyhoeddus.[4] Ymysg y gwahoddiadau, ceid teulu Mabon a chynhaliwyd y brecwast ym Mryn Illtud. Trefnodd Mabon fod y mis mêl i'w dreulio yn Llundain, a rhoddodd y priodfab, Rees Morgan, dê parti i holl blant y dreflan yn y cae y tu ôl i Westy y Llew Gwyn. Bodlon oedd Mabon fod ei wyres a'i gŵr yn mynd i gartrefu yng Nghwrt-y-Môr, Ffordd Boverton, yn Llanilltud Fawr ac i gadw llygad arno.[5]

Byddai Mabon ar ei ennill fel Is-Gadeirydd y *Miners' Permanent Provident Society*. Derbyniai Mabon bensiwn erbyn hyn o £250 y flwyddyn gan ei Undeb ym 1920. Gwnaeth ei lafur dros Undeb y Glowyr ac aelod seneddol gyfle euraid iddo ddod yn ŵr cyfoethog ym Morgannwg. Roedd ganddo saith mil o gyfranddaliadau (*shares*) yng nghwmni insiwrans y *London, Edinburgh and Glasgow Assurance Co. Ltd.*, a chafodd bum mil o gyfranddaliadau o gwmni *Pearl* yn ôl 24 swllt y cyfrandal. Gan fod y rhain yn rhoddi elw o chwech y cant iddo, roedd ef yn ddigon cyfoethog ei fyd. Roedd ganddo hefyd fuddsoddiad mewn cwmni yn y diwydiant tunplat

---

[3] 'Llantwit Major Wedding', *The Glamorgan Gazette,* 19 Mehefin, 1908, 1.
[4] *Ibid.*
[5] *Ibid.*

(*tinplate*) yn Llanelli. Erbyn hyn, roedd ei wyneb mor adnabyddus â'r Teulu Brenhinol a Lloyd George, a chafodd gyfle i hysbysebu tybaco a thomato, yn ôl pob tystiolaeth. Derbyniai hawlfraint da o hynny.[6]

Pan ddaeth y wybodaeth hon yn wybyddus, collodd Mabon gryn dipyn o'i boblogrwydd. Teimlai aml un o'r sosialwyr a'r syndicaliaid na ddylai unrhyw gapelwr, undebwr, eisteddfodwr ac arweinydd y glowyr gasglu cymaint o eiddo'r byd hwn ag a wnaeth Mabon. Erbyn heddiw, mae'r hanes wedi ei chwyddo nes ein gwneud ni i fod o blaid neu yn erbyn ei glyfrwch fel buddsoddwr. Cofier iddo weithio yn galed, a bod yn gyfrifol am bedair swydd. Roedd yn aelod seneddol (roedd yn cael ei dalu gan Gymdeithas Llafur a Rhyddfrydwyr y Rhondda); roedd yn asiant i lowyr y Rhondda hyd 1912, yn Llywydd Glowyr De Cymru ac yn drysorydd Ffederasiwn Glowyr Prydain Fawr ac Undeb Rhyngenedlaethol y Glowyr. Ond daeth y rhan fwyaf o'r arian o'i fuddsoddiadau ei hun a'r hysbysebion, cyfarwyddwr cwmni insiwrans a'i fuddsoddiadau amrywiol, yn arbennig fuddsoddiad o £400 mewn menter diwydiannol a gynyddodd trwy flynyddoedd yr Ail Ryfel Byd a rhoddi iddo, erbyn ei farwolaeth, y swm anferth o £38,000 sydd yn gyfystyr â £854,807.27 yn 2020.[7]

Pan gofier mai y swm o £2,400 a adawodd arweinydd arall y glowyr, Thomas Ashton, AS, pan fu farw ym 1927 ac William Brace yntau ystâd oedd yn werth £14,899 ym 1947,

---

[6] E. W. Evans, *Mabon*, 96.
[7] E. W. Evans and John Saville, 'Mabon', yn *Dictionary of Labour Biography*, vol. 1, 2. Eglura gohebydd *The Guardian* ei fod ef wedi ymuno gyda chwmni insiwrans er mwyn plesio'r glowyr. Hwy a'i cynigiodd yn y lle cyntaf fel aelod o Fwrdd y Cyfarwyddwyr ac yn naturiol cafodd ddylanwad mawr yn y pwyllgorau. Dywed *y Guardian* ymhellach: 'Mabon's holding was greatly enhanced in value, and the same reasons which led to its directorate in his joining the Board of the larger concern' Gw., *The Guardian*, 3 October, 1922, 9.

:

cawn weld y gwahaniaeth rhyngddynt a Mabon.[8] Gellir ychwanegu mwy o enghreifftiau, fel Thomas Burt, un o brif ddeiliaid y *Lib-Lab,* ac hwnnw, ym 1922 (yr un flwyddyn â Mabon) yn gadael y swm o £5,017.[9] Swm Enoch Edwards ar ei farwolaeth ym 1912 oedd £3,192, a dyna Charles Fenwick ym 1918 yn gadael ystad gwerth £2,774. [10] Ni ddaeth neb yn agos i Mabon. Meddylier am Hubert Jenkins a feddai ar yr un agwedd â Mabon tuag at streiciau. Bu ef farw yn ei gartref yn Abertridwr, ac ym 1943 gadawodd y swm o £1,765.[11] Gadawodd David Watts Morgan ym 1933 ddim ond £203 yn ei ewyllys, a Thomas Richards, aelod seneddol arall ac undebwr o'r iawn ryw swm ddigon cymedrol.[12] Dywedodd R. Page Arnot a Joyce Bellamy amdano:

> He worked closely with Mabon, but at times he could be much tougher with the coal owners, although in the decade before 1914, he came under the increasing criticism from the younger militant elements among the South Wales

---

[8] John Saville, 'Thomas Ashton (1844-1927)' yn *Dictionary of Labour Biography,* vol. 11, 30-32. Ceir y cyfeiriad at £2,400 ar dudalen 31; R. Page Arnot, Joyce Bellamy, John Saville, 'William Brace (1865-1947)' yn *Dictionary of Labour Biography,* vol. 1, 51-53. Mae'r cyfeiriad at £14,899 i'w weld ar dudalen 53.
[9] H. F. Bing a John Saville, *Thomas Burt (1837-1922),* vol. 1, 59-63. Mae'r cyfeiriad at y swm a adawodd ar ei ôl i'w weld ar dudalen 63.
[10] Joyce Bellamy a John Saville, 'Enoch Edwards (1852-1912)' yn *Dictionary of Labour Biography,* ibid., 109-111. Mae'r swm a adawodd i'w ganfod ar dudalen 111; Anthony Mason and John Saville, 'Charles Fenwick (1850-1918)' yn *Dictionary of Labour Biography, ibid.,* 115-118. Ceir gwerthu ei ystâd ar dudalen 118.
[11] John Saville, 'Hubert Jenkins (1866-1943)' yn *Dictionary of Labour Biography, ibid.,* 193-4. Roedd mewn cytgord llwyr gyda Mabon: 'He was always an advocate of settlement by conciliation and negotiation in preference to strikes, but he was not a 'peace at any price' trade unionist,' 194. Mae'r swm a adawodd i'w ganfod ar yr un dudalen.
[12] Joyce Bellamy, 'David Watts Morgan (1867-1933)'*, ibid.,* 246-7.

miners who were identified with the Plebs League and the Central Labour College.[13]

Pan fu ef farw ar 8 Tachwedd 1931 yng Nghaerdydd, gadawodd y swm o £1,528, a chofier geiriau Noah Ablett amdano:

> We have lost the greatest man in the Federation, the greatest man in Wales.

Mae'n amlwg fod Mabon yn llawer mwy awyddus i wneud arian na'i gyfoeswyr yn y Blaid Lafur, ac yn arbennig o blith Undeb y Glowyr. Roedd ei Galfiniaeth yn ei yrru ymlaen i lwyddo i gasglu cyfalaf, a gadawodd waddol gyfoethog i'w anwyliaid. Yn hwyr y dydd, symudodd Mabon yn ôl o gefndir swbwrbia Llanilltud i dai teras y Pentre. Enw'r cartref oedd Bryn y Bedw, ac yno y gofalid amdano gan ei ferch a'i gŵr, Tom Pugh. Mynychai Gapel Nazareth pan oedd y tywydd yn ffafriol yn y ddwy flynedd olaf o'i oes, ac roedd, yn ôl y gweinidogion, yn 'mwynhau gwrando pregeth wedi ei ffurfio'n dda.' Cadwodd ei olwg a'i glyw a'i feddwl hyd y diwedd, ac er ei fod yn cario cryn lawer o bwysau, medrai gerdded yn ddigon heini. Ond bu yn amddifad o iechyd da am y flwyddyn olaf, a bu farw ym Mryn y Bedw yn dawel ar Sul, 14 Mai 1922 o ddolur y galon ar ôl cael pwl o *pleuracy*. Roedd o fewn mis i fod yn 80 mlwydd oed. Gadawodd i alaru y ddwy ferch, sef Mrs Thomas Williams, Abertawe a Mrs Tom Pugh o'r Pentre, Rhondda a'r brawd hyna, David Abraham, swyddog gyda'r rheilffordd yng Nghaerdydd. Yn ôl Cyfrifiad 1891 roedd wyth o blant ar yr aelwyd, sef David, William, Mary, Margaret, Rachel, Thomas a Henry John. Erbyn 1922 dim ond tri o'r wyth a welid yn yr arwyl. Daeth teyrngedau lu i'w goffáu. Soniodd

---

[13] R. Page Arnot and Joyce Bellamy, 'Thomas Richards (1859-1931)' yn *ibid.* 285-287. Daw'r dyfyniad cyntaf o dudalen 285, a dyfyniad Ablett ar dudalen 287.

y Parchedig J. Towyn Jones, golygydd *Tarian y Gweithiwr*: 'Brenhinbren y Goedwig oedd efe ar hyd ei oes.' Dywedodd y Parchedig John Hughes, Pen-y-bont-ar-Ogwr (a Lerpwl cyn hynny), 'Saif ei hanes byth yn etifeddiaeth werthfawr i Gymru ac i feibion Llafur.' Wedi'r cyfan, bu John Hughes yn ddisgybl i Mabon yn Ysgol Sul Capel y Tabernacl, Cwmafan, ac o'r fagwraeth honno, daeth yn un o brif arweinwyr enwad y Presbyteriaid Cymraeg. Yn yr ysgrif goffa iddo yn y papur dyddiol, *The Guardian*, dywedwyd ei fod yn un o arweinwyr mwyaf didwyll a diddorol Undebaeth Llafur Prydain Mawr. Yna meddai'r ysgrifennwr di-enw :

> As a speaker he was racy of the soil. He was never much at home in English but in Welsh he was eloquent and vigorous.[14]

Cafwyd yr angladd bedwar diwrnod yn ddiweddarach ym mynwent Treorci ac ym medd y teulu lle gorweddai ei briod a'i fab. Roedd yn un o'r angladdau mwyaf a welodd de Cymru, a daeth cynrychiolwyr o bob rhan o fywyd Cymru a Phrydain ynghyd i dalu'r gymwynas olaf. Ceid cynrychiolwyr ar ran y Prif Weinidog, Undeb Glowyr De Cymru, Undeb Glowyr Prydain Fawr, Adran Glofeydd, *Colliery Examiners' Association*, *Master Hauliers' Association*, y pleidiau gwleidyddol a'r enwadau anghydffurfiol. Distawodd y pyllau glo a cherddodd yr orymdaith drwy Stryd Fawr Treorci am y fynwent, a daeth miloedd ar filoedd ynghyd i sefyll ar ochr y strydoedd i roddi ffarwél ystyrlon i 'Frenhinbren y Goedwig', chwedl ei ffrind da, Tywi Jones. Amddiffynnodd Tywi Jones Mabon fel y gwnaeth mwyafrif o'r glowyr. Byddai ef yn atgoffa pawb am Streic 1915, pan welwyd 100,000 o wirfoddolwyr yn gorymdeithio o Forgannwg i wynebu'r Kaiser. Ni chaent eu cydnabod fel y dylasent, a hynny fu cri

---

[14] Hywel Teifi Edwards, *Arwr Glew Erwau'r Glo: Delwedd y Glowr yn Llenyddiaeth y Gymraeg, 1850-1950* (Llandysul, 1994), 16.

Mabon, yr arwr, yn ei flynyddoedd olaf. Ceisiodd bob amser ymladd brwydr y gweithwyr ag arfau ysbrydol. Llefarodd wrth arweinwyr glowyr Ewrop:

> Uwchlaw pob dim, gadewch i ni gyfarfod pob un â'i gilydd ar dir cyffredin ac hanfodol i gymod. Gadewch i ni roddi ac i dderbyn.[15]

Roedd Mabon, y Brenhinbren erbyn hyn, yn un o gewri Anghydffurfiaeth Gymraeg.[16] Cysylltid ef gyda John Evans, 'Eglwysbach', Thomas Gee, O. M. Edwards, T. Charles Edwards, D. Lloyd George a John Thomas (Lerpwl). Pan wahoddwyd ef i Gastell Windsor, dywedodd y Frenhines Victoria wrtho gyda didwylledd: 'I am glad to meet you, Mabon.'[17] Nid oedd hi yn dweud hynny am aml i wleidydd, ond roedd Mabon ymhlith y breintiedig yn ei golwg. Dyfed, y bardd a'r eisteddfodwr, a ddywedodd:

> Dos yn dy flaen, werinwr
> I ddwyn y byd i drefn,
> Na sarned neb dy hawliau di
> A Theyrnas ar dy gefn
> Ar briffordd Diwygiadau,
> Dos yn dy flaen o hyd,
> Ond paid anghofio deddfau'r nef
> Wrth wella deddfau'r byd.

---

[15] Sonia yr ysgolhaig Hywel Teifi Edwards am eiriau y Parchedig Richard Williams, Aberdâr (ffrind da i Kate Roberts pan ddaeth hi i ddysgu yn y dref) yn gofidio fod y glowyr yn cael eu pardduo gan y dosbarth canol: 'Y Glowyr yw publicanod a phechaduriaid yr oes, a phawb yn bwrw eu llid arnynt yn eu cefnau.' Gw. Richard Williams, 'Hanner Canmlwydd y Darian', *Y Darian*, 18 Rhagfyr 1924, 4.
[16] Llyfrgell Genedlaethol Cymru: Archifau y Methodistiaid Calfinaidd 4,842. *Bywyd a Gwasaneth y diweddar William Abraham, 'Mabon'* gan y Parch David Davies, Pentre, Rhondda, 92-5.
[17] *Ibid.*, 93.

> Rhaid diorseddu gormes
> A lleddfu ingol gri,
> Ond gwylia rhag i ormes mwy
> Dy lywodraethu di
> Wrth ymladd dros dy hawliau
> A dysgu newydd gân,
> Mae'r fuddugoliaeth yn Parhau
> Yn ffordd y golofn dân.

Bu Mabon yn heddychwr ar hyd ei oes hyd ddyddiau y Rhyfel Byd Cyntaf, ond oherwydd ei gyfeillgarwch mawr gyda Lloyd George, bu'n barod i gefnogi'r Rhyfel. Roedd Rhyddfrydwyr a Llafurwyr y dde wleidyddol fel Mabon yn barod iawn i gefnogi'r alwad yn haf 1914 i fynd i ryfel. Bu llais Mabon yn glywadwy, er nad oedd hynny heb wewyr. Bodlonodd cyn diwedd Awst 1914 i hyrwyddo ymgyrch y Rhyfel. Yn yr argyfwng, llwyddodd Mabon i argyhoeddi y glowyr i ystyried amddiffyn y gwerthoedd Cymreig a'r cenhedloedd bychain. Gwelodd Mabon ddeugain mil o'i lowyr yn ne Cymru yn ymuno o'u gwirfodd â'r Lluoedd Arfog. Gwirfoddolodd ei brif gefnogwr, David Watts Morgan, a llwyddodd hwnnw yn ogystal i berwsadio cannoedd o lowyr o'r Rhondda i'r Fyddin. Gwnaed ef yn *lieutenant-colonel,* a bu yn hynod o boblogaidd gyda'r werin bobl. Gwawdiwyd Keir Hardie yn ei etholaeth yn nwyrain Morgannwg am ei heddychiaeth.[18] Torrodd Hardie ei galon, a bu farw yn anhymig yng nghanol ei genhadaeth sosialaeth, ac yntau yn ddim ond 59 mlwydd oed. Yn yr isetholiad ym mis Tachwedd 1915 a ddilynodd ei farwolaeth, gwelwyd difrod 'ysbryd rhyfel' yng Nghwm Aberdâr a thref Merthyr.[19] Nid oedd modd i James Winstone gael y llaw drechaf yn erbyn rhethreg filitaraidd C. B. Stanton. Enillodd

---

[18] Kenneth O. Morgan, *Keir Hardie: Radical and Socialist* (London 1975), 263-75.
[19] D. Ben Rees, *Cofiant James Griffiths,* 63.

Stanton fel Llafurwr Annibynnol a Chefnogwr y Rhyfel, 10,286 o bleidleisiau, tra derbyniodd Winstone 6,080.[20]
 Gwelwyd Mabon a Dai Watts Morgan ar lwyfannau riwcriwtio bechgyn ifainc i'r gyflafan. Mabon oedd y Llywydd, a T. I. Mardie Jones oedd Ysgrifennydd y mudiad a elwid y *Rhondda Parliamentary Recruiting Committee*. Gofalai'r pwyllgor hwn hefyd yn ôl y papur lleol am godi arian i'r milwyr a pharatoi adnoddau ar eu cyfer. Gwnaeth papur lleol arall y sylw hwn am Mabon:

> Possibly, his views are more imperialistic than some of his constiuents like.[21]

Ond y gwir oedd fod Mabon yn wleidydd oedd bob amser am fod ymhlith y rhai a enillodd y wobr. Roedd ysbryd cystadleuol yr eisteddfodau yn rhan o'i gymeriad, a gwyddai Mabon am yr ysbryd aflonydd a fynegid yn gyson gan y glowyr. Deallai hynny gystal â neb. Ni allai ddioddef y modd y cafodd y glowyr eu camddefnyddio gan berchnogion y pyllau glo ym 1915. Roedd ef wedi argyhoeddi cymaint ohonynt i roddi eu bywyd yn aberth, ac eto, caniatawyd i gwmnïau mawr fel Powell Duffryn wneud elw. Dyna oedd yn gyfrifol am Streic Glo'r De ym mis Gorffennaf 1915. Ceisiodd Lloyd George fod yn glyfar, yn arbennig o dan awdurdod y *Munitions of War Act*. Yn ôl y ddeddf hon, roedd y streicio'n weithred droseddol.[22] Ni allai Mabon ddioddef streic ei hun. Ef a ddywedodd:

> There are very few strikes within my experience which has resulted in gains, commensurate with the sacrifice entailed.[23]

---

[20] *Rhondda Leader*, 6 Tachwedd 1915, 3.
[21] *Rhondda Fach Gazette*, 16 Ebrill 1918, 4.
[22] John Davies, *Hanes Cymru*, 496.
[23] E. W. Evans, *Mabon*, 97.

Dyna'r hyn a gredai, ond roedd agwedd y Glymblaid yn gamgymeriad dybryd a difrifol. Cythruddwyd nifer da o gefnogwyr Mabon, cyfran uchel ohonynt a dyna pam iddo ef gondemnio y gwleidyddion pwysig oedd wedi mynd dros ben llestri. Roedd hyd yn oed *y Manchester Guardian,* papur C. P. Scott a'r Rhyddfrydwyr, yn awgrymu warchae'r maes glo er mwyn gorfodi'r glowyr i ddychwelyd at eu gwaith.[24] Aeth arweinydd y Torïaid, Bonar Law, oedd yn aelod o Lywodraeth Glymblaid Asquith, yn ynfyd, gan awgrymu 'mai gwell fyddai saethu cant o lowyr er mwyn atal streic, yn hytrach na cholli miloedd ar faes y gad o ganlyniad iddi'.[25] Yng nghynhadledd y glowyr, penderfynwyd gwahodd y Llywodraeth i drafod y sefyllfa, a theithiodd Lloyd George a dau o'i gyd-weinidogion i Gaerdydd i drafod. Bodlonodd y Cymro carismatig ddyheadau'r glowyr a chafwyd dealltwriaeth y byddai perchnogion y pyllau o dan orfodaeth i anrhydeddu'r cytundeb a wnaed rhwng y Llywodraeth a'r Ffederasiwn.

Roedd Undeb Glowyr De Cymru Mabon yn fuddugol ac yn beryglus erbyn hyn. O holl lowyr Prydain, yn ne Cymru y ceid y rebeliaid a'r gwrthwynebwyr mwyaf, ac felly y bu trwy'r Ail Ryfel Byd.[26] Roedd digon o ruddin ganddynt i bleidleisio ym mis Ionawr 1916 o blaid streic, pe deuai'r mesur gorfodaeth filwrol yn ddeddf gwlad ac i rym, ond roedd Lloyd George gymaint dros yr orfodaeth filwrol ag oedd ei ffrind W. Llewellyn Williams, AS gymaint yn ei erbyn nes iddynt golli'r cyfeillgarwch. Daeth y Mesur yn ddeddf. Gwrthododd

---

[24] 'Mr William Abraham (Mabon), *The Guardian*, 15 May, 1922, 9.
[25] John Davies, *Hanes Cymru*, 496.
[26] R. Page Arnot, *The Miners: One Union, one Industry: A History of the National Union of Mineworkers, 1939-46* (London, 1979, 105). 'From the formation of the Miners' Federation in November 1889, resolutions for taking the pits out of the hands of the coal-masters by measures of nationalisation had been frequently brought up at conferences or put forward to an annual meeting of the Trades Union Congress.' Albanwyr oedd y rhai mwyaf brwd o blaid gwladoli, yn arbennig Robert Smillie a J. Keir Hardie.

Ffederasiwn Prydeinig y Glowyr roddi sêl ei fendith ar y genadwri. Bu aflonyddwch ar gwestiwn y '*closed shop*' a sicrhaodd polisi y Ffederasiwn ar dwf cyflym yr aelodaeth ac adnoddau'r Undeb yn ne Cymru.

Roedd y glowyr yn meddu llygaid barcut ac yn sylweddoli bod perchnogion y pyllau yn elwa yn aruthrol. Galwodd y Ffederasiwn am hawl i weld cyfrifon y cwmnïau. Gwrthodwyd ac arweiniodd hynny at wrthdaro arall yn y meysydd glo. Ymatebodd y Glymblaid ym mis Tachwedd 1916 trwy wneud rhywbeth na ellid bod wedi ei ddychmygu pe na bai Lloyd George o gwmpas. Cymerwyd rheolaeth gan y Llywodraeth ar ddiwydiant glo de Cymru, ac yn Chwefror 1917, estynwyd hynny i weddill meysydd glo Lloegr a'r Alban. Roedd y weithred hon yn sbardun i'r ddadl am wladoli'r pyllau glo. O 1892 ymlaen, bu dadleuon yn y cynadleddau ac ymhlith undebau'r glowyr am wladoli.[27] Erbyn 1912, roedd Robert Smillie, llywydd y glowyr, yn barod i ystyried paratoi drafft o fesur i'w osod gerbron y Senedd. Cymerodd nifer o aelodau seneddol Llafur y cyfle, tri ar ddeg ohonynt, i osod y mesur o flaen y Tŷ ar 9 Gorffennaf 1913.[28] Sylwaf nad oedd enw Mabon yn eu plith, ac ni ddaeth dim byd o'r symudiad ond ei drosglwyddo i ystyriaeth Gweinidog y Glofeydd (*Minister for Mines*). Un canlyniad o'r trafodaethau hyn oedd cynnydd yn nifer undebwyr Llafur ym mhob cylch ac fel yr ail-gydiodd y mudiad Marcsaidd yn ei bropoganda ymhlith y glowyr. Ni allai'r Marcsiaid ymhlith arweinwyr y glowyr, Noah Ablett o Ferthyr, A. J. Cook o'r Porth, Arthur Horner o Ferthyr ac S. O. Davies o'r Tymbl fod yn ddistaw, a chododd y rhain eu lleisiau yn ddi-daw pan glywyd am y chwyldro comiwnyddol yng ngwlad fawr Rwsia ym 1917. Canai glowyr y glo caled yn Rhydaman fel hyn:

---

[27] *Ibid*. 107
[28] D. Ben Rees, *Cofiant Jim Griffiths (Talybont, 2014)*, 64; T. E. Davies, 'Y Gwir Anrhydeddus W. Abraham: Orig fach yn ei gwmni', *Y Cymro*, 5 Ionawr 1912, 3.

Workers of the Vale of Aman!
Echo Russia's mighty thrust.²⁹

Erbyn 20 Gorffennaf 1917, roedd y Ffederasiwn wedi cytuno i gysylltu â'r mudiad Llafur yn yr Almaen er mwyn creu undeb a barn gadarnhaol ymhlith y dosbarth gweithiol ar draws byd oedd mor flaengar yng nghefndir yr ymladd, y lladd a'r dinistrio ar gyfandir Ewrop. Bu'r rhyfel yn ysgytiad i seiliau pob cymuned, a theimlai'r glowyr fod angen sefydlu rhwydwaith o gynghorau ar batrwm y Sofietau. Ond ni chytunai Mabon. Ni allai ef, ar ddiwedd ei daith, weld gwerth mawr mewn sosialaeth nad oedd yn deillio o Gristnogaeth. Edrychai ar Gomiwnyddiaeth neu Bolsiefiaeth fel creadur yn meddu saith corn fel y darlun a geir yn Llyfr y Datguddiad yn niwedd y Testament I Mabon, nid oedd lle o gwbl i ryfel dosbarth nag i wladoli.³⁰ Gwastraff ar amser prin oedd y trafodaethau hyn. Credai yn gydwybodol mewn rhannu elw yn gyfartal fel y dadleuai John Stuart Mill. Cefnogai yn llwyr, a bu fyw ei oes er ei fwyn, Undeb y Glowyr. Ond mudiad i amddiffyn hyd y medrai ydoedd, ac nid mudiad i ymosod a chreu diflastod. Nid cleddyf oedd yr arf, ond tarian i'w gwarchod. Dywed Dr E. W. Evans:

> In his eyes, every successful strike was a Pyrrhic victory. Each miner had not only certain rights, but also duties, both towards his family and towards the community as a whole. All would suffer hardship during a stoppage, and these condiderations had to be carefully weighed before striking.³¹

Roedd streic yn aflwydd trist a baich annioddefol i'r mamau a'r gwragedd. Credai Mabon fod angen cydweithrediad yn y

---

²⁹ D. Ben Rees, *Cofiant Jim Griffiths,* 64.
³⁰ *Western Mail,* 23 Tachwedd, 6.
³¹ E. W. Evans, *Mabon,* 99.

diwydiant glo. Byddai'n barod i goleddu safbwynt oedd yn ddiystyr i'r glowyr milwriaethus, yn arbennig sustem y Raddfa Lithrig. Cryfder y Raddfa Lithrig oedd ei bod yn arbed streic, ac yn rhoddi siâr deg o'r elw a ddeuai o werthu'r glo. Ar y pryd, rhoddai'r cyflogwyr elw annheg trwy leihau cyflogau pan syrthiai pris y glo.

Ond ar ôl 1912 collodd Mabon ei boblogrwydd aruthrol, am ei fod yn un o'r ychydig arweinwyr a welai yn glir y ddwy ochr i'r geiniog yn y diwydiant glo. Gwir y dywedodd Dr E. W. Evans:

> To a generation that regarded industry as a battleground in the war between the classes, his entire outlook appeared out of date.[32]

Ond roedd gwendidau amlwg yn safbwynt Mabon ar gymodi rhwng y cyflogwr a'r cyflogedig. Cymerai yn ganiataol fod y cyflogwr yn barod i gymrodeddu gyda'r glöwr, a gwyddai nad oedd hynny yn wir y rhan fwyaf o'r amser. Tyfodd yn arweinydd ymysg pobl oedd yn ffafrio yr un ffordd o fyw a'r un athroniaeth ag ef, sef pobl y capeli anghydffurfiol oedd wedi eu trwytho o'u plentyndod i fod yn bobl neis, barchus a charedig – pobl oedd yn ymwybodol o'r alwad barhaus am gydweithio â'i gilydd a chael cyd-ddealltwriaeth o fewn 'y blychau ennaint'. Cytunaf â'r haneswyr hynny a fu'n astudio Mabon ei fod ef yn wahanol i aml arweinydd Undeb, am iddo wneud ei orau glas i addasu egwyddorion sylfaenol Cristnogol, sef tadolaeth Duw a brawdgarwch dynion a merched yng Nghrist i faterion diwydiannol. Polisi o setlo pob ffrae a chweryl yn heddychlon ac er budd y ddwy ochr oedd ganddo. Y wasg a ddefnyddiai yr ymadrodd 'Buddugoliaeth Mabon' am rai o'r streicwyr, ond ni ddefnyddiodd y gair hwnnw ar unrhyw amgylchiad. Teimlai ar ei orau pan oedd y gynhadledd yn cael ei gweithredu yn gyfangwbl drwy'r Gymraeg. Yn y Gymraeg

---

32 *Ibid.*

y gwelid Mabon ar ei orau. Dyn yr Ysgrythurau Sanctaidd ydoedd yn yr iaith y magwyd ef ynddi, a grym gweddi oedd ei gynhaliaeth orau pan geid aml i storom, a phan wynebai ar ddamweiniau, pan gollid ugeiniau o lowyr. Ef fyddai yn cysuro ac yn cynnal y trallodus. Rhaid cofio bod y rhan fwyaf o'r arweinwyr newydd a ddaeth i fyd Mabon o 1905 hyd 1922 wedi eu trwytho yn yr Efengyl, pe baem yn meddwl yn unig am wrthryfelwyr Tonypandy, Noah Ablett, Will John, W. H. Mainwaring, A. J. Cook a John Hopla.

Geiriau Mabon wrth y glowyr ym 1912 yn ôl *Y Cymro* oedd:

> Cyfaill gorau y gweithiwr yw Iesu o Nasareth, ac ofer yw disgwyl llwyddiant mewn gwerthoedd wrth fod yn anffyddlon i'r egwyddorion.[33]

Dyn y capel oedd Mabon ar hyd ei oes, ac ni allai amgyffred Marcsiaeth. Tristwch mawr iddo ocdd gweld yr athroniaeth honno yn ennill tir yn y Rhondda. Cytunai Dai Watts Morgan ag ef, a bu ef yn barod i'w herio yn y Rhondda Fach, gan fod Maerdy yn un o ganolfannau y Blaid Gomiwnyddol yn y dau a'r tri degau. Bu syniadau sosialaidd y Chwith yn cylchredeg yn y Rhondda o ganol degawd olaf y bedwaredd ganrif ar bymtheg ac yn ysbrydoliaeth amlwg ar gyfer syndicaliaeth pobl fel A. J. Cook: 'By far the most dangerous. of the advanced syndicalists' yn ôl Cyrnol Lindsay, Prif Gwnstabl rhagfarnllyd Morgannwg.[34] Bu Marcsiaeth yn ysgogiad i'r cyffro cyson a'r aflonyddwch diwydiannol ar ôl 1910, a rhoddodd ysbrydoliaeth i Bwyllgor Diwygio Answyddogol a Chymdeithas Sosialaidd y Rhondda. Dioddefodd Mabon, ynghyd ag Anghydffurfiaeth Gymraeg yn y newid syfrdanol a ddigwyddodd yn ei etholaeth. Lleihaodd dylanwad canu emynau a chaneuon gwladgarol o enau Mabon ar y glowyr, a

---

[33] T. E. Davies, 'Y Gwir Anrhydeddus W. Abraham', *ibid*, 3.
[34] John Davies, *Hanes Cymru*, 497.

lleihaodd nifer y Cymry Cymraeg o'r un cefndir capelyddol ag ef.

Wedi dweud cymaint â hyn, fe ddeuai rhai o hyd (ond yn aml am gyfnod byr) fel Huw T. Edwards a alwodd ganol y Rhondda yn El Dorado, gan iddo ef adael Dyffryn Conwy i weithio fel glöwr yno. Sylweddolodd ef yn syth beth oedd brwydr y glowyr. Dyma fel y gosododd Huw T. Edwards y sefyllfa:

> Os gweithiai dynion ar y sifftiau o Ddydd Llun am ddau hyd Nos Wener am ddeg, neu o ddeg yn yr hwyr Nos Lun tan chwech y bore dydd Sadwrn, telid iddynt am chwe sifft, er iddynt weithio pump yn unig; ond os collid un sifft, yna telid y gweithwyr am bedair yn unig.[35]

Chwalwyd ei El Dorado yn sydyn pan dorrodd streic fawr y Cambrian allan. Telid iddo fel bachgen ar streic 'y swm o bum swllt yr wythnos, sef hanner yr hyn a delid i ddynion.'[36] Cafodd brofiad o ddylanwad Mabon fel areithiwr:

> Roedd cyfarfod mawr wedi ei alw ym Mhen-y-Graig, a disgwylid Mabon yno i roddi adroddiad o gyfarfod a oedd wedi ei gael gyda'r perchnogion yn Llundain. Cyn i Mabon gyrraedd, roedd Arthur Cook wedi siarad ac wedi awgrymu yn gryf fod gan Mabon siârs yn y Cambrian.
> Cyrhaeddodd Mabon yn y man, a bron pob llaw yn ei erbyn. Cyn pen deg munud, roedd bron pob llaw o'i blaid. Dyna ei fesur fel areithydd![37]

Cefnogai Mabon safbwynt ei enwad crefyddol, Eglwys y Methodistiaid Calfinaidd Cymraeg. Hwy, o'r holl enwadau anghydffurfiol, oedd yn barod i basio penderfyniadau gwrth-Lafurol. Roedd ganddynt bobl ddigymrodedd, fel y Parchedig

---

[35] Huw T. Edwards, *Tros y Tresi* (Dinbych, 1956) 37.
[36] *Ibid*. 41.
[37] *Ibid*.

W. F. Phillips.[38] Gwyddom fod y Parchedig W F. Phillips yn gallu cyffroi'r Anghydffurfwyr gyda'i gri: 'Dewiswch Grist neu sosialaeth!'[39]

Daeth gweinidogion anghydffurfiol oedd yn bleidiol i'r Mudiad Llafur o dan ei lach, fel y Parchedig James Nicholas, gweinidog Will John, yn Nhonypandy.[40] Calfin oedd Mabon, a bu'r athrawiaeth honno yn gryn gymorth iddo yn ei waith gorchestol fel Undebwr Llafur.

Ei wendid mawr oedd ei amharodrwydd ar brydiau i addasu. Daliodd gyda'r un egwyddorion ar hyd ei oes, ond erbyn 1920, pan ymmneilltuodd o'r bywyd cyhoeddus, roedd yn ffigwr i gydymdeimlo ag ef, gyda'i lesgedd a'i anallu i gyflawni'r hyn a garai ei weithredu. Ac eto, mae'n rhaid pwysleisio beth fyddai hanes Undebaeth lofaol yng Nghymru a gweddill Prydain heb ei bresenoldeb a'i arweiniad. Wedi'r cyfan, roedd yn well gan y cyflogwyr ddelio gydag ef na chyda'r rhai a'i dilynodd. Ar y llaw arall, byddai Mabon wedi cyflawni mwy yn gynharach yn ei yrfa pe bai'r glowyr wedi brwydro yn fwy egniol yn hytrach nag aros o'r tu allan hyd nes i Mabon eu hargyhoeddi o werth undeb.

Ei gyfraniad olaf oedd Streic Glowyr y Rhondda ym 1919 ar fater cyflogau, pan fu 1,300 allan o waith am fis. Gweithiodd

---

[38] Un o Benmaenmawr oedd y Parchedig W. F. Phillips a ymfudodd i Lerpwl ac ymuno yn Eglwys gref Princes Road yn ystod gweinidogaeth y gweinidog gwleidyddol, Dr John Williams a ddaeth yn gefnogwr mawr Lloyd George. Diddordeb pennaf W. F. Phillips fel John Williams oedd y Blaid Ryddfrydol. Gw. W. F. Phillips, 'Y Perygl oddi wrth Sosialaeth yng Nghymru', *Y Genhinen*, Ionawr 1912, 7-9.

[39] Gwna James Griffiths osodiad diddorol a phwysig mai yng nghyfnod Phillips y dechreuodd y dirywiad yn nylanwad ymneilltuaeth fel grym gwleidyddol ym mywyd Cymru: 'If only nonconformity had aligned itself with the new political forces which soon were to become all-powerful in the valleys, the subsequent history of both chapel and socialism might have been different.' Gw. James Griffiths, *Pages from Memory* (London, 1969), 19.

[40] Symudodd y Parchedig James Nicholas yn weinidog i Gapel y Bedyddwyr Cymraeg, Castle Street, Llundain a dod yn weinidog ar aelodau seneddol eraill, y tro hwn, David Lloyd George a John Hinds.

Mabon yn galed yn yr achos hwn, a thrwy ei ymdrechion arbennig, daeth y streic i ben.[41] Roedd hyn yn arwydd fod Mabon, fel yr arferai arweinwyr Llafur yr Unol Daleithiau ddweud amdano, yn dal yn ddewin ac yn gymodwr o'r radd flaenaf. Roedd Brenhinbren y Goedwig yn dal ym rymus ac yn gadarn hyd ddiwedd ei yrfa fel Arweinydd Undebaeth.

---

[41] Chris Williams, *Democratic Rhondda: Politics and Society, 1885-1951*, 128.

PENNOD 12

Mabon y Capelwr a'r Glöwr Diwylliedig

O'i grud hyd ei fedd, bu William Abraham (Mabon) yn gapelwr a chafodd ei ddylanwadu yn drwm oddi fewn i enwad y Methodistiaid Calfinaidd Cymreig. Gan iddo golli ei dad yn ifanc, cymerodd ei fam y cyfrifoldeb am y teulu cyfan. Bu ei dylanwad hi yn helaeth ar Mabon, ac nid oedd neb yn ffyddlonach i gapel y Tabernacl, Cwmafan, na'i fam. Gofalodd y fam fynd ag ef yn ei chôl i'r oedfaon, a gwelid ef yn yr Ysgol Sul yn dair blwydd oed. Fel y soniodd y nofelydd Eingl-Gymreig, Jack Jones, yn ei lawysgrif ar Mabon, y capel a roddodd yr hyder iddo fedru sefyll ar ei draed.[1] Disgwylid iddo ar fore Sul ddweud ei adnod gyda chriw o blant eraill yn sêt fawr y Tabernacl, Cwmafan, a bu hyn yn gymorth iddo yn ei yrfa fel arweinydd y disgwylid iddo annerch yn aml yn yr awyr agored. Erbyn iddo fod yn bedair ar ddeg oed, gwelid Mabon mewn cyfrifoldebau oddi fewn i strwythur y capel, yn arwain Côr y Capel ac o fewn dwy flynedd yn arweinydd Côr Capel yr Annibynwyr, lle bu yn hynod o lwyddiannus yn yr eisteddfodau lleol. Gwelid ef yn athro Ysgol Sul, ac yn ei dro, yn Arolygwr Ysgol Sul y Plant.[2] Ymbriododd yn ifanc gyda merch o'r un cefndir ac o'r un diddordebau. Y capel oedd y flaenoriaeth iddi hithau ar ôl y cartref, a'r unig dro gwag a gyflawnodd oedd cael ei demtio i ymfudo am waith i Chile. Bu yn edifar am hyn, a thrwy drugaredd, daeth yn ôl i Gymru, ac i fywyd mwy proffidiol i bawb, gan dyfu yn arweinydd glowyr y Gorllewin.[3] Lle bynnag y bu yng ngorllewin Morgannwg,

---

[1] Llyfrgell Genedlaethol Cymru, Rhif 186: Papurau Jack Jones, Rhiwbeina, 'The Mabon Story'.
[2] *Ibid.*
[3] *Ibid.*, 'Felt that he had deserted his faith by going to Chile.'

230

bu'r capel yn gyrchfan iddo, ac os nad oedd Capel Methodistiaid Calfinaidd wrth law, byddai'n barod i gyrchu i gapeli o enwadau eraill.[4] Daeth i wybod am fywyd capeli Bedyddwyr ac Annibynwyr, a chyfrifid ef yn gefn i bob achos crefyddol oherwydd ei ddoniau cerddorol a'i allu i lefaru. Nid rhyfedd iddo gael ei ddenu i bregethu, a bu galw mawr amdano.[5]

Gwelai ragluniaeth yn garedig tuag ato pan ymfudodd i'r Rhondda ym 1874.[6] Mewn cofnod yn perthyn i Henaduriaeth Dwyrain Morgannwg, ceir molawd i Gwm Rhondda y gellid fod wedi ei ysgrifennu gan Mabon:

> Sicr yw na welir tai anedd i weithwyr mor olygus a gwasanaethgar mewn un o'r gweithfeydd ag a welir yn y cwm prydferth hwn. Cawn fod yma ddarpariaeth helaethach wedi ei wneyd gan bob enwad o Gristnogion tuag at roddi yr Efengyl werthfawr ei bendithion i drigolion y lle – capeli ac eglwysi wedi eu hadeiladu yn heirdd ac ar draul ryfeddol yma a thraw drwy y lle poblog hwn, fel y gellir gweled fod yma gyflawnder o foddion crefyddol mewn ymarferiad, ac ymdrech mawr yn cael ei ddangos at dalu amdanynt. Bernir nad oes un dosbarth o ddynion yn well i gyfrannu at draul crefydd na'r glowyr yn ôl eu gallu, ac y mae hwnnw yn fawr iawn erbyn hyn, fel

---

[4] *Ibid.* Dywed Jack Jones, 'The Chapel was the great influence on him in his long life.'
[5] *Ibid.* 'A lay preacher in his teens'. Sonia Jack Jones amdano yn Chile yn gwrthod mynd gyda'i gydweithwyr i weld syrcas am ei fod yn cynnal ar y Sul, yr hyn a alwai ef yn Ddydd yr Arglwydd. Roedd y Methodistiaid Calfinaidd yn rhoddi pwyslais mawr ar gadwraeth y Sul.
[6] *Ibid.* Canent yn Gymraeg yn y Rhondda ym 1874 'Mabon yw'r dyn'. Dywed Jack Jones ei fod yn fwy poblogaidd yn y Rhondda Fawr nag yn y Rhondda Fach.

mai agos cystal bod yn *collier* a bod yn gyfreithiwr y blynyddoedd hyn.⁷

Roedd awdur y cofnod yn deall bod yna berthynas agos rhwng y diwydiant glo ac adeiladu capeli fel y bûm yn dadlau yn y gyfrol, *Chapels in the Valley.*⁸ Cydnabyddai arweinwyr y Methodistiaid Calfinaidd hynny, a dyma a ddywedwyd ym Mhen-y-graig yng nghanol y saith-degau:

> Gweithfa glo helaeth sydd wedi bod yn gychwyn i'r achos yma, ac ugeiniau lawer o deiau wedi eu hadeiladu, a Chymry y rhan fwyaf yn preswylio ynddynt. Cymry yw'r meistriaid a swyddogion y gwaith, a'r rhai hynny yn grefyddol, ac yn bleidwyr i'r achos da, ac yn hynod ddewisol wrth gymeryd dynion o weithwyr atynt.⁹

Yr un oedd y stori ar hyd y ddau gwm. Yng Nghwm-parc, lle tyfodd yr achos Methodistaidd Calfinaidd yn gyflym iawn, gwnaed yr un math o gais, o gael adeiladu cartref ysbrydol i'r Cymry crefyddol. Sefydlu gweithiau glo newydd yn Ystradyfodwg oedd yn bennaf gyfrifol am hyn. Roedd ffrind Mabon, David Davies, Llandinam, yn hynod o barod i gyfrannu tuag at adeiladu 'capel Methodust'.¹⁰

Ymaelododd Mabon a'i deulu yng Nghapel Nasareth, Pentre – eglwys ifanc tebyg i Gwm-parc a chapeli eraill gogledd y Rhondda Fawr. Yn fuan ar ôl ymaelodi,

---

⁷ Rhan o gofnodion Cyfarfod Misol Treorci, 3 a'r 4 Tachwedd 1873 i'w weld yn y Goleuad, 15 Tachwedd 1873, 10.

⁸ D. Ben Rees, *Chapels in the Valley: A Study in the Sociology of Welsh Nonconformity* (Upton, 1975), 222tt.

⁹ *Y Drysorfa*, xxv, 1871 (Cofnodion Cyfarfod Misol Pen-y-Graig, 27 ac 28 Gorffennaf), 71.

¹⁰ Roedd David Davies, Llandinam yn eilun y Methodistiaid Calfinaidd yn y Rhondda. Ef oedd yr 'ysgweiar haelionus' a fu, ynghyd â'i fab, Edward, yn llawn ysbryd Cristnogol i gynorthwyo a noddi y capeli. Gw. H. Williams, *Davies the Ocean: Railway King and Coal Tycoon* (Cardiff, 1991), 93-6.

gwahoddwyd Mabon i fod yn arweinydd y gân ac i gydymuno â'r blaenoriaid yn y sêt fawr. Hyd yn oed pan symudodd Mabon i fyw yn Llanilltud Fawr, daliai i ddychwelyd ar y Sul ac ar noson waith i gapel Pentre, lle bu yn arweinydd y gân hyd ei farwolaeth ym 1922.[11] Ef oedd yng ngofal y Gobeithlu yng Nghapel Pentre, a dibynnai y cyfan ar y person a ofalai am y noson. Yn fy mhrofiad o fynychu Gobeithlu o 1944 i 1955, ceid Rhaglen ddiddorol ac amrywiol. Roedd fy ngweinidog yn gerddor da ac felly gellid cael ugain munud a mwy yn canu yr emynau dirwestol, a cheid digon o'r rheini. Byddai arweinydd ein Gobeithlu yn defnyddio ugain munud arall yn adrodd stori o fyd y dychymyg, neu'r Ysgrythur, neu o lenyddiaeth Gymraeg. Roedd hynny yn hynod o ddifyr; ac yna ceid anerchiad ar beryglon y ddiod gadarn, a dyna drefn y Gobeithlu mewn cyfnod diweddarach. Ond yn ein hadnabyddiaeth o Mabon, roedd ganddo y doniau i gadw diddordeb criw o blant ac ieuenctid. Roedd llais tenor cyfoethog Mabon yn ddigon i gadw pob oedran yn ddiddig. Pan ganodd yn Eisteddfod Genedlaethol Aberhonddu ym 1889, dywedodd un o gantorion enwoca'r byd, Madam Patti, wrtho, 'You have a beautiful voice, Mabon.' A'i ateb bonheddig oedd, 'So have you, Madam!'[12]

Defnyddiai Mabon iaith y capel ym mhob man, ac wrth sôn amdano yn derbyn y cyfrifoldeb o fod yn Asiant Glowyr y Rhondda, dywedodd wrth nifer o weinidogion:

> Fe ddaeth yr alwad, ac fe atebais innau hi yn gadarnhaol, fel y byddwch chi'r pregethwyr yn dweud, ac fe welwch fy mod wedi aros yn yr un ofalaeth byth.[13]

---

[11] Llyfrgell Genedlaethol Cymru, Rhif 186: *Papurau Jack Jones, Rhiwbeina*. Yn ôl Jack Jones, symudodd Mabon i Lanilltud Fawr ym 1912.
[12] *Ibid.*
[13] *Ibid.*

Calfinydd oedd yn llefaru; iaith y Calfinydd a glywn pan sonia am alwad a'r ffaith iddo aros yng nghlywedigaeth yr alwad honno. Fe'i trwythodd ei hun yn emynau y cysegr. Canodd ym mhob man ganeuon ffydd. Ar ei ffordd i'r Senedd, ac yntau yn y trên, clywai ei gyd-deithwyr ef yn canu 'Gwŷr Harlech', a phan fu ar ddwy daith i'r Unol Daleithiau, canodd yn gyson ar ffwrdd y llong, 'Fy Nhad sydd wrth y llyw.'[14] ac ymysg y glowyr capelgar, byddai'n canu yn gyson emyn David Charles, 'O fryniau Caersalem ceir gweled.' Pan oedd Mabon yn arweinydd Eisteddfod Genedlaethol Llanelli ym 1895, aeth y dorf fawr yn afreolus. Cododd Mabon y cawr ar ei draed, a chanu 'Hen Wlad fy Nhadau' nes tawelu pob unigolyn. Bu tawelwch fel y bedd, a chafwyd trefn i fodoli. Gwaeddodd un o'r dorf ar ffrind cywir i Mabon, sef Gurnos, a ddigwyddai hefyd fod ar y llwyfan: 'Pwy gôr oedd hwnna, Gurnos?' Ateb gweinidog yr Annibynwyr oedd: 'Cor Mabon!'

Bu cysylltiad Mabon gyda'r Eisteddfod Genedlaethol yn un hir, ac yn niwedd ei oes, perswadiodd Llys yr Eisteddfod i wahodd Robert Smillie (ffrind i Mabon oddi ar 1888) yn Llywydd y Dydd yn Eisteddfod Genedlaethol Rhydaman ym 1922.[15] Erbyn i'r Eisteddfod ddod, roedd Mabon yn ei fedd, ond cafodd Glowyr y De glywed am un o arweinwyr pwysig Undeb Glowyr Prydain Fawr.

Golygai y côr gryn lawer i Mabon. Dyna'r corau y bu ef yn eu gofal a'r corau y bu yn gefnogol iddynt. Fel y dywedodd Hywel Teifi Edwards:

---

[14] Llyfrgell Genedlaethol Cymru: *Archif y Methodistiaid Calfinaidd,* 14: 842. 'Bywyd a Gwasanaeth y ddiweddar William Abraham (Mabon) y Parch David Davies, Pentre, Rhondda. Buddugol yn Eisteddfod Treorci, 1926, 16.

[15] Bu Robert Smillie yn gefnogwr di-guro i Jennie Lee ar ddechrau ei gyrfa. Dywed hi amdano: 'As a schoolgirl, I had often listened enthralled to stories of the fearful odds pitted against Bob Smillie, Keir Hardie, my grandfather and others like them to build a Labour, trade union, and co-operative movement.' *Gw. Jennie Lee, My Life with NYE,* (London, 1980), 66.

Canu corawl oedd un o brif gyfryngau hunan-fynegiant y Cymry o'r 60au hyd at y Rhyfel Byd Cyntaf. Y côr oedd un o gonglfeini'r diwylliant poblogaidd a ddatblygodd ar redeg yn ystod y cyfnod hwnnw, a gallwn fynnu'n hyderus ei fod yn rym – creu chwaeth gyda'r pwysicaf yn hanes y Gymru fodern.[16]

Pan oedd Mabon ar ei daith gyntaf i'r Unol Daleithiau ym 1901, bu galw mawr amdano fel arweinydd eisteddfodau yn y wlad fawr honno. Galwodd un o'r newyddiaduron lleol, *The Scranton Republican* ef 'Mabon, the prince of Eisteddfod conductors'.[17] Ar 28 Tachwedd 1901 yng nghyfarfod prynhawnol Eisteddfod Scranton, roedd hi wedi mynd yn gwbl dawel a diffyg cystadlu. Yn y distawrwydd, galwodd Mabon ar y gynulleidfa i ganu emyn ar y dôn 'Caersalem'. Bu hyn yr union sbardun oedd ei angen i symud ymlaen i glywed yr adroddwyr ac ar ôl hynny gystadleuaeth y tenoriaid, a'r rheini yn canu y gerdd, 'Bedd Llewelyn'. Ac ar ôl hynny, daeth y prif gorau meibion i ganu gwaith y Dr Joseph Parry, 'Pilgrim's Choir'.[18] Roedd hi'n wefreiddiol i glywed Mabon yn cyflwyno y corau, y *North End Glee Club* o dan arweiniad Gwilym Morlais; yr *Anthracite Glee Party* (glowyr y glo carreg o dan arweiniad William Davies) ac yn drydydd, yr *Oxford Glee Club*.[19] Yn yr hwyr, arweiniwyd gan ffrind cywir i Mabon, sef y Barnwr Edwards o Pittsburg. Un o uchelbwyntiau yr Eisteddfod oedd pan alwodd y Barnwr ar derfyn yr eisteddiad ar Mabon i ganu 'Hen Wlad fy Nhadau' ac i arwain y dorf i ganu yr emyn, 'Bydd myrdd o ryfeddodau.'[20] Dyma ganu a'i gwnaeth yn ffefryn ymhlith glowyr y Rhondda. Galwodd arno

---

[16] Hywel Teifi Edwards, *Codi'r Hen Wlad yn ei Hôl, 1850-1914* (Llandysul, 1989), 90.
[17] *The Scranton Republican, Pennsylvania,* 29 Tachwedd,1901, 3.
[18] *Ibid.*
[19] *Ibid.*
[20] *Ibid.*

ym 1873 i deithio i annerch cyfarfod a gynhaliwyd yn
Nhonypandy ac i annerch y dorf fawr yn gyfangwbl yn
Gymraeg. Ar ôl ei glywed, galwodd rhai o'r glowyr a'i
hadnabu arno i roddi cân; canodd gerdd o'i waith ei hun, 'Y
Glöwr Du'. Cafodd y glowyr eu syfrdanu, ac yn ôl gohebydd y
Western Mail:

> Lips quivered and tears stood in the eyes of hundreds, and
> at the close, a mighty sigh passed up from the vast meeting.
> It was evident that 'Mabon' had touched the heart of the
> Rhondda.[21]

O hynny allan, nid oedd terfyn ar y galwadau iddo ddod atynt
i bregethu ac i ddarlithio, annerch a chanu, i gymodi ac i roddi
arweiniad cadarn. Gwnaed ef yn ŵr y gellid dibynnu arno, ond
ym 1879, pan oedd de Cymru mewn sefyllfa economaidd
anodd o ran masnach, daliodd ef y straen. Ni ildiodd. Calfinydd
oedd ef a'i bobl yng Nghasllwchwr ac yn y Rhondda. Gofalai
ar ôl ei deulu, ei briod, pedwar mab a phedair merch, a gwybu
y penteulu aml i brofedigaeth. Collodd ei briod ac yntau
anwyliaid, ond daliai ati i ymddiried yng nhysuron yr efengyl
yn eu galar.

Ac ar ôl iddo gyrraedd y Senedd, ni chollodd y cyfle i
frwydro dros raglen yr Ymneilltuwyr. Roedd hunan-
lywodraeth yn bwysig iddo, a dadleuodd o blaid fersiwn ohoni.
Cyfeiriodd at bwnc y tir a chydymdeimlai gydag anghenion y
gweithiwr ar y tir, gwas fferm a'i amgylchiadau cyfyng.

Golygai yr iaith Gymraeg bopeth iddo. Hon oedd iaith
yr aelwyd, iaith y capel ac iaith ei waith beunyddiol ran amlaf.
Ni allai gytuno gyda Daniel O' Connell yn yr Iwerddon. Roedd
ef yn ddigon parod i'w iaith genedlaethol, y Wyddeleg,
ddiflannu yn gyfangwbl. Rhaid fyddai dysgu siarad Saesneg.
Siaradodd Mabon yn Eisteddfod Genedlaethol Aberdâr o blaid
cychwyn Cymdeithas yr Iaith Gymraeg. Nid oedd ef yn barod

---

[21] *Western Mail,* 20 Rhagfyr, 1884, 4.

ar unrhyw delerau, i gymrodeddu ar fater yr iaith. Siaradai Mabon yn Saesneg yng nghynhadleddau y Glowyr, yn y pwyllgorau; pregethai yn Gymraeg ar y Suliau, a chlywid y Gymraeg ar ei wefusau yn San Steffan. Sylweddolir bod Mabon fel arweinydd pennaf o fewn y Chwyldro Diwydiannol wedi chwarae rhan amlwg iawn ym mharhad yr iaith yng Nghymru. Gofalai bob cyfle a ddeuai iddo ganu molawd i'r iaith. Gwendid y Blaid Ryddfrydol oedd ei bod yn dewis pobl mor wahanol i Mabon fel ymgeiswyr i'w hethol yn aelodau seneddol. Ar ei gwaethaf y cafodd ei ethol i San Steffan, a gofidiai yn fawr i fudiad y Cymry Fydd gael ei wrthod gan ei gyd-aelodau fel D. A. Thomas, y bu'n rhaid iddo groesi cleddyfau ag ef ar ran y glowyr y Rhondda.

Credai Mabon fod Dydd Iau, 16 Ionawr 1896 yn un o'r dyddiadau pwysicaf y hanes modern Cymru. Dyma foment hanesyddol pan oedd siawns i greu, drwy gynghrair unedig, fudiad cenedlaethol, ymwthiol rymus a pherthynas rhwng y dosbarth canol progresif a'r gweithwyr o'r undebau. Ond collwyd cyfle euraid a gadawyd Mabon yn yr anialwch. Gwelid elfen gref o geidwadaeth ymhlith yr etholaethau, lle ceid Rhyddfrydiaeth yn gryf. Dewis bargyfreithwyr a chyfreithwyr a phobl gyfoethog o blith y tirfeddianwyr i'w cynrychioli a wnai'r Rhyddfrydwyr dro ar ôl tro. Nid oedd Mabon yn ffitio i'w disgwyliadau o'r hyn ddylai aelod seneddol fod, sef un oedd yn Gymro Cymraeg, yn werinol ac yn clodfori eisteddfod a bywyd capeli. Dewisai etholaethau Cymru ymgeiswyr oedd bron yn gwbl ddi-werth. Ni chafwyd cyfraniad gan y wasg chwaith. Yn y papurau Cymraeg fel *Y Faner,* ceid pwyslais gwrth-imperialaidd, gwrth-Seisnig, ond yn y papurau Saesneg fel y *Western Mail,* ceid pwyslais cwbl imperialaidd, gwrth-Anghydffurfiol. Etifeddodd Mabon gymaint o athroniaeth Henry Richard, gweinidog yr Efengyl a mab i weinidog, fel hunan-lywodraeth i Gymru, pleidlais i bawb, diwygio'r tir a gweithio o blaid gorfodi Eglwys Loegr yng Nghymru i fod yn Eglwys yng Nghymru. Gorfoleddai Mabon ar 31 Mawrth 1920 pan ddaeth teyrnasiad Anglicaniaeth fel crefydd swyddogol Cymru i ben. Dyma fuddugoliaeth fawr i Mabon – penllanw degawdau o ymgyrchu. O 1885 hyd 1920 y bu yn Aelod Seneddol, a dyna'r cyfnod y brwydrodd Mabon ac eraill mor egniol. I Mabon, 'Yr Hen Estrones' oedd Eglwys Loegr yng Nghymru, a daliai yn aelod o'r Tŷ, pan aeth mesur y *Welsh Church Temporalities Act* drwyddo ym 1919. Wedi'r cyfan, dioddefwyd ar fater dadwaddoli ym 1914, ond daeth y Rhyfel Mawr i rwystro gweithredu yr hyn y gweithiodd Mabon drosto ar ran pobl y capeli. Ond i Mabon, y rhan o'r mesur oedd yn ei blesio ef fwyaf oedd bod aelodaeth yr esgobion Cymraeg o Dŷ'r Arglwyddi yn dod i ben. Pe bâi Mabon yn cael ei ffordd, byddai Tŷ'r Arglwyddi hefyd yn diflannu yn gyfangwbl.[22] Ni welodd ei freuddwyd yn cael ei gwireddu, a go brin y daw hynny yn ffaith hyd nes inni gael hunan-lywodraeth gyflawn.

   Fel y mwyafrif o bobl y capeli, glynodd Mabon yng nghanllawiau y Blaid Ryddfrydol, ac yn rhyfedd iawn, ni cheir gair ganddo am rai o wŷr pwysicaf y mudiad Llafur ym mlynyddoedd ei brifiant. Mae'n sicr fod Mabon wedi clywed am, ac wedi darllen llithiau o'i waith ar sosialaeth, gan R. J. Derfel o Fanceinion. Roedd ef yn gapelwr a adawodd y capel fel sefydliad am anghrediniaeth ac yn bwysicach am sosialaeth Gymraeg. Disgybl pennaf R. J. Derfel oedd T. E. Nicholas (Niclas y Glais) gweinidog lliwgar a bardd a glodforai'r werin bobl. Ni welir enw Niclas y Glais ymhlith hanes Mabon, er bod Niclas yn weithgar dros y Blaid Lafur Annibynnol ac yn etholaeth Gwyr dros y Blaid Lafur ei hun. Pan symudodd o'r Glais i gefn gwlad Ceredigion ym 1914, anrhydeddwyd ef gan Blaid Lafur etholaeth Gŵyr am ei waith arloesol.[23]

---

[22] John Davies, *Hanes Cymru*, 515.
[23] Roedd T. E. Nicholas ymhlith gweinidogion eraill a gafodd eu denu at sosialaeth yng ngorllewin Morgannwg, fel T. M. Roderick (Cwmgors) a W. D. Roderick (Rhiwfawr). Galwyd y tri hyn ac eraill gan W. F. Phillips yn 'ddisgyblion Jwdas Iscariot'. Gw. D. Ben Rees, *Cofiant Jim Griffiths*, 32.

Sosialydd a gweinidog, a gŵr amryddawn ac addysgwr oedd y Parchedig R. Silyn Roberts, Tanygrisiau, Blaenau Ffestiniog. Mae lle arbennig i Silyn yn hanes Cymru, gan iddo wneud sosialaeth yn dderbyniol i Ryddfrydwyr y dosbarth gweithiol. Ef, yn ôl ei gofianydd, David Thomas oedd y linc rhwng De Cymru Evan Roberts a De Cymru Noah Ablett.[24] Anodd deall fod Mabon wedi medru anwybyddu Niclas y Glais a'i fentor, R. J. Derfel ac hefyd R. Silyn Roberts.

Mae'n sicr na chyffyrddodd y diwinyddiaeth Newydd ag ef o gwbl – y ddiwinyddiaeth a bregethid gan R. J. Campbell a'i ddisgyblion Cymreig fel y Bedyddiwr, Gwili, Niclas y Glais a T. Rhondda Williams. Y bobl hyn ac eraill fel Silyn a David Thomas a baratôdd y ffordd i'r newid mawr a ddigwyddodd oddi fewn i Ymneilltuaeth tuag at Lafur. Daeth pob un o'r rhai hyn a enwais at sosialeth drwy yr iaith Gymraeg, diwylliant y capeli a'r berthynas agos rhwng cenedl, dosbarth a chrefydd gyfundrefnol.

Diwygiad 1904-5 oedd digwyddiad pwysig arall y collodd Mabon gyfle i fod yn amlwg ynddo gan ei fod wedi treulio amser ar daith ym 1905 yn yr Unol Daleithiau. Nid oes tystiolaeth iddo ef gyflwyno Evan Roberts i unrhyw gynulleidfa yn y Rhondda pan ddaeth ef yn ôl o'r Amerig, ac mae hynny yn ddirgelwch, o gofio i'r prif ddiwygiwr Evan Roberts adael yr ysgol yn ddeuddeg oed i weithio yn y lofa.[25] Bu yno yn y pwll glo o 1890 hyd 1902 ac yn yr efail gof o Fedi 1902 hyd Rhagfyr 1903, pan ddechreuodd bregethu. Aeth Roberts i Ysgol Baratoi John Phillips yn Nghastell Newydd Emlyn i'w baratoi ei hunan ar gyfer y Weinidogaeth ar Fedi 13 1904, a'r un mis lloriwyd ef ym Mlaenannerch pan gafodd

---

Rhoes *Llais Llafur*, a gyhoeddid yn Ystalyfera, lwyfan i erthyglau R. J. Derfel ar sosialaeth. *Ibid*, 53.
[24] David Thomas, *Silyn* (Lerpwl, 1956, 77).
[25] D. Ben Rees, 'Evan Roberts (1878-1951)' (yn) *Cymry Adnabyddus 1952-1972* (Lerpwl a Phontypridd, 1978), 212-213.

brofiad chwyldroadol – profiad na chafodd Mabon mohono yn ei ieuenctid na'i ganol oed. Galwodd Evan Roberts y 29 Medi 1904 yn 'ddiwrnod mwyaf ofnadwy a hyfryd fy mywyd'.[26] Ymledodd y diwygiad i bob pentref a phob pwll glo. Cynhelid cyfarfodydd gweddi yn y pyllau glo ar ddechrau'r dydd. Yr oedd hynny yn plesio Mabon yn fawr iawn, yn wir yn rhan o batrwm ei oes. Bu hynny yn arferiad, fel y cyfeiriwyd o'r blaen, o wythdegau y bedwaredd ganrif ar bymtheg. Cytunir â'r hanesydd a ddywed:

> It is not an irony that the 1904-5 Revival ushered in Labour's dominance in Wales.[27]

Bu Ymneilltuaeth yn help aruthrol i fagu ymwybyddiaeth wleidyddol i ddosbarth gweithiol Cymreig, ac ni fu'r Diwygiad yn rhwystr yn hyn o beth. Cymerodd y Blaid Lafur Annibynnol y gwaith cenhadu ond yn ei sgil gwelid y Blaid Lafur ei hun, yn cynnwys yr undebau, a edrychai ar bethau yn debycach i'r Blaid Ryddfrydol gan nad oedd Ffabiaeth, syndicaliaeth a fersiynau gwahanol o sosialaeth ddim i lywodraethu yn araf sefydlu ei hun o 1900 i 1906. Roedd y Blaid Lafur yn barod i'r sectau sosialaidd hyn berthyn, ond ddim i dra-arglwyddiaethu arnynt. Pobl fel Mabon, undebwyr o fri oedd i gyflawni yr her o ennill y dydd yn y pendraw.[28] Y Diwygiad Crefyddol oedd yn gyfrifol fod cymaint wedi gweld pwysigrwydd yr efengyl gymdeithasol ac yn bwysig felly ym mhererindodau Silyn, David Thomas, Noah Ablett, T. E. Nicholas, Will John ac A. J. Cook gan i bob un ond David Thomas ddatblygu yn bregethwyr

---

[26] *Ibid.*, 212.
[27] E. D. Lewis, *The Rhondda Valleys,* 225.
[28] When the Miners' Federation affiliated to the Labour Party in 1909, it meant that Wales had five Labour members: even William Abraham, 'Mabon', the apostle of industrial peace and of the old non-comformist values, sat on the Labour benches, under protest. Gw. Kenneth O. Morgan, *Welsh Politics: Cymru Fydd to Crowther* (yn) *Anatomy of Wales* (editor: R. Brinley Jones), Peterston-super-Ely, 1972), 123.

lleyg. Ond ni allaf roddi Mabon yn eu plith, am iddo gymryd cymaint o amser ac am iddo fod yn barod i ddadlau gerbron y cyhoedd ar y dewis o adael afallon y *Lib-Lab* am ansicrwydd plaid lafur Ramsay MacDonald. Ond cofier fod hwnnw wedi dweud fod gan Mabon un o'r meddyliau cryfaf a mwyaf gwybodus oddi fewn i Dŷ'r Cyffredin. Gor-ganmoliaeth ddaeth o enau MacDonald, ac eto mae peth gwirionedd yn ei gompliment.

Ond meddai Mabon ar ysbryd herfeiddiol pan oedd angen hynny – rhinwedd cyson yn agwedd y capeli Cymraeg a'u harweinwyr.[29] Roedd y capeli yn llewyrchus a phobl y capeli oedd yr undebwyr pwysicaf fel y cyfeiria y nofelydd, Emyr Humphreys:

> The early strikes were led by chapel men, and the call for justice was based on the adaptation of Christian principles. It was still possible for the miners' leaders and the management and even the owners to attend the same chapel. [30]

Ni fyddai hynny byth yn digwydd ym meysydd glo Efrog neu Gaint neu Sir Gaerhirfryn. Roedd hi'n wahanol yng Nghymru. A chofier mai brwydr galed oedd y frwydr honno rhwng Mabon a'i Galfiniaeth a'r syniadau dieithr fel syndicaliaeth. Gwelwn syndicaliaeth yn ergydio'n gyson yn erbyn yr hyn a

---

[29] D. Ben Rees, 'Methodistiaeth Galfinaidd Cymru a'r Gymdeithas, c.1914-1939', yn *Hanes Methodistiaeth Galfinaidd,* Cyfrol iv: Yr Ugeinfed Ganrif (c.1914-2014) (Golygyddion: John Gwynor Jones a Marian Beech Hughes), (Caernarfon, 2017), 1-48.

[30] Emyr Humphreys, *The Taliesin Tradition: A Quest for the Welsh Identity* (London, 1983), 196.

elwir Maboniaeth (*Mabonism* yn Saesneg)[31] Dyn didwyll, daionus oedd Mabon a oedd yn hoff o gytundeb ac ewyllys da, ac a oedd yn awyddus i ddod i ddealltwriaeth mewn cytgord a chyfeillgarwch bobl o'r un cyff ac o'r un enwad a oedd yn gweithio gydag ef. Brwydr galed oedd hon – brwydr am galonnau a meddyliau y glowyr. Roedd y capeli yn niferus. Erbyn i Mabon ddod i'r Rhondda, ceid 109 o eglwysi ei enwad ym Morgannwg, gyda Chapel Dinas y Rhondda a adeiladwyd ym 1812 yn un o'r rhai cynharaf. Llawenydd i Mabon oedd gweld capeli mor llewyrchus[32] yn cael eu hadeiladu. Yn Nhreorci, adeiladwyd saith capel yn dal 4,820 o bobl rhwng 1867 a 1877. Yn yr un degawd yn Ferndale yn y Rhondda fach, adeiladwyd pum capel Anghydffurfiol yn dal 3,600 o bobl. Erbyn 1914, roedd 151 o gapeli Anghydffurfiol i'w cael yn Nosbarth Dinesig y Rhondda, a'r rheini'n dal cyfanswm o 85,105 rhyngddynt. Daeth y capel yn hynod o bwysig, a galwai

---

[31] 'Mabonism', the creed of conciliation and class harmony, was out-of-date: it had perished at Taff Vale and Tonypandy. The Cambrian coal stoppage of 1910-11 brought a new generation of miners' leaders to the fore, young Marxists like Noah Ablett'. Gw. Kenneth O. Morgan, *Anatomy of Wales*, 123.

[32] Dengys E. D. Lewis fod y Rhondda yn hynod o ddyledus i Gwm Aberdâr. Daeth cymaint o'r arweinwyr cynnar o Gwm Cynon. Addysgwyd cymaint o'r athrawon yn Ysgol y Comin, Aberdâr. Gellir enwi Tom John, M.A., (Llywydd Undeb yr Athrawon, Llwynypia) ei frawd, J. W. Jones (Ynys-hir); Thomas P. Price (Trealaw); J. W. Jones (Tonypandy); Llewelyn Jones (Ystrad); Henry Harries (Gelli); David Evans (Treorci), John Evans (Hafod); H. R. Edwards (Bodringallt); Tom Jones (Clydach Vale). Yr un yw'r stori o ran y capeli, cangen o Gapel Seion, Cwmaman oedd y capel cyntaf yn y Rhondda fach, sef Nazareth, Blaenllechau. Arweinydd y gân yn Eglwys Fethodistaidd Ferndale, Morgan Hopkin oedd arweinydd Côr Capel Bryn Bach, Aberdar, ac roedd yr organydd cyntaf, Thomas Bevan, wedi bod yn gyfeilydd Capel Aberpennar. Daeth y papurau cyntaf o Aberdar, sef *The Merthyr Express, The Merthyr Star, Tarian y Gweithiwr* a *The Aberdare Leader*. Gw. E. D. Lewis, *The Rhondda Valleys*, 219.

yr holl weithgarwch a nodir am anturiaeth, menter, aberth ac ymroddiad.[33]

Roedd y capeli hyn yn gartref i'r ymfudwyr a dyrrai, fel Mabon, i'r Rhondda, a theimlai'r dieithr bobl lai o hiraeth ar ôl dod o hyd i gapel lle y teimlent yn gyfforddus o'i fewn. Rhoddai y capeli i'r gymuned lofaol ganolfan i deuluoedd allu treulio oriau hamdden yn mwynhau y cyfryngau oedd at eu gwasanaeth yn y cyfarfodydd pregethu, y cymanfaoedd canu, y corau amrywiol, y gweithgarwch dirwest a'r eisteddfodau. Ceid rhaglen lawn i'r plant, ieuenctid a'r oedolion ar Sul a noson waith.

Roedd dylanwad y gweinidogion ar y cymunedau newydd yn aruthrol. Disgwylid i bob gweinidog fod wedi derbyn hyfforddiant yng ngholegau'r enwadau, ac fe welwyd to ar ôl to o ddynion dawnus ryfeddol yng ngofal y capeli. Deuai y rhain o'r un dosbarth â Mabon, a hwythau yn eu tro, gydag asiantaethau y glowyr, oedd arweinwyr y cymunedau o 1880 hyd 1910. Mynegai y gweinidogion hyn eu hunain fel cyfathrebwyr effeithiol yn y pulpudau ar y Suliau, ond disgwylid hefyd iddynt wasanaethu y gymdeithas gyfan fel gohebwyr i'r papurau, athrawon ar ddosbarthiadau athroniaeth, diwinyddiaeth a llenyddiaeth, a bod yn barod i hybu gwleidyddiaeth plaid, ac yn arbennig felly y Blaid Ryddfrydol. Roedd aml un o'r rhain yn meddu ar awch i ennill aelodau newydd; roeddent yn barod i efengylu, ac er bod carfan ohonynt yn glust-fyddar i'r gwahoddiad, llwyddent i osod y safonau a chreu yr union bethau y dyheai Mabon amdanynt, sef cymod a pherthynas dda.

Gwnaeth y capeli gymwynas aruthrol gyda'r iaith Gymraeg, a hynny pan oedd bron popeth yn cael ei weithredu trwy gyfrwng y Saesneg. Diolchai Mabon i'w fagwraeth yn y capel am ei allu fel areithydd ac am ei Gymraeg cyhyrog.

---

[33] Royal Commission on Church of England and various Religious Bodies in Wales and Monmouthshire, 1910, vox xiv, 57.

Clywyd yr iaith Gymraeg ar ei gorau yn lleferydd y gweinidogion. Roedd iaith y pulpud yn gosod y safon wrth lefaru'r Gymraeg. Saesneg oedd iaith y gyfraith a'r sefydliadau dinesig ynghyd ag iaith addysg ac iaith busnes a diwydiant. Un o'r eithriadau prin oedd Undebaeth y Glowyr, pan oedd Mabon a Daronwy Isaac ac eraill yn annerch y glowyr. Clywid Cymraeg y capeli yn y cyfrinfeydd ac yn y cynadleddau, gan fod Mabon yn mynnu hynny.[34] Ni fu neb tebyg iddo ym myd undebaeth a gwleidyddiaeth Cymru am hybu'r Gymraeg, yr agosaf ato fyddai James Griffiths a Huw T. Edwards.

Ni all yr hanesydd gor-bwysleisio cyfraniad y capeli i ddiwylliant y Cymry. Roedd bron i bob capel yn meddu ar Ysgol Sul, Gobeithlu, Ysgol Gân a Seiat a Chyfarfod Gweddi yn ogystal â chymdeithasau cyfeillgar. Gofalai y capeli gynnal Cymdeithasau Llenyddol, a chynhelid cyfarfodydd cystadleuol ar gyfer aelodau'r capel ac yna, yn flynyddol, eisteddfod oedd yn agored i'r byd. Gelwid rhai o'r rhain yn Eisteddfodau *Semi-National,* fel a gafwyd yn Nhreorci o 1867 ymlaen. Erbyn 1870, ceid yr un math o eisteddfod yn Ferndale, ac hefyd yn Nhreherbert, a deuai cystadleuwyr o bellter ffordd i gystadlu. Roedd angen arweinwyr arbennig iawn i arwain yr eisteddfodau hyn mewn oes lle na cheid cyfryngau technegol i daflu llais, ac yn arbennig pan ddeuai dynion o dan ddylanwad y ddiod i mewn i'r babell neu'r neuadd. Meddai y Rhondda ar ddau arweinydd enwog ym myd yr eisteddfod, sef Mabon a Gwilym Glanffrwd, a gofelid bod y beirniaid o safon uchel.[35] Deuai rhai o brif feirdd Cymru i feirniadu, fel Caledfryn a

---

[34] Gofalai Mabon fod y cytundebau, y rheolau yn cael eu llunio yn y ddwy iaith. Gofalid hefyd hyd 1914 fod cofnodion Pwyllgor Gwaith Undeb Glowyr y Rhondda yn y ddwy iaith. Gw. Ceri W. Lewis, 'The Welsh Language: Its Origings and Later History in the Rhondda' (yn) *Rhondda Past and Present*, 208.

[35] E. D. Lewis, 'Population Changes and Social Life, 1860 to 1914' (yn) *Rhondda Past and Present*, 121-2.

Dyfed a Ceiriog ym myd barddoniaeth, a Syr Joseph Proudman a'r Athro David Jenkins ym myd cerddoriaeth.[36]

Ond yr eisteddfodau llai oedd yn atyniadol i'r glowyr – y *Penny Readings* fel y'u gelwid – a gofalai'r wasg leol enwi pob un a enillodd wobr. Roedd digon o bobl yn barod i lunio penillion, a byddai Mabon ei hun yn llunio aml i bennill; ond nid oedd ef yn dod i safon rhai o feirdd gorau y Rhondda, fel y glöwr ifanc, Ben Bowen, a fu farw ym mlodau ei ddyddiau. Roedd yr eisteddfod yn bwysig yn y cymunedau glofaol, ac nid rhyfedd i Mabon gychwyn eisteddfod ar gyfer y glowyr.[37]

Gofalodd Mabon fel cerddor dawnus ei hun hybu y Gymanfa Ganu, a chefnogi un o athrawon medrus y cwm, sef M. O. Jones, Treherbert.[38] Ar sail y sefydliad capelyddol hwn y cefnogodd Mabon y symudiadau i sefydlu corau o bob math, yn gorau meibion a chorau cymysg. Daeth rhai o'r corau hyn â chalondid mawr i arweinydd y glowyr, yn arbennig felly *Côr Cymysg Treherbert* a oedd yng ngofal ei ffrind, M. O. Jones; *Y Côr Mawr* oedd o dan ofal Griffith Rhys Jones (Caradog) a symudodd o Aberdâr i Dreorci; y *Royal Welsh Male Choir* oedd o dan faton William Thomas, Ystrad; y *Rhondda Glee* oedd yn cael ei gyfarwyddo gan Tom Stephens a'r *Cymmer*

---

[36] *Ibid.*, 122.
[37] Glöwr oedd un o'r goreuon, sef Ben Bowen (1878-1903) yn meddu ar gryn dalent a bu farw yn bump ar hugain. Ceir cryn swmp o'i waith yn y gyfrol, *Cofiant a Barddoniaeth Ben Bowen*, a olygwyd gan ei frawd, David Bowen (Myfyr Hefin) ac a gyhoeddwyd ar ôl ei farwolaeth. Ceir cyfrolau eraill, fel *Rhyddiaith Ben Bowen* (1909); *Blagur Awen Ben Bowen* (1915); *Ben Bowen yn Neheudir Affrica* (1928) a *Ben Bowen i'r Ifanc* (1928). Gw. hefyd J. Dyfnallt Owen, *Awen y Rhondda Gynt*, yn *Nhrafodion Anrhydeddus Gymdeithas y Cymmrodorion*, 1945, 48-58.
[38] One of the leading spirits of the movement was M. O. Jones, Treherbert, who now organised those Tonic Sol-ffa classes that became so popular in the eighteen seventies. Upon these foundations were formed those great choral organisations. Gw. E. D Lewis, *The Rhondda Valleys*, 222.

Mixed Choral Society a hyffordid gan Taliesin Hopkins.[39]

Cefnogodd Mabon sefydlu bandiau pres, gan ei fod ef yn gwybod am gyfraniad y bandaiu pres ym maes y glo carreg pan oedd ef yno. Sefydlwyd band pres cyntaf y Rhondda gan fugail o'r enw John Lewis, a hynny ym Mhen-yr-englyn ym 1808; ond cafodd Mabon gyfle i hybu bandiau *Parc and Dare* yn Nhreorci, *Cory Workmen's* yn y gymuned yr aeth i fyw iddi, sef Pentre ac eraill i gyfoethogi diwylliant y Rhondda.[40]

Roedd cyflwr a pharhad yr iaith yn un o flaenoriaethau y capeli, a bu dirywiad y capeli yn gyfrifol am ddirywiad yr iaith Gymraeg ynghyd â'r ymfudo o Loegr i'r pyllau, a pholisïau gwrth-Gymreig yr athrawon a'r ysgolion. Mynegwyd y pryder o'r ymfudo dros Glawdd Offa yn y triban hwn:

> Dylifa bechgyn ffolion
> I'r cwm o hyd yn gyson,
> O Wlad yr Haf hwy ddont yn scryd
> Fel ynfyd haid o ladron.[41]

Roedd brad yr athrawon i'w ganfod ym mhob rhan o Gymru. Saesneg yn unig oedd iaith ysgolion y pyllau (*colliery schools*) a methodd Mabon wyrdroi y sefyllfa yn y fan honno. Ond rhaid cofio cân barhaus yr economegydd, Dr Brinley Thomas:

---

[39] Griffith Rhys Jones (Caradog: 1834-1897) yn y *Bywgraffiadur Cymreig hyd 1840,* 437; Thomas Stephen (1856-1906) yn y *Bywgraffiadur Cymreig,* 867. Am William Thomas a Tom Stephens, gweler E. D. Lewis, *The Rhondda Valleys,* 222.
[40] E. D. Lewis, *ibid.,* 222.
[41] Clywodd Ceri Lewis y triban hwn yn cael ei adrodd gan ei famgu, Mrs Catherine Williams, Treorci a fu farw ym Medi 1940 yn 80 oed. Gw. Ceri Lewis, *Rhondda Past and Present,* 205-231, ac hefyd E. D. Lewis, *The Rhondda Valleys,* 237.

If Wales had remained completely agricultural like Ireland, the whole of her surplus rival population, which was Welsh to the core (400,000 people in the sixty years up to 1911) would have had to go to England or overseas. These people with their descendants would have been lost to the land of their birth for ever.[42]

Byddai hynny wedi rhoddi ergyd farwol i'r iaith. Pobl y capeli a'r fro Gymraeg a ymfudodd i'r Rhondda yn yr ymfudiad mawr cyntaf, a bu hyn yn syndod o'r mwyaf i awduron Adroddiad Comisiwn y Tir Cymreig *(The Report of the Welsh Land Commission)* ym 1896:

> It might have been expected that in the Rhondda Valley, which is practically entirely given up to the coal industry, a cosmopolitan population might have been found. That is not the case; speaking broadly, the characteristics of Welsh life, its Non-conformist development, the habitual use of the Welsh language and prevalence of a Welsh type of character, are as marked as in the rural districts of Wales.[43]

Ond yn negawd cyntaf yr ugeinfed ganrif y gwelid y newid, gyda'r Saesneg yn graddol ennill y dydd fel iaith y gymuned. Rhwng 1901 a 1911, cynyddodd y rhai a siaradai Saesneg yn y Rhondda o 36,754 i 60,056 a lleihau a wnaeth y rhai a siaradai y Gymraeg yn unig o 11,841 i 6,100.[44] Cynyddu a wnaeth y bobl ddwyieithog o 54,906 i 70,696. Mynegodd y Parchedig Richard Morgan o Donyrefail ei ofid am hyn ym 1903:

> Blin gennym fod dylifiad yr iaith Saesneg y fath ag i'n gorfodi i dreulio rhan helaeth o amser yr Ysgol (Sul) i

---

[42] Brinley Thomas, 'The Migration of Labour into the Glamorganshire Coalfield, 1861-1911', *Economica,* X (1930).
[43] *The Report of the Welsh Land Commission* (1896), 176.
[44] E. D. Lewis, *The Rhondda Valleys,* 209.

ddysgu'r plant i ddarllen a deall yr iaith Gymraeg, yn lle cyfrannu iddynt wybodaeth Feiblaidd. Gan nad yw iaith ein gwlad ac iaith ein crefydd yn cael ei dysgu yn yr ysgol ddyddiol, dylem fod yn fwy gofalus i'w dysgu ar yr aelwyd.[45]

Ond yn oes Mabon, daliodd capeli y Rhondda i fod yn dra llewyrchus, er gwaethaf y broblem sylfaenol y sonia Richard Morgan amdani.

Y capel oedd y prif ddylanwad ar fywyd Mabon a'i deulu a'i hynafiaid. Gwleidyddiaeth a luniodd Ymneilltuaeth grefyddol. Hwn oedd y pwnc:

> Eithriad oedd cael rhyddfrydwr gwleidyddol yn yr Eglwys, neu geidwadwr gwleidyddol yn y capel.[46]

Pwy oedd deiliaid y capel yn Nasareth, Pentre a chapel Cwm Rhondda? Y glowyr oedd cnewyllyn pob capel, ynghyd â'u teuluoedd niferus. Ceid hefyd fasnachwyr uchelgeisiol a siopwyr o bob lliw a llun, gweithwyr cyffredin ar y rheilffordd a diwydiannau cyffelyb a gweinidog dawnus. Hwy a wnaeth y capeli yn fuddugoliaethus ac yn destun siarad o ddydd i ddydd, ac yn destun edmygedd cymdeithas gyfan. Y gweinidog gwleidyddol oedd uchaf ei lais – pobl fel William Morris (Rhosynog) a James Nicholas, a hynny gartref ac ar lwyfan y llysoedd enwadol a'r cyrddau pregethu poblogaidd.[47] Ofnai rhai o'r mawrion diwinyddol y byddai gweinidog gwleidyddol yn troi y capeli yn glybiau politicaidd i'r Blaid Ryddfrydol. Soniodd diwinydd pennaf Oes Fictoria, Dr Lewis Edwards o Goleg y Bala wrth y seraff-bregethwr hwnnw, y Parchedig Henry Rees, Lerpwl, am iddo roddi ei stamp o dduwioldeb ar

---

[45] *Adroddiad Cyfarfod y Trefnyddion Calfinaidd yn Nwyrain Morgannwg am 1902* (Tonypandy, 1903), 15.
[46] D. Emrys Evans, *Crefydd a Chymdeithas* (Caerdydd, 1933), 111.
[47] Dr William Morris, FRCS, 'Reminiscenes of the Rhondda,' *Rhondda Leader,* 19 Gorffennaf 1919.

y Gymanfa Gyffredinol a'r llysoedd llai, rhag i bolitics fynd yn fwrn ac yn dderbyniol i'r aelodau.[48] A gofidiai gweinidog gwleidyddol fel Henry Richard, aelod seneddol ei hun, y byddai berw gwleidyddol yr oes newydd yn niweidio yr arweinwyr yn y capeli a'u gwneud yn llai crefyddol.[49] Roedd hwn yn bwynt pwysig o eiddo yr heddychwr a fu'n gymaint o ddylanwad ar y Mabon ifanc. Roedd hi'n amlwg fod tuedd i roddi gormod o sylw i'r agwedd wleidyddol, gan i'r capeli, fel y cyfeiriwyd eisoes, yn oes Mabon, ddod yn ganolfannau diwylliant ac hunan-addysg oddi fewn i'r Ysgol Sul. Ond ceid hefyd ddigonedd o grefydd iachus yn y seiadau, y cyfarfodydd gweddi, y cyfarfodydd pregethu ac oedfaon pregethu'r Sul heb anghofio y gân orfoleddus a'r berthynas a geid yng Nghapel Ebeneser, Pentre, rhwng arweinydd y gân, Mabon, côr y capel a'r organydd. Gofalid am safon godidog yng nghaniadaeth y cysegr o oedfa i oedfa. Rhaid cofio mai cnewyllyn bach iawn oedd yn wleidyddol eu bryd (pobl fel Mabon) ac nid oedd ef yn or-wleidyddol o gymharu â'r sosialwyr a ddaeth i dresbasu ar ei libart. Roedd rhan helaeth o'r gynulleidfa yn Rhyddfrydwyr bob tro y cynhelid Etholiad, a chan i Mabon gael ei anfon yn ôl dro ar ol tro i San Steffan yn aml heb ornest, prin fu'r galw am i aelodau'r capeli fynd i bleidlais drosto. Credaf fod Syr D. Emrys Evans, Prifathro Coleg Prifysgol Bangor a mab i weinidog, wedi diffinio aelodau'r capeli I'r dim, a gellid gosod Mabon yn eu plith fel hyn:

> Piwritaniaid hwyliog, uniongred oedd y rhan fwyaf o'r saint, a'r pethau pwysicaf ganddynt oedd cadwedigaeth enaid a chadwedigaeth y Sabbath a chadw'r athrawiaeth.[50]

Breuddwyd mam Mabon oedd mai pregethwr fyddai gyrfa ei mab, ond bu hi'n anodd arno, gan fod pobl Cwmafan yn

---

[48] D. Emrys Evans, *Crefydd a Chymdeithas*, 112.
[49] *Ibid.*
[50] *Ibid.*, 114.

disgwyl ei weld ymhlith y gweinidogion. Roedd swyn arbennig yn chwedegau y bedwaredd ganrif ar bymtheg ar yrfa fel pregethwr yr Efengyl.[51] Breuddwyd sawl un oedd cael sefyll o flaen cynulleidfa a sefyll yn y pulpud uwchben torf gref a chyflwyno cenadwriau eirias heb neb yn meiddio anghytuno yn gyhoeddus. Nid bywyd felly oedd bywyd asiant y glowyr neu asiant unrhyw undeb arall. Ac os oedd y person wedi ei gynysgaeddu â dawn i lefaru yn rymus, yna roedd ganddo'r fraint o godi hwyl a dweud ei feddyliau am y byd a'r bobl, Duw a'r Deyrnas, a chynhyrchu ysbryd emosiynol fel bod pobl yn ymateb. Yn aml iawn, ceidwadwyr oedd rhai o'r blaenoriaid, a'r gynulleidfa yn Rhyddfrydwyr, ond ymhlith y bobl hyn y magwyd Mabon, a byddai ef yn pwysleisio iddo weld doethineb ac ysbryd arwrol ym mywyd cymaint o'r rhai a fu yn arwain praidd Duw ac yn diogelu yr etifeddiaeth a drosglwyddwyd iddynt. Ni chollodd Mabon ei deyrngarwch iddynt, a mynychu'r capel oedd uchafbwynt ei wythnos waith. Yno y ceid y 'nefoedd ar y ddaear' yn moliannu a chyhoeddi y newyddion da am ei Waredwr a'i Arweinydd, Iesu Grist neu byddai'n cael pregethu yn un o gapeli Cymraeg Morgannwg.[52] Bu yn llysgennad ardderchog i werth bywyd capel yn ei yrfa ryfeddol o ddiddorol ym mhlith y glowyr (a'r rheini yn halen y ddaear ganddo) ac yn Senedd Prydain Fawr lle y daeth yn un o

---

[51] Gweler R. Tudur Jones, *Hanes Annibynwyr Cymru* (1966), D. Densil Morgan, *Christmas Evans a'r Ymneilltuaeth Newydd* (1991), D. Ben Rees, *Pregethu a Phregethwyr* (1996); D. Ben Rees 'Hwyl' (yn) *The New Companion to the Literature of Wales* (editor, Meic Stephens) (Cardiff, 1998), 339-340.
[52] Roedd rhai yn genfigennus o'i ymroddiad fel pregethwr lleyg. Ymddangosodd llythyr i'r *Goleuad* yn Chwefror 1897 gan awdur di-enw, a'i galwai ei hun yn Distan, yn gofyn a oedd Mabon wedi pasio arholiadau'r enwad i gael pregethu ym mhulpudau y Methodistiaid Calfinaidd. Os ydoedd, pa le y digwyddodd hynny, ac ym mha flwyddyn. Roedd yr Henadur, David Morgan, wedi clywed nad oedd Mabon yn meddu ar yr hawl i fod yn bregethwr lleyg. Anwybyddwyd y llythyr gan awdurdodau'r enwad, gan fod Mabon yn uchel iawn ei barch fel pregethwr. Gw. *Y Goleuad*, 10 Chwefror, 1897, 4.

gymeriadau lliwgar y Tŷ, ac ym mhulpudau Cymru o bob enwad.

PENNOD 13

Mawredd Mabon i'w Gyfoedion ac i Ninnau

Ysgrifennir y bennod hon ar drothwy canmlwyddiant marwolaeth Mabon ym mis Mai 2022, ac fe welir yn glir fel y mae amser ac amgylchiadau wedi gweddnewid y sefyllfa yn gyfangwbl. Pan fu farw Mabon, anfonodd y Brenin a mawrion sefydliad Prydain lythyr o gydymdeimlad, ond anaml iawn y gwelir ei enw yn cael ei ynganu yn ein hoes ni, gan fod y diwydiant y bu Mabon yn rhan mor allweddol ohono wedi darfod amdano. Deuai miloedd ar filoedd i wrando arno yn ei ddydd wrth iddo annerch y glowyr. Daeth olynwyr iddo a fedrai ddal diddordeb y glowyr gystal ag ef, fel A. J. Cook a Lewis Jones.[1] Soniodd Arthur Horner fel y byddai glowyr yn aros yn y glaw am hydoedd hyd nes i A. J. Cook ymddangos – efallai 80,000 ohonynt. Dywed:

> Because people would stand in the rain waiting for him, and I came to the conclusion after some of these great meetings, sitting there with him while he was talking: 'He's not talking to these people. He's talking for these people – he's their voice. And the other factors he lacked didn't matter – he was the voice of the miners – the depressed miners. I think he was a very great man.[2]

---

[1] Am A. J. Cook, gweler Paul Davies, 'The Making of A. J. Cook: His Development within the South Wales Labour Movement, 1900-1924', *Llafur*, Cyf 2, Rhif 3, Haf 1978, 43-63. Am Lewis Jones (1897-1939) awdur y nofelau, *Cwmardy* (1937) ac *We Live* (1939), gw. *The New Companion to the Literature of Wales* (editor, Meic Stephens) (Cardiff, 1998), 392-393.

[2] Dai Smith, 'Leaders and Led', yn *Rhondda Past and Present,* 55. Ceir dyfyniad Arthur Horner ar dudalennau 54-5.

Ni chredai ambell un o'r Undebwyr Llafur ei fod yn ŵr mawr, ond credai y glowyr hynny. A dyna a ddigwyddodd yn hanes Mabon. Gellid dweud y geiriau he was a very great man' yn ôl ei gyfoeswyr, a hwy sydd â'r gair olaf, wedi'r cwbl. Roedd digon o resymau pam fod Mabon yn unigryw ac yn arweinydd mor dderbyniol am gyfnod mor hir. Eglurwyd hyn dro ar ôl tro. Er bod William Brace wedi bod yn amharchus ohono, fel Cristion da, maddeuodd Mabon iddo.[3] Hyd y medrai, awydd pennaf yr arweinydd oedd cadw cysylltiad agos a chyfeillgar gydag arweinwyr eraill y glowyr. Byddent yn medru cydweithio â'i gilydd mewn cytgord perffaith gyda'r Parchedig John Williams, Gŵyr, William Brace, ac aelodau eraill yr Undeb yn y naw degau, fel Gwilym Isaac, New Tredegar; Abel Jacob, Ferndale; W. Bowden, Aberpennar; Peter Garden, Merthyr Vale a John Morgan, Maerdy – roedd pob un ohonynt yn meddwl yn fawr o Mabon.[4]

Nid unben oedd Mabon. Gofalai roddi cyfle i eraill arwain yr Undeb. Ail etholwyd ef gan gyngor Cymdeithas Glowyr y Cambrian i'w cynrychioli ar Bwyllgor De Cymru a Mynwy o'r Raddfa Lithrig. Ymddiswyddodd o'r Pwyllgor Gwaith yn y lle cyntaf ym 1892, er mwyn rhoddi cyfle i'r glowyr ddatgan eu barn pa un ai Cynghrair Glowyr Prydain Fawr neu Raddfa Lithrig oedd y gorau i amddiffyn eu hawliau a'u buddiannau fel gweithwyr yn y pwll ac ar ben y pwll. Pleidleisiodd can mil o lowyr, gyda'r mwyafrif helaeth ohonynt yn cefnogi Mabon a'r Raddfa Lithrig.[5]

Rhoddir yr argraff yn aml nad oedd Mabon yn ffafrio cael un Undeb dros dde Cymru yn hytrach nag undebau

---

[3] Roedd Brace yn enwog am ei gwerylon. Bu yn anghytuno gyda nifer o lowyr milwriaethus o dan arweiniad George Barker. Gw. R. Page Arnot, Joyce Bellamy, John Saville, 'William Brace (1865-1947)' (yn) *Dictionary of Labour Biography,* vol. 1, 53.
[4] *Tarian y Gweithiwr,* 10 Awst, 1893, 5.
[5] *Y Celt,* 12 Awst, 1892, 2.

bychain yn cynrychioli dosbarthiadau. Nid yw hynny yn wir o gwbl. Anogai ef y glowyr i bleidleisio o blaid creu undeb cryf, ac i ymuno hefyd gyda Chynghrair Glowyr Prydain Fawr. Bu yn annerch cyfarfod mawr yn niwedd Medi 1898 ar hynny ymhlith glowyr y Rhondda.[6]

Gweithiodd yn galed o blaid Cymdeithas Sant Ioan a bu yn annerch ran amlaf yn Gymraeg o blaid y Gymdeithas i berswadio y glowyr i fynychu'r dosbarthiadau, er mwyn dysgu'r ffordd orau i ofalu am eraill oedd o dan y don yn y gymuned, yn y cartref neu yn y lofa. Dadleuodd yn gryf y dylid sefydlu ysbytai ar gyfer y glowyr, a derbyniwyd ei awgrym ar hyd a lled y meysydd glo. Gadawyd y mater pan drafodwyd ef am y tro cyntaf yng Nghapel y Bedyddwyr, Salem, Porth, yn ei ddwylo ef a'r meddyg o'r Cymer, Dr N. H. Davies a J. Williams, Cilleley.[7] Awgrymodd cyn gadael Salem y dylid sefydlu Pwyllgor Gwaith, ac enwodd mewn ychydig funudau yr enwau canlynol: Dr H. N. Davies; John Williams; W. Davies, Coedcae; Thomas Griffiths, Y Cymer; E. Madoc, Coedcae; M. Williams, Ynyshir a Thomas Matthews, y mwyafrif ohonynt yn rheolwyr y pyllau glo.

Gwirfoddolodd i gynrychioli y glowyr ac i fod yn gynullydd a dyna ddechrau ym 1883 newid mawr i Gwm Rhondda a'i phobl trwy ymroddiad yr asiant.[8] Dangosodd Mabon ei ddewrder moesol wrth fynnu sefyll yn ymgeisydd dros etholaeth y Rhondda, er iddo fethu ddwywaith â chael enwebiad y Rhyddfrydwyr. Nid oedd dewis ganddo ond sefyll fel Rhyddfrydwr-Llafur. Un o'i gefnogwyr pennaf oedd William Evans, Treorci, (Pentre yn ddiweddarach) a wirfoddolodd i fod yn asiant. Bedyddiwyd ef o'r foment honno gan lowyr y Rhondda fel 'Mabon Bach'.[9] Gwyddai Mabon fod

---

[6] *Y Genedl Gymreig,* 27 Medi, 1898, 7.
[7] *Western Mail,* 22 Chwefror, 1883, 4.
[8] *Ibid.*
[9] Peter Stead, 'Working-Class Leadership in South Wales, 1900-1920', *Cylchgrawn Hanes Cymru*, cyfrol 6, rhif 3, 1973, 344.

ganddo gefnogaeth cryn lawer o lowyr ei Undeb ac o bobl y capeli, a phan ddaeth y fuddugoliaeth iddo, trefnodd gyfarfod i ddiolch i'w gefnogwyr yng Nghapel Bedyddwyr Calfaria, Clydach Vale. Soniodd wrth y capel llawn ei fod ef yn ymwybodol ei fod am ennill pan glywodd blant bach y Rhondda yn rhedeg ar hyd y strydoedd yn gweiddi, 'Mabon am byth!'

Ar ôl cyrraedd y Senedd, cyhoeddodd ei lw ar 25 Ionawr 1886, ac o hynny allan hyd ei ymddeoliad ym 1920, rhoddodd o'i orau yn arbennig wrth drafod deddfau yn rheoleiddio'r glofeydd, ac am ei ymgyrchoedd llwyddiannus i wella byd y glowyr. Bu yn aelod o dri chomisiwn. Penododd y Llywodraeth Geidwadol ef yn aelod o Gomisiwn Llafur 1892, a chyhoeddwyd Adroddiad Lleiafrif (*Minority Report*). Ef, ynghyd â J. Mawdsley (a gynrychiolai Nyddwyr Cotwm), Michael Austin, AS (Llafur, Iwerddon), Tom Mann (Cymdeithas y Peirianyddion) oedd yn gyfrifol am yr adroddiad hwn. Canmolodd un o ddeallusion pennaf y Mudiad Llafur, Sidney Webb, yr adroddiad hwn, ac nid oedd ef yn barod iawn i fod yn hael ei eiriau.[10]

Dangosodd Mabon gryn dipyn o ostyngeiddrwydd ar fwy nag un achlysur fel seneddwr. Gwahoddwyd ef gan y Prif Weinidog, W. E. Gladstone i fod yn Is-ysgrifennydd yn y Swyddfa Gartref. Gwrthododd gan ddweud bod Thomas Burt,

---

[10] Sidney Webb oedd y person oedd yn gyfrifol am y cymal enwog yng nghyfansoddiad y Blaid Lafur: 'To secure for the producers by hand or by brain the full fruits of their industry, and the most equitable distribution thereof that may be possible, upon the basis of the common ownership of the means of production and the best obtainable system of popular administration and control of each industry and service.' Gw. Donald Sassoon, *One Hundred Years of Socialism: The West European Left in the Twentieth Century* (London, 1997), 16.

arweinydd arall i'r glowyr, yn haeddu y swydd o'i flaen ef.[11] Ond yn fuan yn ei yrfa gwleidyddol anrhegwyd ef gan briod W. E. Gladstone. Mewn cinio ar noson arbennig, 17 Mawrth, 1886 yng nghartref Stuart Rendell, AS yn Whitehall Gardens, gwahoddwyd Mabon ac eraill lawer ynghyd.[12] Roedd plas Stuart Rendell yn adeilad godidog, ac un adeg trigai Syr Robert Peel yno. Daeth bron pob Aelod Seneddol a gynrychiolai etholaethau yng Nghymru ynghyd i ginio moethus, ac ar ôl cinio, anrhydeddwyd Mabon gydag anrheg oddi wrth Mrs Gladstone, sef bathodyn cywrain ar gynllun Cenhinen Pedr. Gosododd Mrs Rendell y genhinen yng nghôt Mabon, gan ddiolch i wraig y Prif Weinidog am ei charedigrwydd.[13] Mewn ychydig funudau, cafwyd gair gan W. E. Gladstone, gan ofyn i'r Cymro ganu caneuon yn Gymraeg, gan awgrymu y byddai'r Anthem, *Hen Wlad fy Nhadau* yn bwrpasol i gloi'r noson fythgofiadwy.

Ymadawodd y Prif Weinidog a'i briod ar ôl clywed seren y Cymry ar ei uchelfannau.[14] Ceisiodd yr Arglwydd Rosebery ei ddenu i swydd fel Canolwr Maes Glo y De ar gyflog o ddwy fil o bunnau y flwyddyn, ond trodd Mabon y cynnig hwnnw i lawr am ei fod am wasanaethu Cymry'r Rhondda a Chymru fel cenedl. Ym 1909, gwrthododd gael ei urddo yn Farchog, a'r flwyddyn ddilynol, gwrthododd gael ei benodi yn Gynghorydd i'r Swyddfa Gartref ar faterion glofaol. Ond yn niwedd y flwyddyn honno, ar 24 Rhagfyr gwahoddwyd ef gan y Prif Weinidog newydd, H. H. Asquith, yn aelod o'r Cyfrin Gyngor – anrhydedd a werthfawrogai. Teithiodd i Balas Buckingham ar Ddydd Sadwrn, Chwefror 4 1911 i gymryd y

---

[11] H. F. Bing a John Saville, 'Thomas Burt (1837-1922)' (yn) *Dictionary of Labour Biography*, cyfrol 1, 59-63. Roedd bywyd Burt yn enghraifft o'r cysylltiad Lib-Lab a fu mor bwysig i arweinwyr y glowyr. Gw. hefyd A. Watson, *A Great Labour Leader: being a life of the Right Honourable Thomas Burt* (London, 1908).
[12] *Baner ac Amserau Cymru,* 24 Mawrth, 1886, 6.
[13] *Ibid.*
[14] *Ibid.*

llw fel Cyfrin Gynghorwr. Erys enw Mabon ac Henry Richard, Osborne Morgan, T. E. Ellis, William Jones, Arglwydd Aberdâr a David Lloyd George fel y gwleidyddion cyntaf i ddadlau achos Cymru yn y Senedd. Ef ac Henry Richard oedd yr unig ddau a fu yn siarad Cymraeg yn y Senedd cyn dyfodiad Gwynfor Evans ym 1966. Daeth ef a David Lloyd George yn bennaf ffrindiau, a hwythau yn ddau o Gymry pennaf eu cyfnod. Ysgrifennodd Mabon ar ddiwedd ei oes am y cyfeillgarwch fel hyn:

> I had the privilege of helping him in the first election – an ever memorable election. To all who know him, he is very dear. He is a lump of genius, and would be impossible to keep him out of sight. He had strong ambition and unyielding determination ... I have not the least doubt that George is a man sent from God as truly as John. When the mist clears, the country will realise its debt to him.[15]

Dyna deyrnged ddidwyl o eiddo Mabon. Medrai weithio yn well gyda'r Cymro David Lloyd George na chyda'r Sgotyn Keir Hardie, ac roedd hynny yn gwbl ddealladwy. Cenedl Ryddfrydol oedd y Cymry drwy ran helaethaf Oes Fictoria, ac yn arbennig yn ystod ieuenctid Mabon yng Nghwmafan. Daeth y Blaid Ryddfrydol i'w hoed yn ystod y bedwaredd ganrif ar bymtheg, ac yn eu plith hwy y gwelwyd Mabon, er ei fod ef yn *Lib-Lab* o gychwyn ei yrfa.[16] Yn etholiad 1906, enillodd y Rhyddfrydwyr wyth ar hugain o seddau. Tra bu Mabon ymhlith pedwar aelod *'Lib-Lab'*, cafodd Hardie sedd i Lafur, a dim un i'r Blaid Geidwadol. Fel y dywed y Dr R. Merfyn Jones:

---

[15] Llyfrgell Genedlaethol Cymru. Papurau Syr J. Herbert Lewis, AS (toriad papur).
[16] R. Merfyn Jones, *Cymru 2000: Hanes Cymru yr Ugeinfed Ganrif* (Caerdydd, 1999), 153.

I bob golwg, roedd fel pe bai'r Rhyddfrydwyr yn lleisio barn Cymru gyfan; medrai uno Radicaliaid uchelgeisiol o'r gogledd, megis David Lloyd George, â ffigyrau pwysig o'r de, megis yr undebwr William Abraham a'r meistr glo a chyfalafwr, D. A. Thomas.[17]

Derbyniodd y blaid gefnogaeth gadarn o du'r Anghydffurfwyr, a heidiodd gweithwyr, perchenogion siopau a thyddynwyr i fwrw eu pleidleisiau drosti. Ac ni chafodd y cefnogwyr hynny eu siomi gan y Llywodraeth Ryddfrydol a etholwyd ym 1906, ac eto, dwywaith ym 1910. Roedd y Llywodraeth honno ymhlith y rhai mwyaf blaengar a radicalaidd yn hanes Prydain, gan gyflwyno pensiynau i'r henoed, yswiriant cenedlaethol a lleiafswm cyflog i'r glowyr (yn dilyn streic 1912) yn ogystal ag ymladd brwydr gyfansoddiadol â Thŷ'r Arglwyddi.

Gellir gweld ymhle roedd calon Mabon. Hyd yn oed pan oedd ganddo label Llafur amdano, roedd ef yn cefnogi Lloyd George. Erbyn hyn, roedd Mabon ei hun yn gymaint o eicon â Lloyd George ymhlith Cymry alltud yr Unol Daleithiau. Dangosodd William D. Jones, awdurdod ar Gymry'r Amerig, fel roedd Mabon, oherwydd ei agwedd gadarn ar gymod yn y diwydiant glo, wedi ennill cyfartaledd uchel o Gymry meysydd glo yr Unol Daleithiau i'w edmygu.[18]

Ym 1901-2, treuliodd, fel y gwelsom, dri mis yn teithio drwy daleithiau Ohio, Pennsylfania ac Efrog Newydd yn darlithio, arwain eisteddfodau, pregethu ac yn cyflwyno anerchiadau, a chafodd groeso tywysogaidd, yn arbennig felly yn nyffrynoedd Wyoming a Lackawanna, lle yr oedd cymaint o Gymry. Roedd Mabon yn Gymro perffaith yng ngolwg y wasg Gymreig yn y byd newydd. Roedd hi'n anodd arnynt benderfynnu pwy oedd y mwyaf, prun ai Mabon ynteu Lloyd

---

[17] *Ibid.*
[18] William D. Jones, *Wales in America: Scranton and the Welsh, 1860-1920* (Cardiff and Scranton), 222.

George. Dyma ddyfyniad o erthygl o *Desert News*, Salt Lake City, o dan y teitl, 'A Collier in the Commons':

> The miners glory him as a man after their own heart, and to them, he is a plain Welshman, while his fellow law makers know him as the Welsh bard and a man of many entertainments. He is said to be the only man who got the best of Lord Alverstone when he was in the House defending the appointment in Wales of a judge who could not speak Welsh. "You say it does not matter," said Mabon rising in his seat. "Well, then suppose for instance, we are in court house at Ynysmaengwyn and in response to the question, I say in my native tongue, 'Cymmer, dau fuwch, ar gwastad clawdd', what would the judge say?[19]

Dywedodd un o Gymry enwocaf Cymry America, y Barnwr H. M. Edwards, Scranton, na chafodd unrhyw Gymro gymaint o groeso gan yr alltudion ar ddechrau yr ugeinfed ganrif ag y cafodd Mabon.[20] Tra bu Mabon yn ninas Scranton, cafodd aros ar aelwyd moethus y Barnwr. Teithiodd ym 1901, ef a'i fab, dros bum mil o filltiroedd. Mwynhaodd y profiad yn fawr, a doedd y wasg Gymreig yn yr Amerig ddim am i neb anghofio fod Cymro mwya'r oesoedd wedi dod i'w plith.

Daeth cyfle arall i Mabon i ddychwelyd i'r Amerig ym 1905, y tro hwn i Gyngres yr Undebau Llafurol yn San Fransisco. Pleidleisiwyd arno yng Nghynhadledd Llafur ym Medi 1901. Enwyd ef gan Undeb Glowyr Prydain a safodd etholiad yn erbyn James Wignall. Cafodd ef 1,134,000 o bleidleisiau a James Wignall 387,000, ond oherwydd ei fod ef

---

[19] *Desert News*, Salt Lake City, Mai 18 1901, 18.
[20] Am y Barnwr H. M. Edwards, Scranton, gw. William D. Jones, *Wales in America*, 2; 25-6; 38; 69; 87-9; 95-7; 101-2; 113; 116; 118; 120-1; 125; 130-1; 144; 162; 169; 180; 185; 189; 203; 216; 225, 243.

wedi derbyn gwahoddiad Cymry'r America, gadawodd i Wignall fynd.[21]

Ond yn niwedd y naw degau, daeth Mabon yn gryn ffrindiau gyda John Mitchell, arweinydd y glowyr yn yr Unol Daleithiau ac un o Undebwyr Llafur pennaf y wlad fawr honno.[22] Yn y cyfnod rhwng 1899 a 1904, bu John Mitchell ar ymweliad â glowyr Prydain, gan aros yng nghartref Mabon yn y Rhondda. Dyma eiriau John Mitchell:

> I have never met a Labour leader who was held in higher esteem than Mabon. It is remarkable to observe how the people are devoted to him. They look upon him as the father of the miners, and it is easy to observe the affection in which he is held. They all seem to know Mabon wherever he goes. I was his guest at his home in Pentre, Glamorganshire, and his home life ideals are most lofty. He is passionately attached to his family, and he is a fond father and excellent husband.[23]

Cymerodd Mabon yr ymwelydd o'r Amerig i gartrefi'r glowyr, lle y cafodd groeso cynnes a charedigrwydd, a sylwodd eu bod yn bobl grefyddol oedd yn meddu ar edmygedd di-ben-draw i'w Haelod Seneddol a'u harweinydd fel glowyr. Synnodd fel

---

[21] Ll. G. C. Archif y Methodistiaid Calfinaidd, 14,842: *Bywyd a Gwasanaeth y ddiweddar William Abraham (Mabon)* gan y Parch David Davies, Pentre, Rhondda, 40.

[22] Ceir darlun o John Mitchell ym mywgraffiad ysgolheigaidd, Melvyn Dubofsky and Warren Van Tine, *John L. Lewis: A Biography* (New York, 1977), 33-36; 95; 132; 218; 291. Cymro o ran cefndir ac iaith oedd olynydd Mitchell, John Llewelyn Lewis, a gwreiddiau ei hynafiaid ym Mhontarddulais. Mae darllen y cofiant hwn, 619 o dudalennau, yn rhoddi cefndir ardderchog i Undebaeth Glowyr yr Unol Daleithiau a'r rhan bwysig a chwareuwyd gan John Mitchell a John Llewelyn Lewis.

[23] 'Mitchell talked of Wales', *The Wilkes-Barre News*, 6 Tachwedd, 1904, 13.

y cynhelid y cyfarfod i drin materion y lofa yn y capeli Anghydffurfiol ac nid mewn clybiau na neuaddau.[24]

Nid John Mitchell oedd yr unig un a gafodd ei lwyr ennill gan egni a phersonoliaeth y Cymro. Galwodd George Watkins (Llywydd Undeb Llafur y Canolbarth/*Central Labour Union*) ef yn un o 'arweinwyr Llafur mwyaf eneiniedig y byd'.[25] A phan ddaeth yn ei ôl yr eildro, cafodd ei arwain a'i gyflwyno gan neb llai na John Mitchell, a bu'r croeso yn anhygoel, gyda churo dwylo yn digwydd yn ddiarbed ym mha le bynnag y'i gwelid ar lwyfannau y glowyr neu ar lwyfannau y Cymry Alltud. O'r funud y cyrhaeddodd Efrog Newydd, ni bu eiliad o ymlacio yn ei hanes, gan fod undebwyr y diwydiant glo am roddi cyfle iddo i annerch o un cyfarfod i'r llall.

Roedd Mitchell a Mabon wedi dod yn bennaf ffrindiau. Roedd tebygrwydd mawr rhyngddynt. Dechreuodd y ddau weithio yn y lofa yn blant deg oed, a daeth y ddau yn hynod o boblogaidd ac yn arweinwyr cadarn. Cafodd y ddau ddiwrnod yr un wedi'i enwi er anrhydedd iddynt, sef Dydd Mabon a Dydd Mitchell. Degawd yn unig o hyn a gafodd Mabon; mynnodd y cyflogwyr ddileu Diwrnod Mabon er siom i'r glowyr. Roedd Mabon yn meddu ar lawer mwy o ddylanwad dros y cyflogwyr yng Nghymru nag oedd gan Mitchell ym meysydd glo yr Amerig. Roedd hynny yn ddealladwy, am fod y cyflogwyr yn y cyfnod cynnar o'r un cefndir â Mabon, sef cefndir capel a diwylliant Cymreig.

Rhyfeddai Mitchell at y modd y medrai Mabon ennill cefnogaeth cynulleidfa ac at y gymeradwyaeth fyddarol a dderbyniai gan lowyr Pensylfania, ac mewn dinasoedd fel Scranton a Wilkes-Barre. Dyma eiriau Mitchell am Mabon:

> Another thing which impressed me was Mabon's greatness. He is the Abraham Lincoln of the old world

---

[24] *Ibid.*
[25] *Ibid.*

labouring man, and his greatness is not confined to his own country.²⁶

Cofia y derbyniad yn Wilkes-Barre ym mis Tachwedd, 1904:

> He filled the hearts of his Welsh hearers with delight by giving part of his speech in Welsh, and at the end of his address, Judge Edwards prevailed upon him to lead the Welshmen of the audience in the rendition of the National Anthem of Wales.²⁷

Gwnaeth lawer o gyfeillion newydd, a chyfarfu â llu o lywodraethwyr a phobl bwysig y dinasoedd. Ond derbyniai gysur mawr o gyfarfod â glowyr oedd yn siarad Cymraeg ym meysydd glo Illinois, Ohio, Indiana a Phensylfania. Pregethai i'r glowyr y bregeth yr arferai ei chyflwyno, sef galw arnynt i fod yn gymhedrol. Dyna oedd y ffordd i gyrraedd y nod yn hytrach na defnyddio iaith anweddus a thaflu cerrig at yr heddlu a'r awdurdodau. Yn Denver, Colorado, cyfarfu â Dai Cruglas o Gwmafan. Dywedodd,

> Bu ef a minnau yn haliers gyda'n gilydd ym Mhwll-yr-Engine yng Nghwmafan.²⁸

Bu Mabon yn sal yn Denver, ond cyfarfu â llawer o gyfeillion bore oes yno, a buan yr ymgryfhaodd o'i flinder ac o anhwylderau gyda'i stumog. Teithiodd o Denver i Milwaukee ond meddai:

---

²⁶ *The Scranton Truth*, 1 Tachwedd, 1904, 8; *The Scranton Times-Tribune*, 1 Tachwedd, 1904, 8.
²⁷ *Wilkes-Barre Semi-Weekly Record,* 4 Tachwedd, 1907, 7.
²⁸ Ll. G. C. Archif y Methodistiaid Calfinaidd. Traethawd David Davies ar Mabon, 42.

Buom un ddiwrnod gyda Gwilym Eryri, y proffwyd Jonah a Professor Dan Prothero.[29]

Disgrifiodd y golygfeydd o brydferthwch a nodweddai yr Unol Daleithiau, ynghyd â phinaclau uchel Tenessee a mynydd y Sierra Nevada. Darlithiodd, gan ddweud yn Colorado ei fod ynghlwm â Mudiad Llafur o gydwybod ac o brofiad bachgen o halier yn y lofa, a hwnnw'n waith caled. Pregethodd droeon a thraddododd ei bregeth ar adnodau 34 a 35 o'r drydedd bennod ar ddeg o Efengyl Ioan yn gyson. Cyflwynodd John Mitchell ef i'r Arlywydd Theodore Roosevelt – roedd y ddau yn gyfeillion agos. Cafodd Mabon ac yntau ymgom am y byd a'i bethau. Fel y dywedodd Alistair Cooke amdano:

> He was the first influential man of his time to see clearly that the United States was no longer a rural nation, but an industrial giant run to amok, whose keepers were not in the Congress of the White House, but in Pittsburg and Cleveland, and that West Room of Morgan's in New York City.[30]

Bu teithiau Mabon i'r byd newydd yn hynod o bwysig a llwyddiannus, a bwriadai ysgrifennu llyfr ar y teithiau ond yn anffodus, ni wnaeth, er dirfawr golled i'w gyfoeswyr ac i ninnau. Ond cyn dod adref, cyhoeddwyd ym mhapurau yr Unol Daleithiau am y daith ryfeddol, a chael cyfle i gyfarfod â'r Arlywydd. Ychydig o Gymry yn yr ugeinfed ganrif a gafodd sgwrs gyda phrif ddyn y wlad fawr. Meddylier am Mabon yn trin barddoniaeth yn y Tŷ Gwyn gyda Theodore Roosevelt! Dywedodd Mabon wrtho:

---

[29] *Ibid.*
[30] *Alister Cook's America* (London BBC, 1973), 299.

> A man must have eyes to see, a heart to feel and he must have language to express himself.[31]

Roedd Roosevelt wrth ei fodd gyda'i ddatganiad. Ond er bod Mabon yn barod i ddweud bod yr Amerig yn wlad arbennig ac unigryw, nid oedd heb ei gwendid. Cafodd gryn dipyn o siom yr eildro, pan ddaeth yng nghwmni a than ofal John Mitchell, ynglŷn â'r modd y trinid y gweithiwr a'r dyn du a'r lleiafrifoedd ethnig. Soniodd am filwyr yn cael yr hawl i gludo streicwyr yn nhalaith Colorado i'r anialwch, ac yn y fan honno, eu treisio gan saethu llawer ohonynt yn eu coesau a than eu pengliniau. Gwelodd nad oedd glowyr y glo carreg wedi cyrraedd cyflogau glowyr yn nhalaith y glo esmwyth, ysgafn fel Illinois ac Indiana.[32] Talodd deyrnged i Undeb y Glowyr am wella cyflogau cymaint o lowyr yn y tair blynedd o 1901 hyd 1904.[33] Dyma gofnod un o'r papurau dinas Scranton ar 5 Mawrth 1905, 'No country like America, says William A.[34]

Roedd y sôn amdano fel pregethwr yn plesio'r wasg yn yr Amerig. Flynyddoedd cyn iddo ymweld a'r wlad, sonnid am ei gyfraniad fel gwleidydd a phregethwr. Soniodd y *Wilkes-Barre Weekly Times* cyn Nadolig 1896 am y ffenomenon. Nid oedd neb yn Undebaeth Glowyr yr America i'w gymharu ag ef:

> At any rate, the 'Revd' Mabon, MP has been a frequent occupant of Welsh pulpits during the last few months and is evidently bent upon doing a little towards improving the spiritual, as well as the material, welfare of the Rhondda people.[35]

---

[31] LL. G. C. Archif y Methodistiaid Calfinaidd. Traethawd David Davies ar Mabon, 45.
[32] *Ibid.*
[33] *Ibid.*
[34] 'No country like America says William Abraham', *The Scranton,Times-Tribune,* 5 Mawrth, 1905, 7.
[35] *Wilkes-Barre Weekly Times,* 19 Rhagfyr, 1896, 3.

Yn ôl ei weinidog, y Parchedig David Davies (Bugail y Bryniau) yn ei gofiant na welodd olau dydd, nid oedd yn 'bregethwr mawr'. Arddull y llwyfan gyhoeddus a feddai, ac nid dawn y Weinidogaeth rymus.[36] Bu un tro yn pregethu yn Llandrindod, ac yn yr oedfaon y diwrnod hwnnw, daeth tri o bregethwyr mawr eu cyfnod oedd ar wyliau yn nhref y ffynhonnau i wrando arno. Y tri oedd y Prifathro P. T. Forsyth, y Parchedig Ddr G. Campbell Morgan, Llundain a'r Parchedig Thomas Charles Williams, Porthaethwy, a chafwyd teyrngedau caredig oddi wrth y tri. Bu yn hynod o ffyddlon i bulpudau capeli Bro Morgannwg y Rhondda a'r cymoedd. Yn ôl ei weinidog, crwydrai'n ormodol fel ei fod weithiau yn ansicr a oedd ef wedi pregethu yr un bregeth y tro cynt y bu yno. A'r hyn y bwriadai ei draddodi.[37] Sosialaeth Gristnogol oedd cnewyllyn ei ddiwinyddiaeth, yn nhraddodiad yr Anghydffurfwyr, sef Tadolaeth Duw a Brawdgarwch Dynion a Merched yng Nghrist, a hwnnw'n seiliedig ar Weddi'r Arglwydd a'r Bregeth ar y Mynydd. Dyma'i safbwynt:

> Ceisia sosialaeth adenedigaeth y bobl drwy yng nghyntaf wella'r amodau materol a'r amgylchoedd tra y ceisia Cristnogaeth adenedigaeth dynoliaeth drwy yng nghyntaf wella cymeriad yr unigol yn foesol ac ysbrydol.[38]

Yn ei ieuenctid, daeth o dan gyfaredd tri o weinidogion yng Nghwmafan. Y cyntaf oedd gweinidog Capel Seion, y Parchedig Edward Roberts. Annibynnwr ydoedd a gadwai siop groser yn y pentref. Gŵr a edmygid gan Mabon am ei garedigrwydd i'r tlawd oedd hwn, a byddai'r Gwyddelod, llawer un ohonynt, yn manteisio arno ac yn ei alw yn 'Father

---

[36] Ll. G. C. Archif y Methodistiaid Calfinaidd. Traethawd David Davies, 47.
[37] *Ibid.*
[38] *Ibid.*

Roberts'.[39] Yr ail oedd ei weinidog ef yn y Tabernacl, y Parchedig Thomas Edwards, a oedd yn gymeriad lliwgar a chanddo ddiddordeb mawr yng ngwleidyddiaeth ei ddydd.[40] Pan oedd ei fam am i'w mab fynd yn bregethwr, dadleuai y gweinidog y byddai llwybr gwleidydd yn dod â mwy o gyfle i gyflawni daioni iddo. Thomas Edwards a enillodd y dydd.[41]

Clywodd Mabon gryn lawer am Edward Matthews, un o bregethwyr hynotaf Morgannwg. Cydnabyddwyd Matthews yn gawr y pulpud yng Nghymru ac yn un oedd yn ffyddlon i'w enwad ac yn un a hyrwyddodd achosion y Methodistiaid Calfinaidd mewn cyfnod o ferw diwydiannol a thwf anferth mewn poblogaeth. Dechreuodd ei yrfa fel cennad yn Hirwaun ym 1830. Bu'n weinidog Penuel, Pontypridd, a bu'n byw yn Ewenni Isaf, Caerdydd a Thresimwn.[42] Byddai Matthews, fel Mabon, yn hoff iawn o gael pregethu yng nghapeli ysblennydd rhannau uchaf Cwm Rhondda, fel Jerwsalem, Tonpentre, Bethlehem a Gosen, Treorci, ac yng Nghwm-parc a Llwynypia. Mewn erthygl ym 1880, meddai'r awdur anhysbys am brofiad Edward Matthew, Ewenni, yn y Rhondda:

> Yr oedd ef wedi clywed siarad isel iawn weithiau am Gwm Rhondda, a disgrifid ei drigolion fel ymladdwyr a meddwon, ond ... Pa beth bynnag oedd cwm Rhondda wedi bod, yr oedd dylanwad yr Efengyl erbyn hyn wedi gwella llawer arno.[43]

---

[39] . M. Evans ('Cymro') *Dathliadau Jiwbilî Tabernacl, Cwmafan* (Caerdydd, 1924), 10-11. Roedd Capel y Tabernacl, Cwmafan yn feithrinfa nifer o gewri'r pulpud, fel y Parchedigion John Bamford, Idris Roberts a John Hughes, Pen-y-bont-ar-Ogwr (a chyn hynny, Lerpwl).
[40] *Ibid.*
[41] Cydweithiai Mabon yn y Gobeithlu gyda Chymro llengar, Thomas Davies (Trithyd). *Ibid,* 11.
[42] Ceir cryn lawer ar Edward Matthews yn John Gwynfor Jones, *Her y Ffydd: Ddoe Heddiw ac Yfory – Hanes Henaduriaeth Dwyrain Morgannwg, 1876-2005* (Caerdydd, 2006), 26; 31; 59-60; 69-70; 101; 169.
[43] 'Methodistiaeth yng Nghymoedd y Rhondda', *Y Goleuad,* 4 Medi, 1880, 67.

A dyna oedd dyhead y Calfiniaid fel Edward Matthews a'r edmygedd mawr o ddyddiau plentyndod Mabon. Daliodd Mabon yn 'Grand Old Man' fel y'i gelwid ef yn ei henaint, i ddyheu am gael gwireddu rhaglen yr Anghydffurfwyr. Chwareuodd ran amlwg ym mrwydr datgysylltu'r Eglwys, a bu yn eilun i'w gyd-Fethodistiaid. Cefnogodd addysg, a bu yn garedig yn enw y glowyr a'r capelwyr tuag at blant anghenus. Ei gri bob amser oedd, 'Y bobl, a'r bobl yn unig, sydd i lywodraethu!'

Dyn y werin dlawd ydoedd a dehonglydd cadarn dros y dosbarth gweithiol. Soniodd Syr Henry Jones, yr athronydd adnabyddus, am Mabon fel gŵr llawn daioni, a fu yn garedig tuag at y tlawd, yr hen, y methedig, ac fel un a fu yn gadarn ar bwnc y tir, ar gyflog y glowr, ar iechyd, addysg a heddwch, a'r rheini yn flaenllaw ar ei raglen.[44] Gwleidydd ydoedd, yn ôl ei weinidog, a fu yn gymorth i alluogi pobl i fyw yn dda; roedd lles y lliaws yn ei feddwl yn feunyddiol. Enillai y Cymry i'w ganmol heb drafferth, ac yn arbennig felly y Cymry alltud yng nghymunedau yr Amerig. Pan ddaeth y Parchedig J. F. Davies, gweinidog yr Annibynwyr yn Portland, yr Unol Daleithiau, ar ymweliad â'r Rhondda, disgrifiodd ef Mabon fel *Boanerges,* sef 'un o feibion y daran', sef cyfeiriad at y brodyr Iago ac Ioan yn y Testament Newydd. Yn wir, aeth un o benseiri pannaf y Blaid Lafur, Ramsay MacDonald mor bell â dweud amdano mai ef oedd 'un o'r dynion galluocaf yn San Steffan.'[45]

---

[44] Ll. G. C. Archif y Methodistiaid Calfinaidd. Traethawd David Davies, 47.
[45] *Ibid*, 77. Cyfrifid Ramsay MacDonald yn un o'r Sosialwyr carismatig. Edrychid arno fel 'un o'r duwiau'. Gweler Christopher Howard, *Expectations born to death: Local Labour Party expansion in the 1920's* (yn) Jay Wright (editor) *The Working-Class in British History: Essays in Honour of Henry Pelling,* (Cambridge, 1983), 73, 273; hefyd Egor Wertheimer, *Portrait of a Labour Party* (London and New York), 1929, 174.

Credid hynny yn y Rhondda ac yn Scranton, yng Nghwmafan ac yn Aberdâr. Ymddangosodd erthygl gan awdur di-enw yn un o bapurau Cymry Gogledd yr America yn trafod streic fawr y Penrhyn (1900 i 1903) ac fel y bu'r streic honno, erbyn 1908, yn gyfrifol am ddirywiad amlwg yn niwydiant y chwareli.[46] Awgrymai'r awdur y byddai Bwrdd Cymodi fel a welwyd ym Maes Glo'r De wedi bod o fudd i setlo'r anghydfod. Paratowyd Golygyddol yn rhifyn 23, Ionawr 1908 o'r *Druid* yn tanlinellu yr un safbwynt, fod cymodi yn hynod o bwysig mewn gwrthdaro rhwng gweithiwr a chyflogwr a bod streic yn golygu difrod i bawb.[47] Mae'r *Druid* yn ymatal rhag beirniadu David Lloyd George am fethu setlo streic y Penrhyn. Cymharodd y sefyllfa ym Methesda, Arfon, â'r hyn a gyflawnwyd gan Mabon yn y maes glo:

> Mabon, the successful leader of the organised hosts of South Wales, is the great Apostle of Peace and Conciliation, and what a different and happier picture is presented in the thickly populated vales of Glamorgan, where a board of conciliation has been at work for years! Wages are higher than ever, and have, in fact, reached the maximum limit, advance after advance being conceded by the employers with comparative cheerfulness. Mabon teaches us that a strike must be absolutely the last resort when everything else had failed, and he also preaches that there should be no such thing as 'foul'. [48]

Byddai'r *Druid* yn cyhoeddi rhinweddau Mabon yn gyson iddynt hwy a'u darllenwyr. I'r rhelyw o Gymry alltud yn yr Unol Daleithiau, roedd Mabon yn Apostol Heddwch a Chymod ym myd diwydiant a gwleidyddiaeth. Ef oedd un o arwyr mawr

---

[46] Ceir manylion am Streic y Penrhyn, 1900-1903 yn R. Merfyn Jones, *The North Wales Quarrymen, 1874-1922* (Cardiff, 1982), 210-66.
[47] *Druid*, 23 Ionawr, 1908.
[48] *Ibid*. William D. Jones, *Wales in America*, 222-3.

Cymru ar gychwyn yr ugeinfed ganrif. Yn wir, cynrychiolai yn ei berson y rhinweddau hynny y dyheai pobl Gymraeg eu cael. Wedi'r cyfan, siaradai y Gymraeg yn raenus; pregethai yr Efengyl yn gyson; safai fel llwyr-ymwrthodwr alcohol; gweithredai fel arweinydd y gân yn ei gapel ac fel unadwydd o fri; ymddiddorai yn yr eisteddfod, ac roedd yn fardd a llenor ac yn gyfaill i'r dirmygedig. Fel y dywedodd William D. Jones:

> Mabon was the arch-exponent of the necessity for capital and labour to work together. It was a gospel he took with him to the United States in 1904-5, when, as a delegate of the Trade Union Congress, he spent most of his time advocating conciliation as a means of avoiding disputes in American industry.[49]

Roedd y Wasg Gymreig yn yr Amerig yn falch ohono fel cymodwr ym myd diwydiant, ond hefyd fel Cymro cadarn, a phan dderbyniodd yr anrhydedd o fod yn aelod o'r *Privy Council,* aethpwyd ati i'w glodfori fel un a lanwodd holl obeithion y Cymro ym mha le bynnag y'i gelwid. Roedd ef yn esiampl clodwiw, ac nid oedd gosod *Gwir Anrhydeddus* o flaen ei enw yn dweud y stori i gyd o bell ffordd. Dadleuai y *Druid* y byddai enw Mabon yn byw tra bod y genedl Gymreig mewn bodolaeth:

> (The) name of Mabon will live when that of the Rt. Hon. William Abraham is forgotten.[50]

Cytunir gyda William D. Jones fod moli Mabon yn angenrheidiol i'r byd Cymreig ac i hybu'r ddelw o Gymru ar ei gorau. Methai aml un o'r Cymry alltud ddeall agwedd glowyr

---

[49] 'But above all it was his active labours on behalf of conciliation which earned him tributes that were second only to those showered on Lloyd George.' Gweler W. D. Jones, *Wales in America,* 225.
[50] *Druid,* 12 Ionawr 1910. Am apwyntiad Mabon, gweler E. W. Evans, *Mabon,* 95.

streic Tonypandy tuag at yr arweinydd. Wedi'r cyfan, ef oedd yr arweinydd gorau a welodd Cymru ddiwydiannol.[51] Yn wir, gwelai y papur bywiog y *Druid* Streic y Cambrian Combine yn nhermau glowyr barus ac uchelgeisiol. Dyma Olygyddol 17 Tachwedd, 1910:

> It is feared that the present trouble has been precipitated largely by men who are all anxious to depose the leaders so that they may secure their positions and salaries. That selfish, personal ambition should bring about such suffering and sorrow to thousands is most deplorable.[52]

Roedd hi'n amlwg fod golygyddion y papurau hyn yn byw yn rhy bell o faes y frwydr i fedru deall yr holl ffactorau, ond o leiaf, gwnaeth y *Druid* lawer iawn i greu delwedd o fawredd Mabon yng nghefndir y Cymry. Wedi'r cyfan, roedd Mabon, pan fu yn teithio yn yr Amerig, yn arweinydd ar 150,000 o lowyr. Cafodd Maes Glo y De ei reoli o 1880 hyd 1910 gan ddau ŵr, sef Syr William Thomas Lewis, a hwnnw'n gweithio dros y cyflogwyr ac William Abraham (Mabon) ac yntau'n gweithio dros y glowyr. Nid oedd yr un maes glo arall ym Mhrydain yn debyg i'r sefyllfa yn ne Cymru, yn ôl y gwleidydd a'r perchennog, Syr Alfred Thomas. Galwodd Syr Alfred Thomas ef yn sefydliad byd-eang 'for his was a household name throughout the industrial world'.[53] Dyma ddywedodd Thomas Burt fel ymddiheuriad am ei absenoldeb o Gyfarfod Anrhegu Mabon yn Neuadd y Ddinas, Caerdydd:

> I am sorry that I cannot show by bodily presence my appreciation of Mabon at the presentation ceremony tomorrow. He is to me as steel, and better than gold. I

---

[51] *Drych,* 29 Rhagfyr, 1910.
[52] *Druid,* 17 Tachwedd,1910.
[53] *Cardiff Times,* 1 Ebrill, 1905, 5.

hope you will have, as I know you will have, a thoroughly successful meeting.[54]

Teimlai Thomas Richards, arweinydd arall y glowyr, ei bod hi'n hen bryd i ddinas Caerdydd roddi rhyddid y ddinas iddo. Dylasai Bwrdeistref y Rhondda wneud yr un gymwynas.[55] Yn anffodus, ni ddigwyddodd hynny. Roedd yn well ganddynt anrhydeddu milwyr a pherchnogion caethweision fel Syr Thomas Picton, a fu farw ym mrwydr Waterloo nag anrhydeddu un o Gymry mwyaf gwerin Cymru.[56] I Archibald Hood, cyflogwr a pherchennog pwll glo, dilynodd Mabon ei Waredwr trwy bob storom a streic ac anghydfod drud:

> He had conscientiously tried to follow the example of the Man of Galilee, who came to serve and not to be served; and it is with pride that he saw those whom he tried to serve had not allowed his service to go unrewarded, though the reward was a far greater value than his humble services had ever merited.[57]

Ni allai neb ddweud mwy am fawredd Mabon i'w oes ef ac i'n hoes ninnau na'r hyn a ddywedodd Archibald Hood.

---

[54] *Ibid.*
[55] *Ibid.*
[56] Ceir cryn sôn am Sir Thomas Picton yn nechrau Mehefin (10-13) 2020 oherwydd protestiadau yng Nghaerdydd ar ymddygiad yr heddlu tuag at y dynion du yn yr Amerig.
[57] *Cardiff Times,* 1 Ebrill 1905, 5.

PENNOD 14

Mabon yng nghanol y mudiad Llafur newydd

Yr hyn sydd yn ein taro wrth drafod gyrfa anghyffredin o ddiddorol Mabon yw iddo golli cyfle euraid i fod yn arweinydd y Blaid Lafur yng Nghymru, yn arbennig gan iddo ennill sedd y Rhondda yn enw Llafur ym 1885. Ond nid Llafur yn unig oedd hynny chwaith – cafwyd y ddau beth, y *Lib-Lab*. Bu hynny yn bwysig yn ei olwg, ond ni fu ef na'i gyd-arweinwyr yn abl i weithredu heb fod cwestiwn Llafur yn ei amlygu ei hun ymhlith y glowyr.

      Glowyr oedd asgwrn cefn y mudiad Llafur yn ne Cymru, ond bu ei harweinwyr, fel Mabon, yn llusgo'u traed am hir amser. Roedd hynny'n wir trwy feysydd glo Lloegr gan fod glowyr y wlad honno wedi pleidleisio yn erbyn y priodoldeb o adael i Ffederasiwn Glowyr Prydain Fawr gofrestru pan ffurfiwyd y Pwyllgor Cynrychioli Llafur ym 1900. Mae'n amlwg nad oedd carfan o lowyr de Cymru yn fodlon ar y geidwadaeth honno ac am godi'r mater yng Nghaerdydd ym mis Mawrth 1901.

      Y Blaid Lafur Annibynnol oedd y catalyst, a phenodwyd gŵr o'r enw J. W. Wood yn ddarlithydd peripatetig i ardaloedd glofaol de Cymru. Roedd Robert Davies, Treharris, yn un o'i gyd-weithwyr pennaf, a byddai ef yn medru cyflwyno ei neges trwy'r Gymraeg.[1] Soniodd J. W. Wood mewn cyfarfod ym Mhontypridd ym 1896 ei fod wedi dod i Gymru i berswadio y glowyr i newid eu meddwl o Ryddfrydiaeth i Sosialaeth ac i herio Mabon ac eraill ar y cyflogau a delid i'r glowyr am eu gwaith caled.[2] A oedd glowyr Dyffryn Taf yn hapus gyda'u cyflogau o ddeunaw swllt i bwm swllt ar hugain yr wythnos pan oedd y perchenogion yn crynhoi ac yn ymbesgi ar yr elw?

---

[1] *South Wales Daily News*, 17 Awst, 1896, 6.
[2] *Ibid.*

Cyfeiriodd at esiampl J. Keir Hardie yn y Senedd fel gwir gynrychiolydd Llafur.[3] Gofynnwyd nifer o gwestiynau iddo ac yn arbennig felly gan David Morgan, atalbwyswr, ymhlith eraill lawer. Yn ei atebiad, dywedodd J. W. Wood na chredai fod y Torïaid yn well pobl na Rhyddfrydwyr. Credai fod y Rhyddfrydwyr mor esgeulus a di-fater a drwg fel na fyddai ef byth bron yn sôn amdanynt o unrhyw lwyfan cyhoeddus.[4] Nid aeth hynny i lawr yn dda gan y gynulleidfa gan eu bod yn dal yn driw i'r Blaid Ryddfrydol. A dyna oedd blaenoriaeth Mabon, a gwelwyd eisoes pa mor anodd fu'r symudiad iddo o *Lib-Lab* i Lafur yn unig, a hynny ym 1908. Wedi'r cyfan, roedd ei gwpan yn gorlifo ym 1906 ac eto ym 1918, roedd y blaid y bu ef mor ffyddlon iddi wedi ennill y dydd ac yn meddu ar raglen a fyddai yn plesio ei etholwyr. Ac eto, methodd Mabon â gweld y cyfle godidog oedd iddo ef fel Cymro Cymraeg oddi fewn i'r Blaid Lafur. Ym 1891, roedd 900,000 yn siarad yr iaith Gymraeg a bron i filiwn erbyn Cyfrifiad 1911. Yr hyn sy'n syfrdannol yw pa mor gynnes oedd ymateb y sosialwyr cynnar i hawliau iaith gyntaf Mabon. I arweinydd plaid yr SDF, y Marcsydd, H. M. Hyndman, dylasai y mudiad Llafur wneud llawer mwy o ddefnydd o'r Gymraeg, am ei bod hi'n fantais i fudiad oedd yn herio y sefydliad, y wladwriaeth yn ei grym a'r holl awdurdod oedd at ei gwasanaeth.[5] Roedd hyn yn fiwsig i glustiau Mabon, gan ei fod ef yn defnyddio yr iaith ar bob cyfle a ddeuai iddo.

Oddi fewn i'r Rhondda, pan ddaeth hi'n fater o ymladd hyd waed, ceid lle i'r Gymraeg. Clywyd y Gymraeg yn y cyfarfodydd a gynhelid ym mwyty'r Aberystwyth Arms ar bnawn Sul, pan ddeuai'r Marcsiaid ynghyd i drafod streic a

---

[3] *Ibid.*
[4] *Ibid.*
[5] H. M. Hyndman, *Further Reminiscences* (London, 1912), 447. Darllener hefyd Horace B. Davies, *Nationalism and Socialism* (New York, 1967)

pharatoi y pamffledyn, *Miners' Next Step.* Dadleuai y papur hwnnw, y *Rhondda Socialist* fod angen colofn Gymraeg, nid er mwyn parhad yr iaith, ond er mwyn cyfathrebu. Oni allai Mabon fod wedi trefnu un o'i gydweithwyr i fynd yn gyfrifol am y golofn honno? Yn yr iaith Gymraeg, ceid cyfle i ledaenu sylwadau a syniadau i bobl oedd yn croesawu y Gymraeg, yn arbennig y rhai oedd yn uniaith Gymraeg.[6] Ysgrifennodd David Evans, Blaenclydach ar hyn, a dadleuodd y newyddiadurwr, E. Morgan Humphreys yn y *Socialist Review* fod angen cymreigio sosialaeth, gan gofio yr un pryd am 'the stupidity of sending monoglot English speakers to do propaganda work among Welsh-speaking people.'[7]

Dyma'r cyfnod yr ymddangosodd y wasg lafurol oedd yn meddu ar ddeimensiwn Gymraeg. Roedd colofnau Cymraeg yn y *Merthyr Pioneer,* a gwahoddwyd y Parchedig T. E. Nicholas (Niclas y Glais) yn olygydd y dudalen Gymraeg. Erbyn 1912, roedd y *Dinesydd Cymraeg* yn cael ei argraffu yng Nghaernarfon. Papur llafur Cymreig cyflawn oedd hwn. Sefydlwyd ef gan argraffwyr oedd ar streic, ac fe ymddangosodd yr un flwyddyn â'r *Daily Herald,* oedd yn llwyfan arall i Lafur.[8] Erbyn hyn, roedd cnewyllyn da o Gymry i gyd-weithio â hwy er budd Llafur a'r Gymraeg. Ond haf bach Mihangel oedd hyn, a chollwyd y cyfle.

Gwelwyd hynny yn hanes y gwleidydd, Clem Edwards, AS a'i galwai ei hun yn Rhyddfrydwr a Chenedlaetholwr a gwrth-sosialydd. Roedd yn hynod o debyg i Mabon. Penderfynnodd Clem Edwards drefnu cyfarfod cyhoeddus yn y Gymraeg yn Aberafan ym 1911. Cafodd tyrfa dda i fynychu, ond yn eu plith ceid llond sedd oedd yn gwrthwynebu clywed yr iaith ac yn gweiddi 'English'. Pan gyfeiriodd y gwleidydd at yr angen pwysig i gadw yr iaith yn

---

[6] David Evans (Blaenclydach) *Rhondda Socialist,* 19 Awst 1911.
[7] E. Morgan Humhreys, *Socialist Review,* Hydref 1909.
[8] Picton Davies, *Atgofion Dyn Papur Newydd* (Lerpwl, 1962), 129-132 am y cefndir.

fyw, torrwyd ar ei draws gan heclwr hyderus, 'Bread and cheese we want, not language!'[9] Dangosai yr heclwr ei dwptra ar yr un llaw, a gwir angen gwaith a chyflog i gadw teulu yn fyw ar yr ochr arall.

A dyma ddechrau symudiad sydd yn dal i fodoli. Cafwyd ef ym mhob cenhedlaeth ers cyhoeddi *Brad y Llyfrau Gleision* ym 1847. Mewn golygyddol yn y *Merthyr Pioneer,* dadleuwyd bod y cyfarfod diflas yn Aberafan yn arwyddo diwedd y Gymraeg oddi fewn i'r mudiad Llafur, a'r ffaith na welid pwrpas yn y byd i geisio atal yr erydiad. Dywed ymhellach:

> The only way in which these things can be tested in open competition with the world and if in that trial the language dies and Welsh goes under, they ought to go.

Roedd yr agwedd yma yn ddigon cyffredin ymysg y rhai a garai'r iaith a'i defnyddio. Dyna oedd agwedd Samuel Roberts (SR) Llanbryn-mair, ac agwedd enwad y Methodistiaid Calfinaidd, enwad Mabon, gyda sefydlu yr Achosion Saesneg gan yr unig enwad a ddechreuwyd yng Nghymru. Cafwyd dadl ar yr holl fater yn y Gymanfa Gyffredinol a gynhaliwyd yn Aberystwyth ym 1866 ac roedd Mabon wedi dilyn y ddadl honno gyda diddordeb mawr.

Bu brwydro blin ar y cwestiwn, fel y cofia Mabon ar dudalennau *Y Faner* a'r *Goleuad*. Parhaodd yr ymgecru'n hir, a chyrraedd ei benllanw yng Nghymdeithasfa y Gogledd o'r Methodistiaid Calfinaidd Cymraeg yn Llanidloes ym Mehefin 1881. Yno, holwyd Emrys ap Iwan am ei gredo gan Dr Owen Thomas, Lerpwl (tadcu Saunders Lewis) a chodwyd holl fater y gwrthwynebu a'r dadleuon. Ceir adroddiad llawn o'r holi a'r atebion yng Nghofiant Emrys ap Iwan gan T. Gwynn Jones, a gwelwn pam roedd yr ymgecru wedi para cyhyd.[10]

---

[9] *Merthyr Pioneer,* 30 Tachwedd,1911.
[10] T. Gwynn Jones, *Cofiant Emrys ap Iwan* (Dinbych, 1911).

Tueddai Mabon i bortreadu sosialaeth fel fersiwn faterol o Gristnogaeth a'i gyflwyno fel rhan o foesoldeb. Profodd nifer o Gristnogion a blediai Lafur gryn lawer o gasineb oddi wrth Ymneilltuaeth o du'r capeli. Dioddefodd Keir Hardie yr un fath, fel y dywed Dylan Morris, 'Yn wir, ceir sawl cyfeiriad at enllibio Hardie o ddiogelwch pulpudau.'[11]

Yr huotlaf o'r gweinidogion oedd y Parchedig W. F. Phillips – gŵr y daeth Mabon i'w adnabod oddi fewn i'r Blaid Ryddfrydol.[12] Ni chafodd ei demtio i feirniadu am ei erthyglau cas drwy'r Wasg, ei anerchiadau yn enw yr *Anti-Socialist Union* a Chynghrair y Rhyddfrydwyr Ieuainc. Gwyddai Mabon a D. A. Thomas fod W. F. Phillips yn hynod o beryglus gyda'i dafod llym yn erbyn gweinidogion a gefnogai Lafur, fel R. Silyn Roberts a'r Parchedig D. D. Walters a gyfieithodd i'r Gymraeg lyfryn Robert Blatchford, *Merrie England* o dan y teitl, *Cymru Lawen*.[13]

Dadleuodd W. F. Phillips fod Cristnogaeth a Sosialeth yn hollol anghydnaws. Iddo ef, cred faterol, ynfyd oedd Sosialaeth, gan ei bod am ddiorseddu'r Brenin, dileu'r teulu, lleihau rhyddid yr unigolyn ac alltudio Duw allan o'i fyd a gofalu na dderbyniai Iesu Grist gyfle o gwbl ym mywyd y byd. Ychydig iawn a goleddai hynny a dylai W. F. Phillips fel Gweinidog yr Efengyl fod wedi gweithredu yn llai rhagfarnllyd a mympwyol.

---

[11] Erthygl odidog Dylan Morris, 'Sosialaeth i'r Cymry', *Llafur*, cyf.4, rhif 2, 55; Vernon Hartshorn, *Labour Leader*, 27 Hydref, 1911.
[12] Gweler Phillips, 'Cymru a Sosialaeth' yn *Y Genhinen*, cyf. 29, Ionawr 1911, 20-21; gweler hefyd 'Sosialaeth a Christnogaeth', Ebrill 1911, 83-87; yna 'Peryglon oddi wrth Sosialaeth yng Nghymru', *Y Genhinen*, Ionawr 1912, 7-9. Ceir astudiaeth werthfawr o W. F. Phillips (1877-1920) yn Robert Pope, *Building Jerusalem: Nonconformity, Labour and the Social Question in Wales, 1906-1939* (Cardiff, 1998), 62-65.
[13] Bu D. D. Walters (Gwallter Ddu) yn weinidog ar y Prifardd Eluned Phillips yn ei blynyddoedd cynnar yn Llechryd, Ceredigion. Am D. D. Walters, gw. Robert Pope, *Building Jerusalem*, 28, 35, 69, 127-8; 171.

Soniodd un o bapurau lleol Morgannwg ym 1911 am löwr yn Ferndale oedd yn ceisio perswadio ei gydlowyr i ddod gydag ef i'r capel. Ni allent, am fod y gweinidog hwnnw yn pardduo Keir Hardie yn gyson o'i bulpud.[14]

Collodd nifer o weinidogion canol-y-ffordd, cefnogwyr Mabon, eu hamynedd gyda'r Mudiad Llafur oddeutu y Rhyfel Mawr, ac yn wir, cydnabu rhai fod y dosbarth gweithiol wedi troi eu cefnau ar y capeli:

> Nid ydyw'r dosbarth gweithiol yng Nghymru, fel yn Lloegr, yn hidio fawr am grefydd. Eu temlau yw'r tafarnau a'u huchafbwyntiau, y bêl droed a'r rasys ceffylau.[15]

Byddai Mabon yn barod i eilio'r sylwadau yna, gan ei fod yn ddirwestwr pybyr ac yn cadw draw o chwareuon a rasys ceffylau. Perthyn i'r Torïaid oedd y byd hwnnw. A'r gwir oedd fod Mabon, y gwerinwr, wedi tyfu yn Fabon, y capelwr o'r dosbarth canol. Dadl y BLA a sosialwyr eraill o'i amgylch yn y Rhondda oedd na fedrai Rhyddfrydiaeth gyda'i harweinyddiaeth dosbarth canol, gynrychioli buddiannau'r gweithwyr. Roedd y Rhyddfrydwyr yn deall hyn yn iawn, a dyna pam iddynt, mewn aml i etholaeth, wrthod rhoddi sêl eu bendith ar ymgeiswyr o'r undebau na'r mudiad Llafur. Yr unig eithriad oedd yr eicon, yr arwr, Mabon yn y Rhondda, lle nad oedd ganddynt, mewn gwirionedd, ddim dewis ond ei gefnogi.[16]

Bu y Rhyfel Byd Cyntaf yn siom i lawer o'r sosialwyr cynnar, yn arbennig pan welwyd yr heddychwr o bawb yn ricriwtio glowyr ac eraill i faes y gad. Roedd Mabon erbyn hynny yn eilun i'r werin. Wedi'r cyfan, gwyddent ei fod ef

---

[14] *Merthyr Pioneer,* 7 Hydref 1911, 4.
[15] Dylan Morris, 'Sosialaeth i'r Cymry' *Llafur,* 55.
[16] R. Merfyn Jones, *Cymru 2000: Hanes Cymru yr Ugeinfed Ganrif,* 153.

wedi aberthu cymaint o gyfleon er mwyn cael aros yn y Rhondda.

Ym 1895, ceisiodd yr Arglwydd Roseberry ei orau glas i'w berswadio i dderbyn swydd yn Awstralia fel cymodwr ym myd diwydiant am gyflog aruthrol o ddwy fil o bunnoedd. Cadwodd y Llywodraeth a phawb arall i drafod y cynnig am rai wythnosau. Ysgrifenwyd erthyglau ar hyn yn y papurau, ac yn arbennig y *Western Mail*. Clodforwyd ef:

> He is such a noble fellow, and has not an enemy even among the Tories or the masters, Liberal and Labourist though he is.[17]

Y gwir oedd na allai de Cymru fyw hebddo ar sail ei bersonoliaeth atyniadol a'i agwedd hoffus, enillgar:

> Mabon is such an immense personality that were it deprived of his good fellowship, Wales would not be Wales. He is one of our Welsh landmarks, and one would miss him as one would miss Snowden or Plymlimmon should another Barum come and swing them across the Atlantic.[18]

Dadleuai golygyddol y *Western Mail* fod gormod o genedlaetholdeb Cymreig yn ei wythiennau i adael y cymoedd a'i gyfoedion a ddibynnai gymaint arno am fywoliaeth. Cyrhaeddodd y brig. Disgrifid ei gartref yn y Pentre, Rhondda fel 'his mansion'. Gwyddent am ei raglen seneddol yn amddiffyn buddiannau y glowyr ac yna yn gweithredu blaenoriaethau Ymneilltuaeth Gymraeg o ran hunanlywodraeth a datgysylltu Eglwys Loegr yng Nghymru. Pwy a fyddai yn cadw trefn yn yr Eisteddfod Genedlaethol hebddo? Pwy fyddai'n codi'r to wrth ganu *Hen Wlad fy Nhadau*?

---

[17] *Western Mail,* Mai 31, 1895, 1.
[18] *Ibid.*

Canmolid ef am nad oedd yn gul ei feddwl fel cymaint o'r Undebwyr o'i amgylch. Safai y tu hwnt i bawb fel Colosws yn cofleidio y werin ac yn cyfarch y meistri yn garedig ei ysbryd. Nid bwli mohono, ond brawd hoffus:

> The distance between Mabon and David Morgan is as great as that between Sir W. T. Lewis and Mr Benjamin Tillett.[19]

Clywir cri obeithiol ar ddiwedd erthygl gynhwysfawr yn dweud:

> But Mabon will not go. His bread and his cheese are sure, and his seat is safe.[20]

Dyna oedd yn sicr. Nid oedd ganddo elynion, dim ond gwrthwynebwyr. Fel Cledwyn Hughes mewn cyfnod diweddarach, llwyddodd Mabon i gael cefnogaeth pobl o bob plaid. Llwyddodd Mabon i gael arian tuag at ei gynhaliaeth fel gwleidydd oddi wrth y Torïaid a'r Rhyddfrydwyr yn ogystal â'r Undeb ei hun. Un o'i feirniaid am flynyddoedd oddi fewn i'r Undeb oedd William Brace, a chododd ef y mater ym 1893 parthed y modd roedd Pwyllgor Gwaith *Lib-Lab* y Rhondda yn derbyn rhoddion tuag at gynhaliaeth Mabon yn San Steffan oddi wrth ddau o Dorïaid pennaf y De, sef Cyrnol Morgan, tirfeddiannwr a Thori a'i frawd, Arglwydd Tredegar. Anfonodd y ddau bum punt yr un, tra gofalodd yr Henadur, F. L. Davies, Ferndale, ei wrthwynebydd yn etholiad 1885, y swm o £250 a D. A. Thomas, AS Merthyr y swm o bum gini.[21] Gofalodd asiant y Torïaid yn y Rhondda, R. J. Richards, na fyddai y Torïaid yn ei wrthwynebu yn aml, a dibynnai ef am flynyddoedd ar sefydlu Clybiau Yfed i godi cyfalaf ar gyfer unrhyw ymgyrch.

---

[19] *Ibid.*
[20] *Ibid.*
[21] *Ibid.*

Roedd gan Mabon felly sefyllfa ddelfrydol fel aelod seneddol, a sylweddolai fod angen swcro prif bobl y capeli, eu blaenoriaid a'u diaconiaid. Yn y Rhondda werinol, lofaol llenwid sêt fawr y capeli gyda'r hyn a elwid yn siopwyr. *Shopocracy* oedd y gair i'w disgrifio. Gelwid hwy gan aelodau'r seddau yn Mister ac weithiau yn Syr. Roedd dylanwad aruthrol gan y rhain, a byddai'r gweinidog, os oedd yn gallu, yn cydweithio â hwy, yn hytrach na'u cythruddo. Er i Mabon am gyfnod symud i ardal harddach na'r Pentre, ni chollodd gysylltiad o gwbl gyda'i bencadlys. Mewn erthygl yn *Y Genhinen,* dadleuwyd nad y pulpud oedd yn wrthwynebus i'r mudiad Llafur ac i'r Blaid Lafur Annibynnol, ond y dosbarth canol yn y sêt fawr.[22] Rhyddfrydwyr a Thorïaid fyddai y rhelyw o'r rhain, a gofalodd Mabon, y gwleidydd craff, eu cadw i'w gefnogi pan ddeuai etholiad. Dywedwyd yn y *Genhinen*:

> Prif waith y sêt fawr yw cyfrif arian, a gofalu na chaffo'r un pregethwr esgyn i'r pulpud os bydd yn gyfaill i'r werin dlawd.[23]

Canlyniad hyn oedd amddifadu'r capeli o bobl ifanc deallus, a gadael y gynulleidfa gyda chynrychiolaeth o ferched, gwragedd a phlant.

Un o'r cenhadon hyn y cauwyd y pulpudau iddo ar dro oedd y Parchedig John Morgan Jones, Merthyr Tudful.[24] Nid yn unig Ysgrifennydd y Cyhoeddiadau oedd yn ddrwgdybus ohono, dyna oedd agwedd y wladwriaeth. Rhoddwyd ditectif i'w wylio adeg y Rhyfel Byd Cyntaf, ond llwyddodd 'J. M.' fel y'i gelwid, i droi rhai ohonynt yn heddychwyr fel ef ei hun.[25]

---

[22] *Tarian y Gweithiwr,* 23 Mawrth, 1893, 3.
[23] *Y Genhinen,* cyf. 28, 1910, 258-261.
[24] *Ibid.* 260.
[25] Ceir ysgrif ddadlennol gan ei nai, M. R. Mainwaring yn John Morgan Jones (1861-1935) *Herio'r Byd* (golygydd, D. Ben Rees) (Lerpwl a Llanddewi Brefi, 1980), 61-69.

Pan fu farw Keir Hardie o dorcalon ym 1915, gofynwyd am ganiatâd i gynnal cyfarfod coffa iddo yng Nghapel Presbyteraidd Hope, ac fe ganiataodd 'JM' y cais. Bu gwrthwynebiad ffyrnig a drwgdybiaeth ymhlith nifer fawr o'r aelodau parchus, a gadawsant yr eglwys. Bu'r gweinidog am gyfnod heb gyflog, a dibynnai ar roddion ewyllys da a blwch yng nghyntedd y capel, a dechreuodd un o fechgyn y Blaid Lafur Annibynnol fynychu'r oedfaon o barch iddo, y sosialydd o weinidog.[26] Roedd John Morgan Jones a Mabon ar delerau da, ac ym 1910, cyhoeddodd lyfryn, *Religion and Socialism.* Traddodwyd y cynnwys ar Nos Sadwrn yn oedfaon Capel Hope, a hynny mor feistrolgar.

Un arall a wnaeth lawer gyda Mabon gan ei wahodd i ddraddodi darlithiau yn Aberdâr a'r cyffiniau oedd y Parchedig Cynog Williams, gweinidog Capel y Bedyddwyr Cymraeg, Heol-y-Felin, Trecynon. Ni allodd ef ddygymod â diwinyddiaeth newydd R. J. Campbell, yn arbennig ar ôl iddo draddodi darlith yn Neuadd y Farchnad, Aberdaâr. Gosododd Sosialaeth o flaen Teyrnas Dduw, a chredai Cynog Williams fod hynny yn anghyson â'r gred Gristnogol.[27] Fodd bynnag, dwy flynedd yn ddiweddarach, gwahoddodd G. H. Bibbings o'r Blaid Lafur Annibynnol i ddod yr holl ffordd o Gaerlyr i ddarlithio ar Arbenigwrydd Crist, a hynny yng Nghapel Heol-y-Felin. Bu canmol mawr ar y ddarlith gadarnhaol hon oedd yn dyrchafu enw Crist uwchlaw pob enw arall.[28]

Ond roedd yna wrthdaro pendant. Beirniadwyd T. Walter Williams o Drecynon, bargyfreithiwr nodedig, am ei gefnogaeth i'r Blaid Lafur. Dylasai ef, meddai rhai o gapelwyr

---

[26] *Ibid.*, 64.
[27] *Ibid.* 65.
[28] 'Uniqueness of Christ', *Aberdare Leader,* 27 Mawrth, 1907, 6.

Trecynon (ond nid Cynog Williams) wrthod perthyn i unrhyw blaid wleidyddol, ac yn arbennig felly y Blaid Lafur.[29]

Roedd hi'n anodd ar Mabon, yr eicon, ei uniaethu ei hun gyda phlaid oedd yn cael beirniadaeth mor gyson. Er hynny, sylweddolwyd bod y Llafurwyr yn gydwybod effro yn y gymdeithas. Am flynyddoedd, bu hi yn bolisi gan awdurdodau lleol i wrthod cyflogi athrawesau oedd wedi priodi. Mabwysiadwyd y polisi hwn yn negawd cyntaf yr ugeinfed ganrif, ond ceid sosialwyr effro a ddadleuai yn erbyn y polisi adweithiol hwn, fel y Cynghorydd David Evans, Manordeilo oedd yn gefnogwr brwd i Lafur ac a oedd ar Gyngor Sir Gaerfyrddin. Gohebai yn gyson gyda Mabon. Hen brifathro ydoedd, yn siarad ar bwnc yr oedd ef yn arbenigwr arno, ond ni wrandawyd ar ei gyngor doeth mor gynnar â 1909.[30]

Byddai'r Blaid Lafur yn barod i brotestio. Protestiodd y Blaid Lafur yng Nghaerdydd ym 1909 am fod Prif Ustus Caerdydd wedi anfon gŵr i garchar am chwe wythnos am ddwyn ceiniog.[31] Gweithiai Mabon o blaid y *Suffragettes* yng Nghymru, gan ei fod ef yn sylweddoli nad oedd democratiaeth yn gyflawn, os nad oedd pawb dros ddeunaw oed yn cael pleidlais. Gwyddai ef yn dda am y cynnydd oedd yn disgwyl y Blaid Lafur pan gafodd menywod eu rhyddfreinio yn sgîl y mesurau ym 1918, a chrëwyd rhai etholaethau newydd, fel Dwyrain y Rhondda. Er hynny, gofidiai Mabon o glywed nad oedd dim croeso i *Suffragettes* yn y Borth nag ychwaith yn Aberystwyth ym 1909, a'u bod yn gorfod teithio i ymgyrchu i Feirionnydd ac i drefi glan y môr fel Harlech a'r Bermo.

Roedd trafferthion lawer, fel y sylweddolai Mabon, yn wynebu y Blaid Lafur yr oedd ef o leiaf mewn enw yn perthyn iddi. Cwynodd Llafurwr, S. Williams, Aberdâr am fethiant gweinidogion i roddi eu hysgwydd o dan faich y Blaid Newydd

---

[29] *Aberdare Leader,* 5 Medi, 1908, 3.
[30] *Aberdare Leader,* 21 Awst, 1909, 3.
[31] *Ibid.*

a gadael Rhyddfrydiaeth ar ôl. Dyna oedd byrdwn neges Keir Hardie. Teimlid bod angen sefydlu Eglwys Lafur (*Labour Church*) ond dim ond yn Aberpennar y cafwyd un o'r rhain. Methiant arall a boenai Mabon ac S. Williams oedd fod bywyd personol y Sosialwyr yn aml yn ddiffygiol, a'u bod, drwy hynny yn dwyn anfri ar y mudiad. Teimlid hefyd nad oedd cyfarfodydd cyhoeddus Llafur yn ddigon crefyddol eu naws, ond yn y Rhondda ni ddigwyddai hyn pan oedd Mabon wrth y llyw.[32]

Sylweddolai Mabon fod y Blaid Lafur wedi ei geni yn streic fawr y glowyr – streic y bu ef mor amlwg ynddi yn y flwyddyn 1898. Dyna'r adeg y cafodd bywyd cymdeithasol a diwydiannol y gweithiwr ei ddatgelu yn llawn yn y frwydr dyngedfennol yn hanes Undeb y Glowyr. Gwelwyd yn glir yr agendor rhwng y rhai oedd mewn awdurdod yn y gymdeithas a gweddill y boblogaeth. Bu rhai o blith y dinasyddion, fel Mabon, yn freiniol. Dyna neges y *Western Mail* amdano:

> Some men are born with a silver spoon in their mouths, and Mabon is one of them. All through his life, his career has been a series of upward steps.[33]

Gwir oedd hynny. Gwnaed ef yn Ynad Heddwch ac yn Asiant ac yn Llywydd y Glowyr ac yn aelod seneddol. Bu eraill o'i gymrodyr yn gynghorwyr sir a dosbarth ac yn warcheidiaid. Ond gwelwyd hefyd fethiant arswydus i drefnu nodded cymdeithasol, cyn i Lloyd George gael awdurdod yn ei ddwylo a chymorth i'r rhai oedd yn dioddef adfyd. Clywyd y gri fod angen mwy o bobl fel Mabon i gynrychioli y dosbarth gweithiol. Soniodd y Cynghorydd E. Chappell am y diffyg ym 1900:

---

[32] *Aberdare Leader*, 2 Mai 1906, 12.
[33] *Western Mail*, 31 Mai 1895, 1.

The men who now were in Parliament did not do their duty by the labour party.³⁴

Nid Mabon na Keir Hardie oedd ganddo mewn golwg ond y nifer a'u galwai eu hunain yn *Lib-Lab,* a deuwn at hynny cyn diwedd y bennod. Llefarwyd y geiriau yn y cymoedd yr adeg honno:

> that in future, the workers would elect only *bona fide* Labour representatives on all governing bodies.³⁵

Gellir dweud mai dyna ddechrau goruchwyliaeth newydd y bu'n rhaid i Mabon ymgodymu ag ef. Cyfnod oedd hwn pryd y gwelwyd dynion nobl ac egwyddorol yn cefnogi y mudiad newydd, a rhai ohonynt fel Mabon mewn cyfyng gyngor ac yn ei chael hi'n anodd mentro am yr awennau mewn mudiad a oedd yn sicr o lwyddo maes o law.

Daeth to newydd i efelychu cewri Oes Ficotria, ac yn arbennig trwy weithgarwch y Blaid Lafur Annibynnol y cadwodd Mabon draw oddi wrthynt, er dirfawr golled i'r mudiad llafur. Hwy oedd yn bennaf gyfrifol am gyflwyno Keir Hardie i'r cymoedd glo, a hwy, yn negawd cyntaf yr ugeinfed ganrif oedd cnewyllyn ei gefnogaeth.

Elfen arall amlwg iawn yn natblygiad y Blaid Lafur oedd presenoldeb a gweithgarwch athrawon a fagwyd yng nghartrefi glowyr.³⁶ Meddent gydymdeimlad dwys gyda'r dioddefwyr a mynnent ymgyrchu yn gyson am well amodau i'r plant, i'r ysgolion ac i gymdeithas. Bu Cymdeithas Fasnach a Llafur pob talgylch fel senedd-dŷ Llafur i berffeithio gweinyddiaeth y Pwyllgor Cynrychioli Llafur a'r blaid

---

³⁴ *Western Mail,* 25 Medi,1900, 5.
³⁵ *Ibid.*
³⁶ John Davies (Aberaman) 'The Labour Party in Aberdare', *The Aberdare Leader,* 9 Ionawr, 1904, 2.

newydd.[37] Gwnaed gwaith da a gafodd ei anghofio yn rhy aml gan y cyfrinfeydd a Chyngor Masnach a Llafur a changhennau y BLA. Gweithwyr egnïol mewn gwahanol alwedigaethau oedd y rhain, ond mewn etholaeth fel y Rhondda, roeddent yn dod o blith y glowyr, ac yn dod at ei gilydd i gefnogi ei gilydd a chyfrif ei gilydd yn gyson fel brodyr – *comrades* fyddai'r gair – ac fel cyd-ddinasyddion.

Bu'r wasg leol o help mawr, nid yn elyniaethus, mae'n rhaid cyfaddef, ond ran amlaf yn rhoddi adroddiadau cywir a di-duedd o gyfarfodydd y mudiad Llafur. Symudwyd trwy hyn gryn dipyn o'r rhagfarn tuag at Sosialaeth a Sosialwyr, ond nid yn gyfangwbl, chwaith. Cafwyd *Llais Llafur* yn fwy hyglyw o'r blaen. Llais Mabon a T. Daronwy Issac ac Isaac Evans oedd y lleisiau, ond ceid yn awr weithwyr a'r dosbarth canol o athrawon yn mynegi barn dros Lafur.

Gofalwyd yn etholaethau y Rhondda ac Aberdâr fod y werin bobl yn cael eu cynrychioli gan y werin bobl, os oedd hynny'n bosibl. Dyma enghraifft o weithwyr egnïol mewn gwahanol alwedigaethau yn dod ynghyd i gefnogi ac i edmygu ei gilydd am eu dyfalbarhad a'u llafur cariad, gan gyfrif ei gilydd yn frodyr a chwiorydd. Gwnaed ymdrechion i wella cludiant, diwygio a mynnu gwelliannau gwell o du y Cynghorau Dosbarth a'r Cyngor Sir. Defnyddiwyd y cyfleon i ddangos y drwg yn y caws, i gondemnio anwybodaeth ac i gefnogi yr undebau mewn undeb a llawenydd a chydweithredu fel y medrai y mudiad Llafur esblygu a dwyn llwyddiant yn y dyddiau a ddeuai i Lafur. Hwn oedd cyfle euraid y *Lib-Lab* i gymryd yr awenau oddi mewn i'r Blaid Lafur newydd ym 1906 pan sefydlwyd ef. Roedd Mabon yn wleidydd amlwg yng ngwleidyddiaeth Cymru a Phrydain, ac ef, yn fy nhyb i, a ddylai fod wedi arwain a chynllunio strategaeth y Blaid Lafur yn hytrach na dangos ofn mentro ac ansicrwydd am ei le ef oddi fewn i'r Blaid Lafur. Aelod Seneddol Llafur oedd Mabon i'r

---

[37] *Ibid.*

rhan fwyaf o bobl, ond roedd ef ei hun yn fwy o Ryddfrydwr; ac eto, nid oedd hynny yn rhwystr iddo gymryd yr awenau. Wedi'r cyfan undebwyr oedd asgwrn cefn y Blaid Lafur ym 1906, fel yn hanes Pwyllgor Cynrychioli Llafur o 1900 hyd 1906.

Ei bartneriaid gwleidyddol oedd Thomas Burt a Charles Fenwick. Roedd Pwyllgor Cynrychioli Llafur wedi cytuno gyda'i ymgeisyddiaeth a'r ffaith ei fod i gynrychioli, fel y gwnâi, y gweithwyr; ond yn ei hanes ef, cynrychiolai bob haen o gymdeithas. Gwnaeth Mabon ei farc yn y Senedd gan ei fod mor huawdl fel areithydd ac yn hynod o wybodus ar faterion yn ymwneud â'r diwydiant glo. Fel Thomas Burt bu Mabon ar bob un o'r tri Chomisiwn Brenhinol, ond dioddefai'r ddau o ddiffyg cydweithrediad gyda'r Blaid Lafur Annibynnol, ac yn wahanol i Mabon, gwrthododd Thomas Burt lofnodi cyfansoddiad y Blaid Lafur.[38] Ac felly, nid oedd y *Lib-Lab* hynaf o ran gwasanaeth am fod yn arweinydd y blaid newydd, mwy na llywydd Ffederasiwn Glowyr Prydain Fawr ym 1906, Enoch Edwards.[39] Bu y blynyddoedd hyn o 1906 hyd 1912 yn flynyddoedd o densiwn mawr iddo, a gosododd streic 1911 gryn straen arno. Nid oedd yn hapus o gwbl i sefyll fel Llafurwr am sedd Hanley lle y ceid cymuned gref o Gymry a chapel Cymraeg ar eu cyfer. Felly, ni ellid fod wedi disgwyl iddo ef arwain, mwy na Charles Fenwick, AS, *Lib-Lab*.[40] Addolai ef W. E. Gladstone o ran ei ddaliadau, ac ar ben hynny, roedd yn berson annibynnol dros ben. Nid oedd yn cefnogi o gwbl y Blaid Lafur Annibynnol na'r Blaid Lafur ifanc. Fel Burt, gwrthododd lofnodi cyfansoddiad y Blaid Lafur, a safodd y

---

[38] H. F. Bing a John Saville, 'Thomas Burt (1837-1922)' (yn) *Dictionary of Labour Biography* vol. 1, 61.

[39] Joyce Bellamy a John Saville, 'Enoch Edwards (1852-1912)' (yn) *Dictionary of Labour Biography*, 110.

[40] Anthony Mason and John Saville, 'Charles Fenwick (1850-1918)' (yn) *Dictionary of Labour Biography*, 116.

ddau fel Rhyddfrydwyr annibynnol yn etholiadau 1910 yn hytrach nag yn lliwiau y *Lib-Lab*.[41]

Pan drown at Gymru, ni cheid neb o faintioli Mabon, ar wahân i Willam Brace, ond roedd ef yn rhy bigog ac yn cweryla â'i gysgod ei hun. Nid oedd nodweddion arweinydd yn perthyn i'r un o arweinwyr glowyr Gogledd Cymru, sef Hugh Hughes, atalbwyswr yng nglofa Coed Talon ac un a safodd dros y Blaid Lafur yn etholaeth Wrecsam ym 1918.[42] Roedd Herbert Jenkins, un a fu yn cydweithio gyda Mabon yn y Rhondda, cyn ymsefydlu yng Nghaerffili, a dod ym 1905 yn asiant llawn amser Dosbarth Glowyr Caerffili ar ôl treulio tair blynedd fel atalbwyswr yng nglofa Senghennydd,[43] bob amser mewn cytgord gyda Mabon. Bedyddiwr selog oedd Jenkins, a bu yn aelod o bwyllgor gwaith Ffederasiwn Glowyr De Cymru. Nid oedd Jenkins yn un i arwain y Blaid Lafur yng Nghymru, er iddo roddi blynyddoedd lawer i gynrychioli ar Gyngor Sir Morgannwg o 1907 hyd ei ymddeoliad ym 1932.[44] Eisoes, cawsom ein cyflwyno i olynydd Mabon, William John yn y Rhondda.[45] Roedd y ddau mor debyg i'w gilydd: dau gymodwr o ran anian a phrofiad oeddynt. Ac yn y Senedd, ni chymerodd ran mor amlwg â hynny yn nadleuoedd Tŷ'r Cyffredin. Ni ellid disgwyl iddo ef fod wedi arwain y blaid yr ymserchodd ynddi.

Bu farw Benjamin Pickard cyn iddi ddod yn gwestiwn o arwain y Blaid Lafur, a hynny ym 1904. Ymneilltuwr cadarn fel Mabon ydoedd, ond ni fu yn Aelod Seneddol o faintioli. Fel y dywedodd John Saville:

---

[41] *Ibid*.
[42] Joyce Bellamy, 'Hugh Hughes (1878-1932)', yn *Dictionary of Labour Biography*, vol. 1, 191-2.
[43] John Saville, 'Hubert Jenkins (1866-1943)', *Dictionary of Labour Biography*, vol. 1, 193-194.
[44] *Ibid*., 194.
[45] *Ibid*.

Pickard was not a success as an MP; it was the Miners' Union that was at the centre of his interests.[46]

Ychydig o fisoedd cyn ei farwolaeth, dywedodd Pickard:

> I have to confess to you, I love the Federation of Miners more than any man I know.[47]

Gallai Mabon fod yn llefaru yr union eiriau hynny ar ddiwedd ei fywyd yntau ym 1922. Dyna'i feddargraff, a dyna fynegi gwirionedd fel y gwelwn ef. Y gwir yw bod Mabon yn meddwl llawer mwy o'i swydd fel Arweinydd y Glowyr nag yr oedd o fod yn Aelod Seneddol. Ei flaenoriaeth ef oedd cael cynrychioli'r glowyr a'u gwasanaethu mor egnïol ag y medrai, a gofalu amdanynt ym mhob rhyw ystyr. Nid rhyfedd fod y cylchgrawn *Justice* o fudiad yr SDF ym 1910 wedi beirniadu deugain o'r Aelodau Seneddol Rhyddfrydwyr-Llafur:

> These forty men of our class in the House might well be called the 'Unready'.[48]

Teimlai'r awdur fod George Barnes eu harweinydd yn haeddu triniaeth well gan yr Aelodau Seneddol nag a gafodd.[49] Ond y gŵr a ddylai fod wedi bod yn arwain yn y Senedd oedd, nid George Barnes, ond Mabon. Ond nid oedd ganddo mo'r nerth na'r uchelgais erbyn hynny i gyflawni'r dasg honno, er bod ganddo yr adnoddau angenrheidiol. Wedi'r cyfan, roedd wedi ei brofi ei hun fel arweinydd ar hyd y degawdau, ond bellach, roedd yn nhiriogaeth oedran yr addewid. Ar ôl hir oes o ymgyrchu, amddiffyn a thrafod, roedd meddwl am ei daflu ei

---

[46] *Ibid.*
[47] Dyfynwyd yn yr *Aberdare Leader,* 20 Awst 1910, 18.
[48] *Ibid.*
[49] *South Wales Daily News,* 6 Mawrth 1920, 4.

hun i wleidyddiaeth y blaid newydd yn fwy nag y medrai ddygymod ag ef.

Roedd Mabon wedi gofalu am y glowyr a gofalu bod eu cyflogau hwy bob amser gystal â'r meysydd glo hynny trwy Loegr a'r Alban. Daeth cyfnod yr Undebaeth a fu'n hybu cymod i ben erbyn 1912. Lleihaodd dylanwad to ar ôl to o arweinwyr cadarn fel Thomas Burt, Enoch Edwards, Thomas Ashton, Ben Pickard, Sam Woods, James Haslam a Mabon. Soniodd Vernon Hartshorn am ei gyfraniad ym 1920 fel hyn: 'It was a unique work, and it had been done magnificently. '[50] A phan ddaeth yr alwad olaf, mynegwyd gofid Prydain, o'r Brenin i'r Prif Weinidog ac i werinwyr, y graith o golli gŵr mor unigryw a gyflawnodd ddiwrnod da o waith dros ei bobl. Anfonodd y Brenin George V neges i ferch Mabon, sef Mrs Pugh, Brynbedw, Pentre a dweud:

> The King is grieved to hear of the death of Mr Abraham. Both King Edward and her Majesty knew your father personally, and valued the great services he rendered to his countrymen in his public and in his private life. The King sympathises with you all in your great sorrow.[51]

Lluniwyd y llythyr gan ei ysgrifennydd preifat ac anfonodd Mrs Pugh a'r teulu ddiolch cynnes i'r Brenin am ei eiriau caredig a grasol o gydymdeimlad yn y golled fawr. [52]

Anfonodd y Prif Weinidog, David Lloyd George at Thomas Richards, AS ac Ysgrifennydd y Ffederasiwn:

---

[50] 'Sorrow at Death of Mabon', *The Cambrian Daily Leader*, 15 Mai, 1922, 1.
[51] *Ibid.*
[52] *Ibid.*

> The Welsh miners have lost a true and trusted leader, who did yeoman service for their cause for half a century as their first direct representative in the House of Commons.[53]

Teimlai Lloyd George ddyled fawr i Mabon - yn wir, dyled aruthrol – oherwydd iddo wireddu ei egwyddorion fel heddgarwr a chymodwr yn y diwydiant glo. Lluniodd y Cymro Cymraeg, Evan Williams, deyrnged ar ran perchenogion y pyllau glo, gan alw Mabon yn un o 'bobl amlycaf ym myd Llafur.'[54] Credai ef fod Mabon bob amser yn amcanu cyflawni'r gorau i'w gydweithwyr. Cafwyd yr un sentiment yng nghydymdeimlad Is-Lywyd y Ffederasiwn, Enoch Morrell o Ferthyr, a gariodd ymlaen weithgarwch Mabon ond heb yr un wefr ac arbenigrwydd. Erbyn y dau ddegau, roedd y maes glo yn gadarnle i Lafur, ac roedd yn ennill tir yn y gogledd oherwydd yr holl genhadu gan y Sosialwyr arloesol. Dwy o'r buddugoliaethau mwyaf cyffrous ac anodd eu hamgyffred oedd yn Sir Fôn gyda'r Brigadydd Owen Thomas ym 1918 a 1922 ac yn Sir Gaernarfon ym 1922 gan arweinydd y chwarelwyr, R. T. Jones.[55] Llwyddwyd i agor y drws, ond bu'n rhaid aros dipyn mwy am i gyfnod euraid ddod i fod yn hanes Llafur yng ngogledd Cymru.

Daeth miloedd ynghyd i dalu'r gymwynas olaf i Mabon yn Nhreorci. Gadawodd Mabon ei undeb hoff ar ôl, ynghyd â'i annwyl gapel a'r teulu a fu mor garedig tuag ato.

---

[53] *Ibid.*

[54] Perchenogai Evan Willliams bwll glo y Morlais, ger Llangennech, ac ef oedd Cadeirydd y *Monmouthshire and South Wales Coal Owners's Association*. Bu cryn wrthdaro ym mhwll glo y Morlais ar ôl dyddiau Mabon. Gweler Hywel Francis and David Smith, *The Fed: A History of the South Wales Miners in the Twentieth Century* (London, 1980), 81-82. Gweler ei hanes yn y gyfrol hon ar dudalennau 89-90, 117, 377, 379 a 407.

[55] R. Merfyn Jones, *Cymru 2000,* 99 a 159.

Dywedodd un hanesydd am gyfraniad yr Undeb ar ôl ymadwiad Mabon:

> Dim ond undeb y glowyr a frwydrai i gofio, i ail-greu ac i ddefnyddio hanes y dosbarth gweithiol yn ne Cymru er lles yr holl fudiad Llafur – eithr golygai hynny ganolbwyntio ar brofiadau ac amgylchiadau'r glowyr eu hunain, fel y gellid disgwyl.[56]

Dywed hanesydd arall am le'r capeli; hwy oedd 'canolfan swyddogol' pob cymuned yn y Rhondda, fel y gobeithiai Mabon:

> By the 1920's, it was still perfectly natural for all community activities, religious and secular, to take place in the chapel and political awareness might often have been aroused in the Sunday School discussion or a public meeting.[57]

Dyna farn y Dr Hywel Francis, mab i Dai Francis, a fu yn olynydd teilwng i Mabon o fewn y Ffederasiwn – un o'r anwylaf o ddynion, a gwerthfawrogaf ei gyfeillgarwch. A gadawodd ar ôl y Rhondda – bwrdeistref sydd yn esiampl i lawer bwrdeistref arall yn ei gofal am gewri'r gorffennol ac am gadw yr iaith i dyfu mewn dyddiau o ddirwasgiad economaidd. Y mae molawd Huw T. Edwards iddynt yn folawd y byddai Mabon yn cytuno ag ef:

> Pobl Cwm Rhondda yn y dyddiau hynny (dyddiau Mabon) ac ym mlynyddoedd y dirwasgiad, oedd y bobl garedicaf a welais erioed. Pobl wedi dysgu dibynnu arnynt eu hunain, ac ar y naill a'r llall. Y gymdeithas orau y cefais y fraint o fod yn aelod ohoni. Ymladdwyr gorau'r byd dros eu

---

[56] Robert Griffith, *Streic! Streic! Streic!* (Caerdydd, 1986), 92.
[57] Hywel Francis, 'Language, Culture and Learning: The Experience of the Valley Community', *Llafur*, cyf. 6, rhif 3, 1994, 89.

hawliau; nid oedd lle yn y gymdeithas hon i'r llechgi na'r cachgi.[58]

Wrth ddarllen y molawd i'r Rhondda, gellir deall pam i Mabon wrthod pob gwahoddiad i symud o'r ddau gwm. Yno y cafodd ei anwylo hyd y diwedd, a phery ei enw yn bwysig yn hanes diddorol y Rhondda Fawr a'r Rhondda Fach.

---

[58] Huw T. Edwards, *Tros y Tresi* (Dinbych, 1956.

ATODIAD: Y BEIRDD YN MOLI MABON

Nid Digon Dysg[1]
Diwylliant nis diwalla – ddyn
Pa ddawn, pa ddysg a'i gwareda?
I ddenu dyn yn ddyn da,
Crefydd yw'r gallu cryfa.

                                  RHJ

Mabon[2]
Gwr heddychlon ei ddoniau – yw Mabon,
   Am wiwbwyll mae'n orau,
   Teyrn glowyr pybyr eu pau,
   A noddwr eu rhinweddau.

Mabon[3]
Dyn o sail a dawnus ŵr – yw Mabon,
   Ym mhob urdd bonheddwr,
   Deil reddf, frawdol Rhyddfrydwr,
   Glew ŵr teg i lowyr twr.

                              D. Cynlais Jones

---

[1] Dewi Aur, 'Mabon', *Yr Ymwelydd Misol*, cyf. viii, rhif vii, Mehefin 1910.
[2] *Dewi Aur,* 'Mabon', *The Cardiff Times,* 23 Ebrill, 1910, 3.
[3] D. Cynlais Jones, 'Mabon', *The Cardiff Times,* 22 Ionawr, 1887, 7.

Mabon, A.S.[4]
Hwn sy'n addurn fel seneddwr – i'n gwlad,
 Ffyddlon glew ddyngarwr,
 Mae ardeb gwyneb y gwr
 Yn ddelw o wreiddiolwr.
       Ednant, Llandderfel, Corwen

Mabon yn Aberpennar[5]
Hir oes a pharch i'n Mabon
 Sydd Gymro ben a chalon;
Ei ddawn i ni sydd wledd heb os
 Ac hefyd 'sauce' i'r Saeson.
           Gwyrosydd

Etholiadau 1910[6]
Mabon annwyl, eich dyfodol
Fyddo eto'n fwy ddisgleiriol,
Bywyd hirfaith a bendithiol,
Elw mawr i'r dosbarth gweithiol,
Byw yn hen a marw'n dduwiol,
A'r nef yn wobr yn dragwyddol
Yw dymuniad eich brawd gwladol.
          Ioan Bach, Llansamlet

---

[4] Ednant, 'Hwn sy'n addurn fel seneddwr,' *Baner ac Amserau Cymru*, 17 Medi, 1887, 6.
[5] David Jones, (Gwyrosydd) 1847-1920) yn 'Mabon yn Aberpennar', *Tarian y Gweithiwr,* Medi 1910, 4.
[6] Gwyrosydd, *Tarian y Gweithiwr,* 24 Mawrth 1906, 4

Mawlgerdd i Mabon, 1885[7]
O ddyffryn dinodedd cyfododd i'r lan
Hyd grisiau enwogrwydd trwy noddi y gwan;
Tra'r dyfroedd yn gorwedd ar wely yr aig,
O! safwn o'i blaid fel y graig.
I lwyfan San Stephan, prif sedd Prydain Fawr
Y gwrol gadfridog ddyrchafwn yn awr;
O eigion ein calon cydfloeddiwn 'Hwre'!
Pwy geir yn ein mysg fel efe?
                        Gwilym Glan Afan,

Mabon[8]
Pob glöwr trwy Walia wen
Parchwch Mabon wr,
Yr hwn trwy sirioldeb heb ei ail
Sydd i chwi heddyw'n dwr.
                        Di-enw

---

[7] Gwilym Glan Afan, Pontrhydyfen, *Tarian y Gweithiwr*, 19 Tachwedd, 1885, 6.
[8] *Tarian y Gweithiwr*, 3 Awst, 1895, 5.

LLYFRYDDIAETH

FFYNONELLAU O LYFRGELL GENEDLAETHOL CYMRU A CHANOLFANNAU ERAILL

Archif y Blaid Lafur

Archif y Methodistiaid Calfinaidd: 14,842

Archif y Methodistiaid Calfinaidd: 8159-8160

Llawysgrif 969, Abraham, W (Mabon), Llantwit Major, *Llythyr i Daniel Davies*, 5/10/08.

Casgliad D. M. Richards

Papurau yr Arglwydd Davies, Bocs 1-3

Papurau (Davies) Llandinam, 86, 87-110; 125, 159, 176, 205-207; 210, 216, 260, 274-276; 284, 286, 256-257

Papurau Huw T. Edwards

Papurau J. Herbert Lewis

Papurau Jack Jones, Rhiwbeina

Papurau John Morris

Papurau Llwynypia. *Llyfr Cofnodion Pwll Glo Glamorgan, Llwynypia,* 1861-64

Papurau Mabon. *Llyfr ei Dysteb* (1905) 1252 D

Papurau M. O. Jones, Treherbert. Traethawd ar *Ddatblygiad y Diwydiant Glo yn y Rhondda* (1895), 4387 D

Papurau y Parchedig W. Rhys Nicholas

Papurau Rose Davies, D/DxiK, Archifdy Morgannwg, Caerdydd

Papurau Samuel Roberts

Papurau D. A. Thomas

LLAWYSGRIFAU A LLYFRYNNAU WILLIAM ABRAHAM YN LLYFRGELL GENEDLAETHOL CYMRU

Abraham, W., 'Landlordiaeth' *Y Traethodydd*, cyfrol xlii, 38

Abraham, W., Mabon on the Eight Hours Question: being a speech delivered to a conference of the South Wales and Monmouthshire Colliery Workmens' Federation at Merthyr, 18 November, 1890.

Davies, D., *Bywyd a Gwasanaeth y ddiweddar William Abraham* ('Mabon') Archif y Methodistiaid Calfinaidd

Abraham, William., *Political Education and the Education of the Working Classes* (Cardiff, 1883)

Dalziel, W. G., *Records of the Several Coal Owners' Associations in Monmouthshire and South Wales, 1864-1895* (Dosbarthwyd i aelodau y Coal Owners' Association yn unig).

Evans, D. M., (Cymro) *Dathliadau Jiwbilî Tabernacl, Cwmafan* (Caerdydd, 1924)

Mabon, 'On the Sliding Scale', *The Red Dragon* 1, 1883, 466-9.

Mabon and D. A. Thomas, *Evening Express*, 11 Rhagfyr1897, 2.

Morgan, Kenneth O., *Review of Mabon: A study in Trade Union Leadership, Morgannwg*, volume iv, 1960, 75-7.

Pickard, B., Ashton, T., *The Miners' Federation of Great Britain* (Rheolau, etc) (London, 1903).

Stephens, Meic (ed) 'William Abraham (Mabon, 1842-1922)' (yn) *The New Companion to the Literature of Wales* (Cardiff, 1998) 3-4.

CYLCHGRONAU

Cymru, 1897, 1902-4, 1918.

Economics, X, 1930.

Great Western Railway Magazine, August 1922, 'The Taff Vale Railway'.

History Workshop Journal, iv (1977), 5-56.

Llafur 2 (1978); 3, 1983; 4 (1886); 6 (1894); 7 (1896).

Llais Llafur (1900-1915).

Merthyr Pioneer (1911-1918).

Planet no.58, August/September, 1986; no., 96, 50-59.

Plebs No 1, 'The Relationship of Ruskin College to the Labour Movement', Noah Ablett.

The Industrial Syndicalist, No 8 (1911) W. F. Hay and Noah Ablett, 'A Minimum Wage for Miners: what it means and how to get it?'

The Methodist Times, November 1910. 'In the Heart of the Welsh Coalfield', W. J. Britton.

The Ocean and National Colliery Magazine, vols 1-viii.

The Red Dragon, vol v to vol x (1884-1888)

The Rhondda Socialist, 1909-1911

The South Wales Coal Annals, 1903-1922

The Welsh Outlook, 1915-1928

The Wesleyan Methodist Magazine, February 1912, 'The Rhonda', W. J. Britton.

Wales, 1913 'Industrialism in South Wales', William Brace.

Y Cerddor, Gorffennaf 1897, Medi a Thachwedd, 1908. 'M. O. Jones'; Ionawr a Chwefror 1898, 'Caradog'; Hydref 1909 ac Ebrill 1915, 'Eos Dâr'; Awst a Hydref 1920, 'Alaw Rhondda'.

Y Diwygiwr, 1857, 1895 a 1896

Y Genhinen, Ebrill 1894, Cwm Rhondda, 1911-1913. Ysgrifau T. E. Nicholas a W. F. Phillips; Gorffennaf 1915, 'Cwm Rhondda a'r Ffeiriad Coch', Canon William Lewis; Ebrill 1917, Gorffennaf 1918, 'Rhamant y Rhondda', Tom Jones, Hydref 1922, 'Mabon'.

Y Goleuad, 1900-1912.

Y Traethodydd, 1900-1920.

Y WASG YNG NGHYMRU

Baner ac Amserau Cymru (1875-1922)

Evening Express and Evening Mail, 1910

Tarian y Gweithiwr (1875-1922) Anhepgorol

The Aberdâre Times (1861-1910)

The Aberdâre Leader (1875-1922)

The Cambrian (1860-1910)

The Cardiff Times (1890-1915)

The Cardiff and Merthyr Guardian (1870 ymlaen)

The Glamorgan Free Press (1891-1910)

The Glamorgan Times (1900-1915)

The Porth Gazette (1914-1922)

The South Wales Daily News (1875-1918)

The Times (1900-1920)

The Western Mail (1875-1922)

Y Celt 29 Awst 1903.

Y Cymro (1890-1906)

BYWYD A GWAITH MABON

Anonymous, 'William Abraham (Mabon),' *The International Magazine,* 1, 1885.

Davies, D., 'Mabon a'r Capel', *Y Dyrsorfa*, Rhagfyr 1949.

Davies, D., 'Mabon eto', *Y Traethodydd*, Ionawr 1949.

Davies, T. E., 'Y Gwir Anrhydeddus W. Abraham: Orig fechan yn ei gwmni', *Y Cymro*, Ionawr 1921.

Evans, E. W., Mabon (William Abraham, 1842-1922) *A Study in Trade Union Leadership* (Cardiff, 1959).

Evans, Eric Wyn, 'Mabon and Trade Unionism in the South Wales Coalfield' (yn) *Men of No Property: Historical Studies of Welsh Trade Unions* (gol.) Goronwy Alan Hughes (Mold, 1971), 51-58.

Evans, E. W. and John Saville, 'William Abraham (1842-1922)', *Dictionary of Labour Biography*, volume 1 (Basingstoke, 1972), 1-4.

Jones, Jones, 'The Life Story of Mabon', *Great Thoughts: A weekly paper for people who think*, 22 June 1918.

Jones, J., 'The Story of the Rhondda: Mabon, Greatest of the Valleys' Leaders', *Reynolds News*, 8 December,1946.

Jones, T. R., 'The Life and History of W. Abraham, MP', *The Ocean and National Colliery Magazine*, 14, 1936.

Morris-Jones, Huw, 'William Abraham (Mabon, 1842-1922)', *Bywgraffiadur Cymreig hyd 1940* (Llundain, 1953), 1.

Rees, D. Ben, 'Arweinydd y Glowyr', *Y Goleuad*, 6 Ebrill 1960, 4-5.

Smillie, Robert, 'Stories about Mabon' *Answers*, 17 November 1923.

Thomas, B. B., 'Mabon', *Y Traethodydd*, Hydref 1948.

Tracey, H. T. 'William Abraham' *The Dictionary of National Biography*, 1922 (London, 1922).

Williams, L. J., 'The First Welsh Labour MP', *Morgannwg*, 6 (1962), 78-94.

Williams, Thomas (Brynfab) 'Mabon', *Y Genhinen*, Hydref 1922

DETHOLIAD O YSGRIFAU AM MABON

'Amodau Undebaeth', *Tarian y Gweithiwr*, 25 Mehefin, 1903, 1.

'Araith Mabon', *Tarian y Gweithiwr*, 16 Mai 1901, 2.

B. A. Griffiths, 'Mabon yng Nghwmafan', *Tarian y Gweithiwr*, 26 Tachwedd, 1885, 3.

D. Williams (Paleinws) Garnfach, 'Mabon ym Mardy', *Tarian y Gweithiwr*, 25 Mehefin 1885, 3.

Dewi Williams, 'Mabon ym Mardy', *Tarian y Gweithiwr*, 2 Gorffennaf 1885, 3.

'Gwir yn erbyn y byd: Mabon a'i elynion', *Tarian y Gweithiwr*, 25 Medi 1885, 3.

Lewys Afan, 'Mabon fel Aelod Seneddol', *Tarian y Gweithiwr*, 24 Rhagfyr 1885, 3.

'Mabon ar Delerau Da', *Tarian y Gweithiwr*, 10 Awst 1893, 5.

'Mabon y Darlithydd', *Tarian y Gweithiwr*, 15 Mawrth 1906, 3.

'Mabon yn Ferndale', *Tarian y Gweithiwr*, 19 Tachwedd 1885. 4.

'Mabon yn Fuddugoliaethus' *Y Celt*, Awst 12 1892, 2.

'Mabon yn Pregethu', *Y Goleuad*, 10 Chwefror 1897, 4.

'Mabon ym Machynlleth', *Carnarvon and Denbigh Herald*, 11 Rhagfyr 1891, 6.

'Mabon ym Meirion', *Tarian y Gweithiwr*, Gorffennaf 22 1886, 3.

'Mabon ym Methesda', *Y Celt,* 29 Awst 1903, 3.

'Mabon ym Mhorthcawl', *Tarian y Gweithiwr*, 19 Awst 1886, 5.

'Mabon yn Rhymni', *Tarian y Gweithiwr*, 7 Hydref 1886, 4.

'Mabon yr Ymgyrchydd', *Tarian y Gweithiwr*, 15 Gorffennaf 1886, 1.

'Poblogrwydd Mabon ym 1914', *Llais Llafur*, 14 Ebrill 1914, 1.

Portread o Mabon, *Y Genedl Gymreig*, 11 Mai 1892, 8.

'Tysteb i Mabon', *Tarian y Gweithiwr*, 28 Awst 1894, 4.

TRAETHODAU YMCHWIL

Crowley, D. W., *The Origins of the Revolt of the British Labour Movement from Liberalism (1875-1906).* Traethawd Ph.D. Prifysgol Llundain,1952.

Davies, Hywel John, *Mabon at Westminster: The Parliamentary Career of William Abraham, MP, 1885-1920.* Traethawd M.A. Coleg Prifysgol Cymru, Caerdydd, 1990.

Evans, Eric Wyn, *William Abraham, 1842-1922.* Traethawd M.A. Coleg Prifysgol Cymru, Aberystwyth, 1953.

Gwyther, C. E, *Methodism and Syndicalism in the Rhondda Valley,1906-1926.* Traethawd Ph.D. Prifysgol Sheffield, 1967

Howys, Siân, *Bywyd a gwaith T. E. Nicholas.* Traethawd M.A. Coleg Prifysgol Cymru, 1985.

John, Ken, *Anti-Parliamentary Passage: South Wales and the internationalism of Sam Mainwaring (1841-1907).* Traethawd Ph.D Prifysgol Greenwich, 2001.

Lang, Mark S, *The Labour Party, the Trade Unions and Devolution in Wales.* Traethawd Ph.D Prifysgol Caerdydd, 2006.

Newman, Lowri, *A Distinctive Brand of Politics: Women in the South Wales Labour Party, 1918-1939.* Traethawd M. Phil. Prifysgol Morgannwg, 2003.

Parry, Ted, *The Pathology of Centralism: The Labour Party and Wales to 1957*. Traethawd Ph.D. Prifysgol Cymru, Aberystwyth, 2005.

Smith, David, *The Rebuilding of the South Wales Miners' Federation, 1927-1939: a trade Union and Society*. Traethawd Ph.D. Prifysgol Cymru (Caerdydd), 1976.

Williams, Christopher Mark, *Democratic Rhondda: Politics and Society, 1885-1951*. Traethawd Ph.D. Prifysgol Cymru, 1991.

Williams, Emyr Wyn, *The Politics of Welsh Home Rule, 1886-1929: A Sociological Analysis*. Traethawd Ph.D Prifysgol Cymru, Aberystwyth, 1986. Gweler tudalennau 111-115 ac 121-4 am y frwydr rhwng David Lloyd George a D. A. Thomas.

ARLOESWYR Y BLAID LAFUR

Awbery, S., *Labour's Early Struggles in Swansea* (Swansea, 1949).

Cline, C. A., *Recruits to Labour: The British Labour Party, 1914-1931* (Syracuse, 1963).

Cole, G. D. H., *British Working-Class Politics, 1832-1914* (London, 1941).

Cox, Idris, *The Fight for Socialism in Wales, 1848-1948* (Cardiff, 1948).

Fryde, Edmund, 'Under Scrutiny: The Career of Thomas Jones', *Planet* 96, 50-59.

Humphrey, A., *A History of Labour Representation* (London, 1912).

Hyndman, H. M., *Further Reminiscences* (London, 1912).

Jones, John Morgan, *Religion and Socialism* (Merthyr, 1910).

Jones, J. R., *Sosialaeth yng Ngoleuni'r Beibl* (Caernarfon, 1909).

Jones, Tom, *Welsh Broth* (Aberystwyth, 1950).

Morgan, Iwan, *Ymlaen â Ni! Plaid Lafur Sir Aberteifi yn dathlu chwarter canrif* (Aberystwyth, 1945).

Morris, William, *News from Nowhere* (London, 1897).

Roberts, R. Silyn, *Y Blaid Lafur Annibynnol: Ei Hanes a'i Hamcanion* (Blaenau Ffestiniog, 1908).

Stead, Peter, 'Vernon Hartshorn: Miners' Agent and Cabinet Minister' in S. Williams (ed.) *Glamorgan Historian,* vi (Cowbridge, 1969), 83-94

Idem, 'Establishing a heartland – the Labour Party in Wales', in K. D. Brown (ed.), *The First Labour Party, 1906-1914* (London, 1985).

Thomas, Ben Bowen (gol.), *Lleufer y Werin*: Cyfrol Deyrnged i David Thomas (Abercynon, 1965).

Thomas, David, *Y Blaid Lafur a Dinasyddiaeth y Gweithiwr* (Manceinion, 1912).

Thomas, David, *Y Werin a'i Theyrnas* (Caernarfon, 1909).

Tracey, Herbert (ed.) *The British Labour Party: Its History, Growth, Policy and Leaders*, volume 3 (London, 1945).

ARWEINWYR Y LIB-LAB YM MHRYDAIN

Dictionary of Labour Biography, cyfrol 1, golygwyd gan Joyce Bellamy a John Saville (Llundain a Basingstoke, 1972).

I. William Abraham (Mabon) o waith E. W Evans a John Saville, 1-4.
II. Thomas Ashton (1844-1927) gan John Saville, 30-32.
III. William Brace (1865-1947) a baratowyd gan R. Page Arnot, Joyce Bellamy a John Saville, 51-53.
IV. Thomas Burt (1837-1922) gan H. F. Bing a John Saville, 59-63.
V. Enoch Edwards (1852-1912) y ddau olygydd, 109-111.
VI. Wyndham Ivor Edwards (1878-1938) gan H. F. Bing, 112. Aeth Edwards i fyw i Gwmafan ym 1883.
VII. Isaac Evans (1847-97) gan y golygyddion, 113-115.
VIII. Charles Fenwick (1850-1918) gan Anthony Mason a John Saville, 115-118.
IX. Samuel Finney (1857-1935) gan y golygyddion, 120-121.
X. Vernon Hartshorn (1872-1931) gan y golygyddion, 150-152
XI. Hugh Hughes (1878-1932) gan Joyce Bellamy, 191-192.
XII. Hubert Jenkins (1866-1943) gan John Saville, 193-194.
XIII. William John (1878-1955) gan John Saville, 195.
XIV. Richard James Lewis (1900-1966) gan Joyce Bellamy ac H. F. Bing, 198.
XV. David Morgan (Dai o'r Nant, 1840-1900) gan John Saville, 244-246.

XVI. David Watts Morgan (1867-1933) gan Joyce Bellamy, 246-7.
XVII. Alfred Onions (1858-1921) gan Joyce Bellamy, 259-260.
XVIII. Benjamin Pickard (1842-1904) gan John Saville, 268-270.
XIX. Thomas Richards (1859-1931) gan R. Page Arnot a Joyce Bellamy, 285-287.
XX. Albert Stanley (1862-1915) gan y golygyddion, 308-311.
XXI. Aneurin Williams (1859-1924) gan Joyce Bellamy, 346.
XXII. John Williams (1861-1922) gan Joyce Bellamy, 347-8.
XXIII. John Wilson (1837-1915) gan Anthony Mason a John Saville, 348-350.
XXIV. James Winstone (1863-1921) gan y golygyddion, 350-1.

ERTHYGLAU AR Y LIB-LAB

Cleaver, David, 'Liberals and Labour in the Gower Constituency, 1885-1910,' *Welsh History Review*, 12, 388-410.

Francis, J. O., *Deufor Gyfarfod*: Drama ym Morgannwg mewn Pedair Act (Caerdydd, 1929).

Morgan, Kenneth O., 'The New Liberalism and the Challenge of Labour: The Welsh Experience, 1885-1929', *Welsh History Review*, volume 6, no 3 (1973), 258-312.

COFIANAU A HUNANGOFIANAU ARWEINWYR CYHOEDDUS YM MHRYDAIN

Benn, Caroline, *Keir Hardie* (London, 1992).

Blaxland, Gregory, J. H. Thomas: *A Life for Unity* (London, 1964).

Edwards, Huw T., *Tros y Tresi* (Dinbych, 1956).

Griffith, Robert, S. O. Davies: *A Socialist Faith* (Llandysul, 1983).

Hughes, Emrys (ed.) Keir Hardie: *His Writings and Speeches* (Glasgow, 1928).

Hodges, Frank, *My Adventures as a Labour Leader* (London, 1925).

Horner, Arthur, *Incorrigible Rebel* (London, 1960).

Howard, J. H., *Winding Lanes* (Caernarfon, 1938).

Howell, D., *Nicholas of Glais: The People's Champion* (Clydach, 1991).

Mackworth, M., *D. A. Thomas, Viscount Rhondda* (London, 1921).

Mann, Tom, *Tom Mann's Memoirs* (London, 1923).

Price, Emyr, *Lord Cledwyn of Penrhos* (Bangor, 1990).

Prothero, Cliff, *Recount (Ormskirk,* 1982).

Rees, D. Ben, *Cofiant Jim Griffith: Arwr Glew y Werin* (Talybont, 2014).

Ibid., Jim: The Life and work of the Rt. Hon. James Griffiths: A Hero of the Welsh Nation and Architect of the Welfare State (Liverpool, 2021).

Ibid,. The Life and Work of Henry Richard, (Nottingham, 2009).

Smillie, R., *My Life for Labour* (London, 1924).

Thomas, David, *Silyn* (Lerpwl, 1956).

Torr, Dona, *Tom Mann* (London, 1944).

Idem., Tom Mann and his Time, volume 1, 1956.

CREFYDD

Bassett, T. M., *Bedyddwyr Cymru* (Abertawe, 1981).

Bebbington, D. W., *The Nonconformist Conscience* (London, 1982).

Campbell, R. J., *The New Theology* (London, 1907).

Davies, E. T., *Religion in the Industrial Revolution in South Wales* (Cardiff, 1965).

Davies, T., *Rhai Atgofion Deugain Mlynedd yn Pisgah, Penygraig yn y flwyddym 1908* (Tonypandy, 1908).

Edwards, D. Miall, *Crefydd a Diwylliant* (Wrecsam, 1934).

Evans, D. Emrys, *Crefydd a Chymdeithas, Cyfres y Brifysgol a'r Werin* rhif 15 (Caerdydd, 1933).

Evans, Eifion, *Revival comes to Wales: The Story of the 1859 Revival in Wales* (Bridgend, 1991).

Idem, *The Welsh Revival of* 1904 (Bridgend, third edition, 1997).

Evans, W., *Cofiant y Parchedig William Evans, Tonyrefail* (Casnewydd, 1902).

George, David Lloyd, 'The Relation of the Churches to Social Questions', *Christian Commonwealth Sermon Supplements*, no. 58, 17 January 1912 (London, 1912).

Hall, Basil, 'The Welsh Revival of 1904-5: A Critique' in G. J. Cumming and D. Baker (eds.), *Studies in Church History,* viii (Cambridge, 1972).

Harries, C. C., 'Churches, Chapels and the Welsh', *New Society*, xxi (21 February 1963).

Howard, J. H., *Cristnogaeth a Chymdeithas* (Lerpwl, 1914).

Isaac, D. M., *Eglwys Annibynnol Saron, Ynyshir: Braslun o'i Hanes, 1883-1940* (Y Porth, 1940).

James, Allan, *Capeli Cymru* (Caerdydd, 1984).

Jones, D. G. a J. Wyndham Lewis, *Cofiant Edward Matthews* (Dinbych, 1893).

Jones, G., *Cranogwen: Portread Newydd* (Llandysul, 1981).

Jones, I. G. a D. Williams (John) *The Religious Census of 1851: A Calendar of the Returns Relating to Wales, Vol. 1, South Wales* (Cardiff, 1976)

Jones, John Gwynfor, *Hanes Henaduriaeth Dwyrain Morgannwg, 1876-2005* (Caerdydd, 2006).

Jones, R. Tudur, *Ffydd ac Argyfwng Cenedl, i, Prysurdeb a Phryder* (Abertawe, 1981).

Idem, Ffydd ac Argyfwng Cenedl, ii, Dryswch a Diwygiad (Abertawe, 1982).

Koss, S., *Nonconformity in Modern British Politics* (London, 1975).

Lambert, W. R., *Drink and Sobriety in Victorian Wales, c.1820-c.1895* (Cardiff, 1983).

Lewis, Richard, *Leaders and Teachers: Adult Education and the Challenge of Labour in South Wales, 1906-1940* (Cardiff, 1993).

Morgan, D. Densil, *Cedyrn Canrif: Crefydd a Chymdeithas yng Nghymru'r Ugeinfed Ganrif* (Caerdydd, 2001).

Morgan, J. Vyrnwy, (Viator Cambrensis) *The Rise and Decline of Welsh Nonconformity* (London, 1912).

Parry, R. Ifor, *Ymneilltuaeth* (Llandysul, 1962).

Phillips, W. F., *Y Ddraig Goch ynte'r Faner Goch ac Ysgrifau Eraill* (Caerdydd, 1913).

Pope, Robert, *Building Jerusalem: Nonconformity, Labour and the Social Question in Wales, 1906-1939* (Cardiff, 1998).

Rees, D. Ben, *Haneswyr yr Hen Gorff* (Lerpwl/Llanddewi Brefi, 1981).

Idem, Pregethu a Phregethwyr (Dinbych, 1996).

Idem, 'Methodistiaeth Galfinaidd Cymru a'r Gymdeithas, c.1914-1939' yn *Hanes Methodistiaeth Galfinaidd Cymru,* cyfrol iv (goln. John Gwynfor Jones a Marian Beech Hughes) (Caernarfon, 2017), 1-48.

Rees, D. Ben, *Pregethwr y Bobl: Bywyd a Gwaith Dr Owen Thomas* (Lerpwl a Phontypridd, 1979).

Rees, D. Ben, (gol.) Herio'r Byd (Lerpwl a Phontypridd, 1980).

Idem, Dal i Herio'r Byd (Lerpwl a Phontypridd, 1981).

Idem, Dal ati i Herio'r Byd (Lerpwl, 1988).

Williams, C. R., 'The Welsh Religious Revival, 1904-5', *British Journal of Sociology*, 111/3 (1952), 242-59.

CYFROLAU AC ERTHYGLAU PWYSIG I'R ASTUDIAETH

Bagwell, P.S., *The Railwaymen: The History of the National Union of Railwaymen* (London, 1963).

Davies, Picton, *Atgofion Dyn Papur Newydd* (Lerpwl, 1962).

Elis, Hamilton, *British Railway History: An Outline from the Accession of William iv to the Nationalisation of Railways, 1877-1943* (London, 1960).

Hefin, Myfyr, *Cofiant a Barddoniaeth Ben Bowen* (Tonypandy, 1904).

Hefin, Myfyr, *Rhyddiaith Ben Bowen* (Caerdydd, 1909).

Humphreys, Emyr, *The Taliesin Tradition: A Quest for the Welsh Identity* (London, 1983).

James, William, *Wyth ar Hugain o Hen Gymeriadau Hynod Cwm y Rhondda* (Tonypandy, 1905).

Jones, Goronwy, *David Davies, Llandinam* (Wrexham, 1913).

Jones, J. T., William Lewis, Diweddar Ficer Ystrad y Fodwig (Dolgellau, 1926).

Mainwaring, M. R., 'John Morgan Jones (1861-1935)' (yn) *Herio'r Byd*, 61-69.

Morgan, J. Vyrnwy, *Welsh Political and Educational Leaders in the Victorian Era* (London, 1908).

Neville, R. G., 'In the wake of Taff Vale: the Denaby and Cadely Miners' Strike and Conspiracy Case, 1902-1906' (yn) Bensen, J. a Neville, R. G., (eds.) *Studies in the Yorkshire Coal History* (Manchester, 1976).

Rees, D. Ben, 'Henry Richard (1812-88)' (yn) *Herio'r Byd* (gol. D. Ben Rees) (Lerpwl a Llanddewi Brefi, 1980, 55-60L

Revell, George, *The Story of the Taff Valley Railway Strike: Roots of our Rights* (London, 2008).

Rhondda, Viscountess and Others, *The Life of my Father* (London, 1921).

Roberts, T. R., *Eminent Welshmen* (Cardiff, 1908).

Thomas, Daniel, 'Labour Unions in Wales: Their Early Struggle for Existence', *Lleufer* (Swansea, 1901).

Williams, T. Rhondda, *The Social Gospel* (London, 1902).

Idem., *The New Theology: An Exposition* (London, 1907).

CYFROLAU PERTHNASOL

Alderman, G. J., *The Railway Interest, 1870-1914* (Leicester, 1973).

Alcock, G. W., *Fifty Years of Trade Unionism* (London, 1922).

Edwards, Hywel Teifi, *Codi'r Hen Wlad yn ei Hôl, 1850-1914* (Llandysul, 1989).

Grant, R., *The Parliamentary History of Glamorgan, 1542-1976* (Swansea, 1988).

Hughes, J. Elwyn, *Arloeswr Dwyieithrwydd: Dan Isaac Davies, 1839-1887* (Caerdydd, 1984).

Jenkins, Gwyn, *Prif Weinidog Answyddogol Cymru: Cofiant Huw T. Edwards* (Talybont, 2007), 32.

Jenkins, R. T., *Hanes Cymru yn y Bedwaredd Ganrif ar Bymtheg* (Caerdydd, 1933).

Jones, William D., *Wales in America: Scranton and the Welsh, 1860-1920* (Cardiff and Scranton, 1993).

Lewis, J. Parry, 'The Anglicanisation of Glamorgan', *Morgannwg*, vol. iv, 1960, 28-45.

Mann, T., 'The Uprising of the British Miners', *International Socialist Review* 12 (May 1912), 711-716.

Murphy, James, 'Robert Owen in Liverpool', *Trans. History Soc. Lancs. and Cheshire*, 112 (1960), 79-103.

Okey, Robin, 'The First Welsh Language Society' *Planet* (no.58, August/September, 1986), 134-6.

Richardson, T and Walbank, J. R., *Profits and Wages in the British Coal Trade, 1898-1910* (Newcastle, 1910).

Robertson, D. H., 'A Narrative of the Coal Strike', *Economics Journal* 22 (September 1912), 365-87.

People's Year Book, 1914-1922.

The Labour Year Book, 1916 and 1919.

Williams, Herbert, *Railways in Wales* (Swansea, 1981).

Winskill, P. T., *Temperance Standard Bearers of the Nineteenth Century*, 2 volumes (Liverpool, 1897 and 1898).

Zimmern, Sir A., *My Impressions of Wales* (London, 1927).

CYFROLAU AC YSGRIFAU PERTHNASOL I'R ASTUDIAETH

Davies, T. Alban, 'Impressions of Life in the Rhondda Valley' (yn) K. S. Hopkins, (gol.) *Rhondda Past and Future* (Ferndale, 1975), 11-21.

James, Lawrence, *The Middle Class – A History* (London, 2008).

Jones, Ieuan Gwynedd, 'Smoke and Prayer: Industry and Religion Cwmafan in the Nineteenth Century', *The Journal of Welsh Religious History*, Vol. V, 6 1998, 13-44.

Lewis, L. Haydn, *Jerusalem, Ton Pentre, 1867-1967: Llawlyfr Canmlwyddiant* (Pentre, 1967).

Llwyd, Alan, *Gwae fi fy myw: Cofiant Hedd Wyn* (Llandybïe, 1991).

Pretty, David A., *Rhyfelwyr Môn: Y Brigadydd-Gafridog Syr Owen Thomas, AS, 1858-1923* (Dinbych, 1989)

Rees, D. Ben, 'Ci Bach Lloyd George: Dr John Williams, Brynsiencyn', *Barn*, 556 (Mai 2009), 20.

Rowland, Peter, *David Lloyd George: A Biography* (New York, 1975).

GLOWYR CYMRU

Arnot, R. Page, *South Wales Miners*, vol.1 (London, 1967).

Coombes, B. L., *These Poor Hands* (London, 1939).

Dalziel, A., *The Colliers' Strike in South Wales: its curse, progress and settlement* (London, 1872).

Davies, Walter Haydn, *The Right Place, the Right Time: Memories of Boyhood Days in a Welsh Mining Community* (Llandybie, 1972).

Evans, D., *Labour Strife in the South Wales Coalfield, 1910-11* (Cardiff, 1911).

Evans, D., *Y Sliding Scale a'r Federation*: Drama Gymraeg newydd yn cynnwys y streic ddiweddar (Aberdâr, 1893).

Frances, Hywel, 'Language, Culture and Learning: The Experience of a Valley Community', *Llafur*, volume 6, no.3, 1994, 85-416

Gildart, Keith, *North Wales Miners: a fragile unity, 1945-1996* (Cardiff, 2001).

Hardie, Keir, The Lessons of the Strike', *Socialist Review*, 9 (May 1912), 207-216.

Hopkin, Deian, A. J. Cook in 1916-18, *Llafur*, volume 2, no.3, Summer 1978, 81-88.

Jenkinson, A. J., 'Reflections in a Pamphlet entitled "The Miners' Next Step"', *Economic Review* 22 (July 1912), 302-312.

Jones, R. Merfyn, (ed.) *The Miners' Next Step* (Shoreditch, 1982).

Knowles, K. G. J. C., *Strikes – a study in Industrial Conflict with special reference to the British Experience between 1911 and 1947* (London, 1972).

Mann, T., 'Miners Wake Up', *The Industrial Syndicalist* I, no.8 (February 1911), 36.

Mann, T., *What a Compulsory Eight Hour Day means to the Workers* (London, 1886).

Paynter, Will, *My Generation* (London, 1972).

Thomas, D. A., *The Industrial Struggle in mid-Rhondda: Some Points in the Case for Owners* (Cardiff, 1911).

Unofficial Reform Committee, The Miners' Next Step, Being a Suggested Scheme for the Reorganisation of the Federation, (Tonypandy, 1912).

Williams, Chris, 'The South Wales Miners' Federation', *Llafur*, vol. 5, no. 3, 1990, 52-5.

GLOWYR DE CYMRU

Rees, D. Ben, 'Neuaddau'r Gweithwyr', *Arolwg* (Abercynon, 1965), 54-5.

Idem., *Preparation for Crisis: Adult Education, 1945-80* (Ormskirk, 1981), 71-135, trafodaeth ar Addysg y Gweithwyr ac Addysg yr Undebau Llafur, a hefyd ar National Council of Labour Colleges.

Stanton, C. B., *Why we should agitate* (Aberdâre, 1903).

Idem., *Facts for Federationists* (Aberdâre, 1907).

GWLEIDYDDIAETH

Davies, Watkin, *Lloyd George, 1863-1914* (London, 1939).

Evans, D. Tudwal, *Sosialaeth* (Bermo, 1911).

Morgan, Kenneth O., 'Welsh Nationalism: The Historical Background', *Journal of Contemporary History*, vol. 6, no. 1, 1971, 60-76.

Idem., *Lloyd George: Family Letters, 1885-1936* (Cardiff, 1973).

Idem, 'Democratic Politics in Glamorgan, 184-1914, *Morgannwg,* vol. iv, 1960, 5-27.

Idem., 'Welsh Politics: Cymru Fydd to Crowther' (in) *Anatomy of Wales (*editor, R. Brinley Jones), Peterston-super-Ely, 1972.

Idem., 'D. A. Thomas the Industrialist as a Politician', *Glamorgan Historian*, iii (1966).*Idem.*, *Rebirth of a Nation: Wales, 1880-1980* (Oxford, 1981).

Parry, Cyril, *The Radical Tradition in Welsh Politics: A study of Liberal and Labour Politics in Gwynedd, 1900-1920* (Hull, 1970).

Pelling, Henry, *The Social Geography of British Politics, 1885-1910* (London, 1968).

Rees, D. Ben, *Wales: The Cultural Heritage* (Ormskirk, 1981).

Rees, D. Ben, 'Thoughts on Welsh Politics', *Aneurin*, vol. 3, no.1, 35-37 (1961).

Rees, Thomas, 'Gwleidyddiaeth yng Nghymru', *Traethodau'r Deyrnas*, rhif 7 (Wrecsam, 1924).

Williams, Frances, *Magnificent Journey: The Rise of Trade Unions* (London, 1954).

Yeo, S., 'A new life: the religion of Socialism in Britain, 1883-1896, History in Britain', *History Workshop Journal*, iv (1977), 5-56.

HANES A BYWYD Y RHONDDA

Davies, John, *Hanes Cymru* (Harmondsworth, 1990).

Davies, M., *Traddodiad Llenyddol y Rhondda.* (Traethawd Ph.D Prifysgol Cymru, 1981).

Edwards, T. J., *Canmlwyddiant yr Achos: Bethlehem, Treorci (1866-1966)* (Treorci, 1966).

Gwyther, C. E., *The Valley Shall be Exalted: Light Shines in the Rhondda* (London, 1949).

Hopkins, K. S., (ed.) *Rhondda, Past and Future* (Ferndale, 1975).

Johns, D. B., *Early History of the Rhondda Valley* (Pontypridd, 1910).

Kelly, Stephen, 'The man (A. J. Cook) who inspired the miners', *Tribune*, 7 Mai, 1976, 11-12.

Lawn, Martin, 'Syndicalist Teachers: The Rhondda Strike of 1919', *Llafur*, vol. 4, no. 1 (1984).

Lewis, E. D., *The Rhondda Valleys: A Study in Industrial Development, 1800 to the present day* (London, 1959).

Missel, Andy, 'Moscow Fach, 1926' yn *Llyfr y Ganrif* (goln. Gwyn Jenkins a Tegwyn Jones) (Talybont, 1999), 113.

O' Leary, Paul, 'Syndicalist Teachers' in the Rhondda, 1913:19: A Comment, *Llafur*, vol. 4, no. 3 (1986), 80-4.

Paynter, Will, 'How it looked in the Rhondda', Tribune, 7 Mai 1926, 12.

Rees-Davies, Ieuan (gol.) *Caniadau Cwm Rhondda* (Llundain, 1928).

Stephens, Meic (ed.) *A Rhondda Anthology* (Bridgend, 1993).

Thomas, George, *George Thomas, Mr Speaker* (London, 1985).

Williams, Chris, *Democratic Rhondda: Politics and Scoiety, 1885-1951* (Cardiff, 1996).

Williams, L. J., *Tonypandy and 1910: Definitions of a Community, Past and Present, 87* (1980), 158-84.

Williams, Thomas (Brynfab) *Pan oedd Rhondda'n bur* (Pontypridd, 1931).

HANES Y BLAID LAFUR

Adelman, Paul, *The Rise of the Labour Party, 1885-1945* (Harlow, third edition, 1996).

Davies, Paul, 'The Making of A. J. Cook: His Development within the South Wales Labour Movement, 1900-1924', *Llafur*, vol. 2, no. 3, Summer 1978, 43-63.

Egan, David, 'The Unofficial Reform Committee and the Miners' Next Step' (Documents from the W. H. Mainwaring Papers with an introduction and notes) *Llafur*, vol. 2, no. 3, Summer 1978, 64-80.

Jones, H. C., 'The Labour Party yn Cardiganshire, 1918-1966', *Ceredigion* 9, 150-161.

Griffiths, Robert, *Turning to London: The Labour Party's Attitude to Wales, 1893-1956* (Abertridwr, 1983).

Hardie, Keir, *The Red Dragon and the Red Flag* (Merthyr Tydfyl, 1912).

Hobsbawn, J., *Labouring Men: Studies in the History of Labour* (London, 1964).

Hodges, John, *Workmen's Cottage to Windsor Castle* (London, 1931).

McKibbon, Ross, *The Evolution of the Labour Party: 1910-1924* (Oxford, 1986).

Morgan, Kenneth O., 'Leaders and Led in the Labour Movement: The Welsh Experience', *Llafur*, vol. 6, no. 3 (1994), 109-119.

Reid, J. Steward, *The Origins of the British Labour Party* (Minnesota, 1955).

Sassoon, Donald, *One Hundred Years of Socialism: The West European Left in the Twentieth Century* (London, 1996).

Stead, W. T., 'The Labour Party and the Books that Helped to Make It', *Review of Reviews* 33 (June 1966) 568-82.

HANES GWRAGEDD

Andrews, Elizabeth, *A Woman's Work is Never Done* (Ystrad, Rhondda, 1951).

Beddoe, Deirdre, *Out of the Shadows: A History of Women in Twentieth Century Wales* (Cardiff, 2000).

Bruleg, Sue, *The Women and Men of 1926: The General Strike and Miners' Lockout in South Wales* (Cardiff, 2010).

Griffiths, Winifred, *One Woman's Story* (Ferndale, 1979).

Hughes, Lottie Rees, 'Beth wnawn ni am Gymru?' *Aneurin*, vol. 3, no. 1, 38-40. 1961.

Lee, Jennie, 'Victory for Socialism', *Aneurin*, vol. 3, no. 1, 5-6.

HANES SOSIALAETH GYMRAEG

Derfel, Robert Jones, *Brad y Llyfrau Gleision* (Rhuthyn, 1854).

Jones, D. James (Gwenallt), *Detholiad o Ryddiaith Gymraeg R. J. Derfel* (Dinbych, 1945).

Idem, Detholiad o Ryddiaith Gymraeg R. J. Derfel, cyfrol 2 (Llandysul, 1945).

Jones, E. Cefni, *Gwili: Cofiant a Phregethau* (Llandysul, 1937).

Morgan, Robert, *My Lamp Still Burns* (Llandysul, 1981).

Morris, Dylan, 'Sosialaeth i'r Cymry', *Llafur*, vol. 4, no. 2, 51-63.

Nicholas, Islwyn ap., *R. J. Derfel* (London, 1945).

Pope, Robert, 'Pilgrims through a barren land: Nonconformists and Socialists in Wales, 1906-1914' (yn) (*Trafodion Anrhydeddus Gymdeithas y Cymmrodorion*) (2001), 149-63.

Idem, 'Sosialaeth Silyn' (yn) *Codi Muriau Dinas Duw: Anghydffurfiaeth ac Anghydffurfwyr Cymru'r Ugeinfed Ganrif* (Caerdydd, 2005), 112-25.

Price, W., *Sosialaeth: A Ddylid ei Chefnogi?* (Caergybi, 1908).

Thomas, David, *Diolch am Gael Byw: Rhai o f'Atgofion* (Lerpwl, 1968).

HANES CYMRU

Atkinson, Blanche, *Ruskin's Social Experiment at Barmouth* (London, 1900).

Bowen, Ivor, 'Welsh Radicalism and German Socialism', *Cymru Fydd* 2/2 (1889), 57-63.

Brinley, Thomas, 'The Growth of Industrial Towns', (yn) *Wales Through the Ages: from 1485 to the beginning of the 20th Century* (ed. A. J. Roderick), vol. 2 (Llandybïe, October 1971, third edition), 185-192.

Constantine, Mary-Ann and Johnson Dafydd (eds.) *Footsteps of Liberty and Revolt: Essays on Wales and the French Revolution* (Cardiff, 2013).

Davies, John, *Hanes Cymru* (Harmondsworth, 1990).

Griffiths, Robert, *Marx and Engels on Wales and the Welsh* (Cardiff, 2006).

Griffiths, Robert, 'Llwynog o'r Graig', *Llafur*, vol. 3, no. 3, 1983, 86-92.

James, David Emrys, *Rhymes of the Road* (London, 1928).

Jenkins, R. T., 'David Alfred Thomas (1856-1918)', *Bywgraffiadur Cymreig hyd 1940*, (Llundain, 1953), 884-5.

Jones, E. D., 'Evan Jones (Gurnos), 1840-1903', *Bywgraffiadur Cymreig hyd 1940*, (Llundain, 1953), 435.

Jones, Ieuan Gwynedd, *Mid Victorian Wales: The Observances* (Cardiff, 1992).

Letters of Henry Austin Bruce: Lord Aberdâre of Duffryn (Oxford, 1902).

Morgan, Kenneth O., 'Radicalism and Nationalism' (in) *Wales through the Ages*, vol. 2, (Llandybïe, 1971), 193-200.

Morris, Jan, *Wales: Epic Views of a Small Country* (London, 1986).

Rees, J. Frederick, 'Henry Austin Bruce (1815-1895), yr Arglwydd Aberdâr cyntaf' (yn) *Bywgraffiadur Cymreig*, (Llundain, 1953), 49.

Williams, David, 'Chartism in Wales', (in) Asa Briggs (ed.) *Charter Studies* (London, 1959), 220-48.

Williams, Herbert, *Davies the Ocean: Railway King and Coal Tycoon* (Cardiff, 1991).

Wright, Martin, *Wales and Socialism: Political Culture and National Identity before the Great War* (Cardiff, 2016).

MAES GLO DE CYMRU

Arnot, R. Page, *The South Wales Miners, 1898-1914* (London, 1907).

Idem, The South Wales Miners, 1914-1926 (Cardiff, 1975).

Edwards, Hywel Teifi, *Arwr Glew Erwau'r Glo: Delwedd y Glöwr yn Llenyddiaeth y Gymraeg 1850-1950* (Llandysul, 1994).

Edwards, Ness, *History of the South Wales Miners Federation* (London, 1938).

Evans, Eric Wyn, *The Miners of South Wales* (Cardiff, 1961).

Griffiths, Robert, Streic! Streic! Streic! (Caerdydd, 1986).

Keen, Michael and Richard, 'The Coal War in South Wales, 1893' (yn) *Glamorgan Historian* (ed. Stuart Williams), volume 10 (Cardiff, 1990), 35-49.

Leven, Michael, *Senghennydd: The Universal Pit Village* (Llandysul, 1994).

Miller, J. P. M., *The Labour College Movement* (London, 1967).

Parry, Jon, 'Trade Unionists and Early Socialism in South Wales, 1890-1908', *Llafur*, vol. 11, no. 3 (1996), 43-54.

Phillips, E., *A History of the Pioneers of the South Wales Coalfields* (Cardiff, 1925).

Rees, D. Ben, *Chapels in the Valley: A Study in the Sociology of Welsh Nonconformity* (Upton, Wirral, 1975).

Roberts, Dafydd, *Y Chwarelwyr a'r South* (Caernarfon, 1982).

Smith, Dai, *Wales! Wales!* (London, 1984).

Thomas, Brinley, 'The Migration of Labour into the Glamorganshire Coalfields, 1861-1911', *Economica*, November 1930.

Thomas, D. A., *Labour Unions in Wales: their early struggles for existence* (Swansea, 1901).

Williams, Chris, *Capitalism, Community and Conflict in South Wales Coalfield, 1898-1947* (Cardiff, 1998).

Zweig, F., *Men in the Pits* (London, 1948).

UNDEBAETH GLOWYR DE CYMRU

Carter, G. R., 'The Coal Strike in South Wales', *Economic Journal* 25 (September 1915), 453-65.

Idem, 'The Sequel of the Welsh Coal Strike and its Significance', *Economic Journal* 25 (December 1915), 521-31.

Francis, B., 'Lessons of the Strike in South Wales', Labour Monthly, 13. (January 1931), 175-82.

Ginzberg, E., *Grass on the Slag Heap: The Story of the Welsh Miner* (New York, 1942).

Green, C. A. H., 'The South Wales Coal Strike', *Economic Review* 3 (October 1893), 556-62.

Jones, P. N., *Colliery Settlement in South Wales Coalfield, 1850-1926* (Hull, 1926).

Morris, J. H. and Williams, L. J., 'The South Wales Siding Scale, 1876-70: An exponent in industrial relations' (in) *Industrial South Wales, 1750-1814* (ed. W. E. Minchton (Cardiff, 1969) 161-76.

'Onlooker', 'Strike of Colliers in South Wales', *West Review* vol. 150 (June, 1898), pp. 293, 300.

Porter, 'Wage Bargaining under Conciliation Agreements, 1860-1914', *Economic History Review* 23, Series 2 (1970), 460-75.

Read, H., South Wales 'Sliding Scale: its advantages and its defects', *Economic Journal*, vol. 4 (June 1894), 332-5.

Smith, T., *The Mid-Rhondda Miners' Fight for the Right to Live* (Tonypandy, 1911).

Thomas, E. J., 'The Present and the Future': Prospects of the South Wales Miners' *Communist Review*, 2 (January 1922), 206-24.

Williams, G., 'South Wales and the Miners', *Labour Monthly*, 13, (March 1931), 17-28.

Y RHYNGRWYD

Blog Roger Awan-Scully, *The History of One-Party Dominance in Wales* – part 1: *The Rise and Fall of the Liberals, University of Cardiff,* 2 October 2003.

Canolfan Modern Prifysgol Warwick. Llawysgrifau 127/AS/TV/1/1. Llyfr Cofnodion o Bwyllgor Streic ASR (23 Awst, 1900-10 Mawrth, 1901) Gweler hefyd, Mss 127/AS/2/1/16/1-ix, 1900; Mss 127/AS/TV/2/1/17/i-iii, 1900; Mss 127/AS/TV/3/32 Gorffennaf 1900 – Chwefror 1901; Mss 127/AS/TV/5/4.

Clarke, Dudley, *A Turn of Century Struggle for Trade Union Recognition and How a Management Victory was turned to defeat: Ammon Beasley versus the Taff Vale Railwaymen.* www.doctutren.com (darllenwyd 9 Mai, 2020).

Cymdeithas Hanes Plaid Cymru Archif Misol, 2010-14.

Elections in Wales, Cardiff University Blogs.

Harcombe, Mark (1875-1956) Rhondda Cynon Taf Library Service.

Pollit, Harry, 'Tom Mann: A Tribute', *Marxist Internet Archive*, 2006.

Rees, D. Ben, 'Thomas Nefyn Williams' (yn) *Dictionary of National Biography* (www.oxforddnb.com)

Rees, T. Ivor, Charles Butt Stanton (1873-1946), www.library,wales, 2012.

HANES CYMRU

Davies, John, *Hanes Cymru* (Harmondsworth, 1990).

Jenkins, Geraint H and J. Beverley Smith (eds.) Politics and Society in Wales, 1840-1922 (Cardiff, 1988).

Jenkins, Philip, *A History of Modern Wales, 1536-1990* (London, 1992)

Jones, E. D., 'Evan Jones (Gurnos, 1840-1903)', (yn) *Y Bywgraffiadur Cymreig hyd 1940*, (Llundain, 1953), 435.

Jones, R. Merfyn, *The North Wales Quarrymen, 1874-1922* (Cardiff, 1981).

Lloyd, D. Myrddin, 'Daniel James (Gwyrosydd: 1847-1920)'(yn) *Y Bywgraffiadur Cymreig hyd 1940* (Llundain 1953), 396.

Morgan, Prys, 'Gwerin Cymru – Y Ffaith a'r Ddelfryd', *Trafodion Anrhydeddus Gymdeithas y Cymmrodorion* (1967), 117-31.

Morris, Jan, *Wales: Epic Views of a Small Country* (London, 1986).

Owen, J. Dyfnallt, 'David Onllwyn Brace (1848-91)' (yn) *Y Bywgraffiadur Cymreig hyd 1940*, (Llundain, 1953), 42-3,

Owens, B. G., 'John Ceulanydd Williams (Ceulanydd, 1847/51-99) (yn) *Y Bywgraffiadur Cymreig hyd 1940* (Llundain, 1953), 992-3.

Smith, David (ed.) *A People and a Proletariat: Essays in the History of Wales, 1780-1980* (London, 1980).

Stead, Peter, 'Working Class Leadership in South Wales, 1900-1920', *Cylchgrawn Hanes Cymru*, cyfrol 6, rhif 3, 973, 392-393.

Turner, Christopher B., 'Conflicts of Faith: Religion and Labour in Wales, 1890-1914' in D. R. Hopkin and G. Kealey (eds.), *Class, Community and the Labour Movement: Wales and Canada, 1850-1930* (Aberystwyth, 1989), 67-85.

Williams, Aneurin a Vivian Hussey, *Home Rule: a plea for conciliation and a national settlement* (London, 1893).

MYNEGAI

A

Aberaman 102, 152, 211, 284

Abercwmboi 26

Aberdâr, 6, 23-4, 26, 35, 37, 46, 50-1, 54, 56-8, 70-1, 83, 88, 124, 126, 154, 167-8, 177, 179, 187, 192, 211-2, 219, 220, 236, 242, 245, 257, 268, 281-2, 285

Abergwynfi 104

Abergynolwyn 77

Abertawe 6, 7, 16, 17, 40, 54, 95, 102, 131, 145, 157, 189, 196, 217

Ablett, Noah 138-140, 143, 150, 172, 181, 185- 6, 197, 217, 223, 226, 239, 240, 299

Abraham, David 217

Abraham, Mary 1, 5

Abraham, Sarah (née Williams) 11, 152-3

Abraham, Thomas 1-2

Abraham, William (Mabon), dyddiau cynnar 1-7, mabwysiadu'r enw Mabon 8, ei daith i Dde Amerig 14-16, trigo yng Nghwmbwrla 16, dechrau pregethu ond dewis peidio â mynd i'r weindogaeth, 19, arweinydd streic 20-22, asiant glowyr Dosbarth Llwchwr 20-1, arweinydd pwerus y glowyr 23-26, sefydlu llu o Undebau Llafur 29-30, methiant Undeb AAM 31, symud fel teulu i Gwm Rhondda 34, Asiant glowyr y Rhondda 34-52, glowyr pwll Tynewydd mewn enbydrwydd 37, yn cefnogi Cymdeithas Ymfudo y Gweithwyr 44, mynychu cynadleddau yn Barnsley, Leeds a Northumberland 44-7, ei apwyntio yn Ynad Heddwch 50, newyddiadura 50-1, cyfrinfeydd glofaol yn y Rhondda yn ei enwi fel darpar ymgeisydd seneddol 52, ennill etholaeth y Rhondda 1885 53-73, yn ffafrio Cymdeithas Rhyddfrydol-Llafur y Rhondda 75, annerch cyfarfodydd yn Etholiad 1886 76-9, gwrthod swydd Is-Ysgrifennydd yn y Swyddfa Gartref 79-80, apwyntio yn aelod o Gomisiwn Brenhinol ar y Glofeydd 81, yn cefnogi ffurfio Cymdeithas yr Iaith Gymraeg yn Eisteddfod Genedlaethol Aberdâr yn 1885 83, pledio hunanlywodraeth i'r Alban a Chymru 84, gwahodd Mabon yn arweinydd yr Eisteddfod Genedlaethol 87, sefydlu Diwrnod Mabon i'r cymunedau glofaol 88, Adelina Patti yn edmygu llais Mabon a'i ddull o ganu 88, gweddïo yn feunyddiol ymhlith y glowyr 89, dull Mabon o drin problemau'r lofa 91-2, ffurfio Ffederasiwn y Glowyr gydag ef yn Llywydd 92, hybu ymgyrch o wyth awr y dydd yn y lofa 93, Streic yr Haliers 93, 96-7, achos llys rhwng y ddau arweinydd Mabon a William Brace 102-4, dihangfa rhag boddi yn Llanfair ym Muallt 106, wynebu ar sefydlu'r Blaid Lafur Annibynnol a Streic y Glowyr 1898 116-120, ffurfio Ffederasiwn Glowyr De Cymru 118, buddugoliaeth Mabon yn Etholiad Cyffredinol 1900 121-2, brwydr gydag Ammon

Beasley 125-8, cyfarch chwarelwyr Penrhyn, Bethesda 129, yn llawenhau ar lwyddiant y Blaid Ryddfrydol yn Etholiad 1906 135-6, ymuno yn swyddogol gyda'r Blaid Lafur yn 1908 141-2, ennill ddwywaith yn Etholiad Cyffredinol 1910 144-5, dadansoddiad ohono fel arweinydd llwyddiannus 148, galar ar ôl ei briod Sarah a'i fab 152-3, trychineb glofa Senghennydd 1901 153-5, a 1913 155-6, ymweld â'r cymunedau Cymreig yn yr Unol Daleithiau 156-9, ei ddewis yn Drysorydd Cyngres Ffederasiwn Glowyr Prydain Fawr 158-9, taith arall i'r Unol Daleithiau 1904-5 161-3, aelod o Gomisiwn Brenhinol y pyllau glo 165-6, yn darlithio yn y cymoedd er budd achosion da 167-8, y cymodwr yn Nherfysg Tonypandy 1911-1913 175-83, cadw cwmni i Winston Churchill ym maes glo'r Alban 189-190, derbyn y teitl Gwir Anrhydeddus 190, yn penderfynu peidio â mynychu'r Senedd yn ystod yr Ail Ryfel Byd ond yn dal yn Aelod Seneddol 201, parch mawr i Mabon gan genedl y Cymry, y Glowyr, Aelodau Seneddol o bob plaid, y Llafurwyr a'r Rhyddfrydwyr 202, ymadael o fyd Aelod Seneddol yn Chwefror 1920 205, Mabon wedi llwyddo yn ariannol adeg y Rhyfel 213-5, marw yn ei gartref Bryn y Bedw, Pentre o ddolur y galon ar Sul 14 Mai 217, yr arwyl 217-18.

Anghydffurfiaeth, gweler hefyd Ymneilltuaeth 11, 70, 209, 219, 226

Almaen 58, 158, 166, 224

Andrews, Elizabeth 211, 324

Arnot, R. Page 31, 99, 101, 116, 150, 165, 167, 177, 184, 216-17, 222, 253

Asquith, H. H. 222, 256-7

B

Band of Hope 8-9, 13, 17, 88

Bandiau Pres 246

Beasley, Ammon 125-8

Beirdd yn moli Mabon 293-4

Belg 166

Bell, Richard 124

Bethesda, Arfon 129

Bevan, Aneurin 165, 182

Biddulph, John 9-11

Blaenclydach 180, 199, 274

Blaid Lafur Annibynnol (ILP) 16, 116-17, 119-20, 122-3, 129, 133-5, 137-8, 140-2, 147, 149, 171-4, 184-5, 188, 194-5, 209, 211, 238, 240, 272-286

Blaid Lafur Brydeinig 115, 118, 122-3, 128-30, 133-4, 140-2 147-151, 164, 170-4, 181-3, 187-9, 192-6, 198-203, 206-11, 217, 223, 238-46, 253-5

Brace, William 97-102, 127, 133, 137, 142, 146-7, 149-50, 172, 193, 195, 215-6, 253, 279, 287

Brand, Carl 122

Broadhurst, Henry 53, 57, 65

Bryn Illtud 214

Burt, Thomas 54, 65, 124, 158-9, 216, 255-6, 270, 286 289

C

Caerdydd 24, 35, 49, 64, 70-1, 75, 77, 94, 99, 102, 110, 121, 126, 161, 164, 168, 177, 183, 188, 198, 221, 282

Calfin, John 3

Calfiniaid 4, 15, 267

Capel y Babell, Cwmbwrla 17

Cilcennin 154

Clement, James 41

Clwb Marcsiaeth Blaenclydach 142-3

Coleg Llafur Canolog (Llundain) 182, 184

Comiwnyddiaeth 224

Cook, Alistair 263

Cory, Clifford J. 110, 169

Cory, y brodyr 35, 111

Cwmbwrla 16-17, 32

Ch.

Chamberlain, Joseph 64, 70, 76

Chapelle, E. 283-4

Chile 14-15, 230-1

Churchill, Winston 179-180, 189

D

Davies, Ben 18, 97, 200

Davies, Dan Isaac 183-4

Davies, David (Bugail y Bryniau) 265

Davies, David (Llandinam) 23-5, 35-6, 55, 76, 110, 232

Davies, David (Pentre) 88, 90

Davies, Edward 55, 58-9, 232

Davies, Elias Henry 114

Davies, Elias Thomas 114-15, 200

Davies, Elizabeth 200

Davies, Evan (Ieuan ap Dewi) 112

Davies, Evan (Primrose Hill) 65

Davies, F. L. (Henadur) 279

Davies, Gibbon 27

Davies, Dr Henry Naunton 112, 254

Davies, J. F. (Parch) 267

Davies, John 100, 112, 119 163-4, 203, 238

Davies, Picton 191, 274

Davies, Robert (Treharris) 272

Davies, Rose 211

Davies, S.O. 27, 143, 223

Davies, Thomas (Treorci) 152

Davies, Thomas (Llwynog o'r Graig) 26-7

Davies, Tom 36

Davies, William 18

Davies, William Thomas 111

Davis, David 56-7

Davis, Frederick 59-64, 109, 165

Davis, Lewis 55-9

Denver (Colorado) 262

Derfel, Robert Jones 134, 238-9

Diwydiant Glo 7, 17, 30, 34, 56, 61, 74, 80, 92, 93, 104, 138, 165, 213, 225, 232, 258, 261, 286, 290

Diwydiant Haearn 22, 31,

Diwydiant Tun 17

Diwydiant Tunplat 214

E

Edwards, Enoch 54, 81, 165, 167, 189, 193, 216, 286, 289

Edwards, Y Barnwr H. M. (Seranton) 259-261

Edwards, Huw 10

Edwards Huw T. 227, 244, 291

Edwards, Hywel Teifi 39, 41-2, 86-7, 218-19, 234-5

Edwards, John Salisbury, 68, 109

Eglwys Lafur yn Aberpennar 283

Eisteddfod, -au 3, 8-9, 13, 40, 47, 58, 74, 83, 87-90, 100, 103-4, 108, 123, 132, 141, 148, 156, 191, 196, 205, 221, 230, 233-7, 243-5, 258, 269, 278

Ellis, Thomas Edward 77, 82-3, 85, 105, 257

Evans, Beriah Gwynfe 84

Evans, D. Emrys 2-4, 248-9

Evans, David (Blaenclydach) 274

Evans, David (Dai Evans y Bom) 209, 274

Evans, David (Manordeilo) 282

Evans, E. W. 1, 17, 20, 22-3, 29, 31-2, 43, 45, 47, 70, 75, 81, 89, 90, 92, 94-5, 100-104, 120, 159, 215, 161, 197, 213, 215, 221, 224-5, 269

Evans, Nicholas 39

Evans, S. T. 72, 102, 132, 169

Evans, William (Mabon Bach) 36, 103, 115, 147, 254

Evans, William (Tonyrefail) 6

F

Ferndale, 55-9, 67-9, 75, 96, 113, 165 172, 179, 187-8, 195-6, 242, 244, 253, 277, 279

Francis, Dai 291

Francis, Hywel 177, 186, 291

Francis, Thomas (Aforian) 16

Ff.

Ffederasiwn Glowyr Prydain Fawr 94, 96, 98-101, 117-18, 131, 139, 151, 159, 167, 173, 181, 183-4, 189-90, 215, 272, 286-7

G

George, David Lloyd 1, 82-5, 105, 121, 141, 147, 151, 171, 202-5, 207, 215, 209, 219-23, 228, 258 268-9, 289-290

Gibbons, Charles L. 185

Gibbons, F.W. 145

Gladstone, W. E. 48, 50-1, 53, 55, 60-1, 75, 78-9, 82, 140, 255-6

Glyn Rhedynog, gweler Ferndale

Griffiths, James 13, 123, 165

Griffiths, John James 112

Griffiths, Rhys Samuel 111

Gweinidog yr Efengyl 237, 276

H

Halliday, Thomas 18, 23

Hardie, Keir 107, 119, 122-25, 128-9, 146-7, 177, 180, 195, 220, 222, 257, 273, 276-7, 281, 283

Harcombe, Mark 180-1, 187, 195, 198, 200

Hartshorn, Vernon 22, 137-9, 145, 149, 150, 172, 183-4, 188, 276, 289

Hodges, Frank 150-1, 208

Hopla, John 143-4, 181, 188, 197, 226

Hopla, Will 181

Horner, Arthur 205, 223, 252

Howells. John 20

Howells, Tom 153

Hughes, Cledwyn 279

Hughes, Dafydd ac Elizabeth 7-8

Hughes, David (bocsiwr) 91

Hughes, Hugh 287

Hughes, John (Lerpwl) 7-8, 218, 266

Humphreys, E. Morgan 274,

Humphreys, Emyr 28, 241

Hussey, Syr Vivian 57-8, 70

I

Iaith Gymraeg 80, 83-4, 169, 236-7, 243-4, 246-8, 273-6, 291

Isaac, T. Daronwy 60, 96-7, 109-110, 244, 285

J

James, David (Gwyrosydd) 168, 294

James, John 15-16

Jeffreys, T. Twynog 79

Jenkins, David 37-8, 40-1

Jenkins, Hubert 216, 287

Jenkins, William 110-11

Jevons, H. S. 89, 177

John, William 9, 180, 196-8, 205, 287

Jones, Syr Alfred Lewis 157

Jones, Brynmor 72, 102

Jones D. Cynlais 293

Jones, Edgar Rees 146

Jones, Syr Henry 267

Jones, Dr J. Graham 172

Jones, J. Gwynfor 162-3, 266

Jones, J. Towyn 218

Jones, Jack 230-3

Jones, James 196

Jones, John Morgan (Merthyr) 280-1

Jones, John Morgan (Trecynon) 162-3

Jones, R. B. 113

Jones, R. Merfyn 257, 268, 277, 290

Jones, T. Gwynn 275

Jones T. I. Mardy 172, 195, 210-11

Jones William D. 259, 269, 268

Jones, William Thomas 114

Joseph, Thomas 35

L

Law, Bonar 204-5, 222

Leeds 46

Levi, Thomas 13-14

Lewis, Ceri 244

Lewis, David 195

Lewis, E. D. 34, 107, 112, 139, 149, 175-7, 179, 188, 240, 242, 244, 246-7

Lewis, Gomer 132

Lewis, William Thomas (Arglwydd Merthyr o Senghennydd) 25, 36, 270

Ll

Llafur 252, 276-7, 291

Llais Llafur 134, 239

Llanbryn-mair 2, 43, 85, 275

Llanelli 10, 13-14, 20, 29, 32, 53-4, 76, 203, 215, 234

Llanilltud Fawr 213-14, 217, 233

Llwynypia 35-6, 42, 57, 68, 114, 169, 179, 242, 266

M

MacDonald, Ramsay 124, 128, 140, 174, 241, 267

Machynlleth 106-7

Maesteg 103, 138, 152, 157, 184

Mainwaring, Sam 117

Mainwaring, W. H. 143, 181-2, 184-5, 226, 280,

Mann, Tom 82, 116, 177, 182, 255

Mardy 36, 60, 114, 116, 119, 182, 185, 195, 199-220

Margam 1, 12

Matthews, Edward 6-7, 266-7

Merthyr Tudful 24, 27, 31-2, 70, 81, 95, 122, 124, 171, 192, 195, 203, 220, 280

Methodistiaid Calfinaidd Cymreig 1-2, 5-7, 14, 16, 25, 28, 36, 67, 82, 86, 88, 113, 121, 136, 189, 196, 219, 227, 230-2, 234, 250, 260, 262, 264-7, 275

Mitchell, John 260-1, 263-4

Morgan, Dai Watts 144, 148, 152-3, 155, 170-3, 194, 202, 204-5, 208, 216, 220-1, 226

Morgan, David (Dai o'r Nant) 46, 54, 80-1, 97

Morgan, G. Campbell 265

Morgan, Herbert 198-99

Morgan, Lewis 19-20

Morgan, Thomas Charles (Sgwlyn) 112

Morgan, Tom (Cymer) 153

Morgan, Walter 55

Morgan, William Pritchard 107, 124

Morris, Henry 214

Morris, William (Rhosynog) 54, 69, 109-10, 113, 248

N

Nicholas, James (Parch.) 228, 245, 248

Nicholas, James (Jâms Niclas) 88

Nicholas, T. E. (Niclas y Glais) 238-40, 274

Nicholas, W. Rhys 8-9, 12, 15, 88

O

Onions, Alfred 152, 155, 178, 188, 194-5

Owen, Herbert Isambard 84

P

Parry, Joseph 9, 40, 235

Patti, Adelina 88, 90, 233

Penarth 125-6

Pentre, Rhondda 37, 68-9, 78, 88, 111, 113, 132-4, 155, 188, 213, 217, 219, 232, 246, 248-8, 254, 260, 278, 280, 289

Phillips, D. M. (Tylorstown) 162

Phillips, W. F. 228, 238, 276

Phillips, Watkin 196

Pickard, Ben 124, 128, 159, 287-9

Plaid Lafur Bwrdeistref y Rhondda 210

Probert, Lewis 113

Pugh, Winnie 213

Pwyllgor Cynrychioladol Llafur (LRC) 122-5, 128, 171, 192-5

Pwyllgor Diwygio Answyddogol (*Unofficial Reform Committee*) 181-2,

Pyllau Glo: Caercynydd 17, Cymer, Bedw, Llwyncelyn, Cwm Clydach, Tynewydd 34, Celynen, Abercarn 99, Powell Tilley 151, Bwllfa a Nantmelyn 154, Elba, Cambrian 164, Cambrian Combine 175

R

Raddfa Lithrig, Y 25, 28-9, 31-2, 42 45, 74, 81, 93-9, 101-4, 107-8, 109-10, 117-119, 158, 225, 253

Reed, Syr Edward 75-6

Rees, David (Llanelli) 10-11, 14, 54

Rees, Ebenezer 134

Rees, Noah 138, 142-3, 180-2, 185-6, 188

Richard, Henry 25, 56, 70, 76, 192, 237, 249, 257

Richards, Thomas 99, 132, 155, 166, 184, 216-17, 271, 289

Roberts, Edward 5, 265

Roberts, Evan 151, 162-3, 239-240

Roberts, R. Silyn 134, 239, 276

Roberts, Samuel (SR) 2, 43, 85

Roderick, Vaughan 179-80

Roosevelt, Theodore 263-4

Rowlands, Gwilym 205, 208-9

Rowlands, William Bowen 76

Rh

Rhondda 6, 19, 22-3, 29, 32-3, 34-9, 41-6, 48-61, 63, 65-72, 74-5, 77-8, 81, 83, 87, 89, 91, 95-8, 107-22, 128, 130, 132-3, 137, 139-44, 147, 149, 152, 155, 157, 159, 161, 164, 169-79, 181-3, 185, 187-91, 194-211, 213, 215, 217, 220-1, 226-8, 231-7, 239-40, 242-8, 254-6, 260, 264-8, 271-4, 277-80, 282-3, 285, 287, 291-2

Rhondda Leader 142, 149. 163, 181, 193, 199, 201-2, 207, 221, 248

Rhondda Socialist 143, 182, 200-1, 210, 274

Rhyddfrydwyr 51, 54-5, 57-8, 60, 62-3, 66, 72, 74, 90-6, 99, 102-8, 110-122, 126-9, 131-8, 140-151, 170, 203, 204-5, 208-9, 215, 220, 222, 237, 239, 249-50, 254, 257, 273, 276-7, 279-80, 287-8

S

Samuel, John 114

San Francisco 157, 161, 259

Saunders, David 6

Saville, John 31, 54, 80, 99, 101, 135, 146, 159, 173, 193-4, 193, 196-7, 215-16, 253, 256, 286-7

Scott, Syr Leslie 153

Senghennydd 153-5, 164, 287

Seranton Republican 235

Smillie, Robert 81, 123, 165, 222-3, 234

Smith, Tom 181, 185, 188, 198

Sosialaeth Gristnogol 143, 265

Stanton, Charles Butt 146, 150, 172, 177, 187-8, 190, 193, 203, 220-1

Stead, Peter 74-5, 131, 133, 135, 140, 145-8, 254

Stenner, Tom 37

Stepney, Syr Arthur 76

Streic, -iau 17-18, 20-4, 26-28, 34, 36, 42-4, 78, 86, 89, 91, 95-100, 105, 116-17, 125-7, 129, 144, 147, 160, 176-

187, 191, 195, 198, 205, 216, 218, 221-2, 224-5, 227-9, 258, 264, 268, 270-1, 273-4, 283, 286, 291

Syrcas 14, 231

T

Tabernacl, Cwmafan 4-5, 7, 9, 15, 79, 82, 89, 113, 162, 218, 230, 266

Tarian y Gweithiwr 1-2, 25-30, 32, 36, 42, 44, 46-8, 50-1, 53, 60, 63-7, 71-2, 75-9, 86, 93, 96-7, 102-4, 111, 129, 131-2, 134, 155-8, 161-2, 168-8, 192, 218, 242, 253, 280, 294-5

Tillett, Ben 145-6, 279

Tonypandy 55, 109, 113, 126, 143, 175-77, 187, 189, 199, 226, 242, 270

Treorci 19, 54-5, 59, 66, 68-9, 90, 109-11, 113-14, 152, 162, 196, 200, 206, 218, 232, 234, 242, 244-6, 254, 266, 290,

Th

Thomas, Abel 102, 154

Thomas, David 134, 239- 240

Thomas, David Alfred 55, 71, 124, 155, 168, 175-6, 270

Thomas, Gwilym 38-40

Thomas, W. P. 110-11, 114

Thomas, William Evans 111

U

Undeb Glowyr Dyffryn Rhondda 34

Undebaeth 14, 17-18, 20-1, 28-9, 31-2, 34, 53, 94-5, 99, 118, 129, 135-6, 145, 148-150, 161, 182, 186, 196, 205, 218, 228-9, 244, 260, 264, 289

Unol Daleithiau, 2, 11, 15, 39, 43-4, 49, 156-7, 159-160, 163, 167-8, 175, 229, 234-5, 239, 258-260, 263, 267-8

Urdd Dyngarol y Gwir Iforiaid 47

Utica 156

W

Walters, D. D. (Gwallter Ddu) 276

Watkins, Ben 113

Waunarlwydd 17-20, 33

Webb, Sidney 82, 255

Williams, Cynog (Trecynon) 281-2

Williams, D. (Paleinws) 51

Williams, D. J. (Abergwaun) 96-7

Williams, Gwyn Alf 35

Williams, John (Brynsiencyn) 228

Williams, John Ceulanydd 103

Williams, John (Gŵyr) 131-2, 134, 142, 155, 193-5, 253-4

Williams, Sarah gweler Sarah Abraham

Williams, Richard 219

Williams, T. Rhondda 239

Williams, Thomas Charles 265

Williams, William (o'r Wern) 6

Williams, William (Pantycelyn) 90

Winstone, James 135, 144, 155, 158, 172, 184, 220-1

Y

Y Drych 156-7

Y Ffabiaid 120, 122, 173

Y Gobeithlu (gweler hefyd Band of Hope) 9, 13, 233, 244, 266

Y Goleuad 9, 26, 250, 112, 163, 232, 250, 266, 275

Y Gwladgarwr 21, 26

Y Gymanfa Ganu 2-3, 117, 245

Ymneilltuaeth, gweler hefyd Anghydffurfiaeth 13, 23, 54, 71, 99, 228, 239, 240, 248, 250, 276, 278, '

Ynad Heddwch 50

Ysgol Gân 13, 38, 244, 249

Ysgol Sul 7, 9, 13, 38, 57, 136, 230, 244, 249

Y Werin a'i Theyrnas 134